Pöhlmann • Geheimnis und Sicherheit

Zeitalter der Weltkriege

Begründet vom
Militärgeschichtlichen Forschungsamt

Herausgegeben vom
Zentrum für Militärgeschichte und
Sozialwissenschaften der Bundeswehr

Band 26

Markus Pöhlmann

Geheimnis und Sicherheit

Der Aufstieg militärischer
Nachrichtendienste in Deutschland,
Frankreich und Großbritannien
1871–1914

DE GRUYTER

OLDENBOURG

Umschlagabbildung:
Britisches Armeemanöver, Szene bei Horseheath, East Anglia 1912:
Ausländische Manöverbeobachter im Schützengraben.
© SAANICH ARCHIVES, Canada, PR-285-2017-026-036.

ISBN 978-3-11-138046-9
e-ISBN (PDF) 978-3-11-138094-0
e-ISBN (EPUB) 978-3-11-138113-8
ISSN 2569-7145

Library of Congress Control Number: 2023950322

Bibliografische Information der Deutschen Nationalbibliothek
Die Deutsche Nationalbibliothek verzeichnet diese Publikation in der Deutschen
Nationalbibliografie; detaillierte bibliografische Daten sind im Internet über
http://dnb.dnb.de abrufbar.

© 2024 Walter de Gruyter GmbH, Berlin/Boston

Redaktion: ZMSBw, Potsdam, Fachbereich Publikationen (0948-01)
    Projektkoordination, Lektorat, Bildrechte: Aleksandar-S. Vuletić
    Texterfassung, Satz, Bildbearbeitung: Antje Lorenz
    Karten: Bernd Nogli

Druck und Bindung: CPI books GmbH, Leck

www.degruyter.com

Inhalt

Vorwort

Nachrichtendienste sind heute selbstverständlich und im allgemeinen Bewusstsein präsent. Der israelische Mossad, der russische FSB oder die amerikanischen Dienste NSA und CIA sind Gegenstand regelmäßiger Medienberichterstattung und längst auch in der Popkultur angekommen, etwa in Gestalt des fiktiven britischen Geheimagenten James Bond. Dieser erlebt seine Abenteuer im Auftrag des britischen Auslandsgeheimdienstes und verschafft dem MI6 so allgemeine Bekanntheit.

Bekanntheit oder gar Berühmtheit sind jedoch nichts, was Geheimdienste gemeinhin anstreben. Vielmehr gehören Verschwiegenheit und das Agieren im Verborgenen zu ihrem Wesen. Umso verdienstvoller, aber auch schwieriger war daher das Ziel der vorliegenden Arbeit, die Entstehung und Genese des militärischen Nachrichtenwesens im Deutschen Reich, in Großbritannien und Frankreich in einer vergleichenden Betrachtung nachzuzeichnen. Dass das Nachrichtenwesen, wie wir es heute kennen, als ein Produkt der Epoche von 1871 bis 1914 begriffen werden kann und seine Wurzeln im Militär liegen, ist dabei eines der vielen wichtigen Erkenntnisse dieser verdienstvollen Studie.

Klandestin arbeitende Organisationen denken jedoch nur selten an nachgeborene Historiker. Darin unterscheiden sich heutige Nachrichtendienste nicht von ihren historischen Vorbildern. Die Quellenlage für diese Studie war daher schwierig und wurde durch den Anspruch, die nationale Perspektive zu überwinden, noch schwieriger. Dr. habil. Markus Pöhlmann ist es dennoch gelungen, die Anfänge des militärischen Nachrichtenwesens bis zum Ersten Weltkrieg in den drei Nationen plastisch und durchaus spannend hervortreten zu lassen. Gemeinsamkeiten werden dabei ebenso deutlich wie nationale Unterschiede und Besonderheiten. Die Ursprungsmotivation, Informationen und Wissen aktiv zu beschaffen und so aufzubereiten, dass diese für die eigene Operations- und Kriegsplanung nutzbar wurden, war dabei in den drei untersuchten Staaten dieselbe. Sie war letztlich Ausdruck der Verwissenschaftlichung des Militärs und – bislang nur wenig betrachtet – auch der Verdichtung von Staatlichkeit im letzten Drittel des 19. Jahrhunderts.

Noch stärker als in anderen Bereichen des Militärs wirkte im Bereich des Nachrichtenwesens der Drang zur Spezialisierung, der schließlich zur Etablierung eigener Laufbahnen und zu einer Neubewertung dessen führte, was Offiziere als standes- und rangangemessenes Verhalten erachteten. Spionage wandelte sich von einer zwielichtigen und keineswegs standesgemäßen zu einer mit der Ehre eines Offiziers durchaus vereinbaren Tätigkeit, sofern sie zum Nutzen des Vaterlandes erfolgte.

https://doi.org/10.1515/9783111380940-001

Zu den besonderen Stärken der vorliegenden Arbeit gehört es aufzuzeigen, wie nationale Interessen, militärische Traditionen und strukturelle Entscheidungen den Aufbau des militärischen Nachrichtenwesens in den drei untersuchten Ländern prägten und warum diese zu sehr unterschiedlichen Ergebnissen geführt haben. Dem Autor gelingt es darüber hinaus deutlich zu machen, wie Nachrichtengewinnung und Erwartungshaltung sich gegenseitig beeinflussten, wie sehr die Streitkräfte der drei untersuchten Nationen darum rangen, nachrichtendienstliche Erkenntnisse sinnvoll in die eigene Operationsplanung einfließen zu lassen, und in welch wachsendem Maße sich innere und äußere Sicherheit bereits im Frieden miteinander verbanden.

Schließlich bestätigt diese Untersuchung zum militärischen Nachrichtenwesen vor 1914 die sehr unterschiedlichen sicherheitspolitischen Interessenlagen in den drei Staaten: Während in Frankreich und im Deutschen Reich als Kontinentalmächte vor allem die eigene Sicherheit in Europa und voreinander dominierte, setzte in Großbritannien der Ausbau des militärischen Nachrichtendienstes vor allem nach der kontinentalen Wende in der britischen Außenpolitik ein, die ja gleichzeitig eine strategische Neuausrichtung gegen Deutschland bedeutete. Interessanterweise führte also die geographische Fokussierung der zuvor noch global ausgerichteten Sicherheitsinteressen Großbritanniens auf Kontinentaleuropa zu einer strukturellen Ausweitung des eigenen militärischen Nachrichtenwesens, das sich zudem nun auch stärker an dem französischen und deutschen Vorbild orientierte. Die neuartigen Wissensorganisationen, die in allen drei Armeen aufgebaut wurden, und ihre intellektuelle Fixierung auf den angenommenen Hauptgegner sind ein weiterer Hinweis auf die schlafwandlerische Sicherheit, mit der die drei Nationen der Katastrophe am Vorabend des Ersten Weltkriegs entgegentaumelten.

Ich danke dem Autor, Dr. habil. Markus Pöhlmann, der mit seiner Arbeit einen wichtigen Beitrag zur Erforschung der Anfänge des militärischen Nachrichtenwesens vorlegt und der Vorgeschichte des Ersten Weltkriegs einen neuen Aspekt hinzufügt. Weiter danke ich dem Fachbereich Publikationen des Zentrums für Militärgeschichte und Sozialwissenschaften der Bundeswehr sowie dem Verlag De Gruyter Oldenbourg für dieses Buch, dem eine breite Leserschaft zu wünschen ist.

Dr. Sven Lange
Oberst und Kommandeur
des Zentrums für Militärgeschichte und
Sozialwissenschaften der Bundeswehr

Danksagung

Dieses Buch trägt viele Erkenntnisse zusammen, die bereits vor langer Zeit, an entlegener Stelle oder in einem überschaubareren, wissenschaftlichen Zusammenhang gewonnen wurden. Es sucht diese Erkenntnisse in größere Fragestellungen einzuordnen, neue Antworten auf alte Fragen zu geben und einen bisher stark national gerahmten Themenkomplex international aufzubrechen. Letzteres hat bislang niemand geleistet. Ob man es besser machen kann, müssen die Leserinnen und Leser entscheiden.

Dieses Buch ist meine erste Monografie, die nicht auf eine wissenschaftliche Qualifikationsarbeit zurückging. Das versprach Freiheiten, barg aber auch Risiken. Dieses Buch ist ein »Corona-Buch« – ein Genre, das die Wissenschaftsgeschichte erst noch definieren muss. Auf unterschiedliche Weise haben viele Menschen zu diesem Buch beigetragen. Am Zentrum für Militärgeschichte und Sozialwissenschaften der Bundeswehr waren dies vor allem Aleksandar-Saša Vuletić als Lektor, Bernd »Lebende Legende« Nogli als Grafiker und Antje Lorenz beim Satz.

Den Mitarbeiterinnen und Mitarbeitern der im Anhang genannten Archive gebührt mein Dank für die Unterstützung, wobei ich natürlich Cynthia Flohr (Freiburg/Breisgau) besonders herausheben muss. Eine wichtige Vorrecherche zum »Vengeur« hat Alina Casanova (Berlin) als Praktikantin geleistet. Hilmar-Detlef Brückner (München) hat mir mit kleinen, pointierten Analysen gezeigt, dass der Blick des nachrichtendienstlichen Praktikers für den Historiker manchmal doch tatsächlich bereichernd sein kann. Christian Stachelbeck (Potsdam) danke ich für die unzähligen Gespräche zur Militärgeschichte der Epoche.

Mit ihren Hinweisen auf Quellen und historische Zusammenhänge haben mir weitere Kolleginnen und Kollegen geholfen: Florian Altenhöner (Berlin), Gérald Arboit (Straßburg), Simon Batten (Bloxham), Deborah Bauer (Fort Wayne), Jim Beach (Northampton), James Bruce (Schottland), Tony Cowan (London), Aimée Fox (London), Lukas Grawe (Bremen), Gerhard P. Groß (Teltow), Joyce Hutton (Chicksands), Agilolf Keßelring (Porvoo), Wim Klinkert (Breda), Gerd Krumeich (Freiburg/Breisgau), Volker Mende (Freiberg), Martin Rink (Potsdam), Gérald Sawicki (Nancy), Jürgen W. Schmidt (Berlin) und Matthew Seligmann (London).

Markus Pöhlmann   8. August 2023

https://doi.org/10.1515/9783111380940-002

Go ask Alice, I think she'll know.[1]

I. Einführung

Zu den prägenden militärischen Persönlichkeiten Europas vor 1914 zählte der Chef des preußischen Generalstabs der Armee, Generalfeldmarschall Alfred Graf von Schlieffen. Drei Jahre nach seiner Zurruhesetzung Anfang 1906 entwarf der ein Bild vom Krieg in der Gegenwart, in dem er auch die Rolle des Feldherrn in der Schlacht skizzierte:

»Kein Napoleon, umgeben von einem glänzenden Gefolge, hält auf einer Anhöhe. Auch mit dem besten Fernglas würde er nicht viel zu sehen bekommen. [...] Der Feldherr befindet sich weiter zurück in einem Hause mit geräumigen Schreibstuben, wo Draht- und Funkentelegraph, Fernsprech- und Signalapparate zur Hand sind, Scharen von Kraftwagen und Motorrädern, für die weitesten Fahrten gerüstet, der Befehle harren. Dort, auf einem bequemen Stuhle vor einem breiten Tisch hat der moderne Alexander auf einer Karte das gesamte Schlachtfeld vor sich, von dort telephoniert er zündende Worte, und dort empfängt er die Meldungen der Armee- und Korpsführer, der Fesselballon [sic] und der lenkbaren Luftschiffe, welche die ganze Linie entlang die Bewegungen des Feindes beobachten, dessen Stellungen überwachen.«[2]

Was Schlieffen für die Schlacht beschrieb, ließ sich damals auch schon für die Kriegführung im Großen feststellen: Die Dimensionen der zu bewegenden und zu versorgenden Truppenkörper sprengten alle Vorstellungen. Die Technik veränderte das Militärwesen in allen Bereichen und auf allen Ebenen. Penible Planung gewann an Bedeutung. Schnelle Kommunikation auf allen Kanälen war dafür elementar. So weit, so gut. Doch Schlieffens Vignette weist auch zwei markante Fehlstellen auf: Erstens war der höhere Führer schon damals längst kein solitärer Feldherr mehr, sondern ein fest in das kollektive Denken, die Hierarchien und die Routinen eines arbeitsteiligen Generalstabs eingebundener End-Entscheider. Zweitens unterließ es Schlieffen, die vom »modernen Alexander« empfangenen und bewerteten Informationen zu qualifizieren.

Ein guter Teil dieser Informationen erschloss sich nämlich nicht mehr durch das Studium der Karte, durch den unmittelbaren Blick aus der Ballongondel oder durch das Fernglas. Viele der Informationen – Schlieffen selbst hätte wohl eher das Wort »Nachrichten« verwendet – waren gut gehütete Geheimnisse. Sie mussten schon in Friedenszeiten erlangt werden, weswegen auch die Schlieffensche Perspektive auf die Schlacht extrem verengt ist. Die prognostischen, deduktiven und dabei oft geheimen Dimensionen der Planung und der Führung von Kriegen erschließen sich aus Schlieffens Szene jedoch nicht. Will man im gewählten Bilde bleiben, dann muss man sich den Feldherrn dieser Jahre vielleicht weniger über eine Landkarte gebeugt vorstellen, sondern über ein Puzzle. Dieses Buch unter-

---

[1] Jefferson Airplane, White Rabbit (Surrealistic Pillow; RCA 1967).
[2] Schlieffen, Der Krieg in der Gegenwart, S. 11–22, hier S. 15 f. Der Aufsatz war 1909 – anonym – in der Publikumszeitschrift »Deutsche Revue« erschienen.

https://doi.org/10.1515/9783111380940-003

sucht, wie diese geheime Dimension des Krieges zwischen 1871 und 1914 im Militär Raum griff, wie sie militärische Organisation, militärische Führung und damit die Vorstellung von Kriegführung insgesamt veränderte – und das nicht nur in der Armee Schlieffens, sondern auch in den Armeen Frankreichs und des Vereinigten Königreichs.

1. Begriffsgeschichte und Definitionen

Sprache bildet die erste Herausforderung für jeden historischen Vergleich. Beim hier gewählten Thema ist dies in mehrfacher Hinsicht der Fall. Es gilt nicht nur, die Schlüsselbegriffe im allgemeinen Gebrauch der drei Sprachen (Deutsch, Englisch, Französisch) zu berücksichtigen, sondern auch die davon möglicherweise abweichenden militärischen, geschichts- und politikwissenschaftlichen oder gar juristischen Fachterminologien. Hinzu kommt, dass sich innerhalb der jeweiligen Sprachen über die vergangenen knapp eineinhalb Jahrhunderte vielfach Bedeutungsverschiebungen bei einzelnen Begriffen vollzogen haben. Schließlich unterlagen die militärischen und nachrichtendienstlichen Terminologien spätestens seit der Mitte des 20. Jahrhunderts einem Prozess der Standardisierung, der durch die Ausbildung von zwei globalen, militärischen Bündnissen und internationalen Organisationen (NATO und Warschauer Vertragsorganisation) angestoßen wurde.

Die Welt der Nachrichtendienste ist also auch linguistisch eine der »Falschen Freunde«. Deshalb sind Definitionen wichtig. Wollen wir wissen, was heute militärisches Nachrichtenwesen bedeutet, dann ist es zwar nicht zwingend, aber hilfreich, die Definitionen heranzuziehen, die die Streitkräfte selbst entwickelt haben. Als Leitbegriffe lassen sich dabei »Nachrichtenwesen«, »Renseignements« und »Intelligence« identifizieren.[3] In dem heute für Deutschland, Frankreich und das Vereinigte Königreich maßgeblichen Glossar der NATO wird »Intelligence« folgendermaßen definiert:

»The product resulting from the processing of information concerning foreign nations, hostile or potentially hostile forces or elements, or areas of actual or potential operations. The term is also applied to the activity which results in the product and to the organizations engaged in such activity.«[4]

Damit liegt auch schon ein grundlegendes Problem der Begrifflichkeit offen zutage, denn während »Intelligence« sowohl als nachrichtendienstliche Organisation, als Prozess oder als Produkt verstanden werden kann, ist dies bei »Renseignements« bestenfalls für die Dimensionen Organisation und Prozess möglich. Die deutschen Begriffe »Nachrichtenwesen« und »Nachrichtendienst« erfassen schließlich nur die Institution bzw. die Organisation. Dazu kommt, dass die nachrichtendienstliche Fachliteratur in der Bundesrepublik auf eine spezifische Unterscheidung abhebt – und zwar zwischen »Nachrichtendienst« und »Geheimdienst«. Demnach handelt es sich bei Geheimdiensten um staatliche Organisationen, »die militärisch, poli-

---

[3]   In der historischen Literatur herrscht das Pluraletantum »Renseignements« vor, während in der heutigen Forschungsliteratur auch »Renseignement« geläufig ist.

[4]   NATO, AA-P06, Glossary of Terms and Definitions (English and French), 2014, S. 2-I-6.

tisch, wissenschaftlich und wirtschaftliche als bedeutend definierte Informationen unter größtmöglicher Geheimhaltung ihrer Tätigkeit sammeln, auswerten und weiterleiten.« Diese unternehmen »aktiv Handlungen zur Beeinflussung oder Störung eines aufzuklärenden Staates, Unternehmens oder einer Organisation [...] oder treten aggressiv gegenüber Einzelpersonen auf.« Ihre Methoden umfassen »Desinformation, Sabotage, Zersetzung, Entführung, Agitation, Subversion und Mord«, wobei die Tätigkeit »insgesamt durch einen exekutiven Charakter gekennzeichnet« sei. Demgegenüber bleibt der Auftrag von Nachrichtendiensten »auf die Sammlung und Auswertung von Informationen beschränkt und ist somit wesentlich enger gefasst« als der eines Geheimdienstes.[5]

Es liegt auf der Hand, dass eine derartige Definition eine politisch (de-)legitimierende Funktion hat, die gleichermaßen im Zusammenhang mit der Erfahrung des Nationalsozialismus und der Systemkonfrontation des Kalten Krieges zu verstehen ist. Die a priori vorgenommene Unterscheidung von Geheim- und Nachrichtendienst beschreibt also allenfalls die rechtlichen Anforderungen an die einschlägigen Institutionen in der Bundesrepublik Deutschland. Sie ist ahistorisch und deshalb für das hier gewählte Forschungsdesign ungeeignet.[6] Ähnliche Distanzierungen sind in der französischen und englischen Fachsprache unmaßgeblich.

Der für spätestens 1879 nachgewiesene, maßgebliche Quellenbegriff für den deutschen Sprachgebrauch heißt »Nachrichtenwesen«.[7] Damit ist das Führungsgrundgebiet im Allgemeinen, also die Zusammenfassung von sachlich zusammengehörenden Aufgaben der militärischen Führung, und nicht der Dienst im Besonderen gemeint. Der Quellenbegriff »Nachrichtenwesen« bietet überdies den Vorteil, in einem deutschsprachigen Text ungelenke Anglizismen wie »Faktor Intelligence« bzw. »Kulturen der Intelligence« zu vermeiden.[8]

Ergiebig für die Begriffsbestimmung erweisen sich auch die Forschungserträge der Intelligence Studies, die bei aller Anwendungsorientierung und ihrer politikwissenschaftlichen sowie angelsächsischen Dominanz eine erkennbare geschichtswissenschaftliche Dimension haben.[9] So definiert der Historiker John Ferris:
»Intelligence is the collection and analysis of information by a power, to enable it to make maximum use of its resources against rivals and potential ene-

---

[5] Erxleben, Agenten zwischen den Fronten, S. 24 f. Ähnlich Ritter, Die geheimen Nachrichtendienste, S. 14. Bei Jakob ist das vermeintliche Unterscheidungsmerkmal mit »geheim/konspirativ durchzuführende Aktionen« beschrieben, wobei dieser im weiteren Verlauf zu einer eigenständigen und weit anspruchsvolleren Definition des Begriffs »Intelligence« kommt. Siehe Jakob, Geheime Nachrichtendienste, S. 36. Die Unterscheidung geht bei allen drei zitierten Autoren zurück auf die juristische Handbuchliteratur, namentlich Roewer, Nachrichtendienstrecht.
[6] Zur Frage der Nutzbarmachung militärfachlicher und dabei tendenziell applikatorischer Definitionen siehe Reichenberger, Der gedachte Krieg, S. 42.
[7] Siehe Frkbg., Nachrichtenwesen, S. 94 f.
[8] Siehe Jakob, Geheime Nachrichtendienste, und das 2012–2016 von der Gerda-Henkel-Stiftung geförderte Projekt »Kulturen der Intelligence. Ein Forschungsprojekt zur Geschichte der militärischen Nachrichtendienste in Deutschland, Großbritannien und den USA, 1900–1947«.
[9] Einführend zu den Begrifflichkeiten Secret Intelligence. A Reader. Dennis Showalter problematisierte bereits 1991 deren »present-mindedness«, ein Befund, der bis heute Gültigkeit besitzt. Siehe Showalter, Intelligence, S. 15.

mies. Intelligence is not a form of power but a means to guide its use, whether
as a force multiplier, or by helping statesman to understand their environment
and options, and thus how to apply force or leverage, and against whom.«[10]
Auch für Ferris steht zunächst einmal die Sammlung und Auswertung von
Informationen im Mittelpunkt, wobei er auf den Dienstleistungscharakter des
Nachrichtenwesens und dessen Potenzial als Kampfkraftverstärker hinweist.
Mark Lowenthal schlägt als Begriffsbestimmung vor:

> »Intelligence is the process by which specific types of information important
> to national security are requested, collected, analyzed, and provided to policy
> makers; the product of that process; the safeguarding of these processes and
> this information by counterintelligence activities; and the carrying out of op-
> erations as requested by lawful authorities.«[11]

Diese Definition lehnt sich an die oben zitierte NATO-Definition an, weist aber
mit der Einbeziehung von Spionageabwehr und Spezialoperationen auf noch zu
prüfende Erweiterungen hin. Ein beachtenswertes definitorisches Destillat liefert
schließlich Michael Warner, wenn er zu dem Schluss kommt: »Intelligence is secret, state activity to understand or influence foreign entities.«[12]

Legt man diese Definitionen nebeneinander, dann lässt sich eine Reihe von
Gemeinsamkeiten feststellen. Beim Nachrichtenwesen handelt es sich, erstens,
um eine institutionalisierte, also dauerhafte Form des staatlichen Wissensmanagements.[13] Daraus folgert, dass sich historische Analysen, wie die hier vorliegende, mit den nachrichtendienstlichen Organisationen, Prozessen und Produkten
befassen sollten – ungeachtet der Frage, ob sich diese drei Dimensionen in einem
einzigen Begriff fassen lassen oder nicht. Das Nachrichtenwesen eines Staates zielt
klassischerweise auf Organisationen oder Akteure im Ausland. Natürlich zählte
und zählt auch die Abwehr der nachrichtendienstlichen Bestrebungen der Gegner
oftmals zu den Aufgaben von Nachrichtendiensten, was wiederum bedeutet, dass
die Dienste dafür im Inland tätig waren und sind. Zwischen 1871 und 1914
haben die hier untersuchten Nachrichtendienste Informationen gesammelt, aufbereitet und verteilt, sie haben aber über keine exekutiven Befugnisse verfügt,
gleichwohl aber Spezialoperationen geplant (und dann ab 1914 mit geringem
Erfolg auch durchgeführt).

Schon an dieser Stelle kann aber als ausgemacht gelten, dass, zweitens, das
Geheime ein Alleinstellungsmerkmal dieser spezifischen Form des staatlichen
Wissensmanagements ist. Dabei sind das Erlangen und der Schutz von Geheimnissen einerseits das Ziel der eigenen Tätigkeit, anderseits bildet das Geheime
aber auch die »allgemeine Handlungsform« von Nachrichtendiensten.[14] Nicht

---

[10]   Zit. nach Beach, Haig's Intelligence, S. 7.
[11]   Lowenthal, Intelligence, S. 9.
[12]   Warner, A Definition of ›Intelligence‹, S. 9. Die Rezeption seiner Definition schildert der
       Autor später selbst in Warner, Theories of Intelligence, S. 25–32, hier S. 27.
[13]   So Laurent, Politiques de l'ombre, S. 11.
[14]   Jakob, Geheime Nachrichtendienste, S. 36; siehe auch Troy, The ›Correct‹ Definition of
       Intelligence, S. 433–454. Dieser spricht sich gegen ein allzu breites und damit verall-
       täglichendes Verständnis von »Intelligence« aus, wie es vor allem durch den amerikani-
       schen CIA-Analysten und Theoretiker Sherman Kent propagiert wurde. Stattdessen ginge
       es im Nachrichtenwesen im Kern stets um die Erlangung und den Schutz militärischer
       Geheimnisse.

alle Quellen der Nachrichtendienste sind geheim; in der Regel sind es aber seine Akteure, die Methoden und die Produkte. Das hat Folgen für das Selbstverständnis der Organisation, für die öffentliche Wahrnehmung der Dienste, für die Frage nach dem Stellenwert von Nachrichtendiensten im politischen Prozess und letztlich sogar für die Systemfrage. Beruht moderne Staatsmacht tatsächlich »in fundamentaler Weise auf Geheimnissen und Geheimhaltung, auf Ausspähung, Täuschung, Desinformation und Verrat«? Sollten wir deshalb das Geheimnis weniger als »une anomalie ou un dysfonctionnement«, sondern als einen legitimen Faktor im politischen Prozess – auch in demokratischen – begreifen?[15]

Alle oben ins Feld geführten Definitionen verstehen Nachrichtenwesen, drittens, als voll etablierte Organisation. Darunter sollen hier besondere Formen von sozialen Systemen verstanden werden, die sich hauptsächlich durch ihre Zwecksetzung, durch Mitgliedschaft und Hierarchien auszeichnen.[16] Der Zweck ist der Ausgangspunkt aller Beobachtungen zu Organisationen. Über seine Bestimmung reduziert die Organisation die ansonsten überwältigende Komplexität des Alltags.[17] Zwecksetzung schafft auch Kriterien bei der Auswahl der Mitglieder der Organisation und bestimmt die Mittel zur Erfüllung ihrer Aufgabe. Dass es Zweckkonflikte geben kann, dass sich Ziele und Bestimmungen im Verlauf der Entwicklung einer Organisation ändern können und dass sich das Verhältnis von Zweck und Mittel bisweilen verkehren kann, ist prinzipiell möglich und namentlich für die Geschichte der Nachrichtendienste bekannt.[18] Die Bestimmung der Organisation Militärischer Nachrichtendienst ist im Kern das Gewinnen von Wissen zur Erreichung von Handlungssicherheit in einem prinzipiell gewalttätigen Umfeld. In Organisationen muss man – damit ist, nach dem Zweck, das zweite Merkmal benannt – aufgenommen werden bzw. man muss ihnen beitreten. Über die Mitgliedschaft stellen Organisationen sicher, dass sich die Mitglieder in ihrem Handeln am Zweck der Organisation, deren Hierachien und den anderen Mitglieder ausrichten. Aus dieser prinzipiellen Konformität erwächst partiell die Effektivität der Organisation. Mit Blick auf Nachrichtendienste ist allerdings hier schon festzuhalten, dass die Leistung dieser Organisationen abweichend von anderen Organisationstypen nicht allein von ihren Mitgliedern abhängt, die man letztlich als »Normalarbeitsverhältnisse« begreifen könnte.[19] Daneben gibt es nämlich das Heer der nachrichtendienstlichen Werkvertragsnehmer – Spione, Agenten, Vertrauensleute, Berichterstatter oder Zuträger (eine Präzisierung dieser Gruppe folgt weiter unten) –, die eben nicht Mitglieder der Organisation sind, sondern nur Dienstleistungen für diese erbringen.

---

15 Horn, Der geheime Krieg, S. 9, und Forcade, La république secrète, S. 11.

16 Damit lehne ich mich an die zum Verständnis militärischer Organisation hilfreiche Variante der systemtheoretischen Organisationssoziologie an. Siehe Kühl, Organisationen, S. 16–22, außerdem Apelt, Das Militär, S. 134, und Pohlmann/Markova, Soziologie der Organisation, S. 57–61.

17 Siehe dazu die klassische Darstellung von Niklas Luhmann, Organisation und Entscheidung, S. 184, sowie eine der wenigen militärgeschichtlichen Analysen des Problems bei Martin Clauss und Christoph Nübel, Militärisches Entscheiden.

18 Zum Zweck als Grundbedingung von Organisation siehe die klassische Untersuchung von Blau/Scott, Formal Organizations.

19 Kühl, Organisationen, S. 48.

Dass Organisationen, drittens, durch Hierarchien definiert sind, muss in einer Untersuchung zu militärischer Organisation nicht erst erklärt werden. Hierarchien definieren die Kommunikationswege in einer Organisation.[20] Deswegen wird es von Interesse sein, wie Nachrichtendienste, deren Kommunikationsinhalte in der Regel für eine sehr kleine Auswahl von Mitgliedern der Organisation bestimmt sind, mit etablierten Kanälen umgingen oder ob sie möglicherweise selbst parallele oder neuartige schufen.

Für die weitere Betrachtung soll hier auch die Vorstellung der drei Seiten einer Organisation übernommen werden, die formale, die informale und die Schauseite.[21] Die formale Seite manifestiert sich in Gliederungen, Stellen- und Ausrüstungsnachweisen, Geschäftsordnungen oder Vorschriften. Für die Entstehungsgeschichte einer Organisation, und eine solche wird hier betrachtet, kann davon ausgegangen werden, dass diese formale Seite im Aufbau begriffen und vielleicht auch umkämpft war. Die informale Seite spiegelt sich in den Aushandlungsprozessen, ungeschriebenen Gesetzen, kurzen Dienstwegen, Deals und Learning-by-doing. Was in einer etablierten Organisation oft als Abweichung von der vermeintlich formalen Norm hinterfragt wird, stellt in einer im Aufbau begriffenen Organisation mangels formaler Seite möglicherweise sogar die Regel dar.[22] Die Schauseite schließlich bezeichnet die Seite der Organisation, mit der sie sich selbst nach außen hin präsentiert. Nun haben Nachrichtendienste aber die Angewohnheit, dass sie oftmals nach außen überhaupt nicht wahrgenommen werden wollen oder dass im Extremfall sogar die Existenz der Organisation an sich geheimgehalten werden soll.

Aus der sozial- und geschichtswissenschaftlichen Beschäftigung mit militärischer Organisation können außerdem zwei Aspekte herausgegriffen werden, die für die weitere Betrachtung interessant sind. Da ist einmal die besondere Dichotomie der Arbeitsumgebung des Militärs: Krieg und Frieden. Aus dieser folgert die Militärsoziologie eine entsprechende Ausbildung von Organisationsvarianten, den sogenannten »kalten« (Friedens-) und »heißen« (Kriegs-)Organisationen.[23] Die Mitglieder sehen sich vor allem beim Wechsel in den Referenzrahmen Krieg einer »starken Veränderung des Anspruchsniveaus« gegenüber.[24] Das leuchtet ein. Nun stellt das militärische Nachrichtenwesen aber eine Organisation dar, die bereits im Frieden oft schon einen »heißen« Aggregatszustand aufweist. Das liegt daran, dass dieses Führungsgrundgebiet auch im tiefsten Friedensbetrieb Verhältnisse auf der gegnerischen Seite aufklären, potenzielle Gefahren erkennen und vor akuten Bedrohungen warnen soll. Diese prognostische Bürde lässt vermuten, dass es mit der eindeutigen Kalt-Heiß-Dichotomie möglicherweise schon in der Vergangenheit nicht weit her war.

---

[20] Nicht seine Hierarchie an sich sondern deren Offensichtlichkeit lässt das Militär mitunter als einen eigenständigen Typ formaler Organisation erscheinen. Siehe Blau/Scott, Formal Organizations, S. 71.
[21] Kühl, Organisationen, S. 89–157.
[22] Für Blau/Scott, Formal Organizations, gilt als ausgemacht: »The formal organization sets the stage for the emergence of informal social processes« (S. 264). Für die *Gründungs*geschichte formaler Organisationen wird es aber auch interessant sein, zu beobachten, ob diese nicht auch als Verfestigung informaler Organisation verstanden werden können.
[23] Siehe dazu Elbe/Richter, Militär: Institution und Organisation, S. 244–246.
[24] Kühl, Ganz normale Organisationen, S. 318.

Der zweite Aspekt betrifft das Verhältnis genau dieser Aufgabe und der Ausbildung der Organisation: »Ausgangspunkt für militärische Struktur«, so formuliert das Martin Rink im Rückblick auf die frühe Bundeswehr, »ist die Bedrohungsanalyse.«[25] Auch das ist richtig. Spannend wird es freilich, wenn man sich in eine Zeit zurückbegibt, in der Organisationen, die derartige Bedrohungsanalysen hätten anfertigen müssen, noch gar nicht bestanden oder in der möglicherweise Bedrohungsanalysen als Grundlage für operative, strategische oder sicherheitspolitische Konzepte in der Form, wie wir sie kennen, gar nicht existierten. Tatsächlich war der hier betrachtete Zeitraum die Formierungsphase dieser Organisation. Spionage, das Lesen der Briefe anderer Leute und militärisch motivierte Zeitungslektüre mag es weltweit schon immer gegeben haben; aber erst im letzten Drittel des 19. Jahrhunderts machten sich die europäischen Großmächte daran, diese Aufgabenbereiche innerhalb ihrer bestehenden militärischen Organisationen einzurichten.[26] Erst jetzt wurde das Nachrichtenwesen dauerhaft betrieben, also im Krieg und im Frieden; wurde Personal nach festgelegten Kriterien rekrutiert und auf entsprechende Karrierepfade hin entwickelt; wurden einheitliche Verfahren ausgebildet; entstanden Terminologien und Rechtsgrundlagen. Erst jetzt bildeten sich Werte, Normen und Annahmen aus, die handlungsleitend wurden.[27] Nun setzte der oben erwähnte Prozess der informalen Organisationsausbildung ein, der, je nach Blickwinkel, als Wandel der bestehenden Militärkultur oder aber als Beginn einer eigenständigen nachrichtendienstlichen Kultur verstanden werden muss. Das muss man im Hinterkopf behalten, wenn man das Nachrichtenwesen dieser Zeit verstehen und definieren möchte.

Unter Berücksichtigung der oben diskutierten Begriffsbestimmungen soll deshalb für diese Untersuchung eine Definition vorgeschlagen werden, die darüber hinaus keinen Geltungsanspruch hat, gleichwohl aber den Erfordernissen einer vergleichenden historischen Untersuchung für die Frühgeschichte des Phänomens genügen soll:

»Nachrichtenwesen« bezeichnet klandestines staatliches Wissensmanagement in den Bereichen der äußeren und inneren Sicherheit. »Militärisches Nachrichtenwesen« bezeichnet klandestines Wissensmanagement in den Streitkräften.

Neben den Leitbegriffen »Nachrichtenwesen«, »Renseignements« und »Intelligence« werden in der folgenden Darstellung immer wieder historische Begrifflichkeiten verwendet, die wenigstens für den Betrachtungszeitraum definiert werden müssen. Das empfiehlt sich auch deshalb, weil sich daraus möglicherweise nationale, begriffsgeschichtliche Unterschiede, Gemeinsamkeiten oder Transfers identifizieren lassen und weil die Ausbildung von Begriffen Rückschlüsse zu organisatorischen oder doktrinären Konsolidierungen ermöglicht.

Beginnt man mit der Tätigkeit des militärischen Nachrichtenwesens, bieten sich die Quellenbegriffe »Rekognoszierung« bzw. »Aufklärung« (Deutsch), »reconnaissance« (Englisch und Französisch) und »renseignements« (Französisch) an, um den zielgerichteten Einsatz von Kräften und Mitteln zum Gewinnen von Informationen zu beschreiben. Im deutschen Sprachgebrauch war

---

[25] Rink, »Strukturen brausen um die Wette«, S. 361.
[26] Dewerpe, Espion, S. 13; Andrew, The Nature of Military Intelligence, S. 2 f.
[27] Wilson, Defining Military Culture, S. 14; siehe auch die Beiträge in Cultures of Intelligence.

»Rekognoszierung« der ältere, allgemeine Begriff für militärische Aufklärung. Ein einschlägiges Handwörterbuch definierte »Rekognoszierung« 1880 lapidar als »Untersuchungen eines Gegenstandes, um sich über dessen Beschaffung aufzuklären«.[28] Im engeren Sinne war damit die taktische Aufklärung von gegnerischen Streitkräften, militärischen Anlagen und Infrastruktur durch eigene Kombattanten gemeint. Ab der Jahrhundertwende begannen sich allerdings die Bedeutungsebenen von militärischer und nachrichtendienstlicher Aufklärung zu scheiden, sodass der Begriff »Rekognoszierung« eigentlich nur noch für die Spionagereisen von Offizieren verwendet wurde. Für alle anderen Dimensionen von Aufklärung fassten dann die »Anhaltspunkte für den Generalstabsdienst« von 1914 ein eigentümliches Aufgabenkonvolut von »Aufklärung, Nachrichten- und Meldewesen, Presse, Unterhandlungen mit dem Feinde, Kriegsgefangene, Gesetze und Gebräuche des Landkrieges« zusammen. Aufklärung war in erster Linie eine Aufgabe der Kavallerie gewesen. Doch hatte sich diese Aufgabe für den Fall eines Krieges inzwischen stark aufgefächert:

»Außer durch Kav. Aufklärung können Nachrichten erlangt werden: durch Erkundungsfahrten von Flugzeugen und Luftschiffen [...]; ferner durch Ausfragen von Landeseinwohnern und Gefangenen – durch Einzelvernehmung ist festzustellen: Truppenteil, größerer Verband, Namen der höheren Führer, letzte Nachtquartiere und Märsche, Zustand und Stimmung der feindl. Truppen – Schriftstücke und Karteneintragungen gefangener oder gefallener Offiziere, Abhören von Telegrammen und Ferngesprächen, Aufheben von Briefen, Ausbeuten von Post- und Tel. Anstalten, Durchsicht von Zeitungen, Kundschafter (Agenten).«[29]

In Frankreich bezeichneten »reconnaissance« bzw. »exploration« die taktisch-operative Aufklärung, während »renseignements« im nachrichtendienstlichen Verständnis bereits seit den 1860er-Jahren geläufig war.[30] In Großbritannien hatte sich der Begriff »reconnaissance« spätestens ab der Jahrhundertwende neben dem »secret service« unter dem gemeinsamen Oberbegriff »intelligence« etabliert.[31] Grundsätzlich ist anzumerken, dass sich die britische Definition von Aufklärung zunächst stark an das deutsche Modell angelehnt hatte, dann aber nach 1902 die Erfahrungen aus dem Krieg in Südafrika auch die eigenen Begrifflichkeiten schärften.[32]

Blickt man auf die Bezeichnungen für die nachrichtendienstlichen Akteure, so weisen diese prinzipiellen Analogien auf, auch wenn es innerhalb der Sprachen zu Ablösungen und Konkretisierungen kam.[33] Über den gesamten Betrachtungszeitraum geläufig war in allen drei Sprachen der »Agent«. Dieser

---

[28] Siehe Frkbg., Rekognoszierungen, S. 114.
[29] Generalstab der Armee, Anhaltspunkte, S. 69.
[30] Siehe Blondeau, Le service des renseignements, S. 30.
[31] Henderson, Field Intelligence. Beach, Haig's Intelligence, sieht das britische Modell beruhend auf einem »reconnaissance-based paradigm« (S. 18).
[32] Für die deutschen Einflüsse empfiehlt sich ein Textvergleich von Henderson, Field Intelligence (1904), und dem 1875 eingeführten und ab 1877 in englischer Übersetzung vorliegenden Handbuch von Bronsart von Schellendorff, Der Dienst des Generalstabes.
[33] Für die frühneuzeitliche Begriffsgeschichte von »Spion«, »Kundschafter« und »Agent« siehe Rous, Geheimdiplomatie.

Begriff wurde auch und vor allem für das eigene Personal verwendet, um damit den negativ konnotierten Terminus »Spion« zu vermeiden.

Allgemein gesprochen, und diese Bedeutung ist in allen drei Sprachen auch schon historisch üblich gewesen, ist ein Agent bzw. eine Agentin eine Person, die einem Nachrichtendienst wissentlich und heimlich Unterstützung leistet, über die dort eine Personalakte geführt wird und die diesem Dienst nicht formal als Mitarbeiterin oder Mitarbeiter angehört.[34] In Deutschland hat der Begriff »Agent«, zumindest innerhalb des Nachrichtendienstes selbst, im Jahrzehnt vor 1914 eine deutliche Auffächerung erfahren. Dazu zählte der »Reiseagent«, in den älteren Quellen mitunter auch als »Korrespondent« bezeichnet. Als »Spannungsreisende« wurden Reiseagenten bezeichnet, die speziell für die Phase vor einer Mobilmachung vorgesehen waren. Der Ausbau des deutschen Netzes führte schließlich zur Einführung des Begriffs »Kriegsagent«. Damit waren im Ausland lebende Agenten gemeint, die bereits im Frieden über ihre Aufgaben in einem Kriegsfall instruiert waren. Als Sonderform taucht in den Quellen ab 1912 auch der »Unterbrechungsagent« auf, bei dem es sich um Agenten handelte, die im Mobilmachungsfall vorbereitete Sabotageoperationen durchführen sollten.[35] »Agent« war auch die übliche Bezeichnung in Frankreich, wobei hier ebenfalls »espion« für ausländische Agenten verwendet wurde. Ein ortsfester Agent hieß »agent sédentaire«, während ein Reiseagent als »agent mobile« oder »voyageur« bezeichnet wurde. Kriegsagenten hießen, wenig überraschend, »agents de guerre«. Unterbrechungsagenten firmierten unter den »agents mobiles«, sodass sich für die deutsch-französischen Verhältnisse von einem weitgehenden terminologischen »mimétisme« sprechen lässt.[36] Die zeitgenössische englische Terminologie zeichnete sich – wenigstens mit Blick auf Quellen zum kontinentaleuropäischen Szenario – durch geringere Vielfalt aus. Hier wurden »agent« und »spy« synonym verwendet. Für 1909 ist außerdem die Unterscheidung zwischen »local« bzw. »resident agents« und »mobile agents« nachgewiesen.[37]

Der ältere Begriff des »Kundschafters« lief wohl in den 1890er-Jahren in der deutschen Fachsprache aus, wurde danach aber noch vereinzelt und in der Regel für rekognoszierende Kombattanten verwendet. Für das Französische scheint kein Synonym in Gebrauch gewesen zu sein, während im Englischen der Begriff »Scout« ebenfalls für Aufklärer verwendet und hier durch die Boy Scout-Bewegung stark popularisiert wurde.[38] Über den hier untersuchten Zusammenhang hinaus ist der Begriff des »Kundschafters« auch deshalb von Interesse, weil er nach gut

34 So Judd, The Quest for C, S. 95.
35 BArch, RW 5/654: Reichskriegsministerium, Abwehrabteilung: Generalmajor a.D. Gempp, Geheimer Nachrichtendienst und Spionageabwehr des Heeres. Teil I, 1. Bd, 1866–1914 (1928), Bl. 238, 364 (zit. nach der gestempelten Archivpaginierung).
36 Sawicki, A la frontière des deux Lorraine, S. 132–135 (Zitat S. 134). Außerdem für die zeitgenössischen Begrifflichkeiten de Blondeau, Le service des reinseignements, S. 19, und SHD, GR 7 NN 2 624: EMA, Deuxième Bureau, Section de Renseignements: Service des Renseignements aux Armés. Service Secret, Oktober 1911.
37 Hier allerdings mit Blick auf die angenommene deutsche Disposition. Siehe TNA, KV 1/2: General Staff (Oberstleutnant James E. Edmonds), Espionage in time of peace, Januar 1909, Bl. 17–37, hier Bl. 25.
38 Siehe Frkbg., Kundschafter, S. 87, und Meyers Großes Konversations-Lexikon, Bd 11 (1907), S. 802; für »scout« siehe Henderson, The Art of Reconnaissance, S. 73.

einem halben Jahrhundert als Selbstbezeichnung von Agenten im sowjetischen
Machtbereich wieder in Gebrauch kam.

Auf die tendenzielle Abgrenzung von »Agent« und »Spion« ist bereits hingewiesen worden. Diese ist durch die Entwicklung der einschlägigen Gesetzgebung
ab 1886 europaweit befördert worden. In Deutschland definierte 1880 das
einschlägige Militärhandbuch Spione noch als »nicht dem Militärstande angehörige Kundschafter«, räumte aber ein, dass man umgangssprachlich als Spion
den gegnerischen Akteur bezeichnet, während »Agent« oder »Kundschafter«
als Selbstzuschreibungen verwendet würden.[39] Auch in der französischen
Begriffsgeschichte wird darauf verwiesen, dass der Spion kein Kombattant sei,
womit de Blondeau in seiner Definition von 1914 nur noch die zwischenzeitlich etablierte Rechtslage wiedergibt: »On désigne sous le nom d'espions tous
ceux qui se livrent, au profit de l'un des belligérants et sans porter ostensiblement
l'uniforme de son armée, à des investigantions ou à des actes susceptibles de nuire
aux intérêts de son adversaire.«[40]

Die englische Terminologie wich hiervon nicht ab. Auch hier wurde in internen Debatten durchaus auf die Spannung zwischen politisch korrekter und tatsächlicher Terminologie hingewiesen: »In the enemy's territory are the Observers.
They are spies, pure and simple [...].«[41] Eva Horns Verständnis des Spions als eines
Irregulären ist also nicht verkehrt; zu ergänzen wäre für diese Figur der politischen
Anthropologie nur die Besonderheit, dass sie in der Regel als eine der jeweils anderen Seite gesehen wurde.[42]

Ein zumindest in dieser Epoche nur in der deutschen Terminologie auftau-
chender Begriff ist der des »Vertrauensmannes« oder »V-Mannes«. Damit waren
ortsfeste Agenten vornehmlich deutscher Nationalität gemeint, die aus patriotischen Motiven für den Nachrichtendienst arbeiteten. Dabei lebten sie entweder
im deutschen Grenzgebiet oder aber im Ausland. Oftmals übernahmen V-Männer
auch Mittlerfunktionen zwischen dem deutschen Nachrichtendienst und seinen
Agenten: Sie »regeln den Verkehr mit bestimmten Agenten, übermitteln Aufträge
und Briefe, nehmen Lieferungen in Empfang und zahlen Belohnungen aus.«[43]
Das französische Pendant des »agent sédentaire« erfüllte vornehmlich in Elsass-
Lothringen ähnliche Aufgaben, nur dass der Begriff nicht die eigentümliche
Konnotation des Vertrauens beinhaltet. Die englischen Begriffe »correspondent«
und »head agent« deckten dieselbe Personengruppe ab, wurden aber bis 1914 in

---

[39]   Siehe Frkbg., Spione, S. 47.
[40]   Siehe Blondeau, Service des reinseignements, S. 17. Alan Dewerpe definiert den Spion als
       »l'agent de la rélévation«, womit auf die Mehrdeutigkeit des Agentenbegriffs hingewiesen
       wird. Siehe Dewerpe, Espion, S. 11.
[41]   TNA, HD 3/124: Foreign Office, Permanent Under Secretary's Department: Memorandum
       »Secret Service in the Event of a European War« (ca. 1903-05).
[42]   Horn, Der geheime Krieg, S. 28, 81.
[43]   So der Nachrichtenoffizier in Königsberg 1910. Ein ähnliches Aufgabenspektrum kann
       aber auch für V-Leute im Westen angenommen werden. Siehe BArch, RW 5/654:
       Reichskriegsministerium, Abwehrabteilung: Generalmajor a.D. Gempp, Geheimer
       Nachrichtendienst und Spionageabwehr des Heeres, Teil I, 1. Bd, 1866–1914 (1928),
       Bl. 176, 238, 382.

Ermangelung einer größeren Zahl von eigenen V-Leuten auf dem Kontinent in der Regel für die gegnerischen verwendet.[44]

Im Vorgriff auf die weiter unten folgende Darstellung zum Zusammenhang von Information und Nachrichtenwesen kann hier schon angemerkt werden, dass »Information« nur bedingt ein Quellenbegriff war. In der deutschen Fachsprache ist er praktisch nicht nachweisbar; stattdessen wurde von »Nachrichten« oder »Erkenntnissen« gesprochen.[45] Anders im Französischen, wo »information« eingeführt war. Jim Beach weist für Großbritannien auf den kuriosen Umstand hin, dass noch die Felddienstordnung von 1909 kein Kapitel für »intelligence«, gleichwohl aber für »information« beinhaltete. Dabei fand sich der Begriff »intelligence« organisatorisch und als Konzept längst abgebildet.[46]

Die Begriffsbildung war also bis 1914 nicht abgeschlossen. Die Grundbegriffe waren aber schon seit dem Beginn des Betrachtungszeitraumes geläufig und sie differenzierten sich in den folgenden Jahrzehnten aus. Verantwortlich für die Kodifizierung waren – und das wird die weitere Darstellung zeigen – als externer Faktor die Entwicklung des Rechts und als interner Faktor die Institutionalisierung des Nachrichtenwesens selbst. Das Bemühen um Maskierung wirkte sich dabei immer auf das Wortfeld aus, denkt man an Begriffe wie »Nachrichtenoffizier«, an »Section de statistique« oder auch den Allerweltbegriff des »Agenten«. Direkte begriffliche Transfers von einer Sprache in die andere blieben allerdings aus oder müssten in weit vorgelagerten Epochen gesucht werden.

2. Politische und militärische Rahmenbedingungen

Dieses Buch spürt der Gründungsgeschichte des militärischen Nachrichtenwesens insgesamt nach, indem es den Weg vom Allgemeinen zum Speziellen geht, vom Großen zum Kleinen. Dies geschieht mittels eines Vergleichs. Dabei müssen längerfristige Rahmenbedingungen mit kurzfristigen Lagen und konkreten Faktoren in Beziehung gesetzt werden. Es hat in der Literatur zum Zeitalter der Weltkriege immer wieder Versuche gegeben, diese Rahmenbedingungen näher zu bestimmen und für eine Analyse nutzbar zu machen. So hat John Keiger in seiner Geschichte Frankreichs mit den »forces profondes« eine frühere Überlegung von Pierre Renouvin aufgegriffen. Arthur Marwick verstand in einer der wenigen vergleichenden Studien zu Krieg und sozialem Wandel diese gesellschaftlichen Rahmenbedingungen als »essential features«.[47] Dabei wäre es grundverkehrt, diese als nationale Charaktere oder gar Stereotypen zu verstehen.

---

[44] Siehe Blondeau, Service des reinseignements, S. 19, und TNA, KV 1/2: General Staff (Generalmajor John Spencer Ewart), Minute, 31.12.1908 (Bl. 9–12, hier Bl. 9), und ebd., General Staff (Oberstleutnant James E. Edmonds), Espionage in time of peace, Januar 1909, Bl. 17–37, hier Bl. 29. Für die Begriffsgeschichte von »intelligence« siehe außerdem Troy, The »Correct« Definition.

[45] Siehe Meyers Großes Konversations-Lexikon, Bd 9 (1907), S. 826. Dort erstmals und ohne Bezug auf das Militär knapp als »Unterweisung, Auskunft«.

[46] Siehe Blondeau, Service des reinseignements, S. 17; Beach, Haig's Intelligence, S. 17.

[47] Keiger, France and the World, S. 1; Marwick, War and Social Change, S. 14–23.

Als erste dieser Rahmenbedingungen ist der Raum zu nennen, der geradezu als »Bedingungsfaktor« jeder vergleichenden historischen Forschung gelten kann.[48] Im Deutsch-Französischen Krieg von 1870/71 war dies erneut deutlich geworden: Der Raum beeinflusste den Aufmarsch und die Bewegung der Armeen vom ersten Tag an; Gelände, Infrastruktur und Festungen spielten dabei eine wichtige Rolle. Die Vorstellung, Raum in Zeit zu verwandeln, also etwa durch Kontrolle von Raum bzw. Aufgabe desselben einen Zeitvorteil erzwingen zu können, war schon im militärischen Denken des 19. Jahrhunderts selbstverständlich.[49] Technik restrukturierte den Raum durch den Einfluss der modernen Feuerwaffen auf die Operationen. Eine Folge davon war das Aufkommen von Stellungskämpfen. Diese traten freilich nicht erst im Ersten Weltkrieg auf, auch wenn sie dort das Gesamtbild des Krieges in Westeuropa prägten. Beispiele finden sich bereits 1877/78 auf dem Balkan und im Kaukasus, 1904/05 in der Mandschurei und 1913 in Thrakien. Die ganze Anlage der Landesbefestigung in Frankreich nach 1871 zielte darauf ab, den Gegner am freien Operieren zu hindern und ihn stattdessen entweder in den Wirkungsbereich der eigenen stationären Waffen oder aber ins operative Abseits zu zwingen.

Die Technik gewann ab den 1890er-Jahren über die Motorisierung, die Luftfahrt und neue Kommunikationsmittel Einfluss auf die militärische Raumwahrnehmung. Selbst wenn der Fokus in diesem Buch auf Westeuropa liegt, so ist doch klar, dass Raum, dort wo Imperien involviert sind, immer auch global mitgedacht werden muss.

Die Wirkungsmacht des militärischen Raumes sollte man jedoch nicht im Krieg allein suchen. In den Friedensjahren von 1871 bis 1914 entstanden mächtige Raumbilder, denkt man im Falle Frankreichs an die »verlorenen Provinzen«, denkt man an die »unerlösten Provinzen« Italiens, an die »Mittellage« des Deutschen Reiches, an die »Weite« des russländischen Raumes oder die Diskussion um »kontinentale« versus »imperiale« Orientierung im Vereinigten Königreich.

Die Genese von Nachrichtendiensten ist also auch als eine Antwort auf die Herausforderung durch diese Räume und Raumbilder zu sehen, bildet doch die Kenntnis des Raumes eine zentrale Voraussetzung für den Ansatz der militärischen Kräfte. Weil bei der Kartografie die »Produktions- und Nutzungslogiken raumbezogenen Wissens« nahezu deckungsgleich waren, überrascht es auch nicht, dass es das europäische Militär war, das im 19. Jahrhundert die Landesaufnahme weiterentwickelte und institutionalisierte.[50] Die ersten militärischen Spionagemissionen hatten nicht zum Ziel, die Absichten, sondern den Raum der Anderen zu erkunden. Es wird deshalb im weiteren Verlauf der Untersuchung auch darum gehen, das Verständnis vom zeitgenössischen Verhältnis zwischen dem militärischen und dem nachrichtendienstlichen Raumbegriff zu schärfen.

Gerade im militärgeschichtlichen Kontext sollte klar sein, dass Raum ein Erbe sein kann, aber kein Schicksal; dass er Verhandlungsmasse sein kann, dabei aber nicht zwingend ein Nullsummenspiel sein muss. Auch sind die Raumbedingungen

---

[48] Echternkamp/Martens, Militärgeschichte als Vergleichs- und Verflechtungsgeschichte, S. 10. Die Verfasser postulieren dies für die Verflechtungsgeschichte. Es gilt aber natürlich auch für den Vergleich.

[49] Das sollte auch 1914–1918 eine operative Maxime bleiben. Siehe dazu Leonhard, Die Büchse der Pandora, S. 1006.

[50] Siehe Kann, Karten des Krieges, S. 30.

nicht vorgegeben. Sie sind vielmehr selbst das Resultat von internationalen Beziehungen, die im Fluss sind.[51] Raum beeinflusst nicht nur die militärischen Verhältnisse, sondern auch die gesellschaftlichen, weswegen es sinnvoll erscheint, als zweite Rahmenbedingung für die Entwicklung von Nachrichtendiensten die politische Kultur in den Fokus zu nehmen.

Die politische Kultur eines Landes bestimmt unmittelbar den Stellenwert des Militärs und des Nachrichtenwesens. Mit Deutschland, Frankreich und Großbritannien präsentieren sich in der hier untersuchten Epoche Vergleichsfälle, zu denen in der Historiografie verhältnismäßig fest gefügte Vorstellungen existieren. Das gilt zunächst einmal im weiteren Sinne für die politische und Gesellschaftsordnung, mithin Vorstellungen von der Interventionsbereitschaft des Staates, vom Parteiensystem, von der Rolle der Öffentlichkeit, vom Grad an Rechtstaatlichkeit und von der Verfassung. Im engeren Sinne gilt es, die dort etablierte Staatgewalt zu betrachten: Ist diese zentral oder föderal organisiert? Wie steht es um die Stabilität der Exekutive? Wie gesichert ist das Gewaltmonopol? Schon aus diesen ersten Fragen wird ersichtlich, dass der Zusammenhang von politischer Kultur und militärischem Nachrichtenwesen nur verständlich wird, wenn bei der Betrachtung ein Standort eingenommen wird, von dem aus sich über das Militär hinausblicken lässt.[52]

Wenn das militärische Nachrichtenwesen eingangs als eine Form des staatlichen Wissensmanagements definiert wurde, liegt es nahe, Wissen als eine weitere Rahmenbedingung zu verstehen. Wissen soll im Folgenden verstanden werden als Fähigkeit zum sozialen Handeln.[53] Dabei muss dann konkret nach dem Zusammenhang von Wissen, Bürokratisierung und Staat gefragt werden. Zweifellos begannen moderne Staaten, Wissen vor allem zum Zweck sozialer Kontrolle zu erwerben und auszuwerten.[54] Aber die Sammelwut des Staates beschied sich natürlich nicht mit diesem Zweck. Diese Tätigkeit wurde im Laufe des 19. Jahrhunderts deutlich verstetigt und strukturiert, sodass der Staat in diesem Prozess zum »Information State« aufwuchs.[55] Erkenntnisse hierzu hat vor allem die Politikwissenschaft geliefert. Ihr Fokus liegt auf dem Staat und seinem Interesse, Informationen zu gewinnen und so gesellschaftliche Prozesse zu beobachten. Diese Forschungsperspektive hilft, das Militär und das Nachrichtenwesen als informationelle Akteure zu verstehen – und das besonders in der hier in Rede stehenden Epoche von 1871 bis 1914.

Allerdings wird zu fragen sein, ob der Blick auf den Staat für das Verständnis des Phänomens ausreicht oder ob nicht umfassender von einer »Wissensgesellschaft« gesprochen werden sollte. Dieses Konzept entstammt der Soziologie und ist in der Wissensgeschichte aufgegriffen worden.[56] In der Wissensgeschichte liegt der

---

[51] Legt man ein entsprechendes Verständnis von Raum zu Grunde, dann wird man auch nicht Gefahr laufen, Hinweise auf Raumfaktoren mit Blick auf das Deutsche Reich als eine geopolitische Variante der deutschen Sonderwegsdebatte (»Mittellage«) fehlzuinterpretieren. Siehe Müller/Torp, Das Deutsche Kaiserreich im Wandel, S. 12.

[52] Dazu Reinhard, Geschichte der Staatsgewalt, S. 365–370, 385–387.

[53] Stehr, Wissenspolitik, S. 31, 47.

[54] Dandeker, Surveillance, Power and Modernity.

[55] Higgs, The Information State in England, S. VII; Mergel, Staat und Staatlichkeit, S. 147–149.

[56] Szöllösi-Janze, Wissensgesellschaft in Deutschland.

Fokus nicht auf dem Staat, sondern auf der Gesellschaft. Wissensgesellschaftliche Ansätze interessieren sich nicht so sehr für die Sammlung von Informationen bzw. den Erwerb von Wissen. Sie stellen vielmehr heraus, dass Wissen als Vorbedingung für Handeln zu verstehen ist. Allerdings bleibt die epochale Zuordnung zu klären, weil die Wissensgesellschaft vielfach als eine konkrete, nämlich die postindustrielle Gesellschaftsform verstanden wird. In dieser Studie wird aber davon ausgegangen, dass Wissen bereits am Ende des 19. Jahrhunderts zu einer zentralen Ressource, einem gesamtgesellschaftlichen Organisationsprinzip und zu einer Problemquelle aufwuchs, und es deshalb auch nicht verwunderlich ist, dass sich der Staat schon in dieser Zeit daran machte, über die Nutzbarmachung der Wissenschaften diese Entwicklung mitzugestalten.[57] Ob und inwieweit also Verwissenschaftlichung auch im Militär und im Nachrichtenwesen Raum griff, wird hier zu zeigen sein.

Wissen war und ist besonders dort eine zentrale Ressource, wo sie zum Zweck der Schaffung oder dem Erhalt von Sicherheit erworben und verarbeitet wird. Damit ist eine weitere Rahmenbedingung für die Entwicklung des Nachrichtenwesens genannt. Sein Wissen zu Fragen der Sicherheit schafft der Staat durch die bürokratisch organisierte Überwachung von Personen, Organisationen und Sachverhalten. Dabei sollte aber der Begriff »Überwachung« hier nicht allein repressiv verstanden werden; vielmehr handelt es sich um einen sozialen Basisprozess, in dessen Verlauf auf proaktive Weise Planungsdaten erhoben und Ordnungsmuster entwickelt werden. Es ging also nie darum, bloß zu wissen, sondern darum, dieses Wissen auch zu operationalisieren.[58] Ob es sich dabei um Erhebungen zur körperlichen Tauglichkeit von Schulabgängern, zu Wohnadressen ausländischer Staatsangehöriger oder zur Zahl der Geschütze in der Armee eines Nachbarstaates handelte, ist für diese Formen des Monitoring im Prinzip belanglos. Die Forschungen zur Geschichte der Überwachung haben sich allerdings in der Vergangenheit vornehmlich mit der inneren Sicherheit befasst und dabei eine der ältesten und routiniertesten Institutionen der Überwachung übersehen: das Militär.[59]

Die durch Überwachung angestrebte Sicherheit ist ein Ziel, aber kein Zustand. Die vorliegende Untersuchung versucht, den aus den Internationalen Beziehungen entlehnten konstruktivistischen Sicherheitsbegriff am Beispiel der Entstehung von militärischen Nachrichtendiensten zu erproben.[60] Dieser Sicherheitsbegriff eignet sich in besonderer Weise, weil er auf die innere und die äußere Sicherheit gleichermaßen anwendbar ist, weil er die Kategorie Wissen berücksichtigt und weil er Sicherheit als sozialen Prozess begreift, der diskursiv und umstritten ist. Ob Sicherheit in einer staatlichen Institution oder in der Gesellschaft insgesamt als gefährdet angesehen wird, ist demnach das Ergebnis interessensgesteuerter Aushandlungen. Wenn wir politisch etwas erreichen wollen, müssen wir Leuten nur Angst machen. Das militärische Nachrichtenwesen zwischen 1871 und 1914 bietet für diese Maxime eine Fülle von Anknüpfungspunkten. Es ist ja selbst, das

---

[57] So Paulmann, Globale Vorherrschaft und Fortschrittsglaube, S. 455; ähnlich Higgs, Information State in England, S. 99–128, und Osterhammel, Die Verwandlung der Welt, S. 109–114.

[58] Reichardt, Einführung: Überwachungsgeschichte(n), S. 8, 11.

[59] Dandeker, Surveillance, Power and Modernity, formuliert diesen Hinweis schon früh aber beiläufig (S. 222).

[60] Conze, Securitization, S. 465.

wird hier gezeigt werden, das Produkt eines Prozesses der Versicherheitlichung (*securitzation*). Dieser Begriff mag sprachlich sperrig wirken, ermöglicht aber in besonderer Weise, den akteursgesteuerten, kommunikativen und konstruktivistischen Charakter von Sicherheit als Politikfeld deutlich zu machen.[61]

Wegen der inneren und äußeren Dimensionen von Sicherheit bietet es sich an, die zivil-militärischen Verhältnisse in den untersuchten Ländern als eine weitere Rahmenbedingung zu untersuchen. Damit kommt die Polizei ins Spiel und die Frage der Abgrenzung der Zuständigkeiten. Nachrichtendienste mögen heute gewachsene und weitgehend unumstrittene Elemente der nationalen Sicherheitsarchitekturen sein. Vor 150 Jahren gestalteten sich diese Verhältnisse jedoch grundlegend anders. Als genereller Trend kann gelten, dass sich die Sphären der inneren und der äußeren Sicherheit im Europa des 19. Jahrhunderts auseinanderentwickelten. Damit spezialisierten sich auch die jeweiligen Überwachungsaufgaben. Weder das Militär noch die Polizei waren allerdings die alleinigen Akteure in ihren jeweiligen Sphären. Nach außen hin beobachteten nämlich auch die Diplomaten, und weil sie dort relevante militärische Sachverhalte feststellten, installierte man an den Gesandtschaften dafür Spezialisten, die Militärattachés.[62] Auch die großen Unternehmen der Stahlindustrie, Maschinenbauer, Reedereien und Versicherungen richteten Stabsstellen zur Beobachtung des Marktes unter besonderer Berücksichtigung der internationalen Wettbewerber ein. Schließlich entwickelte sich die Presse im späten 19. Jahrhundert nicht nur zu einem Beobachter, sondern zu einem regelrechten Akteur in den internationalen Beziehungen.[63]

Auch bei der inneren Sicherheit spielte die Presse eine wichtige Rolle, sodass die Polizeien in dieser Sphäre nicht allein agierten. Trotz des generellen Trends hielten sich in Europa bis ins 20. Jahrhundert hybride Organisationen äußerer und innerer Sicherheit, etwa die beim Militär ressortierende preußische Landgendarmerie, die französische Gendarmerie oder die Royal Irish Constabulary.[64] Auch blieb der Einsatz von Militär zur Bekämpfung bei Unruhen in allen drei Ländern einschließlich ihrer kolonialen Machtbereiche immer die Ultima ratio. Schließlich stellte die Wehrüberwachung, wenigstens in den Staaten mit allgemeiner Wehrpflicht, ein weites und mit der Größe der Streitkräfte entsprechend wachsendes Feld des militärischen Monitorings im Inneren dar.

Der Erste Weltkrieg hat das bis dahin gewachsene, zivil-militärische Verhältnis in allen drei Ländern erschüttert. Dabei liegt natürlich die Vermutung nahe, dass Veränderung unter den Bedingungen des Krieges nichts anderes als eine

---

[61] Zur Versicherheitlichung als Rahmenbedingung des Nachrichtenwesens siehe S. 54–59.

[62] Wolfgang Reinhard gibt zu bedenken, dass Informationssammlung die ureigene Aufgabe der modernen Diplomaten gewesen sei und daher Nachrichtendienste schlicht als eine Ableitung der Diplomatie verstanden werden könnten (Reinhard, Geschichte der Staatsgewalt, S. 385). Mir scheint damit der Auftrag der Diplomatie nur sehr verkürzt beschrieben, denn dieser beschränkt sich nicht auf das Sammeln von Information, sondern beinhaltet auch und vor allem die Repräsentanz und die Gestaltung der bilateralen Verhältnisse. Der Vorschlag macht aber deutlich, dass das historische Verhältnis zwischen Diplomatie und Nachrichtendiensten weiterer Klärung bedarf.

[63] Siehe Geppert, Pressekriege.

[64] Die vergleichende Forschung ist hier noch lückenhaft. Siehe Emsley, Gendarmes and the State.

Bedeutungszunahme der militärischen Sphäre bedeutete. Das mag auch in grosso modo so gewesen sein; die eigentlich interessante Frage ist freilich, ob eine solche Verschiebung schon zwischen 1871 und 1914 im eigenen Interesse des Militärs lag und ob es auf die dadurch erwachsenden, neuartigen Aufgaben vorbereitet war.

Die letzte, hier zu betrachtende Rahmenbedingung für die Entwicklung des Nachrichtenwesens sind deshalb auch die Binnenverhältnisse des Militärs selbst. Die Ausbildung dieses Führungsgrundgebietes war ja zwischen 1871 und 1914 nur ein Teil eines sehr viel weitergehenden Prozesses der Vergrößerung, der Ausdifferenzierung und Professionalisierung der Streitkräfte, und damit auch der militärischen Führung. Die Organisation, in welcher der Nachrichtendienst des Heeres in Deutschland und Frankreich angesiedelt war, war der Generalstab; im Vereinigten Königreich kam dagegen dem Kriegsministerium eine wichtige Rolle zu. Auch wenn der preußische Große Generalstab vor 1914 weltweit als *role model* galt, so waren doch die Aufgaben, die Stellung und das Selbstverständnis der Generalstäbe der anderen Heere durchaus nicht mit ihm identisch.

3. Fragestellung und Quellen

Die hier präsentierten Rahmenbedingungen stellen politik- und geschichtswissenschaftliche Forschungsfelder dar, die für sich genommen seit Langem und intensiv beforscht wurden. Allerdings sind die Erkenntnisse der jeweiligen Spezialforschungen über die eigene (Sub-)Disziplin hinaus nur ungenügend wahrgenommen worden. Dazu kommt, dass das Militär als Gegenstand dieser Forschungen oftmals außen vor geblieben ist. Beiden Desideraten soll hier insoweit abgeholfen werden, indem wir folgende Leitfrage stellen: Wie produzierten und organisierten Streitkräfte zwischen 1871 und 1914 das Wissen über ihre potenziellen Gegner?

Von dieser Leitfrage lassen sich eine ganze Reihe weiterer Fragen ableiten: Wann und warum entstanden in dieser Epoche Nachrichtendienste als militärische Organisationen? Welche Periodisierungen und Zäsuren lassen sich innerhalb dieser Gründungsgeschichte beobachten? Wo wurden diese neuen Nachrichtendienste innerhalb des Militärs angesiedelt? Wie entwickelte sich die Binnengliederung der Nachrichtendienste? Welchen Einfluss gewann das Nachrichtenwesen auf Kriegsbilder und Operationsplanung und lässt sich hieraus sein Stellenwert innerhalb der jeweiligen Streitkräfte schlussfolgern? Was waren die Quellen des Nachrichtendienstes und wie entwickelte sich über die Jahre ihre Gewichtung zueinander? Inwieweit waren Organisation und Praxis der Nachrichtendienste davon beeinflusst, dass es sich in allen drei Fällen um Streitkräfte von Imperien handelte? Welchen Stellenwert nahmen die Nachrichtendienste bzw. ihre Erkenntnisse im strategischen Entscheidungsprozess ein? Schließlich gilt für alle diese Fragen: Welche Unterschiede und Ähnlichkeiten ergeben sich im Vergleich der drei Streitkräfte zueinander und lassen sich möglicherweise Transfers von Ideen und Praktiken beobachten?

Die Geschichtsschreibung zum Nachrichtenwesen weist allerdings ein systemisches Problem auf: Ihr Gegenstand ist bestrebt, sich einer wissenschaftlichen Erforschung zu entziehen.[65] Das bedeutet, dass die Historiografie zu den Nachrichtendiensten in besonderer Weise auch die »Geschichte der Zugriffsmöglichkeiten« auf deren historische Quellen ist.[66] Nachrichtendienste wollen in der Regel nicht, dass die handelnden Personen, die Arbeitsweisen und die Ergebnisse ihrer Tätigkeit öffentlich werden. Das heißt freilich nicht, dass die Institution an sich, die einzelnen Organisationen oder die Akteure ahistorisch veranlagt sind – ganz im Gegenteil. Das Bewusstsein, dass die eigene Leistung letztlich keine öffentliche Würdigung erfahren kann, lässt dort eine »epistemische Bürde« aufwachsen.[67]

Für diese klandestine Grundeinstellung gibt es gute Gründe. An erster Stelle ist der Quellenschutz zu nennen. Die Enttarnung eigener Akteure kann für diese schwerwiegende Folgen haben, bis hin zur Bedrohung von Leib und Leben. Das gilt auch über den Zeitraum ihrer aktiven Tätigkeit hinaus.[68] Das Versprechen, die eigenen Quellen zu schützen, bildet daher die Grundlage jeder Vereinbarung, welche die Organisation mit ihren Mitgliedern trifft. Ein Dienst, der dieses Versprechen nicht einlösen kann, gefährdet die eigene Reputation über den konkreten Fall hinaus. Aus diesem Grund argumentieren Vertreter der nachrichtendienstlichen Position sogar, dass der Quellenschutz über die Lebenszeit hinaus Geltung haben müsse.[69]

Auch an einer Offenlegung ihrer Arbeitsweisen waren und sind Nachrichtendienste nicht interessiert. Zwar lässt sich für tendenziell symmetrische Organisationen vermuten, dass sich auch deren Arbeitsweisen irgendwie ähneln; der Teufel steckt gleichwohl im Detail. So kann die Gewichtung der nachrichtendienstlichen Quellen abweichen, die Einsicht in die Arbeitsweisen kann Hinweise auf das Personal geben oder ein Dienst arbeitet tatsächlich mit einem Werkzeug, über das seine Wettbewerber (noch) nicht verfügen.

Schließlich werden auch die Produkte der nachrichtendienstlichen Tätigkeit geheim gehalten. Auch wenn diese in der Masse auf offenen Quellen beruhen, selbst wenn ein informierter Zeitungsleser möglicherweise ohne Mühe zum selben Schluss kommen kann, so lässt doch schon eine geringfügige Anreicherung des Produkts mit vertraulichen Quellen das Gesamtergebnis zu einem vertraulichen werden. Neben diesen guten Gründen für institutionalisierte Geheimniskrämerei kennt die Geschichte der Nachrichtendienste allerdings auch zur Genüge diesbezügliche Übertreibungen, ja sogar Pathologien.

Die Folgen für Historikerinnen und Historiker sind Einschränkungen bei den Quellen; ob es sich dabei um die fehlende Kooperationsbereitschaft oder strategisch angelegte Erinnerung bei den Zeitzeugen handelt, um die physische Vernichtung von Quellen oder um teilweise grotesk lange Sperrfristen bei den

[65] Zu dieser Grundsituation siehe Jeffery, MI6, S. XI–XV.
[66] Bergien, Geschichte der Nachrichtendienste, S. 11.
[67] Horn, Der geheime Krieg, S. 140.
[68] Ein klassisches Negativbeispiel mit Bezug zu unserem Untersuchungsgegenstand stellt der Verlust der Akten der Straßburger Zentralpolizeistelle in den Wirren des Kriegsendes von 1918 dar, durch den die französischen Strafverfolgungsbehörden umfangreiche Aufschlüsse über die deutsche Spionageabwehr in Elsass-Lothringen und ihre Zuträger vor dem und im Ersten Weltkrieg gewinnen konnten. Siehe Sawicki, Les Services de renseignements, S. 1–4.
[69] Jeffery, MI6, S. VIII.

Archivbeständen. Krisen und Zusammenbrüche von Staaten haben in Europa immer wieder den Blick hinter diesen Schleier erlaubt – 1917–1919, 1940 und 1989/90. Weniger markant, aber vielleicht ebenso bedeutsam war und ist die Forderung nach einem Mindestmaß an Transparenz, wie sie zumindest in den demokratischen Gesellschaften im 20. Jahrhundert formuliert wurde. Wer das Geheime als gesellschaftliche Praxis und den Nachrichtendienst als notwendiges Instrument auch der Demokratie akzeptiert, der hat die besseren Argumente an der Hand, wenn es um das Projekt der Zivilisierung der Nachrichtendienste von einer primitiven Jäger-und-Sammler-Gesellschaft zum Akteur in der Wissensgesellschaft geht.[70]

Die Quellenmisere ist allerdings nicht allein durch Geheimhaltung begründet. Oftmals wurde diese nämlich nur vorgeschoben, um schlechte Aktenführung und Mängel in den archivalischen Standards zu verschleiern.[71] Wilde Kassationen haben die Bestände gerade für die Anfänge der Nachrichtendienste unwiederbringlich geschädigt. Dazu kamen im 20. Jahrhundert erhebliche Verluste durch Kriegseinwirkung. So vernichtete der französische Generalstab beim Vorstoß der deutschen Armee auf Paris im August 1914 Teile des eigenen Archivs.[72] Zu diesen Kriegsverlusten zählen auch die deutschen Geheimdienstakten, die bei Kriegsende im November 1918 und im Verlauf der Revolution durch die Organisation selbst vernichtet wurden.[73] Im April 1945 bombardierte die *Royal Air Force* die Stadt Potsdam, wodurch große Bestände des dortigen Heeresarchivs zerstört wurden.

Manche der verloren geglaubten Quellen kamen allerdings später auch wieder ans Tageslicht, so zum Beispiel die Manuskripte zu einer amtlichen deutschen Geschichte des Heeresnachrichtendienstes im Ersten Weltkrieg. Dieser »Gempp-Bericht« war von der amerikanischen Besatzungsmacht zunächst nach den USA verbracht und später an das Bundesarchiv zurückgegeben worden. Weitere wichtige deutsche Bestände sind seit 1990 in Russland aufgetaucht und, abhängig von den politischen Großwetterlagen, für die Forschung zugänglich, darunter der Nachlass des Chefs der Sektion IIIb des preußischen Großen Generalstabs, Walter Nicolai.[74] Eine beispiellose Odyssee haben z.B. die oben erwähnten Bestände der Straßburger Zentralpolizeistelle aus den Jahren 1887–1918 erlebt. Diese waren 1918 durch die französische Armee erbeutet worden. Diese reihte sie in das eigene Militärarchiv ein, wo sie wiederum 1940 durch die Archivbeauftragten der Wehrmacht ermittelt und – zusammen mit zahlreichen französischen Beständen – nach Potsdam verbracht wurden. 1945 stieß dort die Rote Armee auf die

---

[70] Siehe Forcade, La république secrète, S. 11: »En réalité, le secret est une practique incontournable dans tout système politique, progressivement assumée et bientôt naturelle dans l'exercise du pouvoir démocratique.«

[71] Für Großbritannien siehe Seligmann, Spies in Uniform, S. 20–23, außerdem Jeffery, MI6, S. XII; für die Überlieferung des Bundesnachrichtendienstes siehe Müller, Reinhard Gehlen, Bd 1, S. 13–17.

[72] Ministère de la Defense, Guide des Archives, S. 231.

[73] Siehe die Darstellung und Kritik in der amtlichen deutschen Geschichte in RGVA, 545-3-343: Generalmajor a.D. Gempp, Geheimer Nachrichtendienst und Spionageabwehr des Heeres, Teil II, 11. Bd, 10. Abschnitt. Die Abteilung IIIb im letzten Kriegsjahre (1944), Bl. 15.

[74] Siehe Geheimdienst und Propaganda. Als Übersicht über die teilweise erratische Gliederung siehe Brückner, Die Nachrichtenoffiziere, hier S. 75 f.

Akten und lagerte diese französischen Bestände in einem bis 1992 geheimen »Sonderarchiv« ein. Die französischen Akten und die Bestände der Straßburger Zentralpolizeistelle gingen schließlich während der politischen Tauwetterperiode in den 1990er-Jahren an Frankreich zurück – Straßburg, Paris, Potsdam, Moskau, Paris.[75] Während im deutschen Fall die Freigabe von Archivalien zur Frühgeschichte der Nachrichtendienste also eine Folge von Niederlagen und Regimewechseln war, musste dieser Prozess in Frankreich und Großbritannien ab den 1990er-Jahren erst politisch angestoßen werden.[76]

Darüber hinaus kamen in den vergangenen zwanzig Jahren neue Quellen auch deshalb zu Tage, weil man einfach zielgerichteter danach suchte. Das gilt etwa für die Bestände der Außenministerien und für einzelne Nachlässe.[77] Auch die Militär- und Regionalarchive boten hier und da noch Fundstücke.[78] Schließlich haben sich über die kulturgeschichtliche Erweiterung der Militärgeschichte neue, allerdings vornehmlich gedruckte Quellen erschlossen.[79]

Das Ergebnis der jüngeren Forschung ist ein inzwischen doch recht umfangreicher Korpus an Literatur zu Deutschland, Frankreich und dem Vereinigten Königreich.[80] Die Geschichte der Nachrichtendienste vor 1914 ordnet sich damit in ein weites Forschungsfeld zu den Themen Internationale Beziehungen, Generalstäbe, Operationsplanung, Medien und Militär, innere Sicherheit und Kulturgeschichte des Geheimen. Für das Deutsche Reich sind die Monografien von Jürgen W. Schmidt (2006) und Lukas Grawe (2017) zu nennen. Ersterer analysiert vor allem die deutsche Spionageabwehr, liefert dabei aber auch wichtige Grundlagen zur Organisation des deutschen Nachrichtendienstes und zu den zivil-militärischen Verhältnissen. Letzterer untersucht den Großen Generalstab mit Blick auf dessen nachrichtendienstliche Organisation im letzten Jahrzehnt vor dem Ersten Weltkrieg.[81] Dazu kommen Detailforschungen, so zu den Akteuren – Nachrichtenoffiziere, Attachés und Militärbeobachter –, sowie zur Rolle der offenen Quellen oder einzelnen Spionagefällen.[82]

Für Frankreich liegen wenigstens drei größere Arbeiten von Olivier Forcade (2008), Sébastien Laurent (2009) und Deborah Bauer (2021) vor, welche die Frühgeschichte des Nachrichtendienstes in dem zeitlich und thematisch sehr viel breiteren Rahmen von Sicherheitspolitik und innerer Sicherheit in der Dritten

[75] Zu diesen »Fonds de Moscou« siehe Sibille, Les archives du ministère de la Guerre.
[76] Siehe Laurent, Pour une autre histoire de l'État, S. 176; Bennett, Declassification and Release Policies.
[77] Siehe Beach, Haig's Intelligence; Dupont, Mémoires; Grawe, Deutsche Feindaufklärung; Geheimdienst und Propaganda.
[78] Ein klassisches Beispiel für die Nutzbarmachung von Regionalarchiven ist Becker, Le Carnet B.; siehe außerdem Schmidt, Gegen Rußland und Frankreich; Sawicki, Les Services de renseignements; Brückner, Die Nachrichtenoffiziere.
[79] Siehe hierzu Spy Fiction; Dewerpe, Espion; Horn, Der geheime Krieg.
[80] Siehe die Literaturberichte von Larsen, Intelligence in the First World War, und Grawe, German secret services.
[81] Schmidt, Gegen Rußland und Frankreich; Grawe, Deutsche Feindaufklärung, außerdem Pöhlmann, The Evolution.
[82] Brückner, Die Nachrichtenoffiziere; Pöhlmann, Das unentdeckte Land; Schröder, »Ausgedehnte Spionage«.

Republik diskutieren.[83] Außerdem hat die Rückkehr der erwähnten »Fonds de Moscou« materialreiche Studien zum Nachrichtendienst des Generalstabs und zur Spionageabwehr angestoßen.[84]

Bei den Arbeiten zum Nachrichtendienst im Vereinigten Königreich fallen zwei mit amtlicher Unterstützung veröffentlichte Geschichten der Dienste auf.[85] Grundlegende Arbeiten zur Spionageabwehr haben Nicolas Hiley und Thomas Boghardt vorgelegt.[86] Mustergültig und auf umfangreichen Quellen beruhend ist die Arbeit zu den Marine- und Militärattachés von Matthew Seligmann.[87] Für alle drei Staaten fällt damit zum einen auf, dass die Geschichte der Nachrichtendienste von 1871 bis 1914 bisher oft nur als Vorgeschichte des Ersten Weltkrieges abgehandelt wird. Zum zweiten wurde sie durchwegs als nationale Geschichte erzählt. Diesen beiden Mankos soll hier abgeholfen werden.

4. Zeit und Raum

In der hier in Aussicht genommenen, international vergleichenden Geschichte gilt es nun, den Zeitraum und den geografischen Raum zu erläutern. Zeitlich setzt die Untersuchung 1871 mit dem Ende des Deutsch-Französischen Krieges ein. Das ergibt sich aus dem Umstand, dass mit der Gründung des Deutschen Reiches drei europäische Großmächte in der Welt waren, für die sich der Vergleich lohnt. Für die ersten zehn Jahre wird die Darstellung aufgrund der Quellenlage und des Charakters der historischen Nachkriegszeit eher knapp ausfallen. Dann aber macht sich der gesamtgesellschaftliche Schwellencharakter der 1880er-Jahre auch in diesem Feld bemerkbar; Jürgen Osterhammel spricht davon, dass damals ein »Ruck« durch die Welt gegangen sei.[88] Für das Militär gelten entsprechende Periodisierungen und deshalb lässt sich als Hypothese formulieren, dass auch für die Entwicklung der Nachrichtendienste ähnliche Zäsuren zu erwarten sind. Die folgenden, gut vier Jahrzehnte bis 1914 kennzeichnete eine enorme Dynamik auf allen politischen Ebenen und in allen gesellschaftlichen Feldern. Dynamik darf dabei aber außen- und militärpolitisch nicht teleologisch als Zulaufen auf einen historischen »Fluchtpunkt«, den großen Krieg, missverstanden werden.[89] Innenpolitisch fällt in diesen Jahren die allge-

---

[83] Forcade, La république secrète; Laurent, Politiques de l'ombre; Bauer, Marianne is Watching.

[84] Lahaie, Renseignement; Sawicki, Les Services de renseignements; Bauer, Villains. Als Forschungsüberblick siehe außerdem Forcade, Objets, approches et problématiques.

[85] Andrew, The Defence of the Realm; Jeffery, MI6.

[86] Boghardt, Spies of the Kaiser; Hiley, Re-entering the Lists (dort auch Verweise auf seine früheren Arbeiten).

[87] Seligmann, Spies in Uniform.

[88] Osterhammel, Verwandlung der Welt, S. 103; Für eine etwas spätere Zäsur siehe Brechtken, Scharnierzeit, S. 7 f.; siehe außerdem Steinmetz, Europa im 19. Jahrhundert, S. 40–43, der die Periodisierungen diskutiert. Seine eigene Zäsur, die Jahrhundertwende, wäre für die Geschichte des militärischen Nachrichtenwesens in Europa aber deutlich zu spät.

[89] Die Warnung vor dem »Fluchtpunkt« bei Leonhard, Bellizismus und Nation, S. 13; weiterführend Kießling, Gegen den »großen Krieg«?, der Entspannung als eine »spezifische

meine Verdichtung von Staatlichkeit auf, die sich auch im Ausbau sicherheitlicher Bürokratie und Sozialtechnik niederschlug.[90] Den Ersten Weltkrieg als Ende des Betrachtungszeitraum zu rechtfertigen fällt verhältnismäßig leicht: Dieser Krieg gilt als Ende des langen 19. Jahrhunderts, als Beginn des kurzen 20. Jahrhunderts, ja als Krieg, der den Krieg an sich beenden sollte. Wenn Epochen Buslinien wären, so Eric Hobsbawm, dann wäre 1914 sicher eine Endhaltestelle gewesen.[91] Der eindeutige Zäsurcharakter scheint hier also gesetzt, und das gilt auch für die Nachrichtendienste.

Der geografische Raum der Untersuchung ergibt sich aus ihrer Konzeption. In deren Mittelpunkt steht der Vergleich von militärischen Organisationen, und zwar der drei genannten Heere. Ihre überseeischen Komponenten, so etwa die auch in nachrichtendienstlicher Hinsicht besonders interessante *Indian Army*, werden hier nicht behandelt. Diese Einschränkung ist der Masse des Stoffs geschuldet und lässt sich durch die unterschiedlichen Formen des Krieges auch gut begründen. Gleichwohl bleibt sie riskant. Denn hier wird davon ausgegangen, dass Soldaten, die an der imperialen Peripherie Dienst taten, möglicherweise auch eine veränderte Vorstellung vom Soldatentum und vom Kriegführen zurück in ihre Metropolen brachten. Das gilt auch – und vielleicht sogar vor allem – für das Nachrichtenwesen. Auf dieses »imperiale Archiv«, also den epistemischen Wissensspeicher, der Einschätzungen und Entscheidungen von Soldaten auch über den kolonialen Handlungszusammenhang beeinflussen konnte, wird hier verschiedentlich Bezug genommen. Eine empirisch gestützte und dabei vergleichende Untersuchung dieses Aspekts kann allerdings nur als Anregung für die Forschung vermerkt werden.[92]

Wir blicken außerdem auf das Land und nicht auf das Meer, und wir blicken genaugenommen auf Deutschland, Frankreich und das Vereinigte Königreich. Die Heere dieser drei Staaten empfehlen sich als Vergleichsobjekte, weil wenigstens das deutsche und das französische in der Epoche weltweit führend, stark aufeinander bezogen und als ebenbürtig bezeichnet werden können. Die *British Army* sollte im Hinblick auf ihre Größe und Kampfkraft erst im Verlauf des Ersten Weltkrieges Anschluss an diese beiden Landmächte erster Ordnung finden. Genau deshalb reizt es aber, sie für die Zeit vor diesem historischen Entwicklungsschub als Vergleichsfall heranzuziehen.

Dass der Krieg zur See außen vor bleibt, mag bedauerlich sein, ist aber eine Konsequenz des organisationszentrierten Zugriffs und spiegelt im Übrigen die historische Situation wider. Zwischen 1871 und 1914 wurden in allen drei Staaten nämlich de facto jeweils zwei Parallelkriege gedacht und geplant. Diese Trennung setzte sich dann in der Kriegführung 1914–1918 und letztlich bis heute auch in

---

Praxis« der internationalen Beziehungen versteht (S. 8). Für den Nachrichtendienst gilt das freilich nur eingeschränkt.

[90] Jörn Leonhard sieht das 19. Jahrhundert als das »Jahrhundert des Staates« (Leonhard, Die Büchse der Pandora, S. 14).

[91] Hobsbawm, The Age of Empire, S. 5.

[92] Siehe Richards, Imperial Archive, S. 11, 14. Die spätere Debatte um die Begrifflichkeit und die damit verbundenen Modifikationen des Konzepts bleiben für den hier gewählten Untersuchungsgegenstand letztlich unergiebig, könnten aber bei einer weiteren Untersuchung des Themenfeldes Nachrichtenwesen und Imperien relevant werden. Siehe dazu Kamissek/Kreienbaum, An Imperial Cloud?

der Militärgeschichtsschreibung fort. Sie wird auch hier nur punktuell überwunden werden, so bei der Untersuchung der deutschen und britischen Spionage, in die nämlich auch die jeweils gegnerischen Marine-Nachrichtendienste eingebunden waren. Auch wenn sich aus dem Verzicht auf eine vollumfängliche Behandlung des Marine-Nachrichtendienstes kein grundsätzlicher Mangel für diese Studie ergeben wird, so sei doch darauf hingewiesen, dass dieses Thema immer noch ein Desiderat der Forschung darstellt.

Man kann auch mit Recht fragen, warum das 1914 zahlenmäßig größte Heer der Welt, das russländische, außerhalb der Betrachtung bleibt.[93] Hier sind zunächst zwei forschungspragmatische Gründe ins Feld zu führen: Erstens ist der Stand der Forschung zum zarischen Nachrichtendienst derart ungenügend, dass bei einem Vergleich der Verlust der methodischen Symmetrie drohen würde. Zweitens liest der Autor kein Russisch und möchte sich auch nicht anmaßen, allein aus der englischsprachigen Literatur zu Russland ein Bild über die dortigen Verhältnisse gewinnen zu können. Drittens, und das stellt einen gewichtigen, konzeptionellen Grund dar, ist das Thema dieses Buches nicht die Gesamtdarstellung des militärischen Nachrichtenwesens in Europa. In dieser wäre eine Darstellung der russländischen Verhältnisse zwingend (gleiches gilt für den Fall Österreich-Ungarn). Es geht vielmehr um die Genese eines spezifischen Systems, und hierfür ist es völlig ausreichend, die Entwicklung in West- und Mitteleuropa zu betrachten. Dort wird die Entstehung des modernen »all-source intelligence« Systems insgesamt sichtbar.[94] Deshalb genügt die gewählte geografische Schwerpunktsetzung vollauf.

Das bedeutet freilich nicht, dass die Situation in weiteren Staaten nicht in die Untersuchung einfließt. Westeuropa bedeutet mit Blick auf dieses Thema nämlich immer auch die angrenzenden Neutralen. Denn das deutsche, französische und britische Militär interessierte sich auch für die militärischen Verhältnisse in den Benelux-Staaten und in der Schweiz. Dass der nächste europäische Krieg auch hier ausgefochten werden würde, war seit der Jahrhundertwende ein Allgemeinplatz der militärfachlichen Debatte. Die neutralen Staaten waren seit jeher internationale Nachrichtenbörsen; sie waren unentbehrliche Transiträume des Geheimen und Hintertüren ins Feindesland von morgen.

5. Theorie und Methode

Diese Studie verortet ihren Untersuchungsgegenstand nicht in einem straff gefassten Theorieansatz; sie sucht das Nachrichtenwesen nicht auf das Prokrustesbett französischer Sozialphilosophen zu spannen. Damit soll nicht gesagt sein, dass diese (oder andere theoriezentrierte) Untersuchungen wertvolle Erkenntnisse in diesem Themengebiet bieten können. Doch ist die organisations- und ereignisgeschichtliche Basis bislang sehr lückenhaft. Es bestünde die Gefahr, weitreichende Schlussfolgerungen auf unzureichende empirische Grundlagen zu gründen; das gilt dann für eine transnationale, vergleichende Untersuchung umso mehr.

---

[93] Einführend dazu siehe Pöhlmann, Der deutsche militärische Nachrichtendienst gegen Russland.

[94] Lowenthal, Intelligence, S. 70.

Die Studie greift vielmehr auf die theoretisch-methodischen Zugänge unterschiedlicher Subdisziplinen der Geschichtswissenschaft sowie angrenzender Wissenschaften zurück.[95] Dabei sind als erstes die Militärgeschichte und die Geschichte der Nachrichtendienste zu nennen. Deren enge Verbindung ergibt sich aus dem Umstand, dass das Militär die Institution war, in der das Nachrichtenwesen entstand und dass, vice versa, das Nachrichtenwesen in dieser Epoche zu einem Führungsgrundgebiet des Militärs aufwuchs. Beide Subdisziplinen bilden keine Methoden jenseits der historisch-kritischen aus und sie verfolgen auch keine anderen erkenntnisleitenden Interessen; wo sie es tun, sollten sie auch nicht als Teil der historischen Wissenschaften angesprochen werden. Ferner bietet der Rückgriff auf die Organisationsgeschichte die Präzisierung des Objektes der Forschung. Er soll auch den Zusammenhang von Organisation und politischer bzw. militärischer Kultur aufklären helfen. Die Forschungen zur Wissensgeschichte erscheinen vielversprechend, weil darin das Militärische bislang außen vor gelassen wurde. Das stellt angesichts der gesamtgesellschaftlichen Wirkmacht von Streitkräften und ihres Einflusses auf die Wissenschaften im 20. Jahrhundert doch einen einigermaßen irritierenden Befund dar. Die Einbeziehung der Sicherheitsstudien kann helfen, die in der Regel stark getrennt angelegte Betrachtung von innerer und äußerer Sicherheit zu überwinden. Auch soll damit unterstrichen werden, dass Versicherheitlichungsprozesse kein rein polizeiliches, nachrichtendienstliches oder militärisches Phänomen waren. Die Sicherheitsforschung hat in den vergangenen Jahren immer wieder auf den konstruktivistischen Charakter von Sicherheit hingewiesen. Diese existiert nicht einfach, sondern sie ist das Produkt von interessengeleiteten, diskursiven Aushandlungsprozessen. Hier soll aufgezeigt werden, dass dies auch für den Organisationstyp Militärischer Nachrichtendienst galt – »organizations are talked into existence«, lautet in diesem Zusammenhang eine Kernaussage des Organisationswissenschaftlers Karl E. Weick.[96]

Die Untersuchung nimmt eine komparatistische Perspektive ein. Der historische Vergleich ist in dreifacher Hinsicht ein recht undankbares Unterfangen: Er ist arbeitsintensiv; Redundanz ist sein hässlicher Begleiter und der Vergleich hat innerhalb der Disziplin mitunter eine schlechte Presse. Selbst dort, wo er anerkannt ist, wird der Vergleich in der Regel zwar mantrahaft gefordert, aber nur selten gezogen. Dort wo vergleichende Schlussfolgerungen gezogen werden, liegen manchmal gar keine vergleichenden Untersuchungen zugrunde.[97]

---

[95] Die Literatur zu den im Folgenden aufgeführten Zugängen wird im Hauptteil benannt und diskutiert.

[96] Weick, Making Sense, S. 5.

[97] Wie weit sich der gefühlte Vergleich treiben lässt, zeigt Ferris, The Road to Bletchley Park. Ohne die jeweiligen Vergleichsfälle zu belegen oder gar ernsthaft zu diskutieren, kommt der Autor bei seinem Thema zu folgenden, erstaunlich konkreten Einschätzungen: »By July 1914, Britain already had much expertise in the area; it was *above the average* among the great powers. During the First World War Britain became *perhaps the world's leader* in signals intelligence« (S. 53); ferner: »In diplomatic intelligence Britain was *far beneath the standard of* Russia, Austria-Hungary and France; in military intelligence *below that of* the Austrian army. The cryptographic systems of the Foreign Office were vulnerable to any attacker, the RN's [Royal Navy's] *worse than* the Kaiser's Navy, Army ciphers *below* (although *no worse than their peers*).« (S. 60); noch konkreter dann: »The British Empire *ranked a poor fourth* in diplomatic code-breaking, but a *good second* in military signals intelligence. This level was better than often is assumed – *ahead of* Germany and *not far behind* France.« (S. 60).

Vergleichende Arbeiten finden sich für die hier zu untersuchende Epoche eher zu Themen der Geschichte der Internationalen Beziehungen, der Politik- und Wirtschaftsgeschichte oder der Kulturgeschichte, selten allerdings in der Militärgeschichte und angrenzenden Teildisziplinen.[98]

Historische Vergleiche zeichnen sich dadurch aus, dass sie »zwei oder mehrere historische Phänomene systematisch nach Ähnlichkeiten und Unterschieden untersuchen«, um auf dieser Grundlage »zu ihrer möglichst zuverlässigen Beschreibung und Erklärung wie zu weiterreichenden Aussagen über geschichtliche Handlungen, Erfahrungen, Prozesse und Strukturen zu gelangen«.[99] Historisches Vergleichen heißt nicht, Unterschiede herauszustellen, sondern Relationen zu erkennen.[100] Dabei sollte der Grundgedanke des wissenschaftlichen Mehrwerts leitend sein: »At a mimimum, good comparative histories should give insights into each particular case that would have remained unrevealed had they been studied in isolation.«[101]

Nun hat der Vergleich durch Vertreter neuer Forschungstrends, namentlich der Transfergeschichte und der *Histoire croisée*, Kritik erfahren.[102] Er unterschätze Prozesse des Austauschs, der Aneignung und gemeinsame Anteile. Diese Kritik ist ernst zu nehmen, und eine derart einseitige Vergleichspraxis wäre auch verfehlt. Um das Potenzial dieser Forschungsansätze zu testen, scheint die Institution Militär vielleicht sogar besonders geeignet. Denn hier lässt sich zum Beispiel eine »Transnationalisierung von Normen« besonders gut beobachten.[103] Das gilt für taktische Normen (Doktrinbildung), für technische (Standardisierung) aber auch für rechtliche (humanitäres Völkerrecht). So fordern etwa Michael Werner und Bénédicte Zimmermann, die Entwicklung von Systemen als »wechselseitigen, in sich vernetzten Konstitutionsprozeß« zu verstehen, »dessen Akteure jeweils das System des andere im Kopf hatten und auch strategisch damit operierten, diese Vorstellungen für ihre Zwecke einsetzten.«[104] Für jemanden, der sich mit der Institution Militär befasst, klingt das eigentlich ziemlich vertraut. Genau das ist nämlich eine professionelle Kernqualifikation für jeden militärischen Operateur, aber auch für jeden Nachrichtendienstler. Ein derart erweitertes Verständnis kann also für die Militärgeschichte ertragreich sein, sofern man akzeptiert, dass die genannten Prozesse des Austausches hier eben systembedingt unfreiwillig, ja gewaltsam waren und dass sie im Geheimen stattfanden.[105] Das Militär lernt nämlich

---

Schließlich mit Blick auf den Zweiten Weltkrieg: »In this war Britain again *led the world in signals intelligence* [...]« (S. 54; alle qualifizierenden Feststellungen wurden durch mich kursiv hervorgehoben).

[98] Siehe u.a. Storz, Kriegsbild und Rüstung; Vogel, Nationen im Gleichschritt; Knöbl, Polizei und Herrschaft; Meteling, Ehre, Einheit, Ordnung; Echternkamp/Martens, Militär; Bönker, Militarism in a Global Age; Jentzsch, Vom Kadetten bis zum Admiral; Albert/Langer, Die Geschichte des Streitkräftevergleichs.

[99] Haupt/Kocka, Historischer Vergleich, S. 9.

[100] Epple/Erhart, Practices of Comparing, S. 17.

[101] Baldwin, Comparing and Generalizing, S. 11; Haupt, Historische Komparatistik, S. 140.

[102] Diese findet sich prägnant bei Kaelble, Historisch Vergleichen, S. 92–100.

[103] Echternkamp/Martens, Militärgeschichte, S. 16.

[104] Werner/Zimmermann, Vergleich, Transfer, Verflechtung, S. 607–636, hier S. 619.

[105] Die Unfreiwilligkeit von Transfers ist an sich eher ein Kennzeichen für asymmetrische Macht- und Vergleichsverhältnisse von Staaten, Gesellschaften oder Institutionen. Siehe Kaelble, Historisch Vergleichen, S. 112–116.

auch vom Gegner. Das ist zwar kein Alleinstellungsmerkmal, denn auch in politischen Parteien und Unternehmen war und ist der Blick auf den Wettbewerber gang und gäbe. Das Militär tut dies aber unter den besonderen Bedingungen von Frieden und Krieg. Dieser Prozess mag oftmals Konjunkturen aufweisen und er mag thematisch recht selektiv vonstatten gehen. Wichtig ist hier nur der Hinweis, dass das militärische Lernen vom Gegner ab 1871 zunehmend institutionalisiert wurde und dass das Nachrichtenwesen im Mittelpunkt dieses Prozesses stand.[106]

Eine zweite Kritik am Vergleich zielte auf seinen häufig gewählten Gegenstand, den europäischen Nationalstaat. Dabei wurde dem historischen Vergleich ein ideologischer Hintersinn unterstellt, dahingehend, dass die Herausstellung nationaler Unterschiede schlussendlich der Legitimation von Nationalstaaten diene. Nun ist dieser Vorwurf ganz ahistorisch, denn selbst wenn wir heute die Krise oder gar das Ende der Nationalstaaten anerkennen, bedeutet das nicht, dass die historische Beschäftigung damit entbehrlich oder schädlich sei.[107]

Wer sich mit der Geschichte Europas zwischen 1871 und 1914 befasst, wird feststellen, dass nicht die begründete Kritik am Vergleich dessen eigentliches Problem ist, sondern die anhaltende Attraktivität »einer sich selbst reproduzierenden, kaum aber sich erweiternden Nationalgeschichte«.[108] Das gilt nicht nur für konventionelle, affirmative Nationalgeschichten, sondern auch – im deutschen Fall – für deren kritische Spiegelbilder. Wo diese durch neue Quellen bzw. Themen unsere Detailkenntnis erweitern und, darauf aufbauend, selbst neue Deutungsangebote macht, bleibt ihre wissenschaftliche Berechtigung unbestritten. Wo sie sich allerdings in der Pflege von Sonderwegen erschöpft und sich dem Mehrwert multiperspektivischer Betrachtung verschließt, da stellt sie bald nur noch ein Hindernis der Forschung dar.[109]

Die hier gewählte Form des Vergleichs ist ein trilateraler, also einer, der drei Vergleichsfälle untersucht. Dabei werden diese Fälle, wo immer die Quellenlage das zulässt, in gleicher Intensität beforscht; der Vergleich ist damit symmetrisch angelegt. Die einzelnen Narrative sollen thematisch möglichst verwoben, nicht bloß aneinandergereiht werden.[110] Die gewählten Gegenstände der Betrachtung mögen in ihrer eurozentrischen und nationalstaatlichen Verankerung eine Zumutung für orthodox veranlagte Beziehungshistorikerinnen und -historiker darstellen. Doch wird hier als Hypothese formuliert, dass die Nachrichtendienste wie das Militär insgesamt zwar nationalstaatlich organisiert waren, dabei aber eine ziemlich transnationale Zweckbestimmung aufwiesen. Das wiederum eröffnet die Möglichkeit, die Forderung nach der Berücksichtigung von Austausch, Aneignung und gemeinsamen Anteilen in eine vergleichende Untersuchung hier und da einzubeziehen.

---

[106] Anregungen zur Frage des Lernens vom Gegner bei Paulmann, Feindschaft und Verflechtung, S. 341–356.

[107] So der Vorwurf bei Espagne, Les transferts culturels franco-allemands. Zur Kritik daran siehe Green, Forms of Comparison, S. 46, sowie Hewitson, Germany and the Modern World, S. 4.

[108] So König/Julien, Verfeindung und Verflechtung, S. 339.

[109] Die Debatte um Christopher Clarks »Die Schlafwandler« von 2013/14 hat derartige, obstinate Haltungen zumindest mit Blick auf das Deutsche Reich noch einmal zutagetreten lassen.

[110] Siehe Cohen/O'Connor, Introduction, S. IX–XXIV, hier S. XX.

Der Vergleich ist also nicht tot. Das mag einmal damit zusammenhängen, dass sich gerade seine Kritikerinnen und Kritiker am Ende schwergetan haben, ihre bedenkenswerten theoretischen Forderungen auch literarisch umzusetzen. Die Zahl der Studien, die sich der Verflechtungsgeschichte von Deutschland, Frankreich und Großbritannien in der Epoche widmen, ist in dem hier untersuchten Themengebiet überschaubar geblieben.[111] Die vergleichende Forschung ist aber auch deshalb weiter attraktiv, weil sie Kritik auch angenommen hat und sich zum Beispiel mit dem Fokus auf das Vergleichen als soziale Praxis weiterentwickelt hat.[112] Damit wird sie für die Geschichte der Nachrichtendienste interessant, denn Vergleichen stellt eben auch einen genuinen Auftrag der militärischen Organisation dar; das lässt sich bei der Wahl und Gewichtung der nachrichtendienstlichen Quellen analysieren; der Blick auf das Vergleichen kann auch helfen, Unterschiede und Gemeinsamkeiten bei den Militärkulturen zu bestimmen. Krieg stellt eine bedeutende, massenhafte und dabei gewaltsame Form der Kulturbegegnung dar. Eine Studie, die Militär und Nachrichtendienst zum Thema hat, sollte damit im besten Fall nicht nur neue Erkenntnisse über diese Institutionen selbst, sondern auch über die Gesellschaften liefern, in denen diese Institutionen gründeten.[113] Und auch aus diesem Grund empfiehlt sich der Vergleich: die Epoche der Untersuchung, das lange 19. Jahrhundert, war selbst geradezu getrieben von Wettbewerb und Vergleich.[114]

Das Ziel dieser Studie ist es also, an sich gut untersuchte, dabei aber auf den ersten Blick disparat erscheinende Forschungserträge zu bedeutenden gesellschaftlichen Basisprozessen des 19. Jahrhunderts – Verwissenschaftlichung, Technisierung und Sicherheit – zusammenzuführen und sie konsequent auf die Prähistorie des militärischen Nachrichtenwesens anzuwenden. Damit soll ein Beitrag zur Überwindung der anhaltenden Selbstbezogenheit und damit Selbstbeschränkung einer Geschichte der Nachrichtendienste geleistet werden, die sich lange genug mit dem Nachzeichnen von *intelligence cycles*, den Mandalas der *intelligence scholars*, zufriedengegeben und darüber die Kontextualisierung ihres Untersuchungsgegenstandes in die Politik und die Gesellschaften ihrer Zeit versäumt hat.[115]

---

[111] Als ein lesenswertes Beispiel siehe Julien/König, Verfeindung und Verflechtung.

[112] Zu dieser Praktischen Wende siehe Practices of Comparing; und The Force of Comparison.

[113] Echternkamp/Martens, Militärgeschichte, S. 4.

[114] Zu diesen beiden das Jahrhundert bestimmenden Handlungsmodi siehe Steinmetz, Europa, S. 45.

[115] Die Forderung danach ist freilich schon verschiedentlich gestellt worden, unter anderem von Gaspard, A Lesson Lived, S. 151; Willmetts, The Cultural Turn in Intelligence Studies, S. 801, 803, und Bergien, Geschichte der Nachrichtendienste, S. 2.

II. Rahmenbedingungen

Die Entstehung des modernen militärischen Nachrichtendienstes ist ein latenter historischer Prozess. Es gibt keinen Magna-Carta-Moment. Manchmal dienen aber Einzelereignisse und die damit verbundenen Daten als Orientierung; sie lassen Rückschlüsse auf bereits erreichte institutionelle, doktrinäre oder kulturelle Formierungen zu. Und sie offenbaren aus der Rückschau gleichzeitig die Kontingenz der weiteren Entwicklung.

Eines dieser Daten ist der 15. Oktober 1894. An diesem Tag wurde Alfred Dreyfus, Hauptmann im französischen Generalstab, verhaftet. Dreyfus – Elsässer, Bürgerlicher jüdischen Glaubens und Artillerieoffizier – sollte, so der letztlich unbegründete Vorwurf, dem deutschen Militärattaché in Paris, Oberstleutnant Maximilian von Schwartzkoppen, militärische Geheimnisse verraten haben. Was gemessen an der Qualität des Materials als ein überschaubarer Verratsfall begann, eskalierte in den kommenden Monaten zur größten Staatskrise der Dritten Republik. Die Krise endete erst knapp zwölf Jahr später, im Juli 1906, mit der Kassation der Gerichtsurteile gegen Dreyfus, seiner Wiederaufnahme in die Armee und seiner Ernennung zum Ritter der Ehrenlegion. Die Affäre ist eine Geschichte für sich; die Darstellungen füllen ganze Bücherregale.[1] Die Virulenz und die Dauer der innenpolitischen Auseinandersetzung, für die der Fall und die Person Dreyfus ab einem bestimmten Zeitpunkt nur noch der Anlass, aber nicht mehr der Gegenstand war, hat den spezifischen, militärisch-nachrichtendienstlichen Kern der Geschichte mitunter in den Hintergrund treten lassen. Die Dreyfus-Affäre war eine Staatskrise, die aus der Vertuschung der grotesk unprofessionellen Behandlung eines einzelnen militärischen Verratsfall erwachsen war.[2] Die Affäre gewann dann ihre Brisanz durch die Verschwörung einer zahlenmäßig relativ kleinen, antisemitisch eingestellten Gruppe von Offizieren im Generalstab und schließlich durch die verbissene Verweigerung mehrerer Kriegsminister, die Versäumnisse und Fehler im eigenen Ressort angesichts der sich rasant entwickelnden öffentlichen Auseinandersetzung einzugestehen und zu

---

[1] Der folgende Abriss stützt sich daher auf die jüngste maßgebliche Studie von Duclert, Alfred Dreyfus. Ein neuerer Literaturüberblick unter besonderer Berücksichtigung der Frage des Antisemitismus in der Affäre findet sich bei Jullen/König, Verfeindung und Verflechtung, S. 265–275.

[2] Hier wird die revisionistische These unberücksichtigt gelassen, dass die Affäre tatsächlich eine aus dem Ruder gelaufene Desinformationsoperation gegen den deutschen Militärattaché gewesen sein könnte. Diese These ist an sich bedenkenswert. Für den hier in konziser Form zu schildernden Verlauf der Affäre bleibt sie allerdings unerheblich. Weiterführend dazu Doise, Un secret bien gardé.

https://doi.org/10.1515/9783111380940-004

Alfred Dreyfus vor dem Kassationsgerichtshof in Rennes, 1899.   *bpk/adoc-photos*

bereinigen. Um die Bedeutung der Affäre Dreyfus für die Entstehungsgeschichte der Nachrichtendienste insgesamt aufzuzeigen, genügt es, den nachrichtendienstlichen Erzählstrang darzulegen. Dieser bildet freilich nur den Teil einer sehr viel umfassenderen Geschichte.

Der erste Anlass für einen Verdacht gegen Dreyfus war das Anschreiben eines anonymen Offiziers gewesen, mit dem dieser dem deutschen Militärattaché Unterlagen übersandt hatte. Dieses Anschreiben hatte eine für den französischen Nachrichtendienst arbeitende Reinigungskraft aus dem Papierkorb von Schwartzkoppen entwendet. Aus dem Inhalt des Briefes und der vermeintlichen Übereinstimmung der Handschrift schlossen der Chef der im Generalstab für den geheimen Nachrichtendienst und die Spionageabwehr zuständigen *Section de statistique*, Oberstleutnant Jean Sandherr, und sein Mitarbeiter Major Joseph Henry auf Dreyfus. Dass die Beweislage gegen diesen allerdings ungenügend und fehlerhaft war, fiel nach der Verhaftung von Dreyfus schon dem mit den Vorermittlungen betrauten Major Armand du Paty de Clam auf. Dieser eröffnete seine Bedenken gegenüber Sandherr, der daraufhin zusammen mit Henry und Paty de Clam die gegen Dreyfus gerichteten Anschuldigungen in einem Dossier manipulierte. Auf der Basis dieses vermeintlichen Beweismittels, das als geheim eingestuft war und damit dem Verteidiger von Dreyfus nicht vorgelegt wurde, verurteilte das Militärgericht den Angeklagten am 22. Dezember 1894 zu lebenslanger Haft und Deportation.

Nachdem Sandherr 1895 ein Truppenkommando erhalten hatte, erkannte jedoch dessen Nachfolger, Oberstleutnant Marie-Georges Picquart, die Tendenz des Dossiers und es gelang ihm auch, den tatsächlichen Spion zu ermitteln. Bei diesem handelte es sich um den ebenfalls in der *Section de statistique* arbeitenden Major Ferdinand Walsin-Esterházy. Die internen Ermittlungen Picquarts wurden jedoch durch seinen Untergebenen Henry hintertrieben, der mittels Falschaussagen und mehrerer gefälschter Dokumente die Schuld von Dreyfus zu bekräftigen und überdies Picquart zu kompromittieren suchte. Dies führte dazu, dass Picquart, nachdem er seine Dreyfus entlastenden Ermittlungsergebnisse dem Chef des Generalstabs vorgetragen hatte, im Oktober 1896 versetzt wurde. Als sein Nachfolger wurde Henry berufen. Picquart, der sich mit seiner Kaltstellung aber nicht zufriedengab und Teile der Ermittlungsergebnisse in die Presse lancierte, wurde in der Folge ebenfalls wegen Geheimnisverrats angeklagt und verurteilt.

Spätestens Ende 1896 hatte nun die öffentliche Protestbewegung gegen das Dreyfus-Urteil an Fahrt aufgenommen, was bei der Militärführung zum Rückzug auf Ehrenstandpunkte und einen insgesamt obstruktiven Umgang mit der Krise führte. Nachdem Walsin-Esterházy öffentlich als mutmaßlicher Täter bekannt geworden war, strengte dieser gegen sich ein Militärgerichtsverfahren an, in dem er freigesprochen wurde. Das in Teilen der Öffentlichkeit als skandalös bewertete Urteil bildete den unmittelbaren Anlass für die Publikation »J'accuse« des Schriftstellers Émile Zola am 13. Januar 1898. In dem daraufhin angestrengten Prozess gegen Zola legte nun ein Zeuge der Armee auch noch eines der von Henry gefälschten Dokumente als Beweismittel vor, wodurch die Position des Ministeriums in schlechtem Licht erschien. Der Druck der Ereignisse – mittlerweile hatten sich in der französischen Öffentlichkeit zwei antagonistische, teilweise militante Lager etabliert – führte im August 1898 zur Festnahme Henrys, der sich in der Untersuchungshaft das Leben nahm. Walsin-Esterházy entzog sich der Verhaftung durch die Flucht nach Großbritannien. Damit war die Wiederaufnahme des Verfahrens gegen Dreyfus nicht mehr zu verhindern.

Der im Sommer 1899 in Rennes durchgeführte Revisionsprozess offenbarte jedoch die anhaltende Obstruktion des Kriegsministeriums und die Bereitschaft des Militärtribunals, diesem Druck nachzugeben. Dreyfus, der die letzten vier Jahre auf einer Strafinsel vor der Küste von Guyana verbracht hatte, wurde in Rennes erneut verurteilt, allerdings nach seinem Verzicht auf einen Revisionsantrag, der Teil einer Absprache zwischen den Prozessbeteiligten gewesen war, durch den Staatspräsidenten begnadigt. Erst im Juli 1906 wurde das Skandalurteil von Rennes kassiert, Dreyfus und auch Picquart unter Wiederherstellung aller Ehren in die Armee aufgenommen.

Die Dreyfus-Affäre ist die Mutter alle Geheimdienstskandale. Sie muss daher den Ausgangspunkt jeder Darstellung zu diesem Thema bilden. Als innerfranzösische Angelegenheit wäre sie zu eng begriffen. Im Kern war sie nämlich ein deutsch-französischer Spionagefall, der irgendwie ziemlich aus dem Ruder gelaufen war. Im Kern war es auch eine Elsässer Geschichte: Drei der Protagonisten – Dreyfus, Sandherr und Picquart – stammten aus dem Elsass. Damit stellte sich die Frage nach Loyalitäten. Der Grenzraum war schon zu Beginn der Affäre für die Angehörigen des französischen Nachrichtendienstes auch ein geistiger Raum. Sie wähnten sich in einer Welt, in der immer »Krieg« war.[3] Diese Selbstwahrnehmung beeinflusste ihr Handeln im Fall von Dreyfus und sie förderte die Tendenz zur konspirativen Abkapselung und die Bereitschaft zur Missachtung von Regeln. Damit deutete sich eine später für Nachrichtendienste insgesamt toxische Disposition an.

Überhaupt ist die Dreyfus-Affäre auch ein katalytisches Ereignis bei der Entstehung der konspirativen Erzählung im Nationalstaat, ohne die Nachrichtendienste nicht entstehen und existieren können. Antisemitismus sollte immer wieder ein Baustein dieser Erzählung sein.

Worauf die Affäre auch hindeutet, ist, dass sich der Nachrichtendienst innerhalb der obersten militärischen Führung inzwischen so weit institutionell etabliert hatte, dass er – hier freilich nur auf dem Weg über eine Verschwörung – Einstellungen und Entscheidungen der militärischen Spitze mit fataler Wirkung beeinflussen konnte. Im Ergebnis hatte die aus einem knappen Dutzend Angehörigen bestehende *Section de statistique* eine Staatskrise losgetreten, die einer ihrer Chronisten als »presque comparable, en durée – 1894–1906 – et en intensité, à la Révolution française« beschrieben hat.[4] Ob das französische Beispiel für sich steht oder ob sich auch in Deutschland und Großbritannien eine ähnliche Entwicklung vollzog, wird nun im Folgenden zu untersuchen sein.

Die Jahre 1890 bis 1914 bilden eine Epoche, deren Periodisierung, was die Geschichte der europäischen Nationalstaaten und ihrer Sicherheit angeht, weitgehend unumstritten sein dürfte. Sicher, für Deutschland und Frankreich waren die Zäsuren 1848 und 1871 deutlichere als für das Vereinigte Königreich. Aber spätestens am Ende des Jahrhunderts – das in vielerlei Hinsicht das Ende des Viktorianischen Zeitalters bildete – waren die drei Staaten in den hier zur Diskussion stehenden Themenfeldern deutlich stärker aufeinander bezogen.

Bevor die Rahmenbedingungen militärischer und sicherheitlicher Entwicklung bis 1914 vergleichend betrachtet werden, sollen einige Gedanken vorausgeschickt werden. Was hat die Epoche gekennzeichnet? Zum Ersten sicher eine Verdichtung von Staatlichkeit. Dabei sollte man diesen Trend nicht bloß als Vereinnahmung begreifen; er war auch und vor allem eine Erweiterung im Angebot öffentlicher

---

[3]   Doise, Un secret bien gardé, S. 11, 41.
[4]   Duclert, Alfred Dreyfus, S. I.

Güter – und eines dieser Güter war Sicherheit. Als zweites Kennzeichen lassen sich mannigfaltige Formen der Referenzverdichtung ausmachen.[5] Die eigenen Subjekte bzw. die europäischen Wettbewerber laufend zu beobachten, wuchs zu einem Interesse der Staaten, ihrer Streitkräfte und ihrer Sicherheitsorgane auf.[6] Drittens darf im weiteren Verlauf der Untersuchung nie vergessen werden, dass alle drei Staaten auf ihre Weise Imperien waren. Dieser Umstand wirkte sich als Bürde gegenüber den Subjekten und Räumen der Peripherie aus. Die militärischen und sicherheitlichen Bedürfnisse des Imperiums waren nämlich oft mit denen des Mutterlandes nicht deckungsgleich. Imperiales Handeln setzte also ausreichende Machtmittel und strategische Mehrgleisigkeit oder aber die Fähigkeit voraus, Unsicherheit in einem der beiden Räume auszuhalten.

Ja, Nation und Nationalstaat waren zentrale politische und militärische »Orientierungsmarken«.[7] Paradoxerweise vollzog sich aber in diesen Jahrzehnten ein Prozess der Transnationalisierung von Sicherheit. Legen wir die im Kern zweifellos nationalen strategischen Ziele und das folkloremilitaristische Brimborium beiseite, dann erkennen wir: 1914 führte keine der europäischen Großmächte mehr aus eigener Machtvollkommenheit Krieg. Alle waren in einem komplizierten System von Konsultationen, Kooperationen und Koalitionen gebunden. Oft wird dies als eine strategische Verschiebung von der Pentarchie zur Dualität interpretiert. Doch ist das zu kurz gedacht, denn darüber vergisst man die europäischen Neutralen einschließlich der USA. Diese bildeten eine dritte Größe in der Militär- und Sicherheitspolitik des Kontinents. Ein weiteres Kennzeichen der Epoche war das starke Anwachsen und die qualitative Formwandlung der Instrumente der Kriegführung, der Heere und Flotten. Schon allein dieser allgemeine Trend bei den Streitkräften lässt uns eine entsprechende Entwicklung im Führungsgrundgebiet des Nachrichtenwesens annehmen.

1. Raum

Unter den Rahmenbedingungen historischer Entwicklung steht zuerst der Raum. Das gilt umso mehr für die Militärgeschichte: »Geography«, so formulierte es John Keegan apodiktisch aber wohl treffend, »is the key to military history.«[8] Raum ist in den letzten Jahrzehnten hier und da zum Gegenstand der Militärgeschichtsschreibung geworden. Diese Forschungen können nun für die Beschreibung des zeitgenössischen militärischen Raums in Westeuropa zwischen 1871 und 1914 nutzbar gemacht werden. Auf dieser Basis soll dann im zweiten Schritt das Verhältnis zwischen dem militärischen und dem nachrichtendienstlichen Raum vertieft werden. Beide waren und sind nämlich keinesfalls identisch. Zu diesem Zweck wird hier vornehmlich das Gelände, also die geografische und dabei unter dem »Primat der militärischen Nutzung« stehende Raumdimension

---

[5]   Hierzu Osterhammel, Verwandlung der Welt, S. 1292–1295.
[6]   Mit Blick auf Großbritannien, dabei aber auch auf den Kontinent blickend siehe Higgs, The Information State in England, S. VII, 99–111.
[7]   So Leonhard, Die Büchse der Pandora, S. 15.
[8]   Keegan, Intelligence in War, S. XX.

im Zentrum der Betrachtung stehen.[9] Dieses Verständnis von Raum bzw. Gelände
bietet sich an, weil es nicht, wie es bei zahlreichen militärfachlichen Studien der
Fall ist, allein auf den Krieg bezogen bleibt.

Der besondere Charakter des nachrichtendienstlichen Raums regt zur Beschäftigung mit zwei Leitbegriffen der kulturwissenschaftlichen Debatte an:
der Grenze und der Kontaktzone. Der Zusammenhang von nationalstaatlichen
Grenzen und dem militärischen Nachrichtenwesen ist augenfällig, bedarf aber
für die historische Betrachtung der Präzisierung. Staatsgrenzen und nachrichtendienstliche Grenzen, darauf verweist Sarah Frenking, fielen in Elsass-Lothringen
nicht zusammen. Letztere begannen erst jenseits der Reichweite der regionalen
Spionagenetzwerke. Sie spricht hier von den »Loyalitätsgrenzen«.[10] Grenzen
sind Konstrukte der politischen, militärischen, sicherheitlichen und kulturellen
Distinktion. Sie definieren auch – das ist für nachrichtendienstliche Aktivitäten
von besonderer Bedeutung – den Geltungsbereich des eigenen Rechts. Es ist das
genuine Ziel von Nachrichtendiensten, über Grenzen hinweg oder sogar jenseits der eigenen Grenzen in andere Staaten und deren Institutionen Einblick
zu gewinnen und auf diese Einfluss auszuüben. Grenzen sind in nachrichtendienstlichem Verständnis aber auch Orte des kontrollierten Übertritts. Die organisierte Befragung von grenzüberschreitenden Reisenden bildete sich in der
Epoche aus; zum einen, um mutmaßliche Gefährder der eigenen Sicherheit zu
identifizieren, zum anderen, um Informationen von für sich genommen un-
verdächtigen Reisenden abzuschöpfen. Grenzen sind auch die Voraussetzung,
um die Anforderungen an die Loyalität der eigenen Subjekte zu definieren: So
waren frankreichtreue Bewohner der historischen Kulturregion Lothringen für
deutsche Sicherheitsbehörden erst in dem Moment ein Problem, als sie diesseits
der 1871 neu gezogenen deutsch-französischen Grenze wohnten. Grenzen waren auch deshalb in nachrichtendienstlicher Hinsicht bedeutsam, weil sich hinter
ihnen in besonderer Häufung militärische Einrichtungen wie Garnisonen oder
Festungen befanden, aber auch, weil sich jenseits der Grenze die gegnerischen
Aufmarschräume befanden.

Beschränkungen des Konzepts der Grenze ergeben sich für die Geschichtsschreibung der Nachrichtendienste aus dem Umstand, dass deren Operationsra-
dius schon in der Entstehungsphase nie auf die Grenzen selbst beschränkt war.
Das nachrichtendienstliche Interesse erstreckte sich ja immer auch auf Ziele
fernab der Grenzen. Die zweite Beschränkung hat mit der tendenziell linearen
Vorstellung von Grenze zu tun, auch wenn diese Perspektive in der modernen
Grenzraumforschung längst überwunden ist. Ein Fokus auf die Grenze als Linie
würde den Blick dafür verstellen, dass auch die Grenze selbst immer schon – je
nach Kontext – ein Raum, ein Gebiet, eine Zone war.

Hier kommt der aus der Literaturwissenschaft entlehnte Begriff der Kontaktzone ins Spiel. Versteht man ihn als »social spaces where cultures meet, clash,
and grapple with each other, often in contexts of highly asymmetrical relations«,

---

[9]   Ich folge dabei Christoph Nübels Unterteilung des Raumes in drei Schichten: Umwelt,
      Gelände und Landschaft. Dazu und weiterführend zur (meines Erachtens letztlich leider
      nur schwachen) Resonanz des Raumparadigmas in der Militärgeschichtsschreibung siehe
      Nübel, Durchhalten und Überleben an der Westfront, S. 12–14.
[10] Frenking, Zwischenfälle, S. 295.

dann bieten sich hier durchaus Anknüpfungspunkte.[11] Dieser Begriff scheint geeignet, um die Linearität der Grenzvorstellung zu überwinden. Außerdem bietet die so verstandene Kontaktzone die Möglichkeit, die in der Regel unfreiwillige und geheime, informationelle Aneignung, die dem Nachrichtenwesen zu eigen ist, besser zu erklären. Der Hinweis auf asymmetrische Machtkonstellationen in Kontaktzonen weist auf die Herkunft des Konzepts aus der Postkolonialen Theorie und hilft deshalb bei den hier untersuchten Beziehungen zwischen europäischen Großmächten weniger weiter. Machtverhältnisse im weiteren Sinne lassen sich dann aber für die Kontaktzone durchaus analysieren, weil hier ja, wie geschildert, in der Regel eine deutliche Massierung von militärischen Machtmitteln und nachrichtendienstlicher Infrastruktur vorliegt, vor allem aber, weil diese Mittel zum Zweck der Aufrechterhaltung von Sicherheit verwendet werden.[12] Schließlich verspricht das Verständnis der Kontaktzone als sozialer Marktplatz Möglichkeiten der Anwendung.

Was soll nun unter einem nachrichtendienstlichen Raum verstanden werden? Zunächst einmal stellt dieser an sich bloß eine Ableitung des militärischen Raumes dar. Für den nachrichtendienstlichen Raum gilt nämlich, was für den militärischen schon einleitend festgestellt wurde: dass er zwischen 1871 und 1914 einer starken Militarisierung und Technisierung unterworfen war; dass er über eine metaphorische Dimension verfügte; und dass er prinzipiell wandelbar war. Darüber hinaus war der nachrichtendienstliche Raum aber tendenziell stärker von zivilen Akteuren und Interessen mitbestimmt. Die Hotspots dieses Raumes waren die Hauptstädte, Häfen, Garnisonen, Festungen, Übungsplätze, Fabrikanlagen, Grenzübergänge, Knotenpunkte und Verläufe der Verkehrsinfrastruktur, die Kurorte der Offiziere, die Kneipen der einfachen Soldaten und der Werftarbeiter. Nachrichtendienstliche Räume waren bestimmt von dem Bemühen um Versicherheitlichung, vom Klandestinen, von der Unfreiwilligkeit des Austausches, von latenter Gewaltsamkeit und vom Warencharakter der nachrichtendienstlichen Information, für die der Raum den Marktplatz bildete. Gäbe es eine kartografische Abbildung des nachrichtendienstlichen Raums in Westeuropa als politische Heatmap, würde sie prägnante Zonen beiderseits der Staatsgrenzen, Einzelpunkte an den nachrichtendienstlich relevanten Orten und Verbindungslinien zwischen diesen aufweisen. Um die militärischen und nachrichtendienstlichen Räume besser zu verstehen, sollen diese nun, beginnend mit dem Deutschen Reich, zunächst in ihren nationalen Besonderheiten dargestellt werden.

Mit der Reichsgründung von 1871 war Deutschland zum drittgrößten europäischen Flächenstaat aufgewachsen. Mit seiner Mittellage war das Reich, wie Sebastian Haffner einmal bemerkte, »in geographischer Hinsicht ziemlich schlecht dran«.[13] Natürlich war das nur ein Teil der Wahrheit, denn die Nachteile dieser Position wurden durch die wirtschaftlichen und verkehrsmäßigen Vorteile bei Weitem aufgehoben. Selbst in strategischer Hinsicht stellt eine Mittellage keinen Mangel an sich dar, denn sie erleichtert das Verschieben eigener Kräfte. Die

---

[11] So die Literaturwissenschaftlerin Pratt, Arts of the Contact Zone, S. 34. Für die Probleme der Definition und die selektive Rezeption des Konzepts siehe Hall/Rosner, Pratt and Pratfalls, S. 96–98.

[12] Zur Rolle von Macht bei der Konstituierung von Kontaktzonen siehe Spieker, Kontaktzonen, S. 36–39.

[13] Haffner, Von Bismarck zu Hitler, S. 15.

oben beschriebene koloniale Bürde spürte das Deutsche Reich im Vergleich zu den anderen beiden Staaten erst spät und dann auch nur in homöopathischer Dosis. Im Mittelpunkt aller geostrategischen Überlegungen blieb vom letzten Tag des Krieges gegen Frankreich 1871 bis zum ersten Tag des Einmarsches in Belgien 1914 das eigene Zentrum. Das Deutsche Reich besaß eine Flotte, war aber eine Kontinentalmacht. Eine nachhaltige Invasionsangst hat sich im Deutschen Reich nicht wirklich breitmachen können. Wo sie vor dem Hintergrund des deutsch-britischen Flottenantagonismus formuliert wurde, ist sie als Element einer politisch motivierten Belletristik zu verstehen, deren propagandistische Wirkung prickelnd aber peripher blieb.

Auch wenn sich die bilateralen Beziehungen immer wieder phasenweise entspannten, so war doch Frankreich seit 1871 der unversöhnliche Gegner im Westen. Das war politisch und militärisch handhabbar, solange die Beziehungen zu Russland gut waren. Allerdings änderte sich diese Lage mit der Annäherung der beiden Nachbarn Deutschlands ab 1893, und die Erweiterung dieses Kreises um das Vereinigte Königreich in der Triple Entente 1907 schuf nun in der Tat eine militärische Mehrfrontensituation, die, in den Worten Haffners, »ziemlich schlecht« aussah. Die Referenzverdichtung geriet militärisch und nachrichtendienstlich mit Blick auf Frankreich und Russland andauernd hoch; das Interesse am Vereinigten Königreich beschränkte sich auf seine Flotte. Das Interesse am britischen Heer entsprach dagegen dessen Größe, war also vergleichsweise gering.

Für die räumlichen Gegebenheiten im Westen hatte die direkte Nachbarschaft zum sicher angenommenen Gegner Konsequenzen. Mit der Annexion der französischen Territorien, die ab 1871 das Reichsland Elsass-Lothringen bildeten, hatte sich die operative Lage durch das linksrheinische Glacis und den Ausbau der Festungen Diedenhofen, Metz, der »Feste Kaiser Wilhelm II.« und Straßburg verbessert.[14] Elsass-Lothringen bildete fortan den am stärksten militarisierten Raum des Reiches; ein Raum, in dem allerdings eine nationale Minderheit lebte und der einer Sonderverwaltung unterworfen war. In einem zukünftigen Krieg zwischen Frankreich und dem Deutschen Reich würde diese Grenzregion sicher einen Aufmarschraum und eines der Schlachtfelder bilden.

Wahrnehmung und Konstruktion des militärischen bzw. nachrichtendienstlichen Raumes waren im Westen aber nicht nur durch die Lage gegenüber Frankreich geprägt, sondern auch durch die vier neutralen Nachbarn, die Niederlande, Belgien, Luxemburg und die Schweiz. Ob und wie der Raum dieser »dritten Partei« in einem Konflikt mit Frankreich nutzbar gemacht werden konnte, war eine strategisch bedeutende und völkerrechtlich brisante Frage. Seit 1906 stand einerseits fest, dass die belgische und die luxemburgische Neutralität im Falle eines Krieges gegen Frankreich verletzt werden würden, und dass anderseits vom Verzicht auf einen Marsch durch die Niederlande oder die Schweiz ein strategischer Gewinn erwartet wurde.[15]

Die Raumbedingungen förderten also für Deutschland ein Verständnis von Nachrichtenwesen, das zunächst vom Fokus auf zwei jeweils angrenzende Groß-

---

[14] Dumbsky, Die deutschen Festungen von 1871 bis 1914, S. 70–72. Die deutschen Festungen dürften deshalb zu den am besten ausgespähtesten der Epoche zählen. Siehe das frühe Dossier in SHD, GR 7 NN 2 802: EMA, Deuxième Bureau: Places fortes allemandes. Organisation de la défense de la place de Metz, Juni 1880.
[15] Siehe Der Schlieffenplan.

Elsass-Lothringen als nachrichtendienstliche Kontaktzone, 1914

BELGIEN   ○ Wiltz   ○ Bitburg

Neufchâteau ○   ○ Kreuznach

LUXEMBURG

Florinville   Arlon ○   ○ Trier

○ Sedan   LUXEMBURG ○   Saarburg

Maas   Ecouviez ○   ○ Virton

☼	Festung
	Bahnlinie

Montmédy ○   Longwy ☐   Villerupt ☐   ○ Merzig

Audun-le-Romain ☐   Fentsch ⓖ   ○ Diedenhofen   ○ Saarlouis ⬣

○ Zweibrücken

Briey ☐   ○ Amanvillers   Saarbrücken ○   Pirmasens ○

Verdun ○   Conflans-Jarny ○   Metz ⬣ ⓖ   St. Avold ○   Saargemünd ○

Pagny-sur-Moselle ○ ⓖ   Novéant   Bitsch ○   Weißenburg ○

St. Mihiel ○   Pont-a-Mousson ○   Château-Salins ○   DEUTSCHES REICH

Revigny ○   Commercy ○   Moncel-sur-Seille ○ ⬡   Chambrey ○ ⓖ

Bar-le-Duc ○   Toul ○   Nancy ○   ⓖ Deutsch-Avricourt

St. Dizier ○   St.-Nicolas-de-Port ○   Avricourt ○   Straßburg ☼ ⬣ Ⓩ

Mutzig ☼

Meurthe

Neufchâteau ☐   St. Dié ○   Schlettstadt ○

Mirecourt ☐   Épinal ☐   Colmar ○   Breisach ○

Chaumont ○   FRANKREICH   Freiburg ○

Remiremont ○   Thann ○   Mühlhausen ○

Militärischer Nachrichtendienst

⬣ Nachrichtenoffizier IIIb (dt.)
⬡ Poste SR militaire de frontière (franz.)

Polizeilicher Nachrichtendienst

Ⓩ Zentralpolizeistelle (dt.)
ⓖ Grenzpolizeikommissariat (dt.)
☐ Commissariat spécial de police de frontière (franz.)

Belfort ○ ⬡   ⓖ   Lörrach ○

Montreux-Vieux ○   Hüningen   Basel

0 10 20 30 40 50 km

Quelle: Renseignements et avant-guerre, S. 118.

SCHWEIZ   © ZMSBw 09332-07

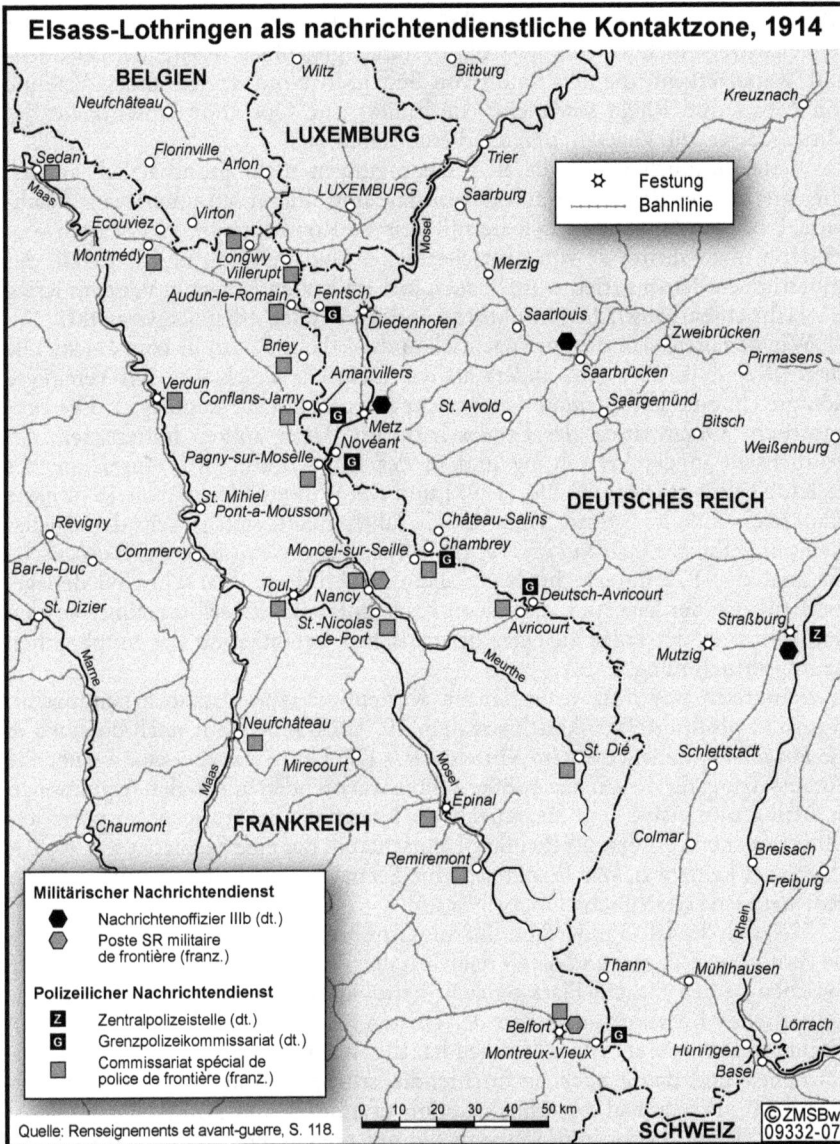

mächte geprägt war. Damit war dieses Verständnis kontinental und heereszentriert. Erst ab der Jahrhundertwende sollte neben dieses kontinentale Raumverständnis ein maritimes treten. Die beiden Teilstreitkräfte, die in diesen Räumen agierten, blieben allerdings bis Kriegsbeginn für sich. Es verwundert also nicht, dass sie kaum gesamtstrategische Überlegungen anstrengten und auch keine gemeinsame nachrichtendienstliche Organisation ausbildeten.

Beim Blick nach Westen blieb der Gegner bis zum Kriegsbeginn stets Frankreich. Mit Elsass-Lothringen beherrschte das Deutsche Reich eine Kontaktzone, die aufgrund ihrer Geschichte und ihrer Lage als nachrichtendienstlicher Hotspot prädestiniert war. Festungen und militärische Anlagen, eine ländliche, dabei aber vergleichsweise dichte Siedlungsstruktur, starker grenzüberschreitender Personen- und Warenverkehr, die den Raum von Süd nach Nord begrenzenden Verläufe von Mosel und Rhein sowie ein jede militärische Operation einschränkendes Mittelgebirge, die Vogesen, prägten diesen Raum.

Weiter nördlich waren die Raumbedingungen nicht grundsätzlich anders. Hier grenzte das Reich aber an drei neutrale und militärisch unterlegene Nachbarn. Dort war keine unmittelbare militärische Konfrontation zu erwarten – es sei denn, man suchte sie von deutscher Seite. Und weil Belgien ins Kalkül der militärischen Planer geriet, wurden auch hier im letzten Jahrzehnt vor dem Krieg die nachrichtendienstlichen Strukturen und Aktivitäten erheblich verstärkt.

Wie gestaltete sich nun der nachrichtendienstliche Raum in Frankreich? Die Dritte Republik war, ganz anders als das Deutsche Reich und das Vereinigte Königreich, eine kontinentale Großmacht in europäischer Randlage.[16] Die zentralistische Organisation des Landes hatte im Raum Spuren hinterlassen, am deutlichsten in der Verwaltung und in der Infrastruktur. Mit Ausnahme des Ersten Koalitionskrieges (1792–1797) und des Winterfeldzuges von 1814 hatte Frankreich seine Kriege seit Mitte des 17. Jahrhunderts stets jenseits der eigenen Grenzen geführt. Diese Tatsache wird oft übersehen, wenn man das französische Trauma von 1871 untersucht. Nicht allein die Art der militärischen Niederlage, sondern auch der Umstand, dass dieser Krieg in Frankreich selbst geführt worden war, führte in der Folge zu einer dramatischen Veränderung der militärischen Raumwahrnehmung.

Frankreich war trotz seiner langen Küstenlinie eine klassische Landmacht. Seemacht projizierte Frankreich seit dem 19. Jahrhundert nur noch dort, wo es die *Royal Navy* zuließ, etwa im Mittelmeer.[17] Die Flotte war aber eine zwingende Voraussetzung für die seit den 1880er-Jahren wachsenden imperialen Aspirationen in Afrika und Asien und sie musste im Kriegsfall die Truppentransporte aus Übersee sichern. Anders als Preußen-Deutschland, das eine Seemacht sein wollte, obwohl es keine war, war Frankreich eine Seemacht, die keine sein wollte. Dies bedeutete eine strategische Doppelbelastung.

Weil sich der Jahrhundertkonflikt mit Großbritannien zunächst an die imperiale Peripherie verlagert und dieser dann seit den 1890er-Jahren einer Annäherung zwischen beiden Staaten Platz gemacht hatte, konnten sich die politischen und militärischen Entscheidungsträger der Dritten Republik ganz auf den deutschen Nachbarn fokussieren. Allan Mitchell hat die Ausbildung dieses politischen, militärischen und damit auch nachrichtendienstlichen Blickwinkels prägnant beschrieben: »France had no other criterion of efficacy and no other measure of potential. If reforms or improvements did not prepare France to emerge victorious from a future combat with the only foe that mattered, they would be of little account. Everything faced eastward.«[18]

Wie auch im Fall des Deutschen Reiches war Blickwinkel nicht von vornherein gleichbedeutend mit Kriegswillen. Aber angesichts der direkten Nachbarschaft zum Reich hatte dieser Blickwinkel Folgen für den Raum. Als Reaktion auf die Niederlage von 1871 hatte Frankreich nämlich den Bau der weltweit umfassend-

---

[16] Keiger, France, S. 6-9.
[17] Clayton, Three Republics One Navy, S. 12.
[18] Mitchell, »A Situation of Inferiority«, S. 50.

sten Landesbefestigung der Neuzeit begonnen. Diese bestand aus einer Kette von Festungen, Sperrforts und befestigten Abschnitten, die von Dunkerque im Norden bis Belfort an der Schweizer Grenze verlief; in Art und Umfang vergleichsweise bescheidenere Anlagen an der Grenze zu Italien kamen dazu. Das Kernstück an der französischen Ostfront bildeten die Festungen Belfort, Épinal, Toul und Verdun.[19]

Während Elsass-Lothringen für das deutsche Militär bestenfalls das Vorfeld war, in dem ein möglicher französischer Angriff verzögert oder abgewehrt werden sollte, war dieser Raum für das französische Militär ein Ziel. Er war ein operatives Ziel, dabei freilich in Abhängigkeit von den mehrfach wechselnden Schwerpunkten der Aufmarschpläne bis 1914. Das Reichsland Elsass-Lothringen war aber auch ein strategisches Ziel, denn die Wiedererlangung der verlorenen Provinzen war Bestandteil der Staatsräson der Dritten Republik. Diese symbolische Aufladung des Raumes hatte in mehrfacher Hinsicht Folgen für die Entwicklung des Nachrichtendienstes. Erstens zog die starke Fortifikation früh die Ausbildung ortsfester nachrichtendienstlicher Strukturen nach sich (so hatte der Militärnachrichtendienst bis 1871 unter der Bezeichnung *Dépôt de la Guerre* firmiert, was auf diese spezifische, französische Verknüpfung von Nachrichtendienst und Geniewesen hinweist). Zweitens bot die politische Aufladung der Region die Möglichkeit, Krisen dort nach Bedarf eskalieren zu lassen, wie es die Spionageaffäre Schnaebelé von 1887 zeigen sollte.[20] Drittens bot der Raum Elsass-Lothringen dem französischen Nachrichtendienst besonders vorteilhafte Bedingungen, weil er hier über Orts- und Kulturkenntnisse sowie über ein Reservoir an potenziellen Zuträgern in der Bevölkerung verfügte.

Auch für die französische Armee wies die Landkarte drei neutrale Nachbarn auf – Belgien, Luxemburg und die Schweiz. Allerdings sind in Frankreich offensive Optionen durch diese Nachbarstaaten weniger stringent verfolgt worden. Dies bedeutete allerdings nicht, dass die neutralen Nachbarn nicht zum Ziel der französischen Nachrichtendienste geworden wären. Die geografische Position und die militärische Vorgeschichte brachten es also mit sich, dass der militärische und nachrichtendienstliche Fokus in Frankreich seit den 1890er-Jahren in besonderer Weise nur noch gegen das Deutsche Reich gerichtet war – »the only foe that mattered«.

Ganz anders gestalteten sich die Verhältnisse jenseits des Kanals. Großbritannien war eine globale Seemacht in europäischer Randlage. Dem Mutterland des Empire fehlten zwar »trockene Grenzen«, doch sah es sich, in den Worten des britischen Diplomaten Eyre Crowe, als »a neighbour of every country accessible by sea.«[21] Das konnte als eine Einladung aber auch als Drohung verstanden werden.

Das Grundproblem im Hinblick auf den strategischen Raum war hier schon immer gewesen, die Sicherheitsbedürfnisse des Zentrums mit denen der imperialen Peripherie in Übereinstimmung zu bringen. Dieses Problem wurde ab der

---

[19]   Für eine Gesamtbeschreibung des französischen Generalstabes, die den Zustand der einzelnen Plätze kurz vor Beginn des Ersten Weltkrieges detailliert darstellt, siehe SHD, GR 14 N 38: EMA, Troisième Bureau, Etude sur le système fortifié de la France, 21.2.1914.

[20]   Zu dieser Affäre siehe S. 97 f.

[21]   Eyre Crowe, Memorandum on the Present State of British Relations with France and Germany, 1.1.1907. In: BD, Bd 3 (1928), S. 397–420, hier S. 402.

Jahrhundertwende wieder einmal virulent. Strategisch gesprochen ging es darum, den Mangel an eigener militärischer Stärke auf dem europäischen Kontinent entweder durch globale Machtentfaltung zu kompensieren oder aber auf dem Kontinent selbst eine für Großbritannien dienliche Mächtekonstellation herbeizuführen.[22] Der Blick auf den Kontinent war also auch von der Lage in den anderen Räumen des Empire beeinflusst. Welches waren nun für Großbritannien die kritischen Räume?

Als Säule des Empire war Indien seit jeher ein kritischer Raum. Die britische Politik im 19. Jahrhundert war über Jahrzehnte damit beschäftigt gewesen, mit Russland einen Machtkampf um Zentralasien auszufechten. Am Anfang des 20. Jahrhunderts standen hier die Zeichen auf Entspannung. Soweit es mit Blick auf den Subkontinent noch Sicherheitsprobleme gab, waren diese eher endemisch und emanzipatorisch.[23]

Der zweite kritische Raum des Empire um 1900 war Südafrika. Die militärische Eskalation mit den weißen Siedlerrepubliken am Kap, die zwischen 1899 und 1902 im Zweiten Burenkrieg mündete, war für das Empire bestenfalls von regionaler Bedeutung. Allerdings brachte die Auseinandersetzung fundamentale Missstände in der britischen Armee zutage, die in den Folgejahren eine sehr viel weitergehende Wirkung zeitigen sollten – auch und vor allem in Fragen der Führung und des militärischen Nachrichtenwesens.

Irland avancierte bis 1914 zum bedrohlichsten Krisenherd des Empire. Dies lag daran, dass der Kampf um die irische Selbstbestimmung im eigenen »Hinterhof« geführt wurde, und weil er das politische System und letztlich die Gesellschaft zu spalten drohte. Mit Blick auf Fragen der Versicherheitlichung ist Irland auch deshalb besonders beachtenswert, weil hier Strukturen und Praktiken der Politischen Polizei und der Aufstandsbekämpfung entwickelt wurden, die langfristig und auch über Irland hinaus Bestand haben sollten. Die Brisanz des Konflikts um *Home Rule* lag ferner darin begründet, dass hier schon damals auch ausländische Interessengruppen mit zugange waren, so etwa seit der zweiten Hälfte des 19. Jahrhunderts irisch-republikanische Kreise in den USA und seit August 1914 natürlich auch der deutsche Kriegsgegner.

In der Vergangenheit ist das deutsch-britische Verhältnis im Jahrzehnt vor 1914 vor allem unter dem Gesichtspunkt der Flottenrivalität betrachtet worden. In dieser Deutung war die britische Wende gegen Deutschland im ersten Jahrzehnt des 20. Jahrhunderts eine Folge der Herausforderung durch die kaiserliche Hochseeflotte. Tatsächlich aber ist diese Entwicklung auch Teil eines komplexen innenpolitischen Paradigmenwechsels gewesen, der auf die Verunsicherheitlichung seit dem Burenkrieg, finanziellen Druck und die Konkurrenz der Teilstreitkräfte untereinander zurückzuführen ist. Die Bereinigung der traditionellen, außereuropäischen Konfliktherde bildete ab 1902 die Voraussetzung für den Strategiewechsel mit Blick auf Deutschland.[24] Dieser bedeutete aber in der Konsequenz im britischen Raumdenken eine kontinentale Wende. Nun diente aber der Blick auf den Kontinent zwei Zwecken: erstens, der Sorge um eine von dort ausgehende

---

[22]   Simms, Europe, S. 247.
[23]   Siehe dazu Popplewell, Intelligence and Imperial Defence.
[24]   Weiterführend Rose, Zwischen Empire und Kontinent, und die neuen diplomatiege-
       schichtlichen Interpretationen für die Gesamtdarstellung aufgreifend Schmidt, Kaiser-
       dämmerung, S. 416–422.

Bedrohung der Inseln – kulminierend in einer Invasionsfurcht, auf die später noch eingegangen wird. Zweitens diente der verstärkte Blick auf den Kontinent der Vorbereitung eines eventuellen britischen Engagements ebendort. Was die Dislozierung britischer Expeditionsstreitkräfte anging, eröffneten sich hierfür zwei geografische und damit militärpolitische Alternativen, nämlich Belgien oder Frankreich. Seit 1911 hatte sich die Führung der *British Army* für die französische Option entschieden, wobei dem neutralen Belgien in einer kontinentalen Krise weiterhin eine wichtige Rolle als einem diplomatischen Stolperdraht zukam: Brachen die Deutschen die Neutralität Belgiens, war gegen einen britischen Kriegsbeitritt politisch schwer zu argumentieren.[25]

Was waren nun die Folgen der kontinentalen Raumwende für den britischen Nachrichtendienst? Zuerst einmal galt es, dafür überhaupt organisatorische Voraussetzungen zu schaffen, denn bis 1904 hatte ein Generalstab im kontinentalen Verständnis nicht bestanden. In diesem Jahr wurde im Kriegsministerium ein *Chief of the General Staff* installiert, dessen Wirkungskreis aber beschränkt blieb. Erst mit der Einrichtung der Stelle eines *Chief of the Imperial General Staff* 1908 und der Besetzung des Postens durch Sir John French im März 1912 begann sich die Struktur der obersten Führung zu verändern.[26] Auch verfügte die britische Armee zwar über umfangreiches Wissen über die imperiale Peripherie, und sie hatte dort auch entsprechende nachrichtendienstliche Netzwerke etabliert. Für den westeuropäischen Raum lagen die Verhältnisse aber durchaus anders. Die militärische Kenntnis über mögliche Gegner und Verbündete in diesem Raum nahm sich gegen den imperialen Wissensschatz doch sehr viel bescheidener aus.

Vergleicht man jetzt die Raumfaktoren für die drei Heere, so muss zunächst auf die unterschiedlichen Dimensionen des historischen Raumes verwiesen werden. Während das nachrichtendienstliche Bild im Deutschen Reich kontinental dimensioniert blieb, musste Frankreich zusätzlich den eigenen imperialen Raum im Blick behalten. Die Raumdimension Großbritanniens war primär global. Hier musste allerdings ab 1902 das Bewusstsein für die kontinentale Dimension wieder gestärkt werden.

Nicht nur die Dimension, sondern auch die Ausrichtung des nachrichtendienstlichen Raumes war bis 1914 wichtig und sie war uneinheitlich. Das französische Heer profitierte hier von einer eindeutigen Ausrichtung nach Osten. Das preußisch-deutsche Heer musste dagegen stets nach zwei Seiten blicken, und das, obwohl hier eine radikale Einseitigkeit nach Westen zur Basis der Operationsplanung wurde. Bei der britischen Armee hatten die großen, imperialen Ausrichtungen des 19. Jahrhunderts tendenziell etwas an Bedeutung verloren, die kontinentale – über den Kanal nach Belgien und Frankreich – gewann seit Beginn des 20. Jahrhunderts immer mehr an Bedeutung.

Die nachrichtendienstlich relevanten, kritischen Räume waren für Deutschland und Frankreich fast spiegelbildlich. Hotspots waren die Hauptstädte und die militärische Infrastruktur, wobei Festungen, Bahnhöfe, Häfen und Garnisonen in der Regel gleichermaßen als Ausgangspunkt und Ziel von Spionage dienen konnten. Im Fall Großbritannien wird hier ein vergleichsweise starkes Interesse für die an den Küsten gelegenen Ortschaften, für Häfen und Werften angenommen. Die

---

[25] Gooch, The Plans of War, S. 283, 292.
[26] Ebd., S. 100.

kritischen Räume und die Hotspots erregten das gegnerische Interesse bei allen
drei Mächten besonders, und deshalb bildeten sich hier nachrichtendienstliche
Strukturen auch entsprechend früh aus.

Über den Betrachtungsraum lassen sich für den nachrichtendienstlichen Raum
Konsistenz und Veränderung gleichermaßen nachweisen. Konsistenz galt etwa für
die deutsch-französische Grenzregion; hier wurde ein Konflikt regelrecht zemen-
tiert. Veränderungen des Raumes ergaben sich auf der anderen Seite durch militärische Infrastrukturmaßnahmen und durch die Bündniskonstellationen. Durch
welche Seite wurden nun markante Veränderungen des Raumes ausgelöst? Auf den
ersten Blick fällt natürlich der Ausbau der französischen Landesbefestigung auf.
Der Ausbau des deutschen Eisenbahnnetzes am Niederrhein bildete eine direkte
Reaktion hierauf und stellt – neben dem Ausbau der Festungen im Reichsland
Elsass-Lothringen – die bedeutendste Veränderung des Raumes durch die deutsche Seite dar. Blick man auf die raumverändernde Kraft der Bündnissysteme,
so ist hier die stärkste Dynamik für Großbritannien festzustellen. Wie profunde
die Wende gegen das Deutsche Reich den kontinentalen Raum veränderte, sollte
freilich erst 1914 offenbar werden.

2. Nation, Staat und politische Kultur

Bei der Untersuchung von Prozessen der Versicherheitlichung rücken neben dem
Raum vor allem die Rahmenfaktoren Nation, Staat und politische Kulturen in
den Mittelpunkt des Interesses. Für die Nation scheint das selbstverständlich, gilt
doch Nationalismus als eigentliche »Signatur« dieser Epoche der europäischen
Geschichte.[27] Nun weisen Nationen in sicherheitlicher Hinsicht zwei Merkmale
auf, die für die folgende Betrachtung zu berücksichtigen sind. Zunächst einmal
bildete die Bellizität einer Nation – also ihre machtpolitisch-militärische »street
credibility« – überhaupt erst die Voraussetzung für eine Anerkennung im Kreis
der anderen Nationen; und seit der Französischen Revolution galt die allgemeine
Wehrpflicht in Europa immer stärker als der eigentliche Nachweis für ebendie-
se Bellizität. Wehrverfassung und Nation standen damit in enger Beziehung.[28]
Darüber hinaus waren Nationen inhärent konfliktreich. Die historische Natio-
nalismusforschung hat in diesem Zusammenhang zu Recht darauf verwiesen, dass
die Nation der Existenz bzw. der Konstruktion äußerer Gegner bedurfte, um innere Konflikte einzuhegen bzw. um überhaupt nationales Bewusstsein zu erlangen.[29]
Allerdings funktionierte diese innenpolitische Hegung und Selbstformierung
auch und gerade über die Abgrenzung von *inneren* Gegnern. Diese konnten anti-
oder internationalistisch sein, wie die anarchistische bzw. die sozialistische und

---

[27] Schulze, Staat und Nation, S. 267. Für die Nationsvorstellungen als Gegenstand innen-
      politischer Kommunikation bis 1914 siehe außerdem Sven Oliver Müller, Die Nation als
      Waffe und Vorstellung, S. 11–56.
[28] Osterhammel, Die Verwandlung der Welt, S. 567; ausführlich und international ver-
      gleichend Leonhard, Bellizismus und Nation.
[29] Langewiesche, Der gewaltsame Lehrer, S. 19; Jeismann, Das Vaterland der Feinde, S. 17,
      374.

die ultramontane Bewegung. Innere Gegner konnten aber auch von äußeren inspiriert bzw. angeleitet sein, wie die frankreichtreuen Gruppierungen in Elsass-Lothringen. Aus dieser Tendenz zur Markierung der Anderen erwuchs der Bedarf an polizeilichen bzw. nachrichtendienstlichen Fähigkeiten und Strukturen.[30]

Gewaltausübung nach außen und innen ist ein Zweck des Staates. Neben dem Militär stehen also Polizei und Nachrichtendienste als wichtige Kennzeichen für sicherheitliche Daseinsfürsorge und damit für moderne Staatlichkeit.[31] Blickt man auf den Staat und fragt nach dessen sicherheitlicher Signatur zwischen 1871 und 1914, dann lässt sich zunächst feststellen, dass die Staatsform im engeren Sinne wohl gar nicht so entscheidend ist. Wichtiger sind hier Fragen nach der Verfassung und der Rechtstaatlichkeit. Auch gilt es Gemeinsamkeiten und Unterschiede bei der Ausprägung der Staatsgewalt, namentlich der Rolle der Exekutive, und beim jeweiligen Staatsaufbau – unitär oder föderal – zu untersuchen. Die sich in der Epoche ausbildenden politischen Parteien können hier ebenfalls betrachtet werden, da diese in Prozessen der Versicherheitlichung als wichtige Akteure in Erscheinung treten können. Noch wichtiger aber wird der Blick auf die spezifische Rolle der Bürokratie in Deutschland, in Frankreich und Großbritannien sein, da diese für die Ausbildung von Nachrichtendiensten von elementarer Bedeutung war und ist.

Politische Kultur als Ensemble der »meist nicht mehr hinterfragten und daher selbstverständlich maßgebenden politischen Denk-, Rede-, und Verhaltensmuster«[32] lässt sich schließlich als Ableitung aus den Bedingungen und Interessen von Nation und Staat begreifen. Ihre Selbstverständlichkeit macht politische Kultur mit Blick auf das Thema interessant, weil sie das Denken und Handeln politischer und damit auch sicherheitlicher Akteure steuern und zu einem gewissen Grad wohl auch konditionieren kann. Damit rückt eher die Frage nach der historischen Problemsicht und weniger der Nachvollzug der sicherheitlichen Problemlösung in den Mittelpunkt der Betrachtung.[33]

Schaut man nun auf die drei Nationen, so wiesen diese markante Unterschiede auf. Das Deutsche Reich galt als Beispiel für eine Kulturnation, die »spät« – weil später als die Nachbarn – zu einer Staatsnation geworden war. Die allgemeine Wehrpflicht war ein zentraler Baustein der Verfassung von 1871. Von den drei zahlenmäßig bedeutendsten Minderheiten – Polen, Franzosen und Dänen – galten allenfalls die Teile der Elsässer und der lothringischen Bevölkerung mit Loyalitäten zu Frankreich als Sicherheitsrisiko. Die polnischsprachige Minderheit war zwar Ziel heterostereotypischer Projektionen und kulturkämpferischer Attacken; ihr fehlte aber die ausländische Anlehnungsmacht.[34] Die Politik gegenüber der dänischen Minderheit war, gemessen an zeitgenössischen europäischen Maßstäben, integrativ.

---

[30] Haupt/Schönpflug, Terroristische Attentate und Politik im 19. Jahrhundert.
[31] Siehe Mergel, Staat und Staatlichkeit, bei dem Nachrichtendienste freilich keine Rolle spielen. Ich folge hier seiner Definition von Staatlichkeit als dem »Bündel an Funktionen [...], das, treten sie zusammen auf, einen Staat ausmachen, die aber auch für sich oder schwächer ausgeprägt auftreten können« (S. 12).
[32] Reinhard, Geschichte der Staatsgewalt, S. 19.
[33] Rohe, Politische Kultur und ihre Analyse, S. 333–335.
[34] Dazu Volkmann, Die Polenpolitik des Kaiserreichs, S. 35–126.

In den 1890er-Jahren verlor der nationale Reichsgründungsimpuls deutlich an Dynamik. Der Übergang zur »Weltpolitik« lässt sich also als kompensatorisches Folgeprojekt am Ende der Gründerphase, aber auch als imperialistische Weitung der Nation verstehen.[35] Dass diese projektiert und begonnen wurde, bevor die institutionelle und politisch-kulturelle Konsolidierung des Deutschen Reiches überhaupt vollzogen war, ist hinsichtlich der inneren und äußeren Sicherheit problematisch. Auch die mit dem imperialistischen Übergang im Zusammenhang stehende Wende zur sogenannten Sammlungspolitik ist mit Blick auf Prozesse der Versicherheitlichung von Bedeutung, weil dieser Politikstil deutlich integrative Züge aufwies.

Während die deutsche Nationsbildung im letzten Drittel des 19. Jahrhunderts noch ein Findungsprozess war, lässt sich dasselbe für Frankreich nicht behaupten. Dies hat damit zu tun, dass dieses Land als europäische Staatsnation par excellence gilt. Hier lässt sich über das 19. Jahrhundert hin der Weg zu einem »demokratisch-plebiszitären Staatswesen« beobachten, das seine »Daseinsberechtigung ausschließlich aus der Souveränität der Nation nach innen und außen« bezog.[36] Mit der Wehrverfassung hatte freilich die Dritten Republik erst 1872 den Weg zurück zur allgemeinen Wehrpflicht gefunden.[37] Nationale Minderheiten, die in sicherheitlicher Hinsicht riskant gewesen wären, gab es in Frankreich nicht mehr. Stärker als im Deutschen Reich war die Nation in Frankreich ein Projekt, das aufgrund der revolutionären Gründungsgeschichte der Republik auch auf der politischen Linken verfochten wurde. Die Nation war damit viel schärfer umkämpft als beim rechtsrheinischen Nachbarn.[38]

Während das Wesen der französischen Nation in der Epoche eindeutig und das der (klein-)deutschen prinzipiell verständlich ist, gestalteten sich die Verhältnisse für das Vereinigte Königreich Großbritannien und Irland sehr viel unklarer. Hier bietet sich damals wie heute eine Vielzahl von geografischen, staats- und völkerrechtlichen sowie alltagssprachlichen Begrifflichkeiten an. Die Rechtsverhältnisse und Traditionen der vier *Home Nations* England, Wales, Schottland und Irland sorgten dafür, dass ein britischer Nationalgedanke bis 1914 nicht entstand. Das zusätzliche, supranationale Deutungsangebot des Empire trug zu diesem besonderen nationalen Selbstverständnis bei.[39] Dieses konnte aber nicht, wie im Deutschen Reich oder Frankreich, durch den Gedanken an ein »Volk in Waffen« gespeist werden, da keine Wehrpflicht bestand. Es gehört nun aber zu den Paradoxien der Epoche, dass weder der Mangel an einem kontinentaleuropäischen Nationalverständnis noch das Fehlen der Wehrpflicht zu schwächer ausgeprägter kultureller Abgrenzungsbereitschaft oder einem geringeren chauvinistischen Sendungsbewusstsein geführt hätten – ganz im Gegenteil.[40] Ein Alleinstellungsmerkmal im Vergleich der drei Nationen zueinander ist auch die Tatsache, dass das Vereinigte Königreich seit dem *Act of Union* von 1800 und

---

[35]   Brandt, Der lange Weg, S. 165.
[36]   Schulze, Staat und Nation, S. 214.
[37]   Goya, La Chair et l'acier, S. 46.
[38]   Fisch, Europa, S. 71.
[39]   Edgerton, The Rise and Fall, S. 7.
[40]   Siehe dazu Searle, The Quest for National Efficience, und mit Blick auf Deutschland und Großbritannien vor »binären dichotomischen Konstruktionen« warnend Berger, Britischer und deutscher Nationalismus, S. 97.

durch die Herrschaftspraxis in Irland eine nationale Minderheit geschaffen hatte, deren Drang nach Selbstbestimmung zu einer veritablen innenpolitischen
Herausforderung aufwuchs. Bis 1914 wurde *Home Rule* – und nicht etwa die
soziale Frage oder die Suffragetten – zum Systemrisiko.[41]

Blickt man nun auf die Unterschiede bei der Staatlichkeit, so sind diese für
die Epoche augenfällig; sie müssen dann aber bei der Untersuchung der einzelnen Politikfelder nochmal im Detail betrachtet werden. Das Deutsche Reich
war eine junge konstitutionelle Monarchie; vor allem war es aber auch ein
Staatenbund. In diesem entwickelte sich eine »spezifisch deutsche Kombination
von bürokratischer Herrschaft und parlamentarischer Kontrolle«.[42] Der politische
Modernisierungsdruck, angestoßen unter anderem durch die gesamtwirtschaft-
liche Dynamik und die Ausdehnung von Staatlichkeit, hatte ab den 1890er-
Jahren Folgen für das Herrschaftssystem – die langsame Bedeutungszunahme
des Reichstages, namentlich in der Gesetzgebung und in Haushaltsfragen, wies
darauf hin.[43] Die »Schwebelage« zwischen Obrigkeitsstaat und Demokratie blieb
aber bis 1914 insgesamt kennzeichnend. Dabei kann das Deutsche Reich auch als
ein Beispiel dafür dienen, dass Fortschritte bei der Demokratisierung solche bei
der Parlamentarisierung nicht zwingend nach sich ziehen müssen.[44]

Im breiten Parteienspektrum sticht der Aufstieg der Sozialdemokratie heraus,
zumal diese unter Reichskanzler Otto von Bismarck noch das Ziel einer ausgesprochen repressiven Ausgrenzungspolitik gewesen war.[45] Das Katholische, das
in seiner Art einer milieubasierten, konfessionellen Partei der politischen Mitte
im Vergleich zu Frankreich und Großbritannien einzigartig war, verkörperte die
Verbindung von politischem Liberalismus sowie föderalem und konfessionellen Eigensinn. Schließlich kann die Radikalisierung der extremen, alldeutschen
Rechten ab der Jahrhundertwende auch als Reaktion auf diesen generellen Trend
interpretiert werden. Spezifika der staatlichen Entwicklung Deutschlands bis
zum Beginn des Ersten Weltkrieges sind schließlich – mit Blick auf Versicherheitlichung – die Unfertigkeit der Reichsinstitutionen, die im internationalen Vergleich anerkannten Standards bei der Rechtssicherheit und das anhaltende
Gewicht des gerade auch in Sicherheitsfragen wichtigen föderalen Prinzips.

In den zivil-militärischen Verhältnissen im Deutschen Reich lässt sich die
»Schwebelage«, lässt sich das letztlich Provisorische noch einmal gut beobachten. Bis etwa 1890 hatte sich auf militärischer Seite eine Arrondierung der institutionellen Verhältnisse – preußisches Kriegsministerium, Großer Generalstab,

---

[41] Edgerton, The Rise and Fall, S. 29. Zur Bedeutung von Home Rule als einem potenziellen
      Systemsprenger siehe auch Müller, Die Nation als Waffe und Vorstellung, S. 56.

[42] Mommsen, Bürgerstolz und Weltmachtstreben, S. 72.

[43] Siehe Anderson, Lehrjahre der Demokratie; Becker, Das Bismarck-Reich; außerdem
      Haardt, Bismarcks ewiger Bund, der die »Zentralisierung staatlicher Kompetenzen,
      die Monarchisierung des Kaiseramtes, die Nationalisierung des Bundesrates und die
      Parlamentarisierung der Reichsgewalt« als die entscheidenden verfassungspolitischen
      Langzeittrends ausmacht (S. 803).

[44] Fisch, Europa, S. 88 (»Schwebelage«). Auf die Defizite bei der Parlamentarisierung verweist
      Conze, Der Schatten des Kaiserreichs, S. 130. Dass diese Schwebelage aber letztlich eine
      stabile war, betont Hewitson, Germany and the Modern World, S. 166.

[45] Ein konziser Überblick zur Parteienlandschaft findet sich bei Schmidt, Kaiserdämmerung,
      S. 152–172.

Militärkabinett plus Reichsmarineamt – eingestellt. Insgesamt war der Primat der Politik deutlich geringer ausgeprägt als in Frankreich und Großbritannien. Das Militär hielt eine halbautonome Stellung inne. Diese ergab sich nicht so sehr aus dem Buchstaben der Verfassung, sondern aus dem Festhalten des Kaisers und Oberstem Kriegsherrn daran einerseits und aus der habituellen Anerkennung durch die Reichsregierungen anderseits.[46] Außerdem wurde dieses Teilautonomie auch als eine moralische Dividende des Sieges von 1871 interpretiert. Aus der Anerkennung dieses eingeschränkten Primats durch die politische Seite ergaben sich de facto ziemlich einvernehmliche zivil-militärische Verhältnisse.

Die oben bereits diskutierte föderale Struktur des Reiches war auch für die nachrichtendienstlichen Verhältnisse bestimmend, weil sich aus ihr die Struktur und die Aufgaben der Polizei ergaben. Eine nationale Polizei existierte nicht, was im Prinzip Gelegenheit für Aspirationen von militärischer Seite geboten hätte. Dass diese allerdings schwach ausgeprägt blieben, zeigt der international vergleichsweise zurückhaltende Einsatz von Militär im Innern, der so ganz im Widerspruch zur orthodoxen Vorstellung des Militärs als proaktivem Gewaltakteur in sozialen Auseinandersetzungen steht.[47] Tatsächlich wies Deutschland doch eher Züge eines sicherheitlichen Nachtwächterstaates auf, in dem ambitionierte Projekte der inneren und äußeren Versicherheitlichung oftmals ihre Grenzen in föderalen Reservatsrechten, damit verbunden in der liberalen Tradition der süddeutschen Bundesstaaten und in den altpreußischen Grundsätzen sparsamer Haushaltsführung fanden.[48]

Das Offizierkorps war ideologisch homogen, monarchistisch und konservativ mit landsmannschaftlichen Schattierungen. Die seit den 1890er-Jahren betriebene soziale Öffnung des Offizierkorps für bürgerliche Kreise blieb bis zum Ersten Weltkrieg für seine ideologische Homogenität letztlich unschädlich.

Ein wichtiger Aspekt für sicherheitspolitische Belange war das Fehlen von streitkräftegemeinsamen, zivil-militärischen Gremien. Hier werden die Grenzen des Provisoriums preußisch-deutsche Militärverfassung sichtbar; hier wäre auch der Ort gewesen, an dem ein Bewusstsein für nachrichtendienstliche Fragen von strategischer Reichweite entwickelt hätte werden können. Persönlichkeiten mit einem ausgeprägten Bewusstsein für das Themenfeld, die ihm im politischen bzw. öffentlichen Raum Geltung verschaffen hätten können, sucht man im Deutschen Reich vergeblich.

Zäsuren der zivil-militärischen Verhältnisse waren der Neue Kurs nach der Regierungsübernahme Kaiser Wilhelms II. 1888 und der Aufstieg des »Neuen Militarismus« im ersten Jahrzehnt des 20. Jahrhunderts, der die Regierung und das Kriegsministerium in unbequeme Debatten um Fragen der Versicherheitlichung zwang.[49] Interessanterweise spielten in diesen Debatten, anders als in Frankreich oder Großbritannien, Fragen wie der geheime Nachrichtendienst und die Spionageabwehr keine Rolle.

---

[46] Deist, Die Armee in Staat und Gesellschaft, S. 38.
[47] Siehe Johansen, Soldiers as Police.
[48] Die Qualifizierung als »Nachwächterstaat« übernehme ich hier von Ferdinand Lassalle. Siehe dazu Pöhlmann, The Evolution, S. 164. Dass der (geheim-)polizeilichen Bekämpfung der inneren Gegner, namentlich der Arbeiterbewegung, »enge Grenzen« gesetzt waren, betont auch die neuere Forschung. Siehe Caruso, »Blut und Eisen auch im Innern«, S. 9.
[49] Weiterführend Förster, Der doppelte Militarismus.

Wendet man den Blick nach Frankreich, so lässt sich feststellen, dass dieses Land im Vergleich zu Deutschland und Großbritannien den höchsten Grad an staatlicher Intervention und Kontrolle, mithin eine voll entwickelte Vorstellung von Staatsräson aufwies.[50] Der Staat gebot über lange formierte und sich selbst rekrutierende bürokratische Eliten. Paradoxerweise war die Exekutive der Dritten Republik schwach, die Halbwertszeit der Regierungen kurz; Politik fand stärker auf der Straße statt.[51] Überhaupt hatte die Republik namentlich in ihren ersten beiden Jahrzehnten ein handfestes innenpolitisches Legitimitätsproblem.[52] Das Parteienspektrum war ähnlich breit wie im Deutschen Reich, aber deutlich anders sortiert. Einen »Reichsfeind«-Malus gab es hier für die Sozialisten nicht; die Monarchisten spielten eine Rolle, für die es weder in Deutschland noch in Großbritannien eine parteipolitische Entsprechung gab; und früher als in Deutschland trat eine ultranationalistische Rechte in die politische Arena.[53] Das brisante Alleinstellungsmerkmal der französischen Parteipolitik war, dass hier polizeiliche bzw. nachrichtendienstliche Erkenntnisse ein probates Werkzeug der Auseinandersetzung mit dem innenpolitischen Gegner waren. Die Dritte Republik trat ab 1871 als ein Staat mit einer exekutiven Dauerkrise in die Epoche, allerdings als einer, der bis 1914 von einer starken ideologischen und bürokratischen Substanz zehren konnte.

Blickt man auf die zivil-militärischen Verhältnisse, so ist hier zweifelsohne ein starker Primat der Politik festzustellen, der allerdings lange Zeit umkämpft blieb.[54] Wenn im Deutschen Reich die Dividende des Sieges Einfluss auf die zivil-militärischen Verhältnisse nahm, dann war es in der Dritten Republik die Hypothek der Niederlage. Insgesamt hatten die militärische Reorganisation und die Einstellung des Landes auf den Dauerkonflikt mit dem Deutschen Reich Frankreich nach 1871 zur »most highly militarized society in Europe« aufwachsen lassen.[55] In der Wehrdebatte der letzten Jahre vor 1914 lässt sich dieses Aufeinandertreffen von parteipolitischer Unversöhnlichkeit und Suche nach nationalem Konsens – hier zum Zweck der äußeren Sicherheit – ein letztes Mal wie in einem Brennglas beobachten.[56] Es gehörte zu den bewundernswerten Paradoxien der französischen Geschichte, dass dieses Projekt trotz einer chronisch instabilen Exekutive gelang. Mit Blick auf Nachrichtendienste und Spionageabwehr ist festzuhalten, dass dem Militär in Frankreich eine traditionell starke, nationale Geheimpolizei, die *Sûreté générale*, und ein Außenministerium gegenüberstanden, das in der Anwendung nachrichtendienstlicher Mittel erfahren und vergleichsweise robust war.[57]

[50] Keiger, France, S. 15, außerdem Chopin, Intelligence Reform, S. 540.
[51] Marwick, War and Social Change, S. 19. Zu den im Vergleich zu Deutschland häufigeren Einsätzen des Militärs im Innern siehe Johansen, Soldiers as Police; weiterführend Jauffret, Armée et pouvoir politique.
[52] Dazu Kirsch, Monarch und Parlament, S. 383–385, sowie Jackson, Political Culture and Intelligence Culture, S. 46.
[53] Siehe Passmore, The Right in France, S. 126, der in diesem Spektrum proto-faschistische Spielarten entstehen sieht.
[54] Keiger, France, S. 49, charakterisiert die zivil-militärischer Verhältnisse insgesamt als »troubled«.
[55] So Simms, Europe, S. 244. Das ist natürlich nur richtig, wenn man die Schweiz außer Betracht lässt.
[56] Dazu Krumeich, Aufrüstung und Innenpolitik, S. 54–60.
[57] Andrew, France and the German Menace, S. 127–149.

Die Gründungsumstände der Dritten Republik brachten es nicht nur mit sich, dass die Effektivität des Kriegsministeriums als Teil der Exekutive an den häufigen parteipolitischen Wechseln litt, sondern dass auch der Ausbau eines einheitlichen militärischen Oberbefehls aus Sorge vor militärisch gestützten, monarchistischen Restaurationsversuchen bis wenige Jahre vor dem Ersten Weltkrieg verhindert wurde.[58] Das französische Offizierkorps war sozial, politisch und von der Ausbildung her bemerkenswert heterogen. Bis zum Beginn des 20. Jahrhunderts stand die Mehrheit der Offiziere der Republik ablehnend gegenüber.[59]

Die für strategische bzw. nachrichtendienstliche Fragen später bedeutsamen zivil-militärischen Gremien waren in Frankreich zwar früh eingerichtet, etwa der *Conseil Supérieur de la Guerre* (1872) bzw. der *Conseil Supérieur de la Defense Nationale* (1906). Ihr tatsächlicher Einfluss ist aber angesichts der starken Kompartmentalisierung begrenzt geblieben.[60] Zu den Eigentümlichkeiten der zivil-militärischen Beziehungen zählt die Tatsache, dass Streitkräfte, Innen- und Außenministerium sowie die politische Klasse insgesamt im innenpolitischen Einsatz nachrichtendienstlicher Mittel versiert waren und dass damit eine entsprechende politische Praxis einherging. Olivier Chopin erklärt dies aus der politischen Philosophie des Landes. Das Nachrichtenwesen sei demnach seit jeher »conceived as an attribute of the State, and at the disposal of the political power without any form of oversight. This emphasis on political will and reason of State is directly at odds with the liberal ›Anglo-Saxon‹ tradition of civil oversight over Government activities.«[61] Das nachrichtendienstliche Bewusstsein war also im internationalen Vergleich sehr hoch, gleichzeitig aber auf innenpolitische Ausspähung und Zersetzung konzentriert und wirkte somit tendenziell dysfunktional.[62]

Das Vereinigte Königreich war eine alte parlamentarische Monarchie. Blickt man auf deren staatliche Entwicklung, so fällt auf, dass England zwar schon ein Staat gewesen war, lange bevor das moderne Konzept des Staates überhaupt existierte.[63] Doch gab es keine Verfassung und der Staat war bis in die zweite Hälfte des 19. Jahrhunderts in vielen Politikfeldern vom Laissez-faire-Gedanken, in der Rechtsprechung von althergebrachten Traditionen und beim politischen und Verwaltungshandeln vom Kollegialitätsprinzip bestimmt gewesen.[64] Dies änderte sich, als sich ähnlich wie im Deutschen Reich wirtschaftlicher, sozialer, militärischer und imperialer Modernisierungsdruck bemerkbar machte.[65] Die Exekutive war traditionell stark; die Beamtenschaft allerdings zahlenmäßig klein.[66] Das Vereinigte Königreich kann auch als ein Beispiel dafür dienen,

[58] Dazu weiter unten sowie Le Goya, La chair et l'acier.
[59] Serman, Les Officiers français, S. 83, 107.
[60] Laurent, Politiques de l'ombre, S. 302–327, sowie Greenhalgh, The French Army, S. 12–14.
[61] Chopin, Intelligence reform, S. 537.
[62] Andrew, France and the German Menace, S. 144 f.
[63] Jones, The French State in Question.
[64] Siehe Davies, MI6 and the Machinery of Spying, S. 22, der das schon von Max Weber als Maxime der britischen Politik identifizierte Kollegialitätsprinzip auf die Entwicklung des dortigen Nachrichtenwesens anwendet.
[65] Harrison, The transformation of British politics, S. 56.
[66] Ebd., S. 277; Jones, The French State in Question, S. 15.

dass Fortschritte bei der Parlamentarisierung solche bei der Demokratisierung nicht zwingend nach sich ziehen müssen. Verglichen mit Deutschland und Frankreich gab es hier bei der Ausübung des aktiven und passiven Wahlrechts deutliche Einschränkungen.[67] Auch zementierte das Mehrheitswahlrecht ein Zweiparteiensystem aus Konservativen und Liberalen, das erst ab 1900 durch das Aufkommen der Arbeitspartei aufgebrochen wurde. Mit Blick auf die Irische Frage ist schließlich zu berücksichtigen, dass sich die Konservativen ab 1912 durch die Fusion mit der Liberalen Unionistenpartei an deren Position gekettet hatten.

Die zivil-militärischen Verhältnisse im Vereinigten Königreich wiesen einen klaren Primat der Politik auf. Sie unterscheiden sich aber vom kontinentalen Fall, erstens, durch die Vormacht der Marine innerhalb der Streitkräfte, zweitens, durch das Fehlen eines Generalstabs und, drittens, durch die bedeutende Rolle einer zweiten Streitmacht, der *Indian Army*.

Die Polizei in Großbritannien wies bis weit ins 19. Jahrhundert eine traditionelle, lokale Grundstruktur auf, wobei der Innenminister eine immer stärkere, koordinierende Stellung einnahm. Die Politische Polizei wurde seit 1887, vornehmlich zur Bekämpfung der irischen Unabhängigkeitsbestrebung, im *Special Branch* von *Scotland Yard* in London ausgebaut. Das polizeiliche Selbstverständnis war verhältnismäßig lange gekennzeichnet von der Skepsis gegenüber der als französisch konnotierten Polizei- und Überwachungspraxis. Allerdings löste die Kombination aus der irischen Bedrohung und der durch die Heeresagitation ausgelösten Spionagehysterie ab etwa 1906 einen späten, dann aber rasch tiefgehenden Bewusstseinswandel aus.[68] Das Heer konnte von diesem Versicherheitlichungsprozess deutlich profitieren.

Das 1902 ins Leben gerufene *Committee of Imperial Defence* wird heute geradezu als Urform aller zivil-militärischen Gremien gesehen. Allerdings scheint seine strategische Bedeutung in der Frühphase insgesamt noch überschaubar geblieben zu sein; im Zusammenhang mit der Gründung des Militärnachrichtendienstes 1909 ist sie freilich evident gewesen.[69] Heeresagitation und *Home Rule*-Debatte gewannen bis 1914 Einfluss auf die zivil-militärischen Verhältnisse, als im Verlauf der Curragh-Meuterei der Primat der Politik kurzzeitig in Frage gestellt wurde, was immerhin zur Demission des Kriegsministers und des Generalstabschefs führte.[70]

Der abschließende Vergleich der nationalen und staatlichen Entwicklungen führt über die Betrachtung der politischen Kulturen. Wenn das Deutsche Reich weiter oben als vergleichsweise zögerlich in der Ausbildung von staatlicher Überwachung charakterisiert wurde, stellt sich die Frage nach den Gründen

---

[67] Siehe Marwick, War and Social Change, der ausführt, dass im Vereinigten Königreich rund 40 % der männlichen Staatsbürger de facto kein Stimmrecht besaßen (S. 20); Margaret Lavinia Anderson, Demokratiedefizit, weist auf die deutlich höheren Eigentumshürden bei der Ausübung des aktiven und passiven Wahlrechts im Vereinigten Königreich hin (S. 370–375).
[68] Siehe dazu Thurlow, The Secret State, S. 35; Higgs, The Information State in England, S. 111.
[69] Bond, The Victorian Army, S. 257.
[70] Weiterführend The Army and the Curragh-Incident; Jeffery, Field Marshal Sir Henry Wilson, S. 107–130.

dafür. Sie liegen im Erbe der Kleinstaaterei und im Charakter des Reiches als Staatenbund. So hatte die vergleichsweise späte Nationalstaatsbildung auch einen entsprechend späten Aufbau nationaler Sicherheitsstrukturen zur Folge gehabt. Dazu kam, dass die föderalen Kräfte im Reich ja durchaus wirksam blieben. Nicht dass diese gegen Versicherheitlichung an sich eingestellt gewesen wären. Sie reagierten aber retardierend oder ablehnend, sobald sich abzeichnete, dass Veränderungen in der Exekutive das Übergewicht Preußens förderten.

Generell war die Integrationskraft des Systems groß. Die Vorstellung, das Deutschland der Jahre 1890–1914 sei politisch »zersplittert« gewesen, wie das Hagen Schulze einmal formuliert hat, lässt sich nicht nachvollziehen.[71] Eine treffendere Beschreibung wäre »sozial stark differenziert«. So betrachtet lässt sich nämlich vermeiden, dass die zweifellos partiell bestehende Blockade des politischen Systems mit der Verfasstheit der Gesamtgesellschaft, vor allem aber mit dem Zustand der hier zur Untersuchung stehenden Feldern der inneren und äußeren Sicherheit, gleichgesetzt wird.[72] Bismarcks Reichsfeindepolitik war gescheitert und hatte innenpolitischen Schaden hinterlassen. Die Vorstellung von existenziellen inneren Feinden verlor mit den Jahren insgesamt an Bedeutung, was aber parteipolitische oder ideologische Gegnerschaft nicht ausschloss.[73] Auf der anderen Seite ist der mitunter laut deklamierte, außenpolitische Machtanspruch nicht zu übersehen. Die hierauf folgenden Reaktionen mussten, verbunden mit der geschilderten strategischen Mittellage und dem Gefühl, ohnehin der imperialistischen Entwicklung hinterherzulaufen, zu außenpolitischer Unsicherheit führen und zur Angst, um das Erarbeitete betrogen zu werden.

Die politische Kultur in Frankreich dagegen war geprägt von einem etablierten Nationalstaat, der sich streckenweise durch ein »tremendous over-investment in greatness« auszeichnete.[74] Wo »Größe« das zentrale nationalpolitische Leitmotiv war, musste sich eine rückschauend an sich doch recht traditionelle militärische Niederlage wie die von 1870 umso nachhaltiger auswirken. Die Folge war, dass Unsicherheit die Größe als Leitmotiv der Dritten Republik ablöste. Aus der großen Vergangenheit wurde Angst vor der Zukunft.[75] Eine Folge davon war das vergleichsweise frühe Aufkommen außerparlamentarischer Formen der Politik. Eine Mitte der 1880er-Jahre aufkommende Bewegung wie der Boulangismus lag an sich in der bonapartistischen Tradition. Sie fand weder in der deutschen Honoratiorengesellschaft noch in der britischen Klassengesellschaft eine Entsprechung und sie hatte stets – das ist für die weitere Betrachtung wichtig

---

[71] Schulze, Staat und Nation, S. 260. Die hohe Integrationskraft betont dagegen Mommsen, Bürgerstolz und Weltmachtstreben, S. 74. Auch Schmidt, Kaiserdämmerung, S. 117 verweist auf die grundsätzliche »Loyalität der Regierten«, die bei allen Milieubindungen und Klassengegensätzen doch nicht unterschätzt werden sollte.

[72] Als Plädoyer für die soziale Differenzierung und die Kritik am Fokus auf das politische Teilsystem siehe Ziemann, Das Kaiserreich als Epoche der Polykontexturalität, S. 52, 61.

[73] Caruso, »Blut und Eisen«, S. 43, weist zurecht auf eine ab 1905 stärker präsente Revolutionsangst hin, die ein Produkt der konservativen Versicherheitlichungsstrategie war. Dass diese allerdings gesamtgesellschaftlich ausreichend verfing, scheint zweifelhaft.

[74] Keiger, France, S. 17; ähnlich in der neueren Literatur bei Bauer, Marianne is Watching, S. 12.

[75] Pierre Nora sieht das Land in diesen Jahrzehnten als »spontanément allergique au pluralisme et à l'alternance« (Nora, De la République à la Nation, S. 653); siehe auch Jones, The French State, S. 13. Weiterführend Biess, Republik der Angst, S. 26–34.

– eine konspirative und eine xenophobe Dimension. Der Namenpatron dieser populistischen Sammlungsbewegung, General Georges Ernest Boulanger, war im Januar 1886 zum Kriegsminister ernannt worden und hatte sofort eine intensive und teilweise durchaus beachtliche Reformtätigkeit entfaltet. Seinen bald über das Ressort hinaus strebenden politischen Ambitionen lag eine geradezu klassische Versicherheitlichungsstrategie zugrunde, bei der Boulanger einerseits das Menetekel der deutschen Bedrohung an die Wand malte, anderseits unverhohlen mit eigenen Kriegsdrohungen operierte. Nach seiner Entlassung im Mai 1888 versuchte er das populistische Momentum als Politiker zu nutzen. Nach einer Anklage wegen Verschwörung entzog er sich der Verhaftung nach Belgien, wo er sich 1891 selbst richtete.[76] Auch wenn Boulanger als politische Person Episode blieb, standen seine Themen weiterhin in Rede und es hielten sich die neuen politischen Formen. Es ist auch nicht verwunderlich, dass die außerparlamentarische Bewegung Boulangers just zu dem Zeitpunkt virulent wurde, als die politische Attraktivität des Revanchegedankens zu schwinden begann.[77] Nur durch diesen vorangegangenen Politikwandel erklärt sich dann wiederum die beschriebene Dynamik der Dreyfus-Affäre.

Bis 1914 vollzog sich keine einseitige Entwicklung in eine politische Richtung. Vielmehr schlug das innenpolitische Pendel hin und her.[78] Die politische Angst in Frankreich war somit älter als die deutsche und sie speiste sich auch aus anderen Quellen. Da war zunächst die ältere, die außenpolitische Sorge vor dem übermächtigen Nachbarn Deutschland. Ab den 1890er-Jahren nahm aber die Angst vor dem inneren Gegner immer stärker Besitz von den Franzosen. Beide Varianten gewannen ihre Dynamik durch den hyperbolen, republikanischen Impetus und durch die bürokratische und polizeiliche Handlungsfähigkeit des Staates.

Raumbedingungen, Nationalgedanke und Staatlichkeit ließen im Vereinigten Königreich eine zu Deutschland und Frankreich deutlich unterschiedliche politische Kultur entstehen. Deren Basis war ein grundsätzlich stabiles gesellschaftliches System, das im 19. Jahrhundert durch die imperialen Herausforderungen zusätzlich nationalen Konsens generierte.[79] Gleichwohl gewann seit der Jahrhundertwende der beschriebene Cluster aus navaler, kontinentaler und irischer Spannung Einfluss auf die politische Kultur. Die räumliche Nähe multipler und dabei diffuser Bedrohungen und die Einsicht, diese nicht wie bisher durch die geografische Lage und maritime Machtprojektion kompensieren zu können, ließ das Sicherheitsgefühl bei der bis dahin unbestrittenen Welt-Macht schwinden.

---

[76] Für biografische Details und die innenpolitische Dimension Garrigues, Le général Boulanger; für seine Militärreformen außerdem Mollenhauer, Auf der Suche nach der »wahren« Republik, S. 330–333, außerdem der konzise Überblick bei Bauer, Georges Boulanger. Auf den wachsenden Widerstand der Generalität gegen Boulanger verweist Bach, L'Armée de Dreyfus, S. 357–431.

[77] Zu diesem Zusammenhang von Revanche und Populismus siehe Mitchell, The Xenophobic Style, S. 419. Mollenhauer, Suche, S. 335, attestiert ebenfalls eine Krise des Revanchegedankens. Siehe auch Julien/König, Verfeindung und Verflechtung, S. 77 f., die bei der Untersuchung eines zentralen Aspekts des Revanchismus, der Elsass-Lothringen-Frage, zu einem ähnlichen Ergebnis kommen.

[78] Passmore, The Right in France, S. 152.

[79] Schulze, Staat und Nation, S. 258.

Beim Vergleich von Nation, Staat und politischer Kultur fallen Gemeinsamkeiten und Unterschiede ins Auge. Die Unterschiede haben in erster Linie mit dem Alter – und damit dem Grad an Konsolidierung – von Nation und Staat zu tun: Deutschland war in dieser Hinsicht im Aufbau begriffen, entwicklungsoffener als oft angenommen, in der Wahrnehmung durch seine Nachbarn aber bewusst herausfordernd. Frankreich scheint dagegen vergleichsweise gefestigt, beim näheren Hinsehen freilich verfestigt und bisweilen in nationaler Selbstspiegelung gefangen. Staat und Nation im Vereinigten Königreich zehrten von Traditionen, politischem Gemeinsinn und der imperialen Rendite, wobei die Grenzen dieses Modells ab 1900 sichtbar wurden. Alle drei Länder strahlten Kraft aus, die jedoch unterschiedlich geartet war: wirtschaftlich-militärische Kraft im Fall des Deutschen Reiches, ideologische im Falle Frankreichs und globale im Fall des Vereinigten Königreichs.

Die Verdichtung von Staatlichkeit ist eine Erfahrung, die alle drei Länder grundsätzlich teilten. In Deutschland fiel diese Erfahrung zusammen mit der Staatsbildung selbst. In Frankreich hatte sich diese Verdichtung schon im Verlauf des 19. Jahrhundert weitgehend vollzogen, sodass diese Erfahrung hier in den drei Jahrzehnten vor 1914 eher blass blieb. Ganz anders lagen die Verhältnisse im Vereinigten Königreich, wo sich die Verdichtung von Staatlichkeit spät und von einem vergleichsweise niedrigen Niveau aus bemerkbar machte.

Die politische Kultur erfuhr zwischen 1880 und 1914 in allen drei Ländern auch Veränderung durch den Wandel der Öffentlichkeit. Die öffentliche Meinung wirkte innenpolitisch als auch auf das Verhältnis der drei Staaten untereinander.[80] Dabei sind der Gestaltwandel und die Bedeutungszunahme der Presse hier von Relevanz, weil sie ein wichtiges Instrument in innen- wie außenpolitischen Prozessen der Versicherheitlichung war.

Eine gemeinsame Erfahrung war Unsicherheit; politisch zur Angst instrumentalisiert wuchs sie zu einem Marker der Epoche auf. Dabei lässt sich die Begriffsbestimmung individueller Angst als eine Einschätzung oder ein Werturteil, das »Dingen oder Personen außerhalb der eigenen Kontrolle eine besondere Bedeutung für das eigene Wohlergehen« zuschreibt, unschwer von Individuen auf Kollektive und damit auf Nationen übertragen.[81] Nun hat die Emotionsgeschichte vielfach aus der Untersuchung von Angstregimen des Kalten Krieges geschöpft. Während diese unmittelbar aus der globalen Erfahrung des Zweiten Weltkrieges gespeist und damit stark vergangenheitsbezogen waren, scheint das für die Epoche von 1871 bis 1914 nicht so eindeutig der Fall zu sein.[82] Der Referenzpunkt 1871 mag allenfalls für die Entwicklung des Angstregimes in Frankreich eine Rolle gespielt haben. Allerdings sollten sich die Bezüge selbst dort von dieser historischen Erfahrung bald abkoppeln. Angst hatten die Deutschen, Franzosen und Briten vielmehr vor einer sich rasant wandelnden Gegenwart, vor einer damit verbundenen Verschiebung der innenpolitischen Tektonik und vor einem Verlust des weltpolitischen Status. Diese nationalen Ängste sind aber zeitlich und in ih-

---

[80] Geppert, Pressekriege.
[81] So die Definition der US-amerikanischen Philosophin Martha Nussbaum, hier zitiert nach Biess, Republik der Angst, S. 28. Zur Übertragung auf die kollektive Ebene der politischen Angst siehe Robin, Fear, S. 2. Wegen der Vielzahl an militärgeschichtlichen Beispielen empfiehlt sich außerdem Joanna Bourke, Fear.
[82] So z.B. bei Greiner, Angst im Kalten Krieg, S. 19.

rer Qualität unterschiedlich zu gewichten. Im Deutschen Reich war die Angst der Mittellage seit jeher präsent. Sie verstärkte und konkretisierte sich mit der Ausbildung der französisch-russischen Allianz und mit dem Flottenantagonismus im ersten Jahrzehnt des 20. Jahrhunderts. Angst war der Generalbass der Dritten Republik, mit Blick nach innen als auch nach außen, dort allerdings nur gegenüber Deutschland. Selbst im Vereinigten Königreich griff Angst um sich, als der Eindruck entstand, dass das Land in einem kontinentalen Konflikt Partei ergreifen müsste, in dem die eigenen imperialen Stärken nicht zur Geltung gebracht werden konnten und in dem man sich an militärischen Kompetenzen und Mitteln unterlegen glaubte. Die Charakterisierung Deutschlands als die »nervöse Großmacht« taugt also als alleinstellende Zuschreibung wenig.[83] Vielmehr war das Reich eine unter mehreren »nervösen« Großmächten, bei denen jeweils unterschiedliche Formen von Sendungsbewusstsein und verschieden motivierte Varianten von politischer Angst aufeinandertrafen. Diese Ängste bildeten die Grundlage, auf der sich konspirative Erzählungen konstruieren ließen.

3. Wissen

Das europäische Militär bildet eine kaum beforschte Größe in der Geschichte des Wissens, der Wissenschaften und der Wissensgesellschaft. Letztere ist in der Soziologie ursprünglich als Konzept für eine postindustrielle Gegenwartsanalyse bzw. Prognose entwickelt worden. Gerade die frühen Diskussionsbeiträge eignen sich allerdings für die militärhistorische Nutzbarmachung, weil sie oftmals aus dem Umfeld der Organisationssoziologie bzw. der Managementlehre stammten und ihnen somit ein grundsätzliches Bewusstsein für das Militär innewohnte.[84] Wissensgesellschaft empfiehlt sich als Konzept auch, weil hier das Militär als einer unter mehreren gesellschaftlichen Produzenten, Torwächtern und Konsumenten von Wissen begriffen werden kann. Es eignet sich darüber hinaus, weil hier Wissen als soziales Handlungsvermögen verstanden wird. Und gerade im Militär erlangt Wissen Bedeutung, wo es als erster Schritt zum Handeln taugt. Schließlich eignet sich das im Zusammenhang mit der Wissensgesellschaft diskutierte Phänomen des Nichtwissens als Untersuchungsgegenstand, weniger für das Militär, auf jeden Fall aber für die Nachrichtendienste, weil deren *raison d'être* ja auch in der Fähigkeit liegt, beim potenziellen Gegner Nichtwissen zu produzieren und zu verstetigen.[85]

Die Grenzen des Konzepts der Wissensgesellschaft ergeben sich aus seinem Charakter einer postindustriellen Gesellschaftsbezeichnung. Nun gab es in der Geschichtswissenschaft aber durchaus Versuche, das Konzept zu historisieren. Der erste Versuch bestand in dem Hinweis darauf, dass letztlich alle Gesellschaften auf

---

[83] Für diese Neurasthenie-Variante der Sonderwegsthese siehe Ulrich, Die nervöse Großmacht, S. 14. Auf den Zusammenhang zwischen Angst vor Spionen und dem zeitgenössischen Nervositätsdiskurs verweist Altenhöner, »Spionitis«, S. 85.

[84] Dabei namentlich die Arbeiten von Peter F. Drucker und Daniel Bell; siehe zur Einführung die Beiträge in Handbuch Wissensgesellschaft.

[85] Einführend dazu Wehling, Nichtwissen.

Wissen basieren und damit auch als Wissensgesellschaften anzusprechen seien. Damit scheint allerdings die spezifische Stoßrichtung des Konzepts unterschätzt. Dass Wissen eine anthropologische Grundkonstante ist, steht außer Frage. Wissensgesellschaftliche Argumente zielen vielmehr darauf ab, Wissen als zentrales Organisationsprinzip einer Gesellschaft zu verstehen, und hier scheint eine Zuordnung in der industriegesellschaftlichen Moderne immerhin prüfenswert.[86]

Die zweite Herangehensweise bei der Historisierung von Wissensgesellschaft bestand darin, ihren Beginn zeitlich nach vorne zu verschieben.[87] Hierfür hat Margit Szöllösi-Janze eine Scharnierzeit von 1880 bis 1930 vorgeschlagen, mit der sie (für das Deutsche Reich) die Wissensgesellschaft und letztlich auch ein langes 20. Jahrhundert beginnen sieht.[88] Dieser Versuch der Historisierung hat den Vorteil, dass er anschlussfähig ist für Periodisierungen in der Geschichtsschreibung zu Frankreich und Großbritannien. Diese Anschlussfähigkeit wird auch dadurch noch befördert, dass in dem erwähnten Vorschlag letztlich immer auch eine prozessual ausgerichtete Kompromissbegrifflichkeit – Verwissenschaftlichungsprozesse statt Wissensgesellschaft – verwendet wird. Diesem Verständnis soll auch hier gefolgt werden, wenngleich sich diese Studie auf eine Scharnierzeit von 1880 bis 1914 festgelegt hat. Sie plädiert damit stärker für die Idee eines langen 19. Jahrhunderts und betont den Standort des Ersten Weltkrieges als einer europäischen Zäsur. Im Folgenden wird es also darum gehen, diese historischen Prozesse unter Nutzung der wissensgesellschaftlichen Forschung zu beleuchten und auf die drei nationalen Fallbeispiele zu erweitern.

Es ist der Sozialgeschichte nicht entgangen, dass Kriege im 19./20. Jahrhundert katalytische Faktoren bei der »Verwissenschaftlichung des Sozialen« sein konnten. Dass und wie das Militär aber selbst als Institution und damit dauerhaft in diesem Prozess agierte, wird jedoch in der Regel nicht erörtert.[89] Diese historiografische Fehlstelle ist umso erstaunlicher, wenn man der Annahme Jürgen Osterhammels folgt, dass die »allgemeinste und übergreifende Tendenz« des Zeitalters vor 1914 die »systematische Anwendung von Wissen auf Probleme militärischer Effektivität« gewesen sei.[90] Nun fallen die gesamtgesellschaftlichen Prozesse der Verwissenschaftlichung zusammen mit einem Prozess der Technisierung und der funktionalen Differenzierung innerhalb des Militärs. Die Streitkräfte waren einem enormen Modernisierungsdruck ausgesetzt, wobei man die Handlungsoptionen hier nicht bloß reaktiv begreifen sollte. Tatsächlich waren Technisierung und – damit eng verbunden – die Beschäftigung mit Wissenschaft eine Herausforderung und eine Chance zugleich. Diese Chance bestand im Hinblick auf individuelle Karrierechancen, konnte aber auch als Werkzeug bei der Durchsetzung partikularer Akteursinteressen von Bedeutung sein, etwa beim Wettbewerb einzelner Waffengattungen um Ressourcen. Die Jahre zwischen 1871

---

[86] Stehr, Moderne Wissensgesellschaften, S. 10.

[87] Siehe vor allem Szöllösi-Janze, Wissensgesellschaft in Deutschland.

[88] Ebd., S. 285.

[89] Siehe den stark rezipierten, in der Ignoranz des Militärischen und des Handlungsfeldes Sicherheit allerdings unbefriedigenden Beitrag von Raphael, Die Verwissenschaftlichung des Sozialen.

[90] Osterhammel, Die Verwandlung der Welt, S. 694; siehe weiterführend das »Armaments Geography of Europe« bezeichnete Kapitel in Stevenson, Armaments and the Coming of War, S. 18–40.

und 1914 waren eine Epoche, in der sich eine Neuverhandlung des komplexen Verhältnisses von berufsständischem Ethos und wissenschaftlich-technischem Telos beobachten lässt. Den Dienst als europäischer Heeresoffizier konnte man als Infanterist bei den 23. Bombay Rifles, als Festungsartillerist in der Place fortifiée von Belfort oder als Militär-Eisenbahn-Disponent im Großen Generalstab in Berlin leisten. So vielfältig die militärischen Anforderungen waren, so unterschiedlich fielen auch die wissenschaftlich-technischen Bildungsvoraussetzungen aus.[91]

Beim Blick auf die Teilhabe und den Einfluss des Militärs in den einzelnen Feldern der Wissenschaften tut sich bei allen drei Streitkräften ein recht heterogenes Bild auf. Eine traditionell starke Vernetzung fand sie in der Human- und Veterinärmedizin. In den technischen und Naturwissenschaften sind militärisch relevante Teilbereiche des Bauingenieurwesens, des Maschinenbaus, der Elektrotechnik, der Luftfahrttechnik, der Chemie (Treib- und Sprengstoffe) und der Physik (Mechanik, Ballistik) zu nennen.[92] Auch die Geografie sollte nicht vergessen werden, weil die Landesaufnahme im 19. Jahrhundert in allen drei Staaten eine militärische Domäne war.

Bei den heutigen Sozialwissenschaften sticht die Demografie ins Auge, die für eine Wehrpflichtarmee eminente Bedeutung hatte. Hier bildete sich in Ansätzen sogar eine transnationale wissenschaftliche Community aus.[93] Management- und Führungslehre sind sozialwissenschaftliche Felder, die in dieser Zeit natürlich erst im Entstehen begriffen waren. Auch im sozialwissenschaftlichen Feld sind für das Militär Defizite zu benennen, und zwar in der Wahrnehmung der Finanzwissenschaft und der Nationalökonomie.

Bei den Geisteswissenschaften standen in der militärischen Ausbildung die Fremdsprachen ganz vorne. Diese waren unverzichtbare Voraussetzung für nachrichtendienstliche und militärpolitische Fragen. Gleichwohl klafften hier Anspruch und Wirklichkeit bis 1914 auseinander. Immerhin dürfen bei den deutschen und französischen Generalstabsoffizieren gute Kenntnisse in wenigstens einer Fremdsprache angenommen werden. Schließlich die Geschichtswissenschaft: Hier fällt das Offizierkorps als eine Berufsgruppe auf, die traditionell besonderen Wert darauf legte, das eigene professionelle Tun zu historisieren und gleichzeitig aus der (Militär-)Geschichte Lehren für das eigene zukünftige Handeln zu ziehen. Am konsequentesten hat wohl das preußisch-deutsche Heer diesem Bedürfnis in der Offizierausbildung Rechnung getragen. 1914 verfügte der Große Generalstab nicht nur über eine, sondern sogar über zwei Kriegsgeschichtliche Abteilungen.[94]

Für die beginnende Verwissenschaftlichung spricht darüber hinaus die Ausformung der militärischen Ressortforschung. Zu nennen sind hier für Deutsch-

---

91 Für die institutionelle und wissensgeschichtliche Ausgangslage siehe Das Militär und der Aufbruch in die Moderne. Für die Ausbildung der Offizierkorps siehe Ostertag, Bildung, Ausbildung und Erziehung; Goya, Le Chair et l'acier, S. 27–42; Bond, The Victorian Army, S. 7–50.

92 Pearton, The Knowledgeable State, S. 95–152; Headrick, The Invisible Weapon.

93 Hartmann, Der Volkskörper bei der Musterung. Ein frühes deutsches Plädoyer für die Förderung des Wissens um Statistik im Militär findet sich bei Reichenau, Ueber die weitere Entwicklung der Kriegsgeschichte.

94 Eine für die ältere und eine für die Zeitgeschichte. Siehe Pöhlmann, Kriegsgeschichte und Geschichtspolitik, S. 31–50.

land die Physikalisch-Technische Reichsanstalt (1887) und die Kaiser-Wilhelm-Gesellschaft zur Förderung der Wissenschaften (1911) sowie in Frankreich die in starker staatlicher Anbindung arbeitenden *Grandes écoles*.[95] Die Institutionalisierung der militärwissenschaftlichen Lehre in den Offizierschulen, den Kriegsakademien und den Waffenschulen wird weiter unten noch dargestellt. Auch die starke Ausbildung der Fachmedien ist ein Indiz für den Einzug der Wissenschaften in das Militär. Diese Medien waren seit den 1890er-Jahren zunehmend spezialisiert und hier wurden kontroverse, binnenmilitärischer Diskurse geführt. Für die drei Armeen alleine lassen sich im Betrachtungszeitraum gut drei Dutzend Fachperiodika identifizieren; militärische Verbands- und Publikumszeitschriften und die einschlägigen Rubriken der Tagespresse sind da noch nicht mitgezählt. Dabei wäre es ein großer Fehler, die Militärpublizistik als eine reine Verlautbarungspresse zu begreifen.[96]

Fasst man die Situation bis 1914 zusammen, so ist es unstrittig, dass auch das Militär sich als Teil der Wissensgesellschaft entwickelte. Nur so ließen sich die militärisch relevanten, materiellen Grundlagen der Fähigkeit zur Machtprojektion beobachten und vergleichen. Das galt etwa für die Industriepotenziale, die Bevölkerungszahlen, die Truppenzahlen, die Eisen- und Stahlproduktion, den Energieverbrauch, die Verkehrsinfrastruktur oder die Kriegsschifftonnage.[97] Verwissenschaftlichung war auch deshalb im Militär angesagt, weil es in der zweiten Hälfte des 19. Jahrhunderts im Kernbereich der materiellen Rüstung – bei der Artillerie und beim Schiffbau – Forschungs- und Entwicklungskompetenz sowie Produktionsfähigkeiten verloren hatte. Bis zum Ende des Jahrhunderts hatte sich dieser Trend noch deutlich verstärkt. Im Frieden sowie bei der Vorbereitung und Führung von Kriegen musste das europäische Militär nicht nur immer umfangreichere Wissensbestände beherrschen, sondern es musste auch immer stärker solche beherrschen, die nicht genuin militärisch waren. Das entstehende militärische Nachrichtenwesen baute in besonderer Weise auf diese kognitiven Ressourcen auf. Dabei ist freilich zu berücksichtigen, dass Wissen nicht nur die Voraussetzung für die Produktion von innerer wie äußerer Sicherheit war. Wissen konnte andersherum auch ein Anlass zur Sorge um Sicherheit werden, denn aus der »Steigerung gesellschaftlicher Komplexität in Verbindung mit der Zunahme von Information und/oder Wissen« konnten ja eben auch neue Versicherheitlichungspotenziale erwachsen.[98]

4. Sicherheit

Die Entwicklung des Nachrichtenwesens war in den untersuchten Staaten ganz maßgeblich bestimmt durch die Wahrnehmung der eigenen, nationalen Sicherheit und den Vorstellungen davon, wie diese perspektivisch zu gewährlei-

---

[95] Siehe Ritter, Großforschung und Staat in Deutschland, S. 13–39; Hinweise auf die europäische Perspektive bei Paulmann, Vorherrschaft, S. 242 f.
[96] Siehe die Übersicht in Vor dem Sprung ins Dunkle, S. 393.
[97] Brechtken, Scharnierzeit, S. 38–50.
[98] Conze, Securitization, S. 458 f.

sten sei. Das ist an sich ein Allgemeinplatz. Es scheint aber erwähnenswert, weil die Bemühungen um Sicherheit eben nicht zwingend nur sachrational waren. Sie waren divergierenden politischen Interessen unterworfen und somit Gegenstand von Diskursen und Aushandlungen. Gerade für Maßnahmen der inneren Staatsbildung gilt, dass diese – bedingt durch disruptive Großereignisse wie militärische Niederlagen, Revolutionen oder Zusammenbrüche von Staaten – oftmals schubweise angestoßen wurden.[99] Ob es solche charateristischen Schübe bei der Entwicklung von Nachrichtendiensten als Organisation und von Sicherheit als Aufgabe des Staates in der Epoche von 1871 bis 1914 gab, soll im Folgenden mit besonderem Augenmerk betrachtet werden.

Die Ausdifferenzierung von Sicherheit in eine äußere und innere Sphäre war zwar ein Merkmal der zweiten Hälfte des 19. Jahrhunderts; das Besondere am Nachrichtenwesen war aber der Umstand, dass es sich in beiden Sphären institutionalisierte. Und in dieser immer stärkeren Bedingtheit von Innen und Außen liegt das eigentliche sicherheitspolitische Merkmal der Epoche: Gefahren für die äußere Sicherheit wurden zunehmend aus (vermeintlichen oder realen) inneren Bedrohungen erklärt, während äußere Bedrohungen wiederum der Legitimierung von Maßnahmen der inneren Versicherheitlichung dienen konnten. Ein Weg, Sicherheit im Äußeren wie im Inneren zu erhalten und zu entwickeln, war Überwachung. Es ist eingangs bereits darauf verwiesen worden, dass Überwachung in der Wissensgesellschaft des ausgehenden 19. Jahrhunderts nicht allein als repressive Strategie zu verstehen ist, sondern vielmehr im Sinne eines Monitorings, das die Grundlage für Planungsprozesse bildet. Dieses Verständnis ist auch für die weitere Untersuchung der Tätigkeit von Nachrichtendiensten und Politischer Polizei hilfreich.

Der Ausgangspunkt für alle Überlegungen zur Entwicklung von militärischen Nachrichtendiensten in Europa ist die französische Niederlage von 1871 und das Bestreben der Franzosen, diese zu verstehen und rückgängig zu machen.[100] Der hieraus resultierende Dauerkonflikt zwischen Frankreich und Deutschland war für Europa in jeder Hinsicht zentral. Es war der europäische Kernkonflikt. Das schließt nicht aus, dass die Ideologie der Revanche seit den 1890er-Jahren merklich an Bindekraft verlor und dass es auch immer wieder Phasen der Entspannung im bilateralen Verhältnis gab. Die Ausbildung der nachrichtendienstlichen Strukturen und der seitdem prägenden Topoi der konspirativen Erzählung war zu diesem Zeitpunkt aber bereits vollzogen, das Fundament für den *État secret* war längst gelegt.[101] Die konspirative Kriegserzählung wurde zuerst in Frankreich virulent, weil sich die Ursachen für die Niederlage nicht eindeutig erschlossen und weil auf die Niederlage ein Regimewechsel und ein brutaler Aufstand folgten. Spionage und Verrat wuchsen in dieser Atmosphäre zu eingängigen Erklärungsmustern für traumatische Erfahrung auf.

Hierin unterscheidet sich die Ausgangslage Frankreichs stark vom Deutschen Reich, wo man als Sieger weniger Anlass hatte, sich über Konspiration und Verrat Gedanken zu machen. Sie unterscheidet sich aber auch vom Vereinigten Königreich, wo die konspirative Erzählung zunächst nicht verfing, weil die deut-

---

[99]   Darauf verweist Mergel, Staat und Staatlichkeit, S. 117.
[100] Laurent, Politiques de l'ombre, S. 321–323.
[101] Ebd., S. 601–603.

schen Ambitionen saturiert schienen und weil der eingefrorene deutsch-französische Gegensatz letztlich im britischen Sicherheitsinteresse lag.[102]

Was den französischen Nachrichtendienst betrifft, vollzog sich dessen rascher Aufbau im Rahmen der Reorganisation des Generalstabs, wobei die Grenzkorps bei der Ausstattung besondere Beachtung fanden. Beim Aufbau der Spionageabwehr und der Politischen Polizei konnte das Land allerdings auf ältere Institutionen aufbauen als die Gendarmerie, also paramilitärisch organisierte Polizei auf dem flachen Land, und die beim Innenministerium ressortierende *Police spéciale* – nach Einschätzung Olivier Forcades eine »[v]éritable police politique férue de surveillance, de fichage et d'interception du courrier«. Der traditionelle Unitarismus und der hohe Grad an Bürokratisierung erwiesen sich dabei für die Dritte Republik als Kraftverstärker bei der Einschränkung von Bürgerrechten.[103]

Im Zuge der Boulanger-Krise von 1887 suchten dann die militärischen und zivilen Behörden im Deutschen Reich Anschluss an die französischen Bemühungen zu finden, so durch den Aufbau einer für Elsass-Lothringen zuständigen Zentralpolizeistelle in Straßburg 1887 und mehrerer Grenzkommissariate in den Folgejahren.[104] 1890 wurde zudem im preußischen Großen Generalstab eine eigenständige Sektion für den geheimen Nachrichtendienst aufgestellt. Diesem ersten Schub der nachrichtendienstlichen Versicherheitlichung von 1886–1890 war auf französischer Seite eine publizistische Welle von Spionageliteratur vorangegangen, in der jedoch ein Perspektivwechsel zu beobachten war, und zwar von der publizistischen Selbstviktimisierung zur Forderung nach und zur Legitimation von französischen Bemühungen im Bereich des Nachrichtendienstes.[105] Dass das vermeintliche Heer deutscher Spione im Krieg von 1870/71 eine Ausgeburt der Fantasie der Boulevardpublizistik war, blieb für die Wirkungsmacht dieser Vorstellung auf den sicherheitspolitischen Entscheidungsprozess unerheblich. Die Allianz von nachrichtendienstlichen Partikularinteressen und den Interessen einer reißerischen, nationalistischen Publizistik setzte hier den Maßstab für folgende Wellen des Spionagefiebers in Frankreich.

Kennzeichnend für den ersten Schub von 1886 bis 1890 war also die französische Dynamik. Die deutsche Seite konnte allenfalls beim Nachrichtendienst institutionell nachziehen. Im Bereich der Spionageabwehr gelang es nicht, ein über die Sonderverwaltungszone Elsass-Lothringen hinausreichendes, zentralistisches System wie in Frankreich zu etablieren. Auch bei der Ausbildung einer konspirativen Erzählung blieb die Publizistik im Deutschen Reich zurück. Auf Großbritannien hatte diese Entwicklung von 1886 bis 1890 kaum Auswirkungen.

Dieser erste Schub brachte schließlich auch eine gewisse nachrichtendienstliche Verrechtlichung mit sich. Die nationalen Gesetzgebungen hatten Spionage und Landesverrat bislang wenig konsequent oder nur für Kriegszeiten unter Strafe gestellt. Jetzt bereitete ebenfalls Frankreich mit der *Loi pénale réprimant l'éspionage* von 1886 einer Verschärfung der Gesetzgebung den Weg, die Briten

---

[102] Simms, Europe, S. 245.
[103] Forcade, La république secrète, S. 25 (Zitat). Weiterführend ist die ältere Arbeit von Machelon, La République contre les Libertés?
[104] Sawicki, Les Services de renseignements, S. 105–177.
[105] Laurent, Politiques de l'ombre, S. 321–324.

zogen 1889 mit dem *Official Secret Act* nach, Deutschland folgte als Schlusslicht 1893 mit dem »Gesetz gegen den Verrath militärischer Geheimnisse«.[106]

Blickt man auf den Zusammenhang von Sicherheit, Überwachung und Nachrichtendiensten für das kommende Jahrzehnt, so ist auf deutscher Seite eine kontinuierliche Weiterentwicklung der Organisationen und Verhaltensweisen zu beobachten. Die französischen Organisationen, zumal die militärischen, wurden dagegen 1894 in den Abgrund der Dreyfus-Affäre gerissen, an deren Zustandekommen sie freilich selbst maßgeblich beteiligt gewesen waren. Die Arbeitsfähigkeit des militärischen Nachrichtendienstes in Frankreich ist deshalb für die folgenden Jahre deutlich in Frage zu stellen. Was für das Militär eine herbe Niederlage im interministeriellen Kampf war, muss freilich aus dem Rückblick als ein Glücksfall betrachtet werden: Das Militär fand sich so auf sein Kerngeschäft zurückgeworfen und die Spionageabwehr wurde nach den Prinzipien einer erfahrenen, zivilen Geheimpolizei organisiert.

Der zweite Schub von nachrichtendienstlicher Versicherheitlichung lässt sich auf die Jahre 1907–1909 datieren. Der sicherheitspolitische Hintergrund war nun nicht länger der deutsch-französische Konflikt, sondern der mittlerweile bündnismäßig verfestigte, also Entente gegen Dreibund. Der Krieg in Südafrika hatte Mängel in der britischen Armee zutage gebracht und ab 1902 eine Reform der Streitkräfte in die Wege geleitet. Die diesbezüglichen Anstrengungen wurde parallel durch die Flottenrivalität mit Deutschland befeuert, was den britischen Strategiewechsel in Richtung auf ein kontinentales Engagement einleiten sollte. Gleichzeitig war Russland nach der Niederlage in der Mandschurei 1905 militärisch geschwächt, was wiederum dessen Verbündeten Frankreich beunruhigte. Die Marokkokrise 1904–1906 war der beste Ausdruck dieser Verschärfung der Frontstellung.[107]

Sucht man nach Folgen dieser krisenhaften Entwicklung für die Nachrichtendienste, so lässt sich mit Blick auf Frankreich wenig beobachten. Das lag zum einen daran, dass die Entwicklung hier ja ohnehin schon weiter voraus war; zum anderen litt der französische Dienst immer noch an dem institutionellen Schaden und dem politischen Vertrauensverlust, den er vor der Jahrhundertwende verursacht hatte. Die Entwicklung in Deutschland war gekennzeichnet von einer unspektakulären Konsolidierung der Arbeit. 1900 hatte auch die Kaiserliche Marine eine eigene Nachrichtabteilung ins Leben gerufen. Mit dem Antritt des Generalstabschefs Helmuth von Moltke d.J. erfuhr der geheime Nachrichtendienst des Heeres 1906 eine gewisse Aufwertung. Mit der Einrichtung der preußischen Staatspolizei-Centralstelle (C.St.) im Januar 1907 blieb zwar eine Reichspolizei für Abwehrangelegenheiten weiterhin außer Reichsweite. Doch lässt sich nun erstmals eine »planmäßige Organisation einer zentralen Spionageabwehr« beobachten.[108]

Eine sicherheitspolitische Entwicklung von großer Reichweite – Richard Thurlow spricht gar von einer »security revolution« – vollzog sich allerdings zeit-

---

[106] Zu Frankreich siehe Arboit, Des Services secret pour la France, S. 78, und Bauer, Marianne is Watching, S. 135–157; für das Deustche Reich, Schmidt, Gegen Rußland und Frankreich, S. 237; für das Vereinigte Königreich Thomas, Espionage and Secrecy, S. 3.

[107] Stevenson, Armaments, S. 64–76.

[108] Schmidt, Gegen Rußland und Frankreich, S. 294; zur Nachrichtenabteilung des Admiralstabs siehe Suhr, Wilhelm Canaris, S. 135–139.

gleich in Großbritannien.[109] Dort war Nachrichtendienst bislang vor allem im maritimen und im kolonialen Kontext ein Thema gewesen. Im Spannungsfeld tagesaktueller politischer Agitation, laufender militärischer Reformbemühungen und eines mittelfristigen strategischen Reorientierungsprozesses entstand 1909, gewissermaßen als Nebenprodukt, ein militärischer Nachrichtendienst im eigentlichen Sinne. Die ersten Jahre des 20. Jahrhunderts waren nämlich in Großbritannien auch eine Zeit der Auseinandersetzung zwischen den Teilstreitkräften gewesen.[110] Obschon der Primat der Marine angesichts der deutschen Herausforderung letztlich nicht grundsätzlich in Frage gestellt wurde, hatten sich unter dem Dach der *National Service League* die Befürworter einer Vergrößerung des Heeres und – damit verbunden – der Einführung der Wehrpflicht nach kontinentalem Vorbild zusammengetan. Die Agitation war betont antideutsch und die Gefahren der Spionage und einer Invasion betonend.[111] Wie schon gut zwanzig Jahre zuvor in Frankreich, lässt sich auch hier das erfolgreiche Zusammenspiel von militärischen Partikularinteressen und kommerzieller Boulevardpublizistik beobachten, deren Ziel eine von den sicherheitspolitischen Realitäten entkoppelte, dabei aber politisch wirksame konspirative Erzählung war. Ihre Dynamik gewann die Agitation durch den Umstand, dass 1906 innerhalb des Generalstabs die unter anderem für Spionageabwehr zuständige Abteilung MO5 reorganisiert wurde. Deren neuer Leiter, Oberstleutnant James Edmonds, trug die konspirative Erzählung in den politischen Expertenraum und sorgte so dafür, dass die Regierung 1909 die Einrichtung eines *Secret Service Bureau* beschloss.[112] Damit waren sowohl die ideologischen Voraussetzungen als auch das politische Werkzeug für eine bedeutende Einschränkung der bürgerlichen Freiheiten geschaffen.[113]

Die Jahre von 1909 bis 1914 zeigen bei allen drei Diensten die konsequente institutionelle Weiterentwicklung aus den jeweils unterschiedlichen Startbedingungen. Sie zeigen aber auch eine Zunahme von Fällen der Spionage und des Landesverrats, die – wenn auch nur von geringer oder mittelschwerer Bedeutung –, doch große öffentliche Resonanz fanden und so die konspirative Erzählung befeuerten. Zu nennen wären hier die Fälle des britischen Leutnants z.S. Vivian Brandon und des Hauptmanns Bernard Trench 1910, des französischen Hauptmanns Charles Lux 1911 oder des deutschen Sergeanten Gustav Wölkerling 1912.[114]

Tritt man an den Vergleich des Stellenwertes von Nachrichtendienst und Spionageabwehr im Gesamtzusammenhang der nationalen Sicherheitspolitiken heran, so fällt auf, dass diese Felder im Deutschen Reich und in Großbritannien

[109] Thurlow, The Secret State, S. 45.
[110] Dazu weiterführend Rose, Zwischen Empire und Kontinent.
[111] Andrew, Defence, S. 9–20.
[112] Die nachrichtendienstlichen Grundlagen für die Entscheidung bezeichnet Andrew als »flimsy«. Siehe Andrew, Defence, S. 18, 21. Einen Eindruck von der Wirksamkeit konspirativer Kolportage bietet die Denkschrift Edmonds »Espionage in Times of Peace« (Januar 1908) in TNA, KV 1/2, Bl. 17–37. Zur Einordnung in den Gesamtzusammenhang der konspirativen Erzählung siehe auch das Fallbeispiel zu Wilhelm Stieber, S. 125–133.
[113] Gaspard, A Lesson Lived, S. 163, 165.
[114] Siehe hier das weiter unten folgende Fallbeispiel Brandon und Trench, S. 166–183; außerdem Arboit, Des Services secrets, S. 129–130 zu Lux, und Schmidt, Der Perleberger Spion Gustav Wölkerling.

bis 1914 keinen besonders großen Raum eingenommen haben. Anders lagen
die Verhältnisse in Frankreich, wo der *État secret* deutlich stärker begründet
und allenfalls durch die Krise der 1890er-Jahre vorübergehend gelähmt war.
Institutionelle Festigung und eine gewisse Angleichung der Praktiken waren die
Kennzeichen der Epoche in allen drei Staaten. Wichtig ist auch der Hinweis,
dass die Gesetzgebungen der 1890er-Jahre bis zum Kriegsbeginn novelliert und
dabei verschärft wurden, etwa 1911 in Großbritannien und im Frühjahr 1914
im Deutschen Reich. Anlass dazu hatte auch die Haager Landkriegsordnung gegeben, die bis 1907 erstmals auf völkerrechtlicher Ebene die Frage der Spionage
regelte.[115] Somit war bis zum Kriegsbeginn ein politisches und öffentliches
Bewusstsein geschaffen worden. Die beiden Wellen der Spionagefurcht zeigen
aber auch, dass der Nachrichtendienst in besonderer Weise für Bemühungen um
Versicherheitlichung und für konspirative Erzählungen instrumentalisiert werden
konnte – und seinerseits diesen ein Stückweit seine Genese verdankte.

5. Offizierkorps

Transformationsprozesse in Streitkräften sind solche, die durch das Offizierkorps
angestoßen werden oder die auf dasselbe zurückwirken. In der Regel ist beides der
Fall, oft sogar zeitgleich, und das gilt auch für die Phase zwischen 1871 und 1914.
Hält man sich die großen Trends der Epoche vor Augen, wird dies deutlich. Da
ist erstens die zahlenmäßige Vergrößerung der Heere. Ein Beispiel: Im Rahmen
des personellen Aufwuchses beim Offizierkorps kam es auch zu einem entsprechenden Zuwachs an Offizieren des Beurlaubtenstandes. Nun sind (bürgerliche)
Reserveoffiziere in der Forschung zum preußisch-deutschen Heer bestenfalls
unter sozialgeschichtlichen Aspekten erforscht worden. Dass es bei ihnen einen
Hang zur Mimikry des militär-aristokratischen Habitus gab, ist unstrittig. Dass
der Reserveoffizier aber seinerseits auch zivile Expertise in das Heer einbrachte,
ist möglicherweise ein sehr bedeutender, wenn auch bisher kaum untersuchter
Effekt. Als zweiter Trend sollte die Professionalisierung in Erinnerung gerufen
werden. Dass die Möglichkeit, Offizierstellen zu kaufen, in der britischen Armee
erst 1871 abgeschafft wurde, ist wenig bekannt, ist aber ein guter Indikator für
retardierende Faktoren bei der Professionalisierung.[116] Damit eng verbunden,
aber nicht identisch, ist, drittens, die Spezialisierung des Offizierkorps. Hier lässt
sich für alle drei Heere auf die weiter unten noch zu schildernde Ausbildung des
Generalstabsdienstes verweisen.

Alle diese Trends stellten in den drei Armeen auf unterschiedliche Weise
Herausforderungen an die soziale Homogenität des Offizierkorps. In den militärischen Klassengesellschaften des ausgehenden 19. Jahrhunderts ging es im Kern
um die Verbürgerlichung des Offizierkorps. Allerdings ist die Gleichsetzung von
»adelig/monarchisch« mit »reaktionär/ineffektiv« genauso irreführend wie es die

---

[115] Siehe Arboit, Les législations sur l'espionnage en Grande Région, S. 85; Thomas, Espionage,
S. 5–9, weist darauf hin, dass die Novelle des *Official Secret Act* von 1911 unter dem
Eindruck der damaligen Spionagehysterie parlamentarisch durchgepeitscht wurde.
[116] Tadman, The War Office, S. 114.

Gleichsetzung von »bürgerlich/demokratisch« mit »progressiv/effektiv« ist. Schon Brian Bond hat darauf hingewiesen, dass gerade der preußische Fall zeige, wie sehr auch hybride Entwicklungen militärische Effektivität zur Folge haben konnten.[117] Was diese soziale Herausforderung durch die militärische Moderne aber auf jeden Fall mit sich brachte, war eine Politisierung der Offizierkorps dahingehend, dass die Entscheidung für oder gegen die Trends Vergrößerung, Professionalisierung und Spezialisierung eben auch konkrete politische Implikationen hatte: »L'armée républicaine s'avère,« urteilt etwa Michel Goya, »par nombre aspects, plus aristocratique encore que l'armée impériale allemande.« Das sagt ebenso viel über die französische Armee wie über die deutsche aus.[118]

Das Heeresoffizierkorps des Deutschen Reiches war bis Kriegsbeginn 1914 auf 35 749 Offiziere angewachsen.[119] Es war militärisch geprägt durch die preußische Hegemonie bei gleichzeitigen landsmannschaftlichen Besonderheiten der Offiziere der anderen Kontingente. Der aus den Erfordernissen der personellen Rüstung erwachsende Druck war ab 1890 manifest und leitete eine soziale Öffnung des Offizierkorps ein.[120]

Die Ausbildung gliederte sich in die vorbereitende Kriegsschule oder das Kadettenkorps für alle Offizieranwärter sowie danach die Kriegsakademie, für deren Besuch sich Subalternoffiziere nach drei Jahren Truppendienst durch Prüfung qualifizieren konnten. Der Kurs dauerte drei Jahre und enthielt in jedem Jahr eine Kommandierung zu einer anderen Waffengattung. Der Lehrplan bestand aus allgemeinbildenden Fächern wie Mathematik, Geschichte und Fremdsprachen (Französisch, Englisch, Russisch) sowie militärischen Fächern wie Taktik, Kriegsgeschichte, Generalstabsdienst sowie Waffenlehre, Militärrecht, Verkehrsmittellehre und Seekriegslehre. Spezielle nachrichtendienstliche Lehrinhalte bot die Kriegsakademie keine, wobei aber in der Taktikausbildung Fragen der Aufklärung thematisiert wurden und die Fremdsprachenausbildung ohnehin der Förderung derartiger Kompetenzen diente.[121] Der Anteil der allgemeinbildenden Fächer wurde bis 1914 im Interesse einer Stärkung der militärfachlichen Ausbildung reduziert – auch dies wohl mehr ein Ausdruck von Professionalisierung als, wie früher angenommen, von Bildungsfeindlichkeit. Die besten 30 Prozent der Absolventen erhielten eine zweijährige Kommandierung in den Großen Generalstab, davon wurde dorthin wiederum die Hälfte versetzt. Die restlichen 70 Prozent kehrten in die Truppe zurück und waren dort für Generalstabsverwendungen qualifiziert.[122] Die Kriegsakademie galt mit ihrem Auswahlverfahren, mit dem aus allgemeinen und militärischen Kernfächern bestehenden Curriculum und mit dem Anspruch, über diese Ausbildung eine

[117] Bond, The Victorian Army, S. 15, 24.
[118] Goya, Le Chair et l'acier, S. 140.
[119] Hosse, Die Kriegsrüstungen zu Lande, S. 76 (einschließlich Sanitätsoffiziere).
[120] Geheimdienst und Propaganda, S. 3.
[121] Die Frage der Fremdsprachenkompetenz ist für alle drei Offizierkorps bislang nicht erforscht. Für Deutschland lässt immerhin die Anzahl der Dolmetscherprüfungen an der Kriegsakademie einen Rückschluss auf die formal ausgebildete Kompetenz zu: 1913 war es 72 Prüfungen für Französisch, 21 für Englisch, 13 für Russisch und zwei für Italienisch. Siehe BayHStA KA, Generalstab, Bd 576: Bericht über die Tätigkeit des großen Generalstabes, des Landesvermessungswesens und der Kriegsakademie im Jahre 1913.
[122] Geheimdienst und Propaganda, S. 7–9; siehe weiterführend Ostertag, Bildung, S. 155–157.

Funktionselite innerhalb des Offizierkorps zu formieren, als vorbildhaft für vergleichbare Ausbildungsstätten in anderen europäischen Ländern.

Das preußisch-deutsche Offizierkorps war im Kern monarchisch geprägt. Es war hochpolitisch in dem Sinne, dass die Mehrzahl seiner Angehörigen *Partei*politik ostentativ ablehnend gegenüberstand, dabei aber fraglos mit den Parteien der politischen Rechten sympathisierte. Dabei gilt es aber zu beachten, dass innerhalb dieses Spektrums ab etwa der Jahrhundertwende Differenzen zwischen altpreußischer und alldeutscher Orientierung zutage traten – namentlich in der Frage der Heeresrüstungspolitik – und dass dieses Spektrum durch süddeutsch-liberale und technokratische Positionen angereichert wurde.

Die politischen Differenzen waren letztlich vergleichsweise gering und dies unterstützte die Ausbildung einer starken Einheitlichkeit im militärfachlichen Denken und Handeln. Das gemeinsame Wissen um taktisch-operative Handlungsspielräume war wiederum die Voraussetzung für die traditionell gepflegte Erziehung zur Selbstständigkeit der Führung auf allen Ebenen.[123] In der taktischen Schulung und in der Stabsarbeit war das preußisch-deutsche Offizierkorps führend; in der Selbstbeschränkung auf die militärische Fachmannschaft lag auf den ersten Blick also eine Stärke, die aber dort, wo ein darüber hinausgehendes strategisches und damit letztlich politisches Bewusstsein und wo auch Weltgewandtheit gefragt waren, zu einer Schwäche aufwachsen konnte. Damit beschritt das preußisch-deutsche Offizierkorps aber im europäischen Vergleich keinen Sonderweg.

1914 war das französische Offizierkorps mit 32 000 Offizieren fast so groß wie das deutsche.[124] Es war sozial aber deutlich heterogener zusammengesetzt, und diese Uneinheitlichkeit war politisch umkämpft. Die Qualität der Reserveoffiziere war zweifelhaft und der Anteil der Offiziere, die aus dem Unteroffizierkorps stammten, war viel höher als östlich des Rheins. Im Grunde genommen gab es drei große Gruppierungen, bei denen Ausbildungswege, Verwendungen und politische Haltungen grob korrelierten: die militärisch traditionalistischen und dabei politisch reaktionären, teilweise monarchistischen Offiziere aus der Infanterie und der Kavallerie; dann die Artilleristen und Angehörigen der technischen Truppen, die technokratisch und dabei politisch attentistisch bis republikanisch orientiert waren; sowie die Offiziere der *Armée coloniale*, deren militärische Herangehensweise initiativ, undoktrinär und anti-intellektuell war und die Michel Goya schlicht als politische Hooligans qualifiziert hat.[125]

Diese Fragmentierung des Offizierkorps ergab sich schon aus dem Ausbildungssystem, das eine funktionale Mehrsträngigkeit der zwei traditionellen Kriegsschulen vorsah: Zukünftige Offiziere der Infanterie und der Kavallerie traten in die *École spéciale militaire de Saint-Cyr* ein, Artilleristen und Angehörige der technischen Truppen in die *École politechnique*.[126] Das Augenmerk der Reformen bei der Ausbildung hatte nach 1871 auf der Militärakademie gelegen,

---

[123] Einführend dazu Sigg, Der Unterführer als Feldherr, S. 29–176.
[124] Hosse, Kriegsrüstungen, S. 52; siehe weiterführend Forcade, Les officiers et l'État, S. 262. Dieser zählt 29 000 Offiziere, wobei diese niedrigere Berechnung möglicherweise die Sanitäts- und Kolonialoffiziere außen vor lässt.
[125] Laurent, Politiques de l'ombre, S. 294, 295 (zu den Gruppen); Greenhalgh, French Army, S. 12 (Reserveoffiziere); Goya, Le Chair et l'acier, S. 42.
[126] Zu den Schulen siehe Bach, L'Armée de Dreyfus, S. 24–43.

weil der Zustand des Generalstabsdienstes zurecht als ein Manko gegenüber den Deutschen erkannt worden war. 1880 eröffnete eine *École supérieur de Guerre*, die sich selektiv am deutschen Modell orientierte.[127] Eine grundsätzliche Frage blieb dort freilich in den kommenden Jahrzehnten umstritten: ob die Akademie im Kern Offiziere zu Führergehilfen qualifizieren oder ob sie die militärischen Führer von morgen bilden sollte. Auch war die Autorität der Akademie deutlich schwächer als die der Kriegsakademie in Deutschland, was sich in zahlreichen Foren und in doktrinärem Jungtürkentum äußerte.[128] Der an sich vielversprechende Versuch der Etablierung eines Weiterbildungsinstituts für die höhere Führung, des *Centre des hautes études militaires*, im Jahr 1911 blieb aufgrund der verbleibenden Zeit bis Kriegsbeginn allerdings ohne nachhaltige Wirkung.[129] Das Potenzial einer derartigen Akademie für das Nachrichtenwesen beweisen aber drei erhaltene Vorträge des damaligen Leiters der Deutschland-Sektion des *Deuxième Bureau*, Oberstleutnant Marie Joseph Barthélemy.[130]

Verglichen mit Deutschland und Großbritannien war das Offizierkorps Frankreichs ein Hort rabiater Parteipolitik. Dort standen Monarchisten gegen Republikaner, Ultramontane gegen Laizisten; eine besondere Rolle spielte dabei die Freimaurerei. Nachdem es bis etwa 1890 gelungen war, die immer virulente Gefahr eines monarchistischen Putsches zu bannen und die antirepublikanischen Teile des Offizierkreise einigermaßen einzuhegen, brach die Dreyfus-Krise los. Diese förderte dann die Entfremdung der Republik vom Offizierkorps wie sie auch neue Gräben innerhalb des Korps aufbrechen ließ. Der Versuch der Regierung Émile Combes die antirepublikanischen Offizierkreise nach dem Ende der Dreyfus-Krise durch Bespitzelung und politische Verfolgung zu schwächen, eskalierte 1904. Das führte ein Jahr später zum Sturz der Regierung. Erst unter der folgenden, neuen Generation von Politikern der Linken und der Mitte, namentlich des aufstrebenden *Parti radical*, sollte es zu einer vorsichtigen Annäherung von Offizierkorps und Regierung kommen. Bis zum Kriegsbeginn bleibt das Alleinstellungsmerkmal des französischen Offizierkorps, dass sich große Teile desselben letztlich mit der eigenen Staatsform nicht im Reinen sahen.[131]

Das hatte Folgen für die *Unité de doctrine*, weil der politische Konflikt innerhalb des Offizierkorps die dringend erforderliche binnenmilitärische Debatte über Fragen von Truppen- und Kriegführung beeinträchtigte. Nun bedeutet das nicht, dass diese Debatte gar nicht stattfand. Sie wurde nur mit unzweckmäßigem Fanatismus und innerhalb von in sich wieder geschlossenen Zirkeln Gleichgesinnter geführt. Das intellektuelle Potenzial des französischen

---

[127] Delmas, L'École Supérieure de Guerre, S. 42.
[128] Goya, Le Chair et l'acier, S. 27–29.
[129] Delmas, L'École Supérieure de Guerre, S. 46.
[130] Diese Vorträge von 1912/13 behandeln Fragen wie personelle Rüstung, Kriegsfinanzierung, Oberkommando, Organisation und Operationsabsichten der Deutschen. Sie sind auf einen geschlossenen Adressatenkreis zugeschnitten und vermitteln damit auch einen guten Einblick des Deutschland-Bildes des *Deuxième Bureau* kurz vor Kriegsbeginn. Siehe GR 7 NN 2 665: EMA, Deuxième Bureau: Conférences tenues au Centre des hautes études militaires.
[131] Gorce, The French Army, S. 51, dort auch zur *Affaire des fiches* von 1904.

Offizierkorps, das zweifellos vorhanden war, konnte so bis 1914 nicht wirklich
kanalisiert und ausreichend nutzbar gemacht werden.[132]

»Servir sans aimer. Obéir sans approuver, Penser sans parler. Paraître sans
être« – das epitaphe Urteil William Sermans erscheint dabei allerdings zu einseitig.[133] Denn allein die zahlenmäßige Größe des Offizierkorps, seine mitunter als Elan missverstandene Unbedingtheit in der militärischen wie politischen
Auseinandersetzung, die nie hinterfragte Bereitschaft, wenn schon nicht für die
Republik, dann aber auf jeden Fall für die Nation zu kämpfen, ließen das französische Offizierkorps bei seinem deutschen Gegenüber trotz aller Seitenhiebe in
Richtung auf den französischen Formalismus oder vermeintliche dekadente Züge
in hoher Achtung stehen. Die eigene Erfahrung von Überwachung und inne-
rem Kampf, die kulturelle Vertrautheit der Offiziere mit Elsässer oder Lothringer
Biografie mit dem deutschen Gegner und die Anerkennung des Primats der
Politik waren schließlich für die Ausbildung einer nachrichtendienstlichen Kultur
prinzipiell förderlich.

Das Offizierkorps der britischen Armee wies offensichtliche Unterschiede zu
beiden kontinentalen Vergleichsfällen auf. Das galt zunächst einmal für seine
Größe, im Sommer 1914 gab es 12 738 aktive Offiziere.[134] Entsprechend zahlenmäßig gering und deutlich noch geringer qualifiziert war auch der Offizierersatz.
Das britische Offizierkorps war von seinem Herkommen Produkt und Ausdruck
der britischen Klassengesellschaft. In der Binnenstruktur fällt der ausgepräg-
te Tribalismus der Regimentskultur in Auge. Gleichzeitig bedeutete ein klei-
nes Korps aber auch einen hohen Grad an interpersoneller Vernetzung – jeder
kannte jeden. Die Offizierausbildung fiel gegenüber der deutschen oder französischen ab.[135] Wie in Frankreich existierten hier zwei Kriegsschulen, die kleine-
re und technisch orientierte *Royal Military Academy Woolwich* und das größere
Royal Military College Sandhurst.[136] Ein guter Teil der Offizieranwärter kam allerdings nicht aus den beiden Schulen, sondern aus reorganisierten Miliz- und
Territorialformationen. Auch im Bereich der Offizierausbildung hatte der Verlauf
des Krieges in Südafrika ab 1902 Anstoß zu Reformen gegeben.

Alleinstellungsmerkmal der britischen Offizierausbildung war, dass das Heer
zwar seit Mitte des 19. Jahrhunderts über eine Militärakademie, das *Staff College*
in Camberley, verfügte, die Generalstabsoffiziere produzierte. Bis zur Einrichtung eines Generalstabs benötigte man aber noch ein weiteres halbes Jahrhundert.
Die Folge davon war, dass Stabsarbeit zwar individuell gelehrt wurde, der Aufbau
eines in einheitlichem Denken und Handeln geschulten Generalstabskorps aber
nicht gelang. Das Curriculum lehnte sich nach 1871 äußerlich an die deutsche
Kriegsakademie an. Die frontale Vermittlung der europäischen militärwissenschaftlichen Klassiker war mitunter ohne Mehrwert für die besonderen, imperialen Aufgabenstellungen der britischen Offiziere. Taktische Schulung und praktische Stabsarbeit waren als Schwachstellen erkannt; eine substanzielle Verbesserung
gelang indes bis 1914 nicht mehr. Bei den Sprachen stand neben Deutsch und
Französisch zusätzlich Hindi auf dem Lehrplan. Die Vielfalt der Einsatzszenarien

---

[132] Goya, Le Chair et l'acier, S. 67.
[133] Serman, Les officiers français, S. 227.
[134] War Office, Statistics of the Military, S. 234.
[135] Bowman/Connelly, The Edwardian Army, S. 39.
[136] Außerdem gab es das kanadische *Royal Military College* in Kingston, Ontario.

und ein als *gentlemanly amateurism* verbrämtes, überkommendes berufliches Selbstverständnis blieben die Bürden der höheren Offizierausbildung: »A sense of orthodoxy and regulation may have been desirable«, lautet deshalb ein rückblikkendes Urteil der neueren Forschung.[137]

Interne politische Auseinandersetzungen wie in Frankreich kannte das britische Offizierkorps nicht. Gleichwohl war auch im Zuge der Agitation für die allgemeine Wehrpflicht in den letzten zehn Jahren vor dem Ersten Weltkrieg das Aufkommen einer kontinental orientierten und politisch radikaleren Minderheitenposition festzustellen.[138] Die Offizierfronde gegen die *Home Rule*-Politik vom März 1914 weist auf die neuartigen Bruchstellen in dem bis dahin durch starke Tradition und langjährige Einsatzerfahrung geformten Offizierkorps hin. Der Umstand, dass dieses Offizierkorps keine Bürger in Uniform, sondern ein im eher niedrigen sozialen Ansehen stehendes Berufsheer befehligte, muss für die Selbst- und Außensicht überdies in Rechnung gestellt werden.

Der vergleichsweise kleine Personalkörper, die hohe professionelle Kohäsion, politische Homogenität und die Anforderung, eine Vielzahl imperialer Aufgaben zu bewältigen, kennzeichnete also das Offizierkorps der britischen Armee. Den Schwächen in der taktischen und operativen Führung, die sich bei einem kontinentalen Konflikt bemerkbar machen würden, standen aber das im europäischen Vergleich stärkste imperiale Archiv und eine (zumindest selbst zugeschriebene) Fähigkeit zur Improvisation gegenüber.[139] Mit Blick auf die nachrichtendienstlichen Qualifikationen waren Stärken und Mängel bei den Briten ungleich verteilt und strukturell bedingt.

Der kurze Überblick zu den Offizierkorps von 1914 bleibt rhapsodisch und er ist fokussiert auf die Aspekte, die bei der Entstehung des Nachrichtenwesens relevant wurden. Umfassendere Vergleiche müssten ein stärkeres Augenmerk auf die Frage der Periodisierung oder das Spannungsfeld von Anspruch und Wirklichkeit bei der Ausbildung legen. Gleichwohl lassen sich eine Reihe von Feststellungen treffen. Dazu gehört, dass das deutsche und französische Offizierkorps deutliche Ähnlichkeiten aufwiesen, etwa bei der Größe – im kommenden Krieg würde zahlenmäßige Größe schließlich ein Wert an sich sein. Auch bei den Institutionen der Ausbildung lassen sich Ähnlichkeiten feststellen. Doch viele dieser Ähnlichkeiten haben sich bei genauerem Hinsehen als äußerlich erwiesen. Bei der inneren Kohäsion, beim politischen Denken und beim großen Gedanken, wie der Krieg der Zukunft zu führen sei, sind dann doch militärische und kulturelle Unterschiede auszumachen.

Nimmt man das britische Offizierkorps in diese Betrachtung hinein, dann sind die Unterschiede von vornherein augenfällig und man muss eher nach Gemeinsamkeiten suchen. Ab der Jahrhundertwende setzte dort allerdings ein

---

[137] Harris, The Men Who Planned the War, S. 33.
[138] Siehe Jahr, British Prussianism. Dieser deutet die Agitation als einen »weit in die Gesellschaft hineinwirkende[n] Militarisierungsprozeß« (S. 260).
[139] Unter dem »imperialen Archiv« verstehe ich in Anlehnung an Thomas Richards die epistemische Gesamtheit des zur Herrschaftssicherung im Imperium erworbenen und aufbereiteten Wissens. Die Frage, ob dieses Wissen bei militärischen Nachrichtendienstlern zu einem besonderen Berufsverständnis führte, das wiederum handlungsleitend bei ihren späteren Verwendungen in Europa wurde, stellt eine Desiderat der vergleichenden Imperial- und Militärgeschichtsschreibung dar. Siehe Richards, The Imperial Archive, S. 14, 30.

Reformprozess ein, und Reform hieß in der Konsequenz stärkere Orientierung an der Entwicklung auf dem Kontinent. Da die Epoche von 1871 bis 1914 eine lange Friedenszeit darstellte, sind Transfers auch unschwer nachweisbar. Tendenziell war das preußisch-deutsche Offizierkorps der Orientierungspunkt. Dessen Fähigkeit, eine gemeinsame Idee zu denken und die gerade hierfür etablierten Institutionen galten auch in Frankreich und Großbritannien als vorbildhaft. Die Übernahmen waren freilich selektiv und endeten dort, wo der deutsche Weg mit eigenen strategischen oder kulturellen Vorstellungen in Widerspruch geriet.

Welche Entwicklungen in den Offizierkorps, welche Qualitäten waren nun nachrichtendienstlich relevant? Als erstes ist wieder die Doktrinbildung zu nennen, denn nur das Offizierkorps, das eine klare Vorstellung davon hatte, welchen Krieg und wie es diesen führen musste, konnte den Mehrwert aus dem Nachrichtenwesen zweckmäßig nutzen. Hier erscheint das preußisch-deutsche Offizierkorps am besten vorbereitet, gerade weil es im Grunde Krieg als einen Ort der Unwägbarkeit begriff und diese Grundannahme an die Praxis der Führung rückgebunden war.[140] Als weitere Fähigkeit der Deutschen kam routinierte Stabsarbeit hinzu, wobei hier der Unterschied zum französischen Offizierkorps nicht sonderlich groß gewesen sein dürfte. Die Erwartung eines konventionellen Großkrieges bedeutet nicht, dass im Bereich des Nachrichtenwesens nicht gerade auch unkonventionelle militärische Fähigkeiten zum Tragen kommen würden. Diese erwarben Offiziere vor allem über koloniale Kriegführung. Und das bedeutete, dass das preußisch-deutsche Offizierkorps bei diesen Fähigkeiten klar hinter seinen Gegenübern rangierte. Als letzter Punkt ist die Fähigkeit zur Einbindung ziviler Expertise zu nennen. Ein großes und gut ausgebildetes Reservoir an Reserveoffizieren war hierfür eine naheliegende Vorbedingung. Auch hier wird man nicht fehlgehen, wenn man den Vorsprung Deutschlands gegenüber Frankreich attestiert.

---

[140] Dazu Samuels, Command or Control?, S. 283.

III. Organisationen

Nach den eigentlichen Mitgliedern der nachrichtendienstlichen Organisation, den Offizieren, gilt es nun noch die Grundstruktur der Organisation selbst zu beleuchten. Als Bestandteil der Führungsunterstützung war das Nachrichtenwesen nämlich unmittelbar von jeder Entwicklung der höheren Führung betroffen, so wie es auch indirekt von Veränderungen bei der Militärverwaltung berührt wurde. Im Prinzip hatte sich bis ins letzte Drittel des 19. Jahrhunderts der napoleonische Charakter der Führung und Verwaltung von Heeren erhalten. Das Jahrzehnt von 1861 bis 1871 läutete das Ende dieses militärischen Zeitalters ein.[1] Zentrale organisatorische Fragen der kommenden Jahre waren die Reorganisation der Spitzengliederung, die Anpassung der Zuständigkeiten von Führung und Verwaltung sowie schließlich der Beginn permanenter, institutionalisierter Aktivitäten in den Feldern Operationsplanung und Nachrichtenwesen. Die Gesamtzahl der militärischen Einrichtungen, die hierbei Mitsprache hatten, mag je nach Land bei ein bis zwei Dutzend gelegen haben. Im Zentrum standen aber letztlich drei Organisationen: die Kriegsministerien, die Generalstäbe und die Gremien des streitkräftegemeinsamen bzw. interministeriellen Austausches.

1. Kriegsministerien

Die Kriegsministerien waren die obersten militärischen Verwaltungsbehörden. Ihre Aufgaben bestanden vor allem in der Organisation und dem Unterhalt des Heeres; im Mittelpunkt standen dabei die Bereiche Personal, Ausbildung, Ausrüstung und Bewaffnung. Die Kriegsminister waren verantwortlich für die Erstellung des (Heeres-)Budgets und der Mobilmachungspläne. Sie vertraten die Streitkräfte gegenüber den Parlamenten. Ein erstes Indiz für die Kontinuität der Arbeit und die politische Relevanz der Behörde geben die Amtszeiten der Minister. Im Zeitraum 1890 bis 1914 hatte das Deutsche Reich sieben Kriegsminister erlebt, Großbritannien acht – Frankreich dagegen 25.[2]

Das Deutsche Reich bot den eigentümlichen Sonderfall, dass es dort keine Reichsbehörde gab, sondern dass das preußische Kriegsministerium als solche fungierte. Bedingt durch die preußische Tradition, die bundesstaatlichen

---

[1] Siehe On the Road to Total War.
[2] Schmidt-Richberg, Die Regierungszeit Wilhelm II., S. 63 (dort fehlt Julius Verdy du Vernois 1889/90); Porch, The March to the Marne, S. 255.

https://doi.org/10.1515/9783111380940-005

Reservatsrechte und die Praxis der Ausübung der Kommandogewalt durch Kaiser Wilhelm II. hatte sich eine recht große Zahl an Dienststellen mit unmittelbarem Zugang zum Obersten Kriegsherrn herausgebildet. Das Kriegsministerium agierte also als Zentralbehörde innerhalb einer vergleichsweise dezentralen Struktur.[3]

Die wichtigste Einschränkung der Machtfülle des preußischen Kriegsministers war der Verlust der Unterstellung des Generalstabs der Armee gewesen. Dieser war zwar schon 1821 selbstständig geworden, hatte aber das Immediatrecht erst 1883 erlangt.[4] Seit diesem Jahr bildete sich bei aller grundsätzlichen Unübersichtlichkeit der Wehrverfassung ein an sich funktionales Arbeitsverhältnis zwischen beiden Behörden aus. Teil dieser Abgrenzung war, dass das Kriegsministerium keinerlei Zuständigkeiten bei der Operationsplanung und beim Nachrichtenwesen hatte. Die Waffenabteilungen seines Allgemeinen Kriegsdepartements zählten freilich im Frieden zu den wichtigsten Abnehmern von nachrichtendienstlichen Erkenntnissen. Von besonderer Bedeutung war auch das Verhältnis des Kriegsministeriums zu den Kommandierenden Generalen, die im Frieden die höchsten Kommandobehörden bildeten und denen im Kriegsfall als »Militärbefehlshaber« die vollziehende Gewalt übertragen wurde.[5] Hier blieben also noch einschlägige Zuständigkeiten des Ministeriums erhalten, und zwar im Hinblick auf militärische Sicherheit und Spionageabwehr. Hier gerieten bereits vor dem Krieg die unitarischen Interessen des Ministeriums in Konflikt mit den territorialen der Kommandierenden Generale.

Das Kriegsministerium in Frankreich befand sich institutionell in einer stärkeren, dabei aber politisch volatileren Stellung. Bis 1890 hatte der Generalstab dem Kriegsminister unterstanden. Die Schaffung eines *État-Major de l'Armée* (EMA) mit eigenem Chef war ein wichtiger Schritt bei der Reform der französischen Armee, weil von nun an der Generalstabschef nicht mehr zwingend mit dem Minister wechselte. Zeitgleich wurde der bis dahin moribunde *Conseil supérieur de la Guerre* reformiert.[6]

Die Regelung des Oberbefehls im Frieden und im Krieg war stark durch das republikanische Misstrauen in die politische Zuverlässigkeit der Armeeführung geprägt. Präsident des *Conseil supérieur* war der Kriegsminister, sein Vizepräsident ein General, der auch als Oberbefehlshaber im Kriegsfall designiert war. Dieser war aber nicht identisch mit dem Chef des Generalstabs! Bei den Reformen Ende der 1880er-Jahre war dieses Problem nicht angegangen worden und führte in den kommenden Jahren zu Reibungen zwischen den beiden militärischen Spitzenpositionen. Erst 1911 wurde der Posten des Vizepräsidenten abgeschafft und der Chef des Generalstabs war von nun auch als Oberbefehlshaber im Kriegsfall vorgesehen. Das Verhältnis zwischen Kriegsministerium und den Kommandierenden Generalen gestaltete sich ähnlich wie in Deutschland, wobei

---

[3]   Siehe Schmidt, Kaiserdämmerung, S. 147–150, dessen Bewertung der vermeintlichen Dysfunktionalitäten der Wehrverfassung – »desorganisiert«, »Kompetenzwirrwarr«, »chaotische und desorganisierte Konstellation« und »aufgesplittert« – aber deutlich zu einseitig ist.

[4]   Die endgültige Aufwertung des Generalstabs zu einer Zentralbehörde erfolgte aber erst im Juni 1918. Siehe Schmidt-Richberg, Die Generalstäbe in Deutschland, S. 21.

[5]   Deist, Voraussetzungen innenpolitischen Handelns.

[6]   Siehe Bourlet, Les officiers français, S. 25.

aber eine vergleichsweise stärkere Position des Ministeriums angenommen werden kann.

Bis 1890 war also formal das Kriegsministerium Träger des militärischen Nachrichtendienstes gewesen. Erst danach wurde es in diesem Feld zum Kunden des Generalstabs. Die Dreyfus-Affäre hatte auch unmittelbar Folgen für das Nachrichtenwesen. 1899 entzog die Regierung nämlich dem Kriegsministerium die Spionageabwehr wie auch die Überwachung und übertrug diese der beim Innenministerium angesiedelten Politischen Polizei, der *Sûreté générale*. Erst kurz vor dem Weltkrieg gelang es dem Militär, Kompetenzen im Bereich der Spionageabwehr zurückzugewinnen.[7] Hinzuweisen ist schließlich auf die frühen Aktivitäten des Kriegsministeriums im Bereich der Fernmeldeaufklärung. So entstand dort 1899 ein *Bureau militaire de déchiffrement*, 1912 eine *Section du chiffre*.[8] Die Bemühungen des Kriegsministeriums, die Bemühungen interministeriell zu bündeln, scheiterten allerdings am Desinteresse des damals in diesem Feld führenden Außenministeriums.[9]

Die Stellung des Kriegsministeriums im Vereinigten Königreich war stärker als in Deutschland und Frankreich und sein Aufgabenbereich größer. Dies ergab sich schon allein aus dem Umstand, dass es bis 1904 überhaupt keinen Generalstab gab. Die laufend betriebenen Mobilmachungsvorbereitungen und die operativen Planungen, die sie seit 1871 die Hauptaufgaben des deutschen bzw. des französischen Generalstab bildeten, wurden aber in Großbritannien weder durch das Kriegsministerium noch durch den diesem seit 1870 unterstellten militärischen Oberbefehlshaber (*Commander-in-Chief*) betrieben. Die imperiale Gesamtlage erlaubte schlichtweg Ad-hoc-Lösungen in diesen Aufgabenbereichen.

Allerdings hatte der Deutsch-Französische Krieg den Briten schmerzhaft vor Augen geführt, dass sie kaum Einblick in die militärischen Verhältnisse auf dem Kontinent hatten. Das seit dem Krimkrieg (1853–1856) im Ministerium installierte *Topographical and Statistical Department* hatte dazu nichts beitragen können, vor allem weil es keine regelmäßige Berichterstattung der Militärattachés gegeben hatte. 1873 wurde daher beim Generalquartiermeister ein *Intelligence Department* eingerichtet. Dessen Aufträge lauteten:

»(1) The collection of all statistical and topographical information which it would be useful to possess in the event of invasion or of foreign warfare. (2) The application of such information, in respect to the measures considered and determined on during peace which should be adopted in war, so that no delay might arise from uncertainty or hesitation.«[10]

Während die erste Aufgabe den zeitgenössischen Anforderungen an eine solche Organisation durchaus entsprach, ist die zweite außergewöhnlich. Sie ist es zunächst einmal deshalb, weil sie sich recht kryptisch liest. Was soll damit gemeint sein? Erst aus der folgenden Organisation der Abteilung wird überhaupt ersichtlich, dass es sich um die Mobilmachungsvorbereitungen und die operati-

7 Laurent, Politiques de l'ombre, S. 392–394; Arboit, Des Services secrets, S. 102. In Paris behielt die Präfektur eine eigene Abwehrorganisation.

8 SHD, GR 7 N 10: Ministère de Guerre, Cabinet du Ministre, Nr. 1489 D, vom 27.7.1912 betr. Note pour l'Etat-Major de l'Armée.

9 Andrew, Déchiffrement et Diplomatie.

10 MIM: Captain E.H.H. Collen, Report on the Intelligence Branch, Quarter-Master's-General Department, Horse Guards, London October 1878, S. 6.

ven Planungen handelte. Diese gingen in die ersten, bestenfalls provisorisch zu nennenden Gliederungen des *Intelligence Branch* von 1873 und 1875 ein, um dann ihren Niederschlag in seiner Gliederung vom 1. August 1878 zu finden. Dessen Leiter fand sich nämlich zuständig für die »Mobilization of the Army for the defence of the United Kingdom and for Foreign Service«, für den Einsatz der Eisenbahnen und der Telegrafie im Mobilmachungsfall und im Krieg, für die Bearbeitung der Herbstmanöver und für einzelne Waffenfragen.[11] Aus der organisationsgeschichtlichen Perspektive begann hier der Schwanz mit dem Hund zu wedeln.

Die Zuordnung von Mobilmachungsvorbereitungen und operativen Planungen beim Nachrichtendienst blieb auch erhalten, als das *War Office* Ende der 1880er-Jahre erneut reformiert wurde. Diese Reform setzte 1888 nun nicht etwa – wie man es mit einem Seitenblick auf Berlin und Paris erwarten könnte – bei der Einrichtung einer eigenständigen Operationsabteilung innerhalb des Ministeriums an.[12] Vielmehr wurde nun die Stellung des bisherigen Leiters des *Intelligence Branch* ausgebaut, der nun als *Director of Military Intelligence* (DMI) firmierte und weiterhin für die Mobilmachung zuständig war. Erst das Debakel in Südafrika forcierte ab 1901 eine tiefergehende Reorganisation der Spitzengliederung. Zuerst kam die Stelle des *Commander-in-Chief* in Fortfall. An seiner Stelle wurde 1904 ein *Chief of the General Staff* berufen. In dessen Bereich wurde schließlich der Posten eines *Director of Military Operations* (DMO) geschaffen, in dessen Arbeitsgebiet nun auch das Nachrichtenwesen fiel. Das Verhältnis von Nachrichtenwesen und Operationen hatte sich also umgekehrt. Nach weiteren Umstellungen gliederte sich *Military Operations* kurz vor Kriegsbeginn 1914 in eine *Strategic Section* (MO1), die im Kern mit der Operationsplanung beauftragt war. Dazu kamen zwei *Foreign Sections* (MO2 und MO3), die ähnlich den deutschen Länderabteilungen des Generalstabs nach Regionen gegliedert die Entwicklung fremder Heere beobachteten; ferner eine *Geographical Section* (MO4) und eine *Medical Section* (MO6) sowie schließlich eine namenlose, uns noch weiter beschäftigende nachrichtendienstliche Sektion MO5. Anders als in Deutschland oder Frankreich waren also in Großbritannien die bei den jeweiligen Generalstäben angesiedelten und dort überdies organisatorisch getrennten Aufgabenbereiche operative Planung, Mobilmachungsarbeiten und Nachrichtendienst für die Friedenszeit beim Kriegsministerium angesiedelt. Im Kriegsfall sollte das Personal dieser Abteilungen mehrheitlich in das Hauptquartier der Expeditionsstreitkräfte wechseln.

2. Generalstäbe

Blickt man nun auf die Generalstäbe, so waren diese organisatorisch weit mehr als nur Fleisch vom Fleisch ihrer jeweiligen Kriegsministerien. Tatsächlich war der

---

[11] MIM: Captain E. H. H. Collen, Report on the Intelligence Branch, Quarter-Master's-General Department, Horse Guards, London October 1878, S. 17.
[12] Tadman, War Office, S. 196.

Generalstab bei den europäischen Großmächten am Ende des 19. Jahrhunderts zum »Produkt, Motor und Kulminationspunkt der Professionalisierung der Offizierkorps« aufgewachsen.[13] Das war auch notwendig, weil die Heere an Umfang und struktureller Komplexität innerhalb von drei Jahrzehnten enorm zugenommen hatten. Während die Kriegsministerien dauerhaft den Unterhalt der Streitkräfte sicherzustellen hatten, entwickelten die Generalstäbe deren auf Dauer gestellte Planungskompetenz. Ihre zentralen Aufgaben waren Operationsplanung im Frieden und Truppenführung im Krieg. Dazu kam ein Portfolio hiervon abgeleiteter Aufgaben. Diese Vorstellung von den Aufgaben eines Generalstabs fand sich am ehesten in Preußen-Deutschland verkörpert. In Frankreich blieb dies bis 1911 allenfalls ein institutionelles Ideal, in Großbritannien bis 1914 nicht einmal das.

Der preußische Generalstab der Armee war seit 1883 zur Immediatbehörde aufgewachsen und hatte damit das Recht erlangt, im Krieg im Namen des Obersten Kriegsherrn Befehle zu erlassen. Er gliederte sich in den für den weiteren Zusammenhang allein maßgeblichen Großen Generalstab und den Truppengeneralstab. Bis 1914 bestand der Große Generalstab im Kern aus der Aufmarsch- und Operationsabteilung (2. Abteilung); vier »Länderabteilungen«, in denen die fremden Heere nach Regionen gegliedert beobachtet wurden (1., 3., 9. und 10. Abt.); einer Abteilung für ausländische Festungen (4. Abt.); je einer Abteilung für operative Studien (5. Abt.) und für Manöver (6. Abt.); einer Abteilung für die Kriegsakademie und den Generalstabsdienst (8. Abt.); einer Eisenbahnabteilung; zwei Abteilungen für Kriegsgeschichte; je einer Abteilung für Kartografie, Trigonometrie und Topografie unter dem Chef der Landesaufnahme; sowie schließlich einer Zentralabteilung und der dem Chef des Generalstabs direkt unterstellten Sektion IIIb für den geheimen Nachrichtendienst.[14] 1914 taten 334 Offiziere im Großen Generalstab Dienst.[15]

Die Ausbildung des Generalstabsoffizierkorps war in Deutschland mit Abstand am weitesten gediehen. Eine prinzipiell meritokratische Formierung des Korps, die Einheitlichkeit seiner Angehörigen im taktisch-operativen Denken und die Fähigkeit des einzelnen Offiziers zum militärischen Generalistentum zeichneten den preußisch-deutschen Generalstab aus. Die bereits erörterten zivil-militärischen Verhältnisse führten zu einer kaum vorhandenen strategischen und damit politischen Kontrolle. Die von Hew Strachan einst als »plot and plan in a military cocoon« charakterisierte Arbeitsumgebung klingt etwas zu pointiert, vor allem was das »plotting« anging. Sie ist aber sehr anschaulich für die Abgrenzung gegenüber der Situation bei den zeitgenössischen Wettbewerbern.[16] Der Generalstab war der Träger des militärischen Nachrichtenwesens. Dessen unterstützende Funktion für die Operationsplanung war bestimmend. Andere nach-

13 Walter, Preußische Heeresreformen, S. 117.
14 Siehe Schmidt-Richberg, Generalstäbe.
15 Mit Stand 6. Mai 1914. Diese Zahl enthält die Angehörigen des Großen Generalstabs, einschließlich Eisenbahnabteilung, Landesaufnahme und Plankammer sowie der kommandierten und zugeteilten Offiziere. Nicht erfasst wurden hier die Offiziere des Truppengeneralstabs, des Militärattachéstabes, der Kriegsakademie sowie die Linienkommandanten der Eisenbahnabteilung. Siehe Rangliste, S. 16–31.
16 Strachan, European Armies, S. 127.

richtendienstliche Aufgaben wie Spionageabwehr und Überwachung im Innern waren daher schwach ausgeprägt oder fehlten.

Die starke Herausstellung des »preußischen« Modells ist freilich nur bei der Betrachtung des Generalstabs im *Fin de siècle* statthaft. Denn weitet man den historischen Blick, wird ersichtlich, dass auch hier am Anfang Napoleon stand. So konnte Frankreich in der Tat auf eine bedeutende Generalstabstradition zurückblicken – nur war diese eben nach 1815 verkümmert. Der ab 1890 reformierte *État-major de l'armée* war also nie bloß eine Kopie der Sieger von 1871, sondern er baute immer auch auf ältere Strukturen auf.[17] Dazu zählte die Grundgliederung in vier Abteilungen: Organisation und Mobilmachung, Personalwesen (*Premier Bureau*), Nachrichtenwesen (*Deuxième Bureau*), Operationen und Ausbildung (*Troisième Bureau*) und Nachschub und Eisenbahnwesen (*Quatrième Bureau*). Außerdem gab es Sektionen für das Personalwesen des Generalstabs, für Verwaltung, die afrikanischen Kolonien, Kriegsgeschichte und das militärische Bildungswesen. Insgesamt belief sich die Friedensstärke des Generalstabs im Juli 1914 auf 144 Mann.[18]

Die Stellung des Generalstabskorps innerhalb der Armee und die Rolle des Generalstabs im Verhältnis zu seinem eigenen Personalkörper war anders und weniger funktional als im Deutschen Reich. Die Generalstabsoffiziere blieben innerhalb der Armee eine Kaste, weil sie nicht, wie ihre deutschen Pendants, konsequent zwischen Stabs- und Truppenverwendung wechselten. Dazu kam, dass die operativen Vorstellungen der französischen Generalstäbler stark der geschilderten innermilitärischen Lagerbildung unterworfen waren. Erst ab 1911 erlangte der Chef des Generalstabs Zugriff auf die Einrichtungen der höheren Führerausbildung, was der Einstieg in eine einheitlichere geistige Ausrichtung des Korps war. Strategisch, also politisch blieb der Generalstab bis Kriegsbeginn klar dem Primat der Politik unterworfen.[19] Der Generalstab war zwar Herr über das militärische Nachrichtenwesen, stand aber – geschwächt durch die Dreyfus-Affäre – in diesem Politikfeld mit den Kraftzentren des Innen- und Außenministeriums im Wettbewerb.

Der Generalstab der britischen Armee war historisch ein Nachzügler und institutionell eine Variation des kontinentalen Modells. Anders als im preußischen Fall, aber ähnlich dem französischen war seine Gründung Folge eines militärischen Debakels gewesen – nämlich des Krieges in Südafrika. Weiter oben wurde bereits aufgezeigt, dass die Kernaufgaben eines modernen Generalstabs – Operationsplanung, Mobilmachung und Nachrichtenwesen – lange gar nicht betrieben und dann im Kriegsministerium angesiedelt waren.[20] Diese schwache organisatorische Ausbildung erklärt sich im britischen Fall ganz einfach aus der Tatsache, dass es eine kontinuierliche Operationsplanung in der britischen Armee

[17] Bach, L'Armée de Dreyfus, S. 509–527.
[18] Bourlet, Les officiers français, S. 33, 144. Die vorangegangenen Gliederungen von 1874 und 1884 wiesen im Kern schon die Grundstruktur von vier Büros auf, wobei das Nachrichtenwesen von Anfang an im *Deuxième Bureau* angesiedelt war. Siehe Bourlet, Les officiers français, S. 25, 29.
[19] Goya, Le Chair et l'acier, S. 32, 41 f.
[20] Fergusson, British Military Intelligence, S. 197–225.

bis 1914 schlicht nicht gab.[21] Ganz anders sah es beim Führungsgrundgebiet Nachrichtenwesen aus, das gerade für eine zahlenmäßig kleine, dabei aber global operierende Einsatzarmee immer unentbehrlich gewesen war. Überspitzt gesprochen kann man die Ausbildung des britischen Generalstabs auch als die Geschichte eines Nachrichtendienstes erzählen, der immer mehr mit Fragen der Operationsplanung befasst wurde.[22]

Die Hauptaufgabe des Generalstabs war es bis 1914, überhaupt erstmal Formalstrukturen, etwa allgemeinverbindliche Ausbildungsgrundsätze für die Armee zu definieren und Routinen der Stabsarbeit zu entwickeln. Der Generalstab ist deshalb einmal treffend als »thinking department« des Kriegsministeriums charakterisiert worden.[23] Während die deutschen und französischen Generalstäbe auf Hochtouren Operationspläne ausarbeiteten, war man bei den Briten noch damit beschäftigt, zunächst einmal die fachlichen Voraussetzungen dafür zu schaffen. Dies gelang in der Kürze der verbleibenden Zeit bis 1914 nur ansatzweise, zumal es auch militärkulturelle Widerstände gegen unitäre Auffassungen gab. Dabei bedingten sich die fehlende Einheitlichkeit des operativen Denkens und die Vielzahl der Szenarien: »The army's desire to provide flexibility«, urteilten zwei Historiker der edwardianischen Armee, »was blurring into a lack of uniformity over principles.«[24]

Der britische Generalstab war dem Primat der Politik unbedingt unterworfen, wobei seine leitenden Persönlichkeiten in der Regel Exponenten einer kontinentalen Ausrichtung des Heeres und einer antideutschen Politik waren. Deshalb spiegelt auch der Titel des 1908 erstmals berufenen *Chief of the Imperial General Staff* eher einen Anspruch und weniger die strategischen Realitäten wider. Die Frage, ob der Generalstab in einem zukünftigen Krieg in Europa bloß das Sekretariat für das Expeditionskorps eines Kriegsministers, ein eigenständiges operatives Führungszentrum oder ein strategischer *think tank* sein würde, blieb bis 1914 letztlich unbeantwortet.[25]

---

[21] Dass es auch tiefer gründende, militärpolitische Ressentiments gegen die Einrichtung eines Generalstabs gab, schildert Tadman am Beispiel des Minderheitsvotums des Liberalen Politikers Henry Campbell-Bannerman zum Bericht der Hartington-Kommission im Jahr 1890: »He expressed his deep distrust of a ›planning‹ department, on the grounds that people who spend all their time planning soon become frustrated if their ideas never leave the drawing board, and so develop an itch to try the plans out. Therefore, he reasoned, a general staff would be continually encouraging wars simply out of academic curiosity, to see how effective their plans were in practice« (Tadman, The War Office, S. 215).

[22] Die eigentümliche Position des Generalstabs innerhalb des Kriegsministeriums nicht klar zu erkennen und dann auf die Analyse der organisatorischen Entwicklung des Nachrichtendienstes anzuwenden, erscheint als ein Manko der ansonsten anregenden Studie von Davies, MI6.

[23] Bond, The Victorian Army, S. 239.

[24] Bowman/Connelly, The Edwardian Army, S. 76.

[25] Ebd., S. 65.

3. Gremien

Neben den Kriegsministerien und Generalstäben traten in der Epoche erstmals Gremien in Erscheinung, die der Koordination wie auch – mit Einschränkungen – der Kontrolle von Streitkräften und der Entscheidungsfindung in der Sicherheitspolitik dienten. Sie sollten im 20. Jahrhundert zu wichtigen Akteuren in Prozessen der Versicherheitlichung aufwachsen.[26] Im einfachsten Fall handelte es sich um Gesprächsformate, in denen moderierte Aushandlungen zwischen den Teilstreitkräften stattfanden. Komplexer gestalteten sich die Verhältnisse dort, wo die Besetzung derartiger Gremien über Heer und Marine hinaus interministeriell und damit zivil-militärisch erfolgte. Tagesordnungspunkte, Turnus und der tatsächliche Einfluss auf das Politikfeld konnten variieren. Konstitutiv für den hier untersuchten Zusammenhang scheint zunächst einmal nur die Regelmäßigkeit der Gremienarbeit zu sein, also der Grad ihrer Institutionalisierung.

Die schwächste Ausprägung wiesen sicherheitspolitische Gremien im Deutschen Reich auf. Dies ergab sich aus dem Charakter des politischen Systems und ganz einfach aus der kurzen Dauer seiner Existenz. 1871 war zwar die Wirkung der bis dahin preußischen Landesverteidigungskommission auf das Reich ausgedehnt worden. Diese Kommission befasste sich allerdings nur mit Fragen von Festungen, Küstenschutz und Eisenbahnen, war nur mit Militärs besetzt und wurde 1897 aufgehoben.[27] Im Deutschen Reich blieben also interministerielle Korrespondenzen, bilaterale Besprechungen von Sachverständigen und – auf der höchsten Ebene – der sorgfältig arrangierte, morgendliche Ausritt mit dem Obersten Kriegsherrn übliche Formate der Entscheidungsvorbereitung und -findung. Am Beispiel der mehrjährigen Verhandlungen um die Einrichtung einer reichsweiten Polizeibehörde für die Spionageabwehr lassen sich die Möglichkeiten und Grenzen solcher interministerieller Beratungen gut aufzeigen.[28] Der im Zusammenhang mit dem Ersten Balkankrieg am 8. Dezember 1912 abgehaltene »Kriegsrat« sollte allerdings nicht als ein derartiges Gremium verstanden werden, da es sich dabei bestenfalls um eine ad hoc anberaumte Krisensitzung handelte. Strategische Gremien gab es also im Deutschen Reich bis 1914 nicht.

Ganz anders in Frankreich, wo 1872 im Rahmen der militärischen Reorganisation ein *Conseil supérieur de la Guerre* gegründet worden war. Dieser bestand aus rund 30 militärischen Mitgliedern unter dem Vorsitz des Präsidenten der Republik. Allerdings blieb der Rat bald inaktiv. 1888 wurde er im Rahmen der Militärreformen des Kriegsministers Charles de Freycinet, die auch dem Generalstab Unabhängigkeit vom Ministerium brachten, wiederbelebt und dabei deutlich verkleinert.[29] 1906 wurde zusätzlich ein *Conseil supérieur de la Défense Nationale* ins Leben gerufen, dem nun auch Vertreter des Finanz- und des Kolonial- sowie des Außenministeriums angehörten. Angesichts der chronischen Schwäche der Exekutive kam vor allem dem ersten der beiden Gremien durchaus

---

[26] Edgerton, Liberal Militarism, S. 149.
[27] Handbuch für Heer und Flotte, Bd 5 (1913), S. 810.
[28] Schmidt, Gegen Rußland und Frankreich, S. 294–430. Für die anhaltende Bedeutung des Ausritts bzw. des Spaziergangs mit Kaiser Wilhelm II. im Weltkrieg siehe Groß, Das Große Hauptquartier, S. 30–45.
[29] Siehe Laurent, Politiques de l'ombre, S. 302–327.

eine Rolle bei der Politikberatung in Fragen von Personal, Verwaltung, Rüstung und Landesbefestigung zu.

Das bekannteste Gremium seiner Art stellt gleichwohl das 1902 ins Leben gerufene *Committee of Imperial Defence* (CID) in Großbritannien dar. Seine Gründung fügt sich in die politische Kultur des Empire im Allgemeinen wie auch die seines Sicherheitsapparates im Besonderen.[30] In der Regel nahmen an den Sitzungen der Premierminister, drei bis vier Minister sowie die Chefs der Teilstreitkräfte dar. Deren Rivalitäten waren auch der unmittelbare Anlass für die Gründung des CID gewesen.[31] Bis 1914 kam dem Gremium eine wichtige Rolle bei der Diskussion von Detailproblemen zu. Dabei blieb es auf eine beratende Rolle beschränkt und letztlich abhängig vom Engagement des jeweiligen Regierungschefs. Gut untersucht sind inzwischen die Sitzungen im Zusammenhang mit der kontinentalen Wende um 1911.[32] Eine wirklich strategische Rolle für das CID in Rechnung zu stellen, hieße freilich, seine spätere Bedeutung auf die Gründungsphase zurückzuprojizieren.[33] Gleichwohl ist bemerkenswert, dass der für den Nachrichtendienst zuständige *Director of Military Operations* dem Komitee gegenüber direkt verantwortlich war, hier also von vornherein eine organisatorische Verzahnung von Entscheiderebene und Nachrichtendienst angelegt war.[34]

Der abschließende Vergleich der militärischen Organisationen zeigt, wie sehr die Ausbildung des Nachrichtenwesens das Ergebnis eines sich seit den 1890er-Jahren vollziehenden Prozesses der Institutionalisierung, der Professionalisierung und der Spezialisierung gewesen ist. Der preußisch-deutsche Weg mag dabei ab 1871 prinzipiell ein europäisches Vorbild gewesen sein. Doch zeigt die Entwicklung der Institutionen in Frankreich und Großbritannien, dass diese beiden Armeen keinesfalls in unkritischer Weise bloß »Prussian-mad« geworden waren.[35] Vielmehr wurden Übernahmen durchaus selektiv vorgenommen; es blieben nationale Rahmenbedingungen vielfach bestimmend und – wie im Fall der Gremien – beide Staaten bildeten durchaus eigene Organisationen aus, die für die weitere Entwicklung des Nachrichtenwesens förderlich sein konnten.[36]

Als oberste militärische Verwaltungsbehörden blickten die Kriegsministerien in allen drei Ländern auf die längste Tradition und die größte Machtfülle innerhalb des Ressorts zurück. In Deutschland und Frankreich hatte sich die institutionelle Grundkonstellation allerdings ab den 1890er-Jahren dahingehend

---

[30] Johnson, Defence by Committee, der freilich die Bedeutung des Komitees für die hier untersuchte Epoche deutlich zu hoch einschätzt.

[31] Mackintosh, The Role of the Committee of Imperial Defence, S. 493.

[32] Strachan, The British Army.

[33] Bond, The Victorian Army, S. 257.

[34] Siehe dazu die Betonung dieser Verantwortlichkeit in War Office, Notes with Regard to the Collection of Intelligence, S. 4.

[35] So Occleshaw, Armour against Fate, S. 3.

[36] Dass der deutsche und der französische Generalstab längst keine Spiegelorganisationen waren, beweist der Umstand, dass das *Deuxième Bureau* noch 1898 den Aufgabenbereich der 2. Abteilung des Großen Generalstabs – immerhin die Operationsplanung – nicht erfasst hatte. Man sah darin eine Art Verbindungsbüro zum Ministerium, das sich mit Organisations- und Mobilmachungsfragen zu befassen hatte. Siehe SHD, GR 7 NN 2 667, EMA, Deuxième Bureau, Note sur l'organisation du Grand État-Major allemand, Juli 1898 (S. 10).

verändert, dass sich die Generalstäbe schrittweise von ihren Kriegsministerien emanzipierten. Dies war darin begründet, dass Operationsplanung inzwischen zu einer permanenten Aufgabe aufgewachsen war, und damit war auch ein Bedarf an permanenter Beobachtung und Analyse der potenziellen Gegner entstanden. Und genau diese nachrichtendienstliche Aufgabe war nun nicht in den Kriegsministerien, sondern in den Generalstäben angesiedelt. Für das britische Kriegsministerium war freilich eine abweichende Entwicklung zu beobachten. Diese hatte zur Folge, dass das *War Office* – wie noch im Detail gezeigt wird – bis 1914 in diesem Führungsgrundgebiet zuständig blieb.

Welche Erkenntnisse lassen sich aus der vergleichenden Betrachtung der Generalstäbe ziehen? Erstens die banale, dass die Dauer des Betriebs und die Größe des Personalkörpers der Professionalität und der Ausbildung von Routine förderlich waren. Hier waren der deutsche und der französische dem britischen Generalstab weit voraus, wobei der deutsche gegenüber dem französischen zusätzlich von seiner faktischen Souveränität profitierte. Zweitens ist festzuhalten, dass das Nachrichtenwesen im deutschen und französischen Fall durchweg Dienstleiter der Operationsplanung war, während es im britischen Fall das institutionelle Fundament für einen späten Generalstab wurde. Aus diesem Grund ist auf britischer Seite ein unterschiedliches Bewusstsein für den Nachrichtendienst in Rechnung zu stellen, was wiederum ermöglichte, grundsätzliche Defizite im britischen Modell teilweise kompensieren zu können.[37] Drittens zeigt der Vergleich, dass Generalstäbe sich vor 1914 eben nicht nur durch ihre auf Dauer gestellte Planungskompetenz auszeichneten, worauf die Literatur in der Regel abhebt, sondern in einem deutlich größeren Umfang auch durch ihre auf Dauer gestellte Beobachtungs- und Analysekompetenzen. Auf der Schauseite der Organisation wurde dieser Anteil freilich kaum sichtbar.

Die vergleichende Betrachtung der provisorisch als Gremien bezeichneten Organisationen erweist sich am schwierigsten, weil man Gefahr läuft, ihre spätere Bedeutung auf die hier in Rede stehende Epoche zurück zu projizieren. Gleichwohl fällt auf, dass sich ein solches Gremium als Format der strategischen Diskussion und Entscheidungsfindung im Deutschen Reich bis 1914 überhaupt nicht etablieren konnte. Auch wenn man die tatsächliche Rolle der Gremien in den beiden anderen Ländern bis zum Kriegsbeginn nicht hoch einschätzt, so war doch das Fehlen in Deutschland aus zwei Gründen nachteilig: Erstens schulten solche Gremien in der zivil-militärischen Diskussion, was in besonderer Weise bei nachrichtendienstlichen Themen ins Gewicht fallen musste. Und zweitens sollten Gremien gerade in Bündniskriegen, wie es der Erste Weltkrieg in besonderer Weise sein sollte, eine immer wichtigere Rolle spielen. Die Praxis in Kollegialität, die in diesem Feld bis 1914 erarbeitet war, musste unter den Bedingungen des Krieges nicht mehr erlernt werden.

---

[37] Occleshaw, Armour against Fate, S. 28, liegt sicher richtig in seiner Analyse, dass das Nachrichtenwesen der British Expeditionary Force im August 1914 »a single strand in Operations' harp« gewesen sei. Damit ist aber nur die anfängliche Desorganisation des Führungsapparates beschrieben, der in den Krieg trat.

4. Dienste

Diese Untersuchung zur Geschichte des militärischen Nachrichtenwesens vor dem Ersten Weltkrieg setzte ein mit dem Blick auf die *forces profondes* – die gesellschaftlichen, politischen und militärischen Bedingungskräfte –, die zwischen 1871 und 1914 Einfluss auf die Aneignung, die Organisation und Verwertung von militärischem Wissen genommen haben. Nun gilt es darauf aufbauend herauszuarbeiten, wie das militärische Nachrichtenwesen praktisch organisiert war, was seine Arbeitsbereiche und Quellen waren und wie sein Einfluss beschaffen war.

a) Deutsches Reich

Den Anfang machten die Heere des Deutschen Kaiserreichs. Den institutionellen Container für das Führungsgrundgebiet bildete dort der Große Generalstab. Das Grundmodell für den Nachrichtendienst im Generalstab war im Prinzip ein preußisches. Die Geschäftsordnung vom April 1967 beschrieb als Arbeit der Länderabteilungen:

»a) Sammlung und Ordnen möglichst genauer Notizen über die Kriegsanstalten der fremden Staaten, sowohl über ihre Armeen, davon Stärke, Organisation, Reglements, Bewaffnung, Dislocation und Kriegsbereitschaft, auch zu Natur und Beschaffenheit der fremden Kriegstheater und deren Verstärkungsmittel. b) Übersicht der Land- und Militär-Enumerationen fremder Länder und ihrer Leistungsfähigkeit, namentlich in Bezug auf Truppen-Transporte. c) Militair-Geographie der Länder und d) ihre militairischen Hilfsmittel jeder Art.«[38] 1871 wurde dieses System für den Generalstab der Armee übernommen und ab 1890 mit der Aufstellung der Sektion IIIb weiter ausgebaut. Die Auswertung war also seit Langem etabliert und entwickelte sich bis Kriegsbeginn kontinuierlich weiter. Für den geheimen Nachrichtendienst kann dagegen – auch wenn es vorher selbstverständlich Bemühungen um die Organisation von Spionage gegeben hatte – erst 1890 als eigentlicher Ausgangspunkt gelten.

Die Auswertung fand in den sogenannten Länderabteilungen statt.[39] Hier wurden die Informationen zur Gliederung und Stärke, zur Bewaffnung und Ausrüstung, zur Militärgeografie, zur Infrastruktur, zur Doktrin und zur Militärpolitik fremder Heere, gegliedert nach regionalen Zuständigkeitsbereichen, ausgewertet und aufbereitet. So war die 1. (Russische) Abteilung ursprünglich zuständig gewesen für das Zarenreich, die Nordischen Staaten, die Balkanstaaten, Österreich-Ungarn, Persien, das Osmanische Reich und Ostasien. Eine Reorganisation im Jahr 1898 brachte die Beschränkung auf Russland, die Nordischen Staaten, China und Japan.

Die 3. (Französische) Abteilung bearbeitete – wenig überraschend – Frankreich, außerdem Belgien, Luxemburg, die Niederlande, das Vereinigte Königreich,

---

[38] BArch, PH 34/31: Geschäfts-Instruction für den großen [sic] Generalstab vom 26.4.1867 (gez. Helmuth von Moltke).

[39] Die Darstellung stützt sich hierzu weitgehend auf Grawe, Deutsche Feindaufklärung, S. 38–45.

Italien, die Schweiz, Spanien, Portugal und die Amerikas. Auch hier führte die erwähnte Reorganisation zu einer Konzentration auf die beiden Ententemächte Frankreich und das Vereinigte Königreich.

Die aus der 1. bzw. der 3. Abteilung verschobenen Mächte nachrangiger Ordnung fanden sich daraufhin in zwei neuen Abteilungen zusammengefasst: Belgien, Luxemburg, die Niederlande, Italien, die Schweiz, Spanien, Portugal und die Amerikas in der 9. Abteilung. Die Balkanstaaten und den Bündnispartner Österreich-Ungarn beobachtete die 10. Abteilung. Die Nordischen Staaten, Persien, das Osmanische Reich und Ostasien fielen damit praktisch aus der kontinuierlichen Beobachtung heraus.

Neben diesen vier, regional gegliederten Länderabteilungen betrieben aber noch zwei weitere Gliederungen des Generalstabs laufend nachrichtendienstliche Auswertung. Dies waren die 4. Abteilung, die sich mit ausländischen Festungen befasste, vornehmlich den französischen, belgischen und russländischen, sowie eine Sektion der Eisenbahnabteilung. Diese beobachtete das (Militär-)Eisenbahnwesen anderer Staaten.

Das Personal der Länderabteilungen bestand aus Offizieren des Generalstabs und jüngeren, kommandierten Offizieren, in der Masse Absolventen der Kriegsakademie. Eine Abteilung leitete ein Oberstleutnant, eine Sektion ein Hauptmann oder Major. Mehrere Abteilungen des Generalstabs waren schließlich unter einem Oberquartiermeister zusammengefasst, über den die Verbindung mit dem Chef des Generalstabs lief.

Die in den Länderabteilungen eingesetzten Offiziere waren ausgesprochene Spezialisten. Sie wiesen daher oft vergleichsweise lange Stehzeiten auf. Dies ermöglichte eine Vertiefung der Kenntnisse, Sprachausbildung und mitunter auch Bildungsreisen in die beobachteten Länder. Kennzeichnend war auch eine relativ starke Abschottung der Abteilungen untereinander. Der Austausch in dienstlichen Fragen fand strikt über den Abteilungsleiter oder Oberquartiermeister statt. Eine Qualität der deutschen Nachrichtendienstler war der Wechsel zwischen Auswerter- und Attachéverwendung. Dies ermöglichte den Offizieren unmittelbare Eindrücke und die Aufnahme von Kontakten in den beobachteten Ländern und es stärkte ihre interkulturelle Kompetenz.[40] Zu diesen Experten zählte etwa Detlof von Winterfeldt, der in der 3. Abteilung und sogar auf zwei unterschiedlichen Attachéposten Dienst getan hatte, 1901–1905 in Brüssel und 1909–1913 in Paris.[41] 1914 arbeiteten in der 1. Abteilung sechs Offiziere des Generalstabs und 15 kommandierte Offiziere; in der 3. Abteilung neun Generalstabsangehörige und 13 kommandierte.[42]

Die Aufklärung, der geheime Nachrichtendienst, war in der Sektion IIIb organisiert. Allerdings hatte IIIb eine Vorgängerorganisation, das von Oberst Heinrich von Brandt organisierte Nachrichtenbüro. Dieses ging auf die Zeit des Norddeutschen Bundes zurück und war um 1875 zeitweise der 3. Abteilung unterstellt worden, die damals auch mit römischer Ziffer geschrieben wurde – daher die später beibehaltene Chiffre IIIb.[43] 1881 war das Nachrichtenbüro direkt

---

[40] Grawe, Deutsche Feindaufklärung, S. 59–63.
[41] Zu Winterfeld siehe Grawe, Report from Paris, S. 475.
[42] Grawe, Deutsche Feindaufklärung, S. 42.
[43] Mit Blick auf die Schreibweise weist Brückner darauf hin, dass diese alternativ als Abkürzung des Nachnamens des Sektionsleiters ab 1873 (Karl Rudolf von Bergius) gelesen

unter den Chef des Generalstabs getreten.[44] Die militärische Spionage war unter Otto von Bismarck insgesamt sehr schwach ausgebildet. Das lag nicht daran, dass der Reichskanzler für geheime Nachrichten nicht empfänglich gewesen wäre. Tatsächlich verfügte Bismarck aufgrund seines Politikstils und seiner langen Dienstzeit als preußischer Ministerpräsident und Reichskanzler über bereits etablierte persönliche Kanäle – ganz im Gegensatz übrigens zu seinen französischen Gegenübern, die dafür allesamt zu kurz im Amt waren. Auch bei den britischen Entscheidungsträgern – hier denkt man an Benjamin Disraeli oder William Ewart Gladstone – waren solche personalisierten Kanäle, was den Kontinent jenseits von Frankreich anging, ebenfalls schwach ausgebildet. Das Problem mit Bismarck war vielleicht, dass gerade die stark auf seine Person zugeschnittenen Kanäle ihn an der Notwendigkeit des Ausbaus eines nachrichtendienstlichen Systems zweifeln ließen. Ob dies auch zu einer entsprechend zögerlichen Haltung beim Generalstabschef Helmuth von Moltke d.Ä. führte oder ob diese bei ihm durch generationsmäßige Bedenken bedingt war, müsste einmal im Detail geklärt werden.[45]

Mehr als zwei bedeutende Agenten konnten für diese Jahre bis 1890 bislang von der Forschung nicht ermittelt werden. Der erste war der österreichische Reserveoffizier und Journalist August Freiherr Schluga von Rastenfeld.[46] Die Zusammenarbeit mit dem preußischen Nachrichtendienst ging wahrscheinlich auf das Frühjahr 1866 zurück.[47] Schluga berichtete dem Generalstab in den Kriegen von 1866 und 1870/71. Danach blieb die Verbindung über Jahrzehnte bestehen, während derer Schluga als Journalist in Paris tätig war. Art und Umfang der Berichterstattung aus der französischen Hauptstadt sind allerdings weitgehend unklar. Aussagekräftigere Quellen liegen für die Aktivitäten dieses »Agenten 17« erst ab 1914 vor. Demnach gelang es ihm während der Mobilmachung und der Grenzschlachten, Berichte über die Grenze zu schmuggeln. Ab 1915 ließ die Berichterstattung aber aufgrund der scharfen Überwachung in Frankreich und des Alters von Schluga merklich nach. 1917 überwarf sich Schluga wegen eines unautorisierten Besuchs in der Schweiz mit dem damaligen Chef des deutschen Nachrichtendienstes, Walter Nicolai, der ihn daraufhin in Brüssel internieren ließ.[48] Dort starb Schluga von Rastenfeld noch im selben Jahr. Die Qualifizierung »Meisterspion« scheint für Schluga von Rastenfeld nicht ganz treffend.[49] Denn die damit assoziierte Mantel- und Degentätigkeit hat er wohl nie geleistet. Die Masse seiner Erkenntnisse dürfte aus den üblichen, öffentlichen Quellen eines Hauptstadtjournalisten gestammt haben. Das war schon wertvoll genug, und die

---

werden und demnach korrekt »IIIB« heißen müsste. Diese Schreibweise hat sich allerdings nicht durchgesetzt und wird deshalb auch hier nicht verwendet. Siehe Brückner, Zur Infrastruktur der Frankreich-Aufklärung, S. 71.

[44] Stone, Spies and Diplomats, S. 23–24, sowie ders., The Prussian Army's First Spy Master.

[45] Erste Einblicke dazu liefert Schmid, Der »Eiserne Kanzler«. Dort tritt das Thema bei den Debatten um die französische Aufmarschplanung und um die personelle Rüstung in Erscheinung.

[46] Die beste Zusammenfassung der bislang bekannten Informationen zu Schluga bietet Brückner, Schluga von Rastenfeld. Siehe außerdem Weiß, Wilhelm Stieber.

[47] Broucek, Schluga von Rastenfeld.

[48] Pöhlmann, Talking about Schluga.

[49] Schmid, Der »Eiserne Kanzler«, S. 275.

schiere Dauer seiner Tätigkeit hat seine Bedeutung noch einmal ungemein gesteigert.[50]

Auch der zweite, wichtige Agent der Bismarck-Ära arbeitete in Paris. Sein Name ist nicht bekannt, allerdings seine Funktion: Er war als Beamter bei der französischen *Compagnie de Chemins de fer de l'Est* tätig, also der französischen Eisenbahngesellschaft, die für das in Richtung deutsche Grenze führende Streckennetz zuständig war. Aus einer späteren Forschungsarbeit des Reichsarchivs wird ersichtlich, dass der Beamte im Zeitraum zwischen 1885 und 1895 umfangreiches Material zu den Mobilmachungstransporten wie Fahrpläne, Karten der Transportlinien und Listen der Stationen lieferte. Diese Erkenntnisse haben dem Großen Generalstab weitgehende Einsicht in die französische Aufmarschplanung (Pläne VII–XI) dieser Jahre gegeben, wobei der Spion allerdings schon 1890 anzeigte, dass verschärfte Sicherheitsmaßnahmen seine zukünftigen Lieferungen beschränken würden.[51]

Das Nachrichtenbüro, das in der Ära Bismarck nur aus einem Offizier bestand, entfaltete auf jeden Fall kaum Wirkung und hier wurden auch keine nachrichtendienstlichen Verfahrensweisen entwickelt. Das änderte sich 1890, als das Nachrichtenbüro aufgelöst und die Sektion IIIb eingerichtet wurde.[52] Die Gründung von IIIb war im weiteren Sinne Ausfluss des seit 1886 wirkenden ersten Versicherheitlichungsschubes und im engeren Sinne Ausdruck der Professionalisierungsbemühungen bei der Aufklärung.[53] Einen ersten Anstoß dazu hatte das von Bismarck im Zuge der Boulanger-Krise 1887 erwirkte Verbot der Rekognoszierung durch aktive Offiziere gegeben. Diese war bis dahin relativ ungeregelt praktiziert worden und sie war diplomatisch riskant. Doch die Gründung von IIIb war auch Ausdruck des Neuen Kurses im Militär, der seit der Verabschiedung von Moltke (1888) und Bismarck (1890) anlag. Angesichts der 1892 manifest werdenden Annäherung von Frankreich und Russland und der sich damit einstellenden strategischen Zweifrontensituation erwuchs einem militärischen Nachrichtendienst in Deutschland auch zunehmend Arbeit.

Der Auftrag von IIIb bestand in der Spionage und der Berichterstattung an die Länderabteilungen. Im letzten Jahrzehnt vor dem Weltkrieg sah sich die Sektion auch immer stärker in Fragen der Spionageabwehr eingebunden. Bei der Gründung hatte IIIb aus drei Offizieren bestanden; im Sommer 1914 arbeiteten zehn Offiziere (davon vier kommandierte) in der Berliner Zentrale, elf weitere als Nachrichtenoffiziere in grenznahen Residenturen.[54] Der Sektionsleiter war jeweils

---

[50] Zur Bewertung durch Walter Nicolai siehe Geheimdienst und Propaganda, S. 42, 221–223.

[51] BArch, RH 61/398: Reichsarchiv, Archivrat Helmuth Greiner: Welche Nachrichten besaß der deutsche Generalstab über Mobilmachung und Aufmarsch des französischen Heeres in den Jahren 1885–1914? Wie wurden sie ausgewertet, und wie lagen die tatsächlichen Verhältnisse (undat. Studie; ca. 1928–1934), S. 2, 18, 26, 36, 46, 47, 50, 61. Für die Wirkung auf die deutschen militärischen Entscheidungsträger siehe Schmid, Der »Eiserne Kanzler«, S. 272–334.

[52] BArch, RW 5/654: Reichskriegsministerium, Abwehrabteilung: Generalmajor a.D. Gempp, Geheimer Nachrichtendienst und Spionageabwehr des Heeres, Teil I, 1. Bd, 1866–1914 (1928), Bl. 33 f. Das genaue Gründungsdatum der Sektion IIIb ist bis heute nicht bekannt.

[53] Schmidt, Gegen Rußland und Frankreich, S. 106.

[54] Ebd., S. 116, 685.

ein Major. Der Umstand, dass drei der sechs Chefs von IIIb im weiteren Verlauf
ihrer Karrieren noch General wurden, erlaubt immerhin den Schluss, dass eine
Versetzung zu IIIb kein Abstellgleis war.[55]

Ab 1906 gewann die Entwicklung der Sektion IIIb mit der Etatisierung
von Nachrichtenoffizieren an Dynamik.[56] Zwar hatte es mit den sogenannten
Nachrichtenstationen schon seit 1893 den Versuch gegeben, in Grenznähe
ortsfeste Residenturen zu installieren. Die dort eingesetzten Bezirksoffiziere erwiesen sich aber wenig geeignet und die ungenügende Unterstützung seitens
der zivilen Behörden ließ das Unternehmen versanden. Mit dem Antritt von
Helmuth von Moltke d.J. als Generalstabschef wurde der Versuch erneuert.
Nun sollten jüngere Offiziere des Generalstabs die Aufgabe übernehmen. Die
ersten beiden Posten waren die Nachrichtenoffiziere in Königsberg und Metz. Bis
1914 waren elf Nachrichtenoffiziere etatisiert, und zwar in Allenstein, Breslau,
Coblenz, Danzig, Karlsruhe, Königsberg, Metz, Münster, Posen, Saarbrücken
und Straßburg.[57] Deren Aufgabe war die Organisation der Spionage in ihrem
Zuständigkeitsbereich. Außerdem unterstützten sie bei Bedarf die von der
Polizei und den Generalkommandos zu organisierende Spionageabwehr. Die
Nachrichtenoffiziere waren zwar bei einem Generalkommando angesiedelt, un-
terstanden diesem aber nur disziplinarisch. Sie fungierten vielmehr als Augen und
Ohren des Generalstabs und berichteten dorthin auch direkt. Sie bauten also
eigene Kommunikationswege jenseits der bisherigen Hierarchie auf.

Die Einrichtung dieser Posten bedeutete eine wichtige Verfeinerung der nachrichtendienstlichen Arbeit von IIIb. Sie eröffnete darüber hinaus aber auch einen verbesserten Verwendungsaufbau innerhalb des Nachrichtendienstes. Junge
Subalternoffiziere konnten nun als *men on the spot* praktische Erfahrungen sammeln, um dann an die Zentrale in Berlin zu wechseln – der damalige Oberleutnant
Walter Nicolai, der 1906 als erster Nachrichtenoffizier nach Königsberg versetzt
worden war, ist hierfür das beste Beispiel.

Die Quellen des deutschen Nachrichtendienstes sind für die Friedenszeit gut
dokumentiert.[58] An erster Stelle ist der Attachédienst zu nennen. 1914 verfügte
das Deutsche Reich weltweit über 17 Militärattachés, acht Marineattachés und einen Militärbevollmächtigten (Sankt Petersburg).[59] Die Aufgabe der Attachés war
es, aus offenen Quellen, von Truppen- und Manöverbesuchen sowie aus dienstlichen und informellen Gesprächen Informationen zu Fragen der Streitkräfte und
der Militärpolitik im Gastland zu gewinnen und über diese nach Berlin zu berichten. Spionage war den Attachés seit 1890 explizit verboten, da hierdurch, wie
der Fall Dreyfus vier Jahre später nur allzu deutlich zeigen sollte, die diplomati-

---

[55] Als Leiter von IIIb dienten die Majore Artur Waenker von Dankenschweil (1890–1892),
Müller (1892–1894), Friedrich Theodor Dame (1894–1900), Karl Brose (1900–1910),
Wilhelm Heye (1910–1913) und Walter Nicolai (1913–1918). Siehe Schmidt, Gegen
Rußland und Frankreich, S. 115 f., 583 f. Dame, Brose und Heye wurden General. Bei
Müller sind keine Angaben zur Person bekannt.
[56] Weiterführend hierzu Brückner, Die Nachrichtenoffiziere.
[57] BArch, RW 5/657: Reichskriegsministerium, Abwehrabteilung: Generalmajor a.D.
Gempp, Geheimer Nachrichtendienst und Spionageabwehr des Heeres, Teil II, 2. Bd,
(1928), Bl. 12 f.
[58] Die Quellen untersucht Grawe, Deutsche Feindaufklärung, S. 54–108.
[59] Meisner, Militärattachés und Militärbevollmächtigte, S. 36, 51.

sche Vertretung kompromittiert werden konnte. Gleichwohl lässt die Abberufung mehrerer Attachés durchaus die Vermutung zu, dass Attachés auch nach diesem Verbot in nachrichtendienstliche Tätigkeiten eingebunden blieben. Die Grenzen bildeten freilich die seit der Jahrhundertwende deutlich forcierte Spionageabwehr in allen Gastländern und auch die persönliche Risikobereitschaft des jeweiligen Attachés.[60] Auch wenn sich die Klage um die mangelnde Unterstützung durch das Auswärtige Amt wie ein roter Faden durch die amtliche Geschichte des deutschen Nachrichtendienstes zieht, so waren die Attachés doch eine der wichtigsten Quellen des Generalstabs. Ihre Stärke lag in der Professionalität der Berichterstatter und der Konstanz der Berichterstattung. Ihre Schwäche lag darin, dass sie nur in Friedenszeiten funktionierten; im Kriegsfall konnten sie nur noch aus befreundeten oder neutralen Staaten berichten.

Neben der Attachéberichterstattung bildeten offene Quellen die Grundlage des nachrichtendienstlichen Lagebildes.[61] Dabei ist – für alle drei Staaten – vorauszuschicken, dass bis in die 1890er-Jahre relativ viel Material offen verfügbar war und dass über militärische Angelegenheiten oft unbedacht gesprochen und publiziert wurde. Dies änderte sich im Zuge der zweiten Versicherheitlichungswelle nach der Jahrhundertwende. Eine Reihe von Spionagefällen schärfte auch bei den deutschen Behörden das Bewusstsein für militärische Sicherheit.[62] Zu den offenen Quellen zählten Tageszeitungen mit der darin enthaltenen Manöver- und Parlamentsberichterstattung; außerdem Pressenotizen, aus denen sich personelle Veränderungen in der militärischen Spitzengliederung erschlossen, die dann in das beim Generalstab sorgsam gepflegte »Verbrecher-Album« eingingen. Von Interesse waren ferner die teilweise noch über den Buchhandel vertriebenen militärischen Vorschriften und Ranglisten, Kursbücher der Eisenbahn, Hinweise zu Produkten und Kapazitäten der rüstungsrelevanten Industriezweige, jegliche Information zu militärisch bedeutsamen Kunstbauten und Festungen sowie Bedienungsanleitungen, Landkarten und Stadtpläne. Einblicke in fast alle militärischen Bereiche bot außerdem die in der Epoche hoch entwickelte Militärfachpublizistik, also Bücher und Zeitschriften. So wertete der Große Generalstab zeitweise 70 ausländische Zeitschriften aus.[63] Als ein Beispiel für die Bedeutung der offenen Quellen kann die Aufklärung des großen russländischen Rüstungsprogramms von 1913/14 genannt werden, zu dem der deutsche Nachrichtendienst wichtige Hinweise gewissermaßen »über Bande« gewann, und zwar aus der französischen Presseberichterstattung.[64] Auch der Wandel in Frankreich in Richtung auf eine offensivere Doktrin während der letzten

---

[60] Grawe, Deutsche Feindaufklärung, S. 68 f. Eine weitere Quelle waren die deutschen konsularischen Vertreter, über deren Tätigkeit bislang wenig bekannt ist.

[61] Die Grundlage der Attachéberichte waren natürlich auch oft offene Quellen. Die Auswerter im Generalstab verwerteten also offene Quellen sowohl unmittelbar – z.B. durch eigene Lektüre französischer Zeitungen – oder aber mittelbar – über die vom Attaché gelieferten und auf eigener Lektüre der Presse im Gastland beruhenden Einschätzungen.

[62] Zu diesem Bewusstseinswandel siehe den einschlägigen Erlass in HStAD, 11347, Bü. 373: Preußisches Kriegsministerium, Erlass Nr. 8331 Ia von 2.9.1910 betr. Abwehr ausländischer Spionage durch die Truppe, Bl. 41.

[63] Grawe, Deutsche Feindaufklärung, S. 43 (Zeitschriften) und S. 44 (Verbrecher-Album). Zur Rolle der Militärpublizistik siehe Pöhlmann, Das unentdeckte Land, S. 21–131.

[64] Grawe, Deutsche Feindaufklärung, S. 398.

Friedensjahre erschloss sich für den Generalstab in Berlin weitgehend aus der Publizistik.[65]

Der Beitrag der deutschen Spionage zum nachrichtendienstlichen Lagebild ist bis 1914 naturgemäß schwer einzuschätzen. Er war aber zweifellos gering im Vergleich zum Beitrag der Attachés und der offenen Quellen. Gleichwohl wird die zeitgenössische, konspirative Erzählung, nachdem etwa Bismarcks Geheimdienstmann, der Feld-Polizeidirektor Wilhelm Stieber, schon in den 1870er-Jahren ein riesiges Netzwerk unterhalten haben soll, bis heute in der Literatur kolportiert.[66]

Frankreich war der ursprüngliche Schwerpunkt der Spionagetätigkeit von IIIb. »Dreyfus«, also Walsin-Esterházy, mag der prominenteste deutsche Spionagefall gewesen sein, Schluga von Rastenfeld vielleicht der am längsten und zweifellos mit einem erheblichen intellektuellen Niveau in Frankreich arbeitende. Allerdings ist die Forschung in Bewegung, und so ist etwa auf den Fall des Lucien Philippe (Agent 35) hinzuweisen, der ebenfalls über mehrere Jahrzehnte, wenn auch mit regionalem Fokus, für die Zentralpolizeistelle Straßburg und IIIb gearbeitet hat.[67] In Westeuropa rückte Belgien in dem Moment in den Fokus von IIIb, wo der Operationsplan den Durchmarsch durch das neutrale Land vorsah.[68] Hier waren es vor allem Fragen wie mögliche militärpolitische Absprachen zwischen Belgien und Frankreich bzw. Großbritannien und Feststellungen über die belgische Armee und ihre Festungen sowie die Kunstbauten und Verkehrswege im geplanten Durchmarschraum.

Großbritannien blieb für IIIb bis 1914 stets nur ein zweitrangiges Ziel der Beobachtung. Dies ergab sich aus dem maritimen Charakter der deutsch-britischen Verhältnisse und insgesamt aus der Schwierigkeit, überhaupt eine kontinentale Bedrohung durch die *British Army* erkennen zu können, aus der sich dann wiederum für das Heer ein nachrichtendienstliches Engagement rechtfertigen ließ. Die dort arbeitenden Agenten und Vertrauensleute wurden in der Masse von der Nachrichtenabteilung des Admiralstabes geführt und lieferten bis zum Kriegsbeginn kaum konkrete Erkenntnisse.[69] Der wichtigste deutsche Spion, der an der zarischen Botschaft in London tätige deutschbaltische Legationsrat Benno von Siebert, war bezeichnenderweise kein IIIb-Mann, sondern er berichtete direkt an den Reichskanzler.[70]

Die Spionagetätigkeit von IIIb war also seit 1890 auf die zwei Hauptgegner Frankreich und Russland ausgerichtet. Diese Zweigleisigkeit stellt nicht nur einen entscheidenden Unterschied zur Arbeit der französischen und britischen Gegenüber dar. Es stellt sich auch die Frage, ob bis 1914 möglicherweise Transfers

---

[65] Siehe Zuber, The Real German War Plan, S. 122–131.
[66] Siehe S. 125–133.
[67] Sawicki, Trente ans au service de l'Allemagne.
[68] Siehe BayHStA, KA: Generalstab, Bd 224: Generalstab der Armee, 4. Abt., Die belgischen und holländischen Befestigungen und die Grundsätze ihrer Verteidigung, 1908; ebd., Bd 223: Generalstab der Armee, 9. Abt., Belgische Armee, Kriegsgliederung, Neugestaltung der belg. Armee, Karte mit Standortverteilung der belg. Armee, 1906–1913.
[69] Boghardt, Spies of the Kaiser, S. 69.
[70] Sieberts nachrichtendienstliche Tätigkeit zwischen 1909 und 1914 blieb unentdeckt und lieferte der Wilhelmstraße wichtige Einblick in geheime britisch-russländische Absprachen. Siehe Schröder, »Ausgedehnte Spionage«.

im nachrichtendienstlichen Praxiswissen zwischen Ost- und Westfront zustande kamen. Dafür spricht der überschaubare Personalkörper von IIIb, sodass man namentlich beim Leitungspersonal Kenntnisse um die Verfahren gegen beide Nachbarstaaten annehmen kann. Anderseits waren die Arbeitsbedingungen in Frankreich und Russland durchaus unterschiedlich. Das hatte mit Unterschieden in den Kulturen, den geografischen Räumen und auch den Loyalitäten der verschiedenen Bevölkerungsgruppen zu tun.

Die Technisierung der Streitkräfte seit der Jahrhundertwende führte dazu, dass sich aus den neuen, technischen Nachrichtenmitteln sowohl neue Quellen für den Nachrichtendienst als auch neuartige Gefährdungen für die eigene Kommunikationssicherheit eröffneten. Die Entwicklung in der Marine vollzog sich dabei früher als im Heer. Dort war die Telegrafentruppe 1899 neu organisiert worden.[71] Deren Bezeichnung war an sich irreführend, weil die Telegrafie seit Anfang des Jahrhunderts als ein Auslaufmodell galt; die Zukunft lag vielmehr in der Telefonie und im Funk – zeitgenössisch bezeichnet als »drahtlose« oder »Funken-Telegrafie«.[72] Die Schwäche der Telegrafie lag für das Heer in ihrer Ortsgebundenheit, die im Kriegsfall bestenfalls auf Reichsgebiet von Nutzen sein würde. Außerdem war man sich immer mehr der strategischen Schwäche bewusst geworden, die sich aus der weitgehenden Kontrolle der interkontinentalen Unterseekabel durch Großbritannien ergab.[73] In einem Krieg würden die Briten schlicht die eigenen Kabel für den feindlichen Verkehr sperren und die deutschen Kabel zerstören. Funk sollte beide Probleme lösen: auf taktisch-operativer Ebene die Sicherstellung der Führungsfähigkeit im Bewegungskrieg, auf strategischer Ebene die Unabhängigkeit vom britischen Informationsmonopol.[74] Erste Heeres-Funkstellen waren 1901 entstanden, zwei Jahre später gaben militärische Forderungen den Ausschlag für die Bildung eines nationalen Technologieanbieters in dieser neuen Rüstungssparte, der »Telefunken Gesellschaft für drahtlose Telegrafie«. 1905 stellte das Heer erste mobile Funkabteilungen auf. 1912 begann der Aufbau interkontinentaler Funkstationen, über welche die Verbindung in die USA und die deutschen Kolonien gewährleistet werden konnte. Neben dem Funk hatte das Heer seit 1905 auch mit der Einführung der Telefonie begonnen. Zwar verlief die Ausstattung des Heeres aus Budgetgründen schleppend, der Systemwechsel war aber angestoßen.

Ob und, falls ja, in welchem Umfang im Deutschen Reich vor 1914 Fernmeldeaufklärung betrieben wurde, ist bislang nicht erforscht worden.[75]

---

[71] Einführend Schmidt, Die Nachrichtenmittel.

[72] Deshalb irrt Ferris, wenn er die britische Zurückhaltung gegenüber dem Medium Funk auch für alle europäischen Armeen annimmt. Siehe The British Army and Signals Intelligence, S. 4.

[73] Siehe dazu die klassische Einführung von Kennedy, Imperial Cable Communication and Strategy.

[74] Friedewald, Die »Tönenden Funken«, S. 26–30.

[75] Die klassische Studie von David Kahn sucht für diese Frage Unkenntnis durch Anhäufung von Nationalstereotypen zu kompensieren. Demnach hätten die »Junkers« nach 1871 auf die Stärke ihrer Armee und ihrer Codes vertraut: »And so German cryptology goose-stepped toward war with a top-heavy cryptography and no cryptanalysis.« Siehe Kahn, The Codebreakers, S. 263. Ähnlich unterkomplex zur Entwicklung im Ersten Weltkrieg siehe dort, S. 313.

Sicher ist, dass dies mangels Interesse auf militärischer Seite und aufgrund prinzipieller rechtlicher Bedenken auf Seiten der Reichspostverwaltung nicht im großen Umfang erfolgte; das sollte sich dann auch beim neuen Medium Funk nicht anders gestalten.[76] Die Möglichkeiten wurden beim Heer, etwa im Rahmen der Manöver, nur sehr zögerlich erprobt, die Risiken waren grundsätzlich erkannt. So existierte eine Vorschrift zur Geheimschrift, die einschlägigen Verordnung zur Spionageabwehr wiesen immer wieder auf den Schutz der eigenen Schlüssel hin. Gleichwohl blieb das Bewusstsein um das Potenzial der Fernmeldeaufklärung, wie es die einschlägige Anlage zur Aufmarschanweisung des Großen Generalstabs von 1914 zeigt, bis zum Beginn des Krieges insgesamt beschränkt.[77]

Eine eigenständige militärische Organisation für die Kryptografie ist bis 1914 im Heer nicht eingerichtet worden. Woher kam diese Zurückhaltung? Dabei ist zunächst einschränkend festzustellen, dass das Fehlen einer speziellen Organisation nicht bedeutet, dass es in diesem Feld keine Aktivitäten gegeben hat. Diese Aufgabe war ganz einfach in der Armee-Abteilung des preußischen Kriegsministeriums angesiedelt, blieb in Umfang und Qualität wohl überschaubar und ist bis heute aufgrund des Fehlens von Quellen nicht erforscht.[78] Gleichwohl bleibt der Eindruck, dass die deutsche Armee bis 1914 nicht durch besondere Aktivitäten in der Fernmeldeaufklärung hervorgetreten ist. Das erklärt sich zunächst aus der allgemeinen Neuigkeit der Medien und dem Umstand, dass das Heer gerade in den Jahren vor 1914 den Systemwechsel von der Telegrafie zu Funk und Telefon vollzog. Dabei standen allgemeine organisatorische, sowie Ausstattungs- und Ausbildungsfragen im Mittelpunkt. Dazu kam, dass das technische Bewusstsein vom vorherrschenden Kriegsbild geprägt war, und das war bei aller Einsichten in die Vorteile der Verteidigung weiterhin der offensiv geführte Bewegungskrieg. Genau aus diesem Grund wurde auch zunächst die als Aufklärungsorgan vorgesehene Kavallerie mit Funkstationen ausgestattet. Schließlich macht die oben zitierte Aufmarschanweisung deutlich, dass mangels besserer Manövererfahrungen im Bereich des Fernmeldewesens bis 1914 das militärische Prinzip »Wirkung vor Deckung« bestimmend blieb: Funker, die gegnerischen Funk abhörten, konnten selbst nicht für die eigene Truppe senden – so die einfache Logik einer noch im Aufbau begriffenen Waffengattung.

Rasant gestaltete sich dagegen die Entwicklung im Bereich der Luftaufklärung.[79] Mit dem Beginn der Militärfliegerei 1910 war der Wert des Flugzeuges für die taktische Aufklärung evident geworden. Die Idee, Aufklärung auch mittels Fotografie zu betreiben, existierte dabei von Anfang an.[80] Das war an sich nicht erstaunlich, weil Luftbilder, vom Ballon aus angefertigt, bereits bei der Landesvermessung und bei der Bildmessung im Bereich von Festungen üblich waren. Der Erlass einer ersten Vorschrift im Jahr 1912 deutet auf Bemühungen um Konzeptualisierung

---

[76] Dazu Brückner, Die deutsche Heeres-Fernmeldeaufklärung, S. 199–246.

[77] BayHStA KA, Kriegsministerium, Bd 1461: Großer Generalstab, geh., betr. Anlage zu den Aufmarschanweisungen: Weisungen für den Funken (F.T.)-Verkehr des Heeres 1914/15 (K.M.E. vom 1.5.1914, Nr. 11675).

[78] Brückner, Heeres-Fernmeldeaufklärung, S. 205, 209.

[79] Einführend Jäger, Erkundung mit der Kamera, S. 15–94. Wie schnell das Potential des Flugzeugs für die nachrichtendienstliche Erkundung erkannt wurde, zeigt Frenking, Zwischenfälle, S. 363–370.

[80] Vogler, Die deutsche militärische Luftbildaufklärung, S. 31–78.

im Luftbildwesen hin. Für 1913 sind die ersten, erfolgreichen Versuche der fotografischen Luftaufklärung gegen die französischen Grenzfestungen von Belfort
und Manonvillers belegt.[81] Augenerkundung mit Meldeblock blieb zwar bis
Kriegsbeginn das hauptsächliche Mittel der Luftaufklärung. Aber schon im März
1914 war die vollständige Ausstattung der 41 Fliegerabteilungen mit Kameras
beschlossen, bis zum Beginn des Krieges konnten acht Abteilungen ausgestattet
werden.[82] Was die Integration der Fotografie in ihre junge Waffengattung angeht,
war die preußisch-deutsche Armee ihren zukünftigen Gegnern also voraus. Sie
konnte rüstungsmäßig zudem auf die damals weltführende optische Industrie
bauen. Allerdings würde eine offensive Kriegführung bald ein Problem aufwerfen,
nämlich den Mangel an trigonometrischem und topografischem Datenmaterial.
Hier genoss jede auf dem eigenen Staatsgebiet kämpfende Armee einen natürlichen Vorteil.[83]

Wendet man den Blick von den Quellen des deutschen Nachrichtendienstes
zu seinen Produkten, so präsentiert sich das deutsche Portfolio als Ergebnis eines
intensiven und formalisierten Sammelprozesses. Dessen starke Hierarchisierung
entsprach eine ebensolche redaktionelle Durcharbeit von der Sektion über die
Abteilung bis zum Oberquartiermeister. Adressaten der klassifiziert eingestuften Produkte waren der Chef des Generalstabs, militärische Dienststellen, das
Auswärtige Amt und der Reichskanzler. Dabei hat die neuere Forschung darauf hingewiesen, dass die nachrichtendienstlichen Erkenntnisse des Generalstabs
durchaus auch der politischen Führung vorgelegt wurden, dass also von einer
gegenseitigen Abschottung der strategischen Entscheidungsträger nicht gesprochen werden kann.[84] Etablierte Formate waren etwa der jeweils am 1. Dezember
vorgelegte Jahresbericht des Generalstabs, in dem alle Abteilungen, also auch
die Länderabteilungen, die neuesten Erkenntnisse in ihrem Arbeitsbereich
präsentierten.[85] Inhaltlich gingen diese regelmäßigen Orientierungen über reine Militaria hinaus und betrafen auch Fragen der Militärpolitik und der politischen Verhältnisse in den jeweiligen Ländern. Enger auf die Entwicklungen
in den einzelnen Heeren fokussiert waren die ebenfalls jährlich aktualisierten »Zusammenstellungen der wichtigsten Veränderungen«.[86] Für die politische Leitung verfasste der Generalstab »Mitteilungen über die militärische
Leistungsfähigkeit anderer Staaten«, die thematisch und in der Argumentation
stärker auf diese Zielgruppe zugeschnitten waren. Darüber hinaus entstanden
Berichte über die jährlichen Manöver im Ausland sowie bei Bedarf Spezialstudien
zu neuen Vorschriften oder neuen Waffen.[87] Dabei konnte auch die Bewertung
der deutschen Streitkräfte durch die andere Seite zurückgespiegelt werden, so

---

[81] Jäger, Erkundung mit der Kamera, S. 73. Diese erfolgte von deutschem Territorium aus.
[82] Fink, Die Entwicklung des militärischen deutschen Luftbildwesens; Vogler, Die deutsche
militärische Luftbildaufklärung, S. 95.
[83] Chasseaud, Imaging Golgatha, S. 98, 113.
[84] Die Darstellung der Produkte folgt Grawe, Deutsche Feindaufklärung, S. 49.
[85] Einzelne Jahresberichte finden sich in BayHStA KA, Generalstab, Bde 207, 208, 576.
Da die überlieferten Exemplare keinen Abschnitt zur Arbeit von IIIb enthalten, ist zu
vermuten, dass diese im Jahresbericht grundsätzlich nicht dargestellt wurde.
[86] Diese finden sich für Frankreich 1909–1914 in BArch, RW 5/1234 und 1235.
[87] Exemplarisch BayHStA KA, Generalstab, Bd 161: 3. Abt., Die französischen Armeemanöver
1908–1913. Berichte über Truppenübungen; ebd., Generalstab, Bd 223: 9. Abt., Belgische

etwa bei der britischen Beobachtung des deutschen Kaisermanövers von 1913: Der britische Berichterstatter war zwar insgesamt beeindruckt von der »glänzenden Gefechtsmaschine«, sah aber auch einen gewissen Schematismus am Werk. Dies kommentierte wiederum der deutsche Auswerter mit den Worten: »[D]ie Fähigkeit zu improvisieren wird uns abgesprochen. Wir würden also im Kriege umlernen müssen, namentlich Selbständigkeit und Initiative bis hinauf zu den höheren Führern uns anzueignen haben.« Hier findet sich also ein rares Beispiel für ein Produkt, das nicht nur Erkenntnis über die anderen bot, sondern die Erkenntnisse der anderen über die eigenen Fähigkeiten heranzog.[88]

Einen Sonderfall bei den deutschen Produkten bildete die Berichterstattung zu den aktuellen Konflikten, etwa den Kriegen in Südafrika, in der Mandschurei, auf dem Balkan oder in Nordafrika. Bei diesen wurden die unterschiedlichen Quellen – Attachés, eigens entsandte Militärbeobachter, Spione, Reisende und die Publizistik – nach den jeweiligen Möglichkeiten kompiliert und ausgewertet.[89] Entscheidend war am Ende aber der Transfer der Erkenntnisse dieser klassifizierten Produkte in die relative Öffentlichkeit des Offizierkorps. Als arkanes Herrschaftswissen des Generalstabs hätten nämlich »Jahresberichte«, »Mitteilungen« und »Zusammenstellungen« keinen großen Effekt gehabt. Hier kommen dann auch die offenen Quellen wieder ins Spiel, und zwar nicht als Quelle der eigenen nachrichtendienstlichen Erkenntnis, sondern als Medium der kontrollierten Vermittlung des geheimen Wissens in die Breite der eigenen militärischen Führung hinein. Dies war eine ganz zentrale Funktion von Periodika wie dem *Militär-Wochenblatt*, den *Löbellschen Jahresberichten* oder dem *Nauticus*.[90]

Das Portfolio und die Qualität der nachrichtendienstlichen Produkte zeigen im deutschen Fall den Wert eines Expertenreservoirs von kritischer Größe und einer eingespielten Auswerteroutine. Offene Quellen waren die eigentliche Basis dieser Publikationen, und in der planmäßigen Diffusion der nachrichtendienstlichen Erkenntnisse in die Breite des Offizierkorps lag die Stärke dieses Systems. Als Manko fällt bis in die 1890er-Jahre die relative Beschränkung auf militärische Fragen auf. Erst danach wurden Themen wie öffentliche Meinung, nationale Kohäsion, Volkswirtschaft, Strategie oder globale Verflechtungen überhaupt angesprochen. Weil die deutschen Produkte stark auf offene Quellen gründeten, musste auch offenbleiben, inwieweit diese unter den Bedingungen eines Krieges und der damit einhergehenden Einschränkungen der Presse funktionieren würden.

Die Spionageabwehr war in Deutschland bis 1914 zunächst nur mittelbar eine Aufgabe des Generalstabs gewesen. IIIb selbst war zwar ein Kind des ersten Versicherheitlichungsschubes ab 1886, befasste sich aber zunächst nur in zweiter Linie mit Abwehraufgaben. Mit der Zentralpolizeistelle in Straßburg war

---

Armee, Kriegsgliederung, Neugestaltung der belg. Armee, Karte mit Standortverteilung der belg. Armee, 1906–1913.

[88] BayHStA KA, Generalstab, Bd 146: Chef des Generalstabes der Armee zu Nr. 18443 vom November 1913 betr. Englische Urteile über das deutsche Kaisermanöver 1913, Bl. 6. Für die Wahrnehmung der deutschen Kritik an einem französischen Manöver siehe SHD, GR 7 N 672: EMA, Deuxième Bureau, Opinion de la presse allemande sur les Manoeuvres d'automne de l' Armée Française en 1908, November 1908.

[89] Siehe Pöhlmann, Between Manchuria and the Marne.

[90] Siehe Pöhlmann, Das unentdeckte Land, S. 21–131.

jedoch ab 1887 die Abwehr an einem regionalen Hotspot institutionalisiert worden, was wiederum auch Folgen für die Arbeit von IIIb gegen Frankreich hatte. Im Verlauf des zweiten Versicherheitlichungsschubes ab 1907 brachten sich
der Generalstab im Allgemeinen und IIIb im Speziellen deutlich stärker in die
Diskussion um die Spionageabwehr ein. Wichtige Zuständigkeiten wie die ressort-
übergreifende Koordination der Maßnahmen und der Erlass von Richtlinien für
die Truppe lagen beim preußischen Kriegsministerium.[91] Verantwortlich für die
Spionageabwehr vor Ort waren die Generalkommandos. Mit der Etatisierung der
Nachrichtenoffiziere wuchs freilich die Rolle von IIIb in diesem Feld. Zwar waren
diese angehalten, sich in Abwehrfragen nur auf Anforderung durch die Polizei oder
die Generalkommandos einzubringen. Doch lag es in der Natur der Sache, dass
die IIIb-Männer vor Ort immer stärker mit Abwehrfragen befasst wurden. Auch
bei der Berliner Zentrale von IIIb gewann das Thema an Bedeutung: Von den
zehn Offizieren bearbeiteten drei im April 1914 Abwehrfragen.[92] Spionageabwehr
war also bis 1914 als Thema präsent, wobei der Generalstab in Friedenszeiten
stark auf die Zusammenarbeit mit den Generalkommandos und den Polizeien
angewiesen blieb.

Spezialoperationen zählten in Friedenszeiten nicht zum Aufgabenbereich
von IIIb. Allerdings deuten einzelne Hinweise darauf hin, dass sich der Generalstab in den letzten Jahren vor 1914 erstmals auch mit verdeckter Kampfführung befasste. So begann IIIb mit der Organisation eines defensiven
Invasionsnetzwerkes in der von einer russischen Invasion besonders betroffenen
Provinz Ostpreußen. Hierfür wurden nicht-militärpflichtige Vertrauensleute
geworben und das Telefon- bzw. Telegrafennetz für die Übermittlung von
Feindbewegungen vorbereitet. Ein vergleichbares *Stay-behind*-Netzwerk war
auch im Westen vorgesehen, doch waren die Vorbereitungen bis Kriegsbeginn
nicht vorangekommen.[93] Neben diesen Abwehrmaßnahmen gab es aber auch
Vorbereitungen für offensive Spezialoperationen. Die Zerstörung von Brücken,
Fernmelde- und Eisenbahnverbindungen im Feindesland war seit jeher Aufgabe
der Kavallerie.[94] Nun begannen aber auch Planungen zur Ausbildung irregulärer »Unterbrechungsagenten«, die bei Kriegsbeginn entsandt werden sollten. Bei
Kriegsbeginn sahen die Mobilmachungsbestimmungen von IIIb eine Entsendung

---

[91]   Dieser Aufgabenbereich nahm in den letzten zehn Jahren vor dem Krieg deutlich zu. Siehe
       Schmidt, Gegen Rußland und Frankreich, S. 379; exemplarisch außerdem HStAD, 11347,
       Bü. 373: Preußisches Kriegsministerium, Erlass Nr. 8331 Ia von 2.9.1910 betr. Abwehr
       ausländischer Spionage durch die Truppe (Bl. 41); BayHStA KA, Kriegsministerium,
       Bd 11027: Rundschreiben Bayer. Kriegsministerium Nr. 19000 vom 13.7.1914 betr.
       Überwachung der Spionage.

[92]   Schmidt, Gegen Rußland und Frankreich, S. 685.

[93]   Hauptmann von Rohrscheid, Organisation des Nachrichtendienstes im Bereich des
       XVI. A.K. für den Fall einer feindlichen Invasion, Januar 1913 (Abschrift). In: BArch,
       RW 5/654: Reichskriegsministerium, Abwehrabteilung: Generalmajor a.D. Gempp,
       Geheimer Nachrichtendienst und Spionageabwehr des Heeres, Teil I, 1. Bd, 1866–1914
       (1928), Bl. 388–391, sowie ebd., Bl. 127, 130, 239; außerdem ebd., RW 5/41: Reichs-
       kriegsministerium, Abwehrabteilung: Generalmajor a.D. Gempp, Geheimer Nachrichten-
       dienst und Spionageabwehr des Heeres, Teil II, 3. Bd, 3. Abschnitt, Anlagen, Bl. 137 f.
       (Invasionsnetz vor der Lötzen-Angerapp-Stellung in Ostpreußen).

[94]   BayHStA KA, Kriegsministerium, Bd 2978: Reglements der Kavallerie. Zerstören von
       Eisenbahnen und Telegrafenleitungen durch die Kavallerie.

zwar auf dem Papier vor. Für den Einsatz gegen Russland waren aber noch keine
Agenten gefunden worden, gegen Frankreich waren »einzelne Spreng-Agenten
gewonnen und ausgebildet, Material [war] z.T. niedergelegt« worden.[95] Die während der ersten Kriegsmonate in Frankreich und Großbritannien kolportierte
Vorbereitung von getarnten Artilleriebettungen und Zeppelin-Landeplätzen ist
allerdings Teil der zeitgenössischen Spionagehysterie.[96]

Der militärische Nachrichtendienst des preußisch-deutschen Heeres, der
1914 in den Weltkrieg trat, war der Nachrichtendienst einer europäischen
Kontinentalmacht. Im Mittelpunkt seines Interesses standen die beiden wahr-
scheinlichen Hauptgegner Frankreich und Russland; globale Perspektiven blieben
weitgehend ausgeblendet. Über ein imperiales Archiv verfügte der Dienst nicht,
weil sein Personal nicht mit entsprechenden Einsätzen aufwarten konnte und weil
beim deutschen Modell die Sorge um die Sicherheit des Zentrums diejenige um
die Peripherien bei Weitem und über den gesamten Betrachtungszeitraum über-
ragte. Der deutsche Nachrichtendienst verfügte über ein ausdifferenziertes und be-
währtes System der Auswertung und wies eine größenmäßig zwar überschaubare,
sich aber ehrgeizig entwickelnde Spionagekomponente auf. Die Spionageabwehr
war aufgrund der sicherheitspolitischen Verfasstheit des Deutschen Reiches kein
organisatorischer Teil dieses Systems; das Bewusstsein dafür war aber im Heer
zweifellos vorhanden.

Als Führungsgrundgebiet war das Nachrichtenwesen im Großen Generalstab
organisatorisch wie auch kulturell tief verwurzelt. Im ersten Jahrzehnt des
20. Jahrhunderts gelang es, die Grundlagen für einen eigenen Laufbahnzweig
auf den Weg zu bringen, und wenn die Nachrichtendienstler intern auch ein
wenig hinter den Operateuren rangierten, so bedeutet das nicht, dass es dem
Nachrichtenwesen im Generalstab insgesamt an Stellenwert gefehlt hätte.

Beim Blick auf die Streitkräfte insgesamt fällt die starke Abschottung der
Dienste der beiden Teilstreitkräfte auf. Die Zusammenarbeit mit der Marine
war in der Tat rudimentär und namentlich bei der Bewertung Großbritanniens
sollte sich hieraus ein Problem auftun. Nur ist dies kein Defizit auf der Ebene
des Führungsgrundgebietes gewesen, sondern hier setzte sich einfach nur fort,
was symptomatisch für die damalige Strategic Community insgesamt war. Wo
de facto ohnehin zwei getrennte Kriege geführt werden sollten, da ergab sich
auch keine grundsätzliche Notwendigkeit, zwischen Heer und Marine militärische Erkenntnisse abzugleichen, geschweige denn gemeinsames Wissen zu ge-
nerieren. Über die Abgrenzung der regionalen Zuständigkeiten, eine sehr allgemeine Orientierung über die jeweilige Organisation und Arbeitsweise sowie den
Abgleich der V-Leute ist man bis 1914 offenbar nicht hinausgekommen.[97]

---

[95] BArch, RW 5/657: Reichskriegsministerium, Abwehrabteilung: Generalmajor a.D. Gempp,
Geheimer Nachrichtendienst und Spionageabwehr des Heeres, Teil II, 2. Bd, (1928),
Bl. 28. Für die Situation beim Straßburger Nachrichtenoffizier siehe BArch, RW 49/21:
Gen.Kdo. (Wehrkreis) VII, Oberst (E) a.D. Dr. Sievert, Kriegserfahrungsbericht, Teil 1,
vom 16.3.1928, S. 1–3.

[96] Holman, Constructing the Enemy Within.

[97] BArch, RM 5/3682: Generalstab der Armee, IIIb, Nr. 5292 II, vom 1.3.1912 an
Admiralstab, Nachrichtenabteilung, betr. Liste der V-Leute (Bl. 153 f.), sowie das edierte
Protokoll der Besprechung zwischen IIIb und der Nachrichtenabteilung vom 20.4.1914
(Schmidt, Gegen Rußland und Frankreich, S. 684–686).

Die Quellen des Nachrichtendienstes, 1871–1914

Diplomatie
Botschaften, Konsulate,
Verbündete

Wirtschaft
Finanzwirtschaft,
Industrie und Handel,
Reedereien

Militär-
attachés

Verbündete   Militärbeobachter   Manöverbeobachter
(Kriege anderer Staaten)

Militär

Agenten   Deserteure
**Nachrichten-
dienst**
Rekognoszierung (Offiziere)

Luftbild und Fernfotografie   Offene Quellen (Medien)

Behörden, sonstige
Forst, Kolonien,
Polizeien, Post, Zoll

Die Grafik stellt ein Schema für die untersuchten drei Heere dar. Innerhalb der Epoche waren die Quellen des Nachrichtendienstes organisatorisch und von ihrer jeweiligen Gewichtung her unterschiedlich ausgeprägt.

©ZMSBw
09517-03

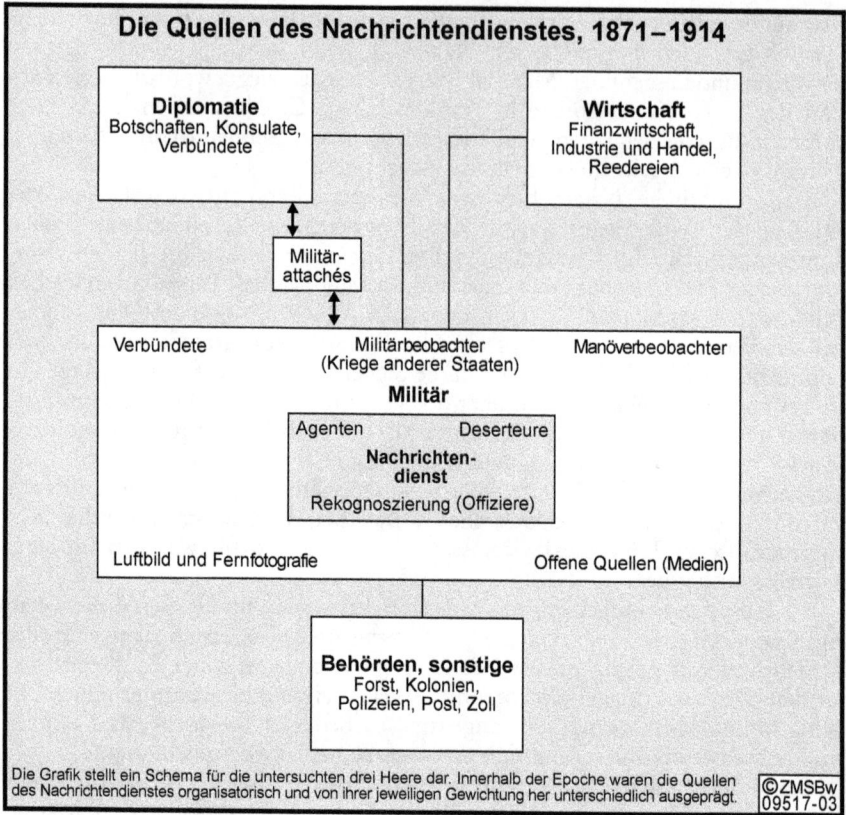

Die Rolle des militärischen Nachrichtenwesens innerhalb des nationalen Sicherheitsapparates war gering. Das Deutsche Reich mag über ein mächtiges Militär geboten haben; im Bereich der inneren Sicherheit waren diesem allerdings Grenzen gesetzt. Bis ins letzte Drittel des 19. Jahrhunderts hatte sich Deutschland im Vergleich zu Frankreich und Russland als ein sicherheitlicher Nachzügler präsentiert. Der militärische Nachrichtendienst war zunächst selbst das Ergebnis eines aus dieser Tatsache resultierenden Versicherheitlichungsschubes; er wuchs dann aber bald zu einem Treiber in den ressortübergreifenden Diskussionen um die Spionageabwehr auf.

Reichskanzler und Auswärtiges Amt nahmen die militärische Fachexpertise durchaus an, deuteten aber bei allen darüber hinausreichenden Fragen auch Grenzen des Interesses an. Zu einem wirklich gesamtstrategischen Lagebild trug der militärische Nachrichtendienst nicht viel bei, aus dem einfachen Grund, weil ein solches Bild von den eigentlichen Entscheidungsträgern gar nicht eingefordert wurde.

Das Personal entwickelte eine hohe Expertise im eigenen Sachgebiet. Die Offiziere waren durch das Rotationsprinzip zwischen Stabs- und Truppenverwendungen davor gefeit, sich in bloßer Fachmannschaft zu verlieren. Dieses professionelle Selbstverständnis ließ bei den Offizieren auch keine konspirativen tagespolitischen Aspirationen entstehen, wie sie etwa westlich des Rheins virulent waren. Der deutsche militärische Nachrichtendienst von 1914 wies deutlich bürokratische Züge auf. Das sollte allerdings nicht nur als Kritik missverstanden werden, da sie Vorteile, aber auch Nachteile mit sich brachten. Auf den Friedensbetrieb war die Organisation insgesamt gut eingestellt. Die interessante Frage war nur, wie ein derart etablierter Dienst mit neuartigen Aufgaben umgehen würde, die ihm erst in der Ausnahmesituation des Krieges erwachsen würden, etwa bei Fragen der politischen Kommunikation, der inneren Sicherheit und der Besatzung.

b) Frankreich

Wie im Deutschen Reich bildete auch in Frankreich der Generalstab den organisatorischen Rahmen, in dem sich der militärische Nachrichtendienst bis 1914 entwickelte. Dabei muss man freilich in Rechnung stellen, dass dieser Generalstab sich erst bis 1911 institutionell vollständig vom Ministerium emanzipiert hatte und dass in Frankreich der Primat der Politik stärker ausgeprägt war. Wie geschildert, hatte der französische *État-major de l'Armée* ein qualifiziertes Generalstabskorps ausgebildet und das militärische Nachrichtenwesen war Auftrag des *Deuxième Bureau*.

Diese Abteilung war 1874 im Rahmen einer frühen Strukturreform des Generalstabs entstanden. 1914 lautete ihre offizielle Bezeichnung *Armées étrangères, mission militaires à l'étranger*. Unter allen Diensten dieser Zeit war das *Deuxième Bureau* derjenige mit der eindeutigsten Gegnerorientierung: Deutschland. In der Gliederung bildete sich dies auf den ersten Blick nicht unbedingt ab. Wie im preußischen Großen Generalstab gliederte sich die französische Auswertung seit den 1880er-Jahren nach Ländern (*Sections géographiques*). 1914 gestaltete sich diese Gliederung wie folgt: Die 1. Sektion (*Section allemande*) bearbeitete das Deutsche Reich mit Belgien, Italien, den Niederlanden, die Nordischen Staaten, Österreich-Ungarn und der Schweiz. In der 2. Sektion (*Section anglaise*, früher auch *Section de l'Nord*) wurde das Vereinigte Königreich mit dem Empire, Mexiko und Fernost beobachtet. Die 3. Sektion (*Section russe*; früher auch *Section de l'Est*) war für den Verbündeten Russland zuständig sowie den Balkan, Italien, das Osmanische Reich und die Hispanidad. Die 4. Sektion hieß *Section centrale et technique*. Dort wurden taktische und technische Sonderstudien betrieben und hier befand sich das Archiv.[98] Die 5. Sektion betrieb den geheimen Nachrichtendienst und die 6. Sektion (*Section central de renseignements*) bereitete die nachrichtendienstlichen Rohprodukte aller Sektionen für die Konsumenten auf und hielt den Kontakt mit dem Inlandsgeheimdienst.[99]

Der in der 5. Sektion angesiedelte geheime Nachrichtendienst war nach 1871 aus dem älteren, für Geniewesen, Kartografie, Kriegsgeschichte und geheimen Nachrichtendienst zuständigen *Dépôt de la Guerre* der Vorkriegszeit hervorge-

---

[98] Bourlet, Les officiers français, S. 55 f.; außerdem dabei aber teilweise abweichend Laurent, Politique de l'ombre, S. 333, und Lahaie, Le Renseignement, S. 157 f. Die Zuordnung der Nordischen Staaten und der Hispanidad findet sich teilweise unterschiedlich angegeben. Sie kann also über die Jahrzehnte verändert worden sein.

[99] Lahaie, Le Renseignement, S. 157 f.

gangen und hatte zunächst als *Section de statistique* firmiert.[100] Einem *Sous-chef*, also Oberquartiermeister, des Generalstabs direkt unterstellt und dem *Deuxième Bureau* nur truppendienstlich verantwortlich, hatte diese Zelle von höchstens fünf Offizieren in den 1880er-Jahren eine unheilvolle Dynamik entfaltet. Die *Section de statistique* hatte 1894, wie geschildert, die Dreyfus-Affäre losgetreten und stand seitdem im Feuer der öffentlichen Kritik. Im September 1899 wurde sie deshalb dem *Deuxième Bureau* direkt unterstellt und in *Section de renseignement* (S.R.) umbenannt. Ihre bisherige Zuständigkeit für die Spionageabwehr wurde dem Innenministerium übertragen und für die nächsten Jahre fristete der geheime Nachrichtendienst ein Schattendasein. Die Folgen dieser mehrjährigen Lähmung der französischen Militäraufklärung lassen sich aufgrund des Mangels an Quellen nicht präzise nachvollziehen; sie dürften aber erheblich gewesen sein. Erst unter der Führung des Oberstleutnants Charles Dupont wurde die Arbeit der Sektion ab 1908 wieder in geordnete Bahnen gelenkt und es wurde sogar wieder eine Zusammenarbeit mit der *Sûreté* angestoßen. Bis kurz vor Kriegsbeginn konnte der Generalstab eine Remilitarisierung der Spionageabwehr, zumindest in Kriegszeiten, erreichen.[101]

Ein wichtiges Alleinstellungsmerkmal des französischen Nachrichtendienstes war der frühe Aufbau von grenznahen Residenturen, den *Bureaux de première ligne*. Das erste Büro wurde schon 1873 in Nancy eröffnet; 1914 bestanden weitere derartige Nachrichtenstellen in Belfort, Épinal, Nancy und Mézières sowie in Nizza und Grenoble.[102] Die vier gegen Deutschland arbeitenden Nachrichtenstellen verfügten, anders als die deutschen Einmannbetriebe der Nachrichtenoffiziere, in der Regel über drei Mitarbeiter.

Im Juli 1914 belief sich die Personalstärke des *Deuxième Bureau* auf 32 Mitarbeiter, davon neun in der Deutschland-Sektion, sieben in der Russland-Sektion, vier in der England-Sektion, vier im geheimen Nachrichtendienst und die restlichen acht in den administrativen Sektionen.[103] Damit stellte das Nachrichtenwesen innerhalb des Generalstabs den größten Personalkörper. Die Angehörigen wurden in der Regel aus den Truppengeneralstäben versetzt oder innerhalb des EMA umgesetzt, wobei die Auswahl offensichtlich unter Berücksichtigung individueller Qualifikationen, etwa von Regional- und Sprachkenntnissen, getroffen wurde.[104] Die Abteilung leitete ein Oberst, wobei die Stehzeiten der Leiter, auch aufgrund der turbulenten Geschichte des Dienstes, mit durchschnittlich drei Jahren vergleichsweise kurz blieben. Im März 1913 war Charles Dupont, der seit 1908 schon als Chef der *Section de renseignement* eingesetzt gewesen war, zum Leiter des *Deuxième Bureau* ernannt worden.[105]

Blickt man auf die Sektion für den geheimen Nachrichtendienst, so fallen hier ebenfalls die relativ kurzen Stehzeiten der Leiter (Major, Oberstleutnant) auf – mit

---

[100] Laurent, Politiques de l'ombre, S. 305.
[101] Dazu siehe Laurent, Aux origines de la »guerre des polices«.
[102] Sawicki, Les Services de renseignements, S. 183; Lahaie, Renseignement, S. 96. Auf dem Posten in Grenoble war nur ein einzelner Vertrauensmann eingesetzt.
[103] Bourlet, Les officiers français, S. 55 f. Abweichend wird dort die Stärke der Geheimdienstsektion für Juli 1914 mit sechs Offizieren angegeben (ebd., S. 51).
[104] Bourlet, Les officiers français, S. 58. Bourlet bietet eine extrem detailreiche, sozialempirische Untersuchung des Offizierkorps des *Deuxième Bureau*.
[105] Dupont, Mémoires, S. 84 f.

der bemerkenswerten Ausnahme von Jean Sandherr, der eine der Schlüsselfiguren im Dreyfus-Skandals war und den Dienst von 1886 bis 1895 leitete. Außerdem stammten fast alle Sektionschefs aus dem Osten Frankreichs. Sie verfügten über deutsche Kultur- und Sprachkenntnisse; mehrere hatten Vordienstzeiten in den Kolonien.[106] Bei Kriegsbeginn leitete Major (*Commandant*) Louis-Gaston Zopff die Sektion.

Wie bei allen europäischen Militärmächten baute auch das Wissen der französischen Streitkräfte über ihre globalen Wettbewerber auf der Berichterstattung der Marine- und Militärattachés auf. Diese bildeten eine zentrale und kontinuierliche Quelle des Nachrichtenwesens. Wie in den anderen Staaten waren die Attachés hybride Akteure sowohl der staatlichen Repräsentation als auch der militärischen Aufklärung. Weil sie an der Schnittstelle von Diplomatie und Militär arbeiteten, lassen sich an ihnen politische Zielkonflikte, Unterschiede im Ethos und profane Ressortkonkurrenzen gut aufzeigen.[107] Die institutionelle Situation in Frankreich gestaltete sich insofern anders als in Deutschland, als die Attachés seit 1885 durch das *Deuxième Bureau* geführt wurden, der direkte Zugriff seitens des Nachrichtendienstes dort also stärker ausgeprägt war. Auch in Frankreich war spätestens seit 1899 in den Instruktionen für die Attachés ein striktes Verbot der Spionage ausgesprochen. Doch ist hier der Bewertung Tim Hadleys zuzustimmen, dessen allgemeines Diktum zum Verhältnis von Botschafter und Militärattaché – »precise in description but vague in practice« – auch für die Position der französischen Attachés gelten kann. Tatsächlich bot die Formulierung der Geschäftsordnung Spielraum, und von militärischer Seite waren die Attachés auch angehalten, diesen auszunutzen.[108] Gerade in den beiden benachbarten Kleinstaaten mit frankophonen Bevölkerungsanteilen, der Schweiz und Belgien, waren die französischen Attachés wichtige Persönlichkeiten im diplomatischen aber auch im halbweltlich-nachrichtendienstlichen Leben. In Deutschland dagegen dürfte die operative Ellenbogenfreiheit der Attachés seit den 1890er-Jahren durch polizeiliche Überwachungsmaßnahmen eingeschränkt gewesen sein. Auch hier hing die Risikobereitschaft von der Persönlichkeit des jeweiligen Offiziers ab. Bei Kriegsbeginn 1914 unterhielt Frankreich weltweit 17 Militärattachés und sieben Marineattachés.[109]

Offene Quellen waren im französischen Generalstab die zweite große Quellengruppe. Auch dort wurde planmäßig die deutsche Presse ausgewertet.[110] Eine zentrale offene Quelle bildeten die internationalen Fachzeitschriften.[111] Eine

---

[106] Zu den Leitern der Sektion siehe Forcade, La république secrète, S. 22 f.; Sawicki, Les Services de renseignements, S. 25 f.
[107] Arboit, Des Services secrets, S. 96.
[108] Hadley, Military Diplomacy, S. 15; Laurent, Politiques de l'ombre, S. 443, 446.
[109] Beauvais, Attachés militaires, S. 46.
[110] Siehe SHD, GR 7 NN 2 623, EMA, Deuxième Bureau: Notice sur les Journaux allemands politiques que reçoit le 2e Bureau de l'Etat-major, November 1880 (nennt 13 Tageszeitungen und politische Magazine), und die Akte ebd., GR 7 NN 2 628: EMA, Deuxième Bureau: Renseignements provenant d'analyses de presse allemande, 1889–93.
[111] Einführend zu den Zeitschriften siehe Wettstein, Die Grenzen militärischer Prognostik, S. 133–243. Aus Deutschland bezog das Deuxième Bureau im Jahr 1884 allein 21 Zeitschriften (SHD, GR 7 NN 2 623, EMA, Deuxième Bureau: Aufstellung vom 1.7.1884 betr. Notice sur les journaux militaires allemands, revue militaires, publications techniques et spéciales, que reçoit le 2e Bureau).

Besonderheit der französischen Fachpublizistik stellt die frühe Beschäftigung mit dem militärischen Nachrichtenwesen selbst dar.[112] Dazu hatte sich bereits bis zur Jahrhundertwende ein Korpus an nicht-dienstlicher und offiziöser Handbuchliteratur entwickelt, den man in Deutschland vergeblich sucht. Dieses Phänomen kann sowohl als ein Indiz für die nationale militärische Debattenkultur im Allgemeinen als auch für den Grad an Professionalisierung in diesem speziellen Führungsgrundgebiet gewertet werden.

Glaubt man den Nachkriegserinnerungen von Walter Nicolai, so habe sich der französische Nachrichtendienst vor 1914 ausgezeichnet durch die »Meisterschaft seiner ein Jahrhundert langen Erfahrung« und durch die »Brutalität«, die dem »Hasse und der politischen Entschlossenheit Frankreichs entsprach«.[113] So sehr diese Einschätzung Ausdruck der unversöhnlichen Feindschaft Nicolais von 1923 ist, so richtig ist freilich der Hinweis auf zwei Merkmale der Spionage in der Dritten Republik – Erfahrung und Entschlossenheit. Dabei macht es Sinn, im Hinblick auf die Akteure stärker zu differenzieren. Zu diesen zählen zunächst die Militärattachés und Konsuln in Deutschland. Deren Stärke lag, wie für die deutschen Gegenüber geschildert, in der Dauerhaftigkeit ihrer Berichterstattung, litt aber am Risiko einer Kompromittierung der Diplomatie.

Die Angehörigen der *Section de renseignement* leiteten nicht nur zur Spionage an, sie waren darin auch direkt verwickelt, etwa bei der Ausspähung des Personals der deutschen Botschaft in Paris. 1896 wurde zu diesem Zweck in einem der Botschaft gegenüberliegenden Restaurant sogar eine Abhöranlage installiert.[114] Rekognoszierung durch aktive Offiziere, auch solchen des Nachrichtendienstes, war schon vor 1870 eine gängige Praxis gewesen. Urlaubsreisen oder Sprachkurse in Deutschland boten dazu den Vorwand.[115] So erkundete der spätere Chef des *Deuxième Bureau* 1903 militärische Anlagen in Ostpreußen unter dem Vorwand einer kriegsgeschichtlichen Studienreise zu Napoleons Schlachtfeldern von 1807.[116] Subalternoffiziere wurden mitunter für mehrere Monate freigestellt, um Deutschland zu bereisen. Form und Informationswert der einzelnen Berichte variierten allerdings durchaus. Die Überlieferung bietet dabei ein Spektrum von stereotypen Einschätzungen (»L'officier passe beaucoup de temps à manger, boire et dormier«) über konkrete Einzelbeobachtungen wie die Skizze der Pfaffendorfer Rheinbrücke in Koblenz oder eine Einladung zur Besichtigung der Kaserne des Kaiser Alexander Garde-Grenadier-Regiments Nr. 1 in Berlin bis hin zu einem umfänglichen Bericht über das Manöver des XVIII. Armeekorps 1910 im Raum Vogelsberg (Hessen) oder einer politischen Analyse des sich 1912 gerade in der Gründung befindlichen »Deutschen Wehrvereins«.[117]

---

[112] Gute Übersichten finden sich bei Laurent, Politiques de l'ombre, S. 324 f., und Bauer, Marianne is Watching, S. 50 f., 240.
[113] Nicolai, Geheime Mächte, S. 24.
[114] Laurent, Politiques de l'ombre, S. 472 f.
[115] Siehe SHD, GR 7 N 665: Ministre de la Guerre au M.M. Commandants de corps, Voyages des officiers français à l'étrangers, 10.3.1893. Hier fordert der Kriegsminister die Verstärkung der Rekognoszierung und ordnet an, aus jedem Korpsbereich jährlich drei geeignete Kandidaten zu benennen.
[116] Siehe S. 141.
[117] Siehe die Sammlung an Berichten für die Jahre 1907–1912 in SHD, GR 7 NN 2 752. Das Zitat stammt a.d. Bericht des Leutnants Grenier (Inf.Reg. Nr. 82) vom Sommer 1910.

Ort der Festnahme des Guillaume Schnaebelé, 1887.   *bpk/adoc-photos*

Für Elsass-Lothringen verwiesen französische Offiziere auf Besuche bei Fa-
milienangehörigen oder die Wahrnehmung von althergebrachten Jagdrechten.
Im Reichsland beschränkten die Behörden diese Aktivitäten schließlich mit
der Ausweisung von Sperrgebieten um die Festungen.[118] Eine Aufstellung der
Zentralpolizeistelle von 1910 listete immerhin 116 spionageverdächtige oder der
Spionage überführte französische Militärangehörige auf.[119]
    Voraussetzung für spätere Spionageaktivitäten war auch das planmäßige
Einfliegen von Brieftauben, die der Nachrichtendienst für Vertrauensleute nach
Elsass-Lothringen einschmuggelte. Direkte Anbahnungen unternahm der französische Nachrichtendienst über Inserate in deutschen Zeitungen und Zeitschriften, in denen Briefwechsel oder Geschäftsmodelle angeboten wurden. Von
den Einsätzen französischer Nachrichtendienstler sind vor allem zwei bekannt
geworden – in beiden Fällen durch ihr Scheitern. So gelang es der deutschen
Spionageabwehr am 20. April 1887, den rührigen Spezialkommissar von Pagny-
sur-Moselle, Guillaume Schnaebelé, auf Reichsgebiet zu locken und dort festzu-
nehmen.[120] Dasselbe Schicksal ereilte am 2. Dezember 1910 den Nachrichten-

---

[118] BayHStA KA, Generalstab, Bd 923: Rundschreiben Bayer. Kriegsministerium Nr. 22262/05
    vom 8.1.1906 betr. Überwachung der Spionage. Beispielhaft für die Verbindung von
    Spionage und Familienheimfahrten ist Taufflieb, Souvenirs, S. 127–132, 207 f., 232.
[119] BArch, RM 47/141, Bl. 71–73: Zentralpolizeistelle, Fortsetzung der Nachweisung der in
    den letzten Jahren bekannt gewordenen, in französischen militärischen Nachrichtenwesen
    tätigen oder unter verdächtigen Umständen im Lande betroffenen französischen Offiziere
    und Militärbeamte (Im Nachgang zu Z.P.St. Nr. 2999 vom 5.11.1908).
[120] Zum Fall Schnaebelé siehe Sawicki, Gérald, L'affaire Schnaebelé (avril 1887).

offizier von Belfort, Hauptmann Charles Lux, der, von einem deutschen Agenten verleitet, die Zeppelinwerke in Friedrichshafen ausforschen wollte.[121]

Eine weitere menschliche Quelle für den französischen Nachrichtendienst bildeten deutsche Deserteure. Deren Zahl war überraschend hoch. So liegen allein für die Jahre 1911–1914 rund 80 Vernehmungen vor, wobei unklar bleiben muss, wie repräsentativ diese Zahl für frühere Jahre ist. Bemerkenswert dabei ist außerdem, dass es sich hier nicht, wie man annehmen könnte, vor allem um Wehrpflichtige handelte, die aus Elsass-Lothringen stammten. In der Regel handelte es sich um Mannschaftsdienstgrade aus allen Kontingenten, die meist schlechte Behandlung oder Streit mit Vorgesetzten als Grund angaben. Ihre Auskünfte beschränkten sich auf die Gliederung ihrer Einheiten und technische Details zu Waffen. Immerhin war Desertion aber eine derart stetige Quelle des Nachrichtendienstes geworden, dass das *Deuxième Bureau* 1909 bereits eine Handreichung und bis 1914 einen einheitlichen Fragebogen entwickelt hatte. Das Verfahren war damit also schon vor dem Ersten Weltkrieg standardisiert. Bislang ist für die deutsche Seite keine entsprechende Spiegelüberlieferung bekannt geworden. Aber man kann wohl davon ausgehen, dass Fahnenflucht auch in die andere Richtung stattfand.[122] Desertion von und nach Großbritannien dürfte dagegen schon aus praktischen Gründen nicht vorgekommen sein.

Eigene Spionage barg für französische Militärangehörige unverhältnismäßig hohe Risiken, weswegen die Arbeit des Nachrichtendienstes in der Regel in der Rekrutierung, dem Einsatz und der Befragung von Agenten und Vertrauensleuten bestand. Ein bestimmter Typus von Spion lässt sich ab den 1880er-Jahre ausmachen: im Deutschen Reich lebende Drittstaatsbürger oder Angehörige von nationalen Minderheiten wie der polnischstämmige Romancier Josef Ignaz Kraszewski, der belgische Händler Gustave Janssen und der dänische Militärschriftsteller Christian Sarauw.[123] Diese Personen waren aufgrund ihrer Sprachkenntnisse, ihres Bildungsstandes und aufgrund ihres Berufs qualifiziert und sie waren sozial gut integriert. Allerdings verfügten sie – mit der Ausnahme von Sarauw, der Reserveoffizier war – über keine militärische Sachkenntnis. Sie eigneten sich für den Aufbau von Kontakten zu örtlichen Honoratioren, Angehörigen der Verwaltung oder Soldaten. Bei den Militärangehörigen galt das Interesse vor allem Soldaten, Unteroffizieren und zivilen Arbeitern in Stäben, Geschäftszimmern, Festungen oder militärischen Werkstätten. Die Anbahnung erfolgte in der Regel auf Reisen, in Wirtshäusern oder bei Manövern, wobei sich die Spione als Journalisten oder

---

[121] Dupont, Mémoires, S. 87–100.

[122] In der ersten Vernehmung wurden Deserteure standardmäßig nach ihrer Bereitschaft gefragt, in die Fremdenlegion einzutreten. Falls sie dies bejahten, steuerte sie der Vernehmer direkt an die Rekrutierungsbüros ab. Wer dazu nicht bereit war, konnte einen Wohnort frei wählen, musste dort aber Meldeauflagen erfüllen. Da die Fragebögen eine relativ hohe Bereitschaft zur freiwilligen Meldung anzeigen, wäre es zu überlegen, ob die Existenz der Legion selbst einen Anreiz zur Fahnenflucht bildete. Dann wiederum bleibt als Spekulation, ob die Fluchtbewegungen nicht doch stärker von Osten nach Westen als in die andere Richtung verlaufen sein könnten. Siehe die Sammlung an Vernehmungen in SHD, GR 7 NN 2 827, außerdem ebd., GR 7 N 672: EMA, Deuxième Bureau: Instruction sur la manière d'interroger les déserteurs, Januar 1909.

[123] Zu den drei Fällen, die alle zwischen 1883 und 1886 enttarnt und verurteilt wurden, siehe Sawicki, Les Services de renseignements, S. 562–564.

Veteranen ausgaben, durch die Vertiefung eines Kontaktes Kompromate erlangten oder ganz offen den Kauf von militärischen Dokumenten, Waffen oder Gerät anboten.[124] In einigen Fällen arbeitete der französische Nachrichtendienst mit Selbstanbietern, also Landesverrätern, die sich initiativ bewarben. Auch gab es eine Reihe von Doppelagenten wie den ungarischen Gesellschaftslöwen Jules de Balasy-Belvata, der um die Jahrhundertwende französische und deutsche Diplomaten mit Informationen belieferte oder den im elsässischen Thann lebenden, österreichischen Gutsbesitzer Guttenberg, der aufgrund seiner Besitzungen noch über den Kriegbeginn 1914 hinaus Zugang zum Bereich der Festung Belfort hatte.[125] Unter den Doppelagenten finden sich aber auch so tragische Figuren wie der Niederländer Hendrik Reeser alias »Henry Baron de Graillet«.[126] Es liegt in der Natur der Sache, dass erfolgreiche Spione eher unentdeckt bleiben als erfolglose. Doch hat die Forschung – mit Ausnahme des weiter unten vorgestellten Eisenbahnspions »H« – bislang keinen Fall benennen können, in dem die *Section de renseignement* bis 1914 eine militärische Hochwertquelle platziert hätte.

Effektiver gestaltete sich die regionale Spionagearbeit durch die *Police spéciale des chemins de fer*. Die Leiter der einzelnen Posten, die *Commissaires spéciaux*, führten die Überwachung und Befragung von Eisenbahnreisenden an den Grenzbahnhöfen, aber auch von illegalen Grenzgängern durch. Ihre Arbeit fiel also ursprünglich in die Spionageabwehr. Doch seit Mitte der 1880er-Jahre waren die Spezialkommissare auch planmäßig in die Spionage gegen Deutschland eingebunden. Von den 17 Büros, die 1914 gegen Deutschland arbeiteten, sind bislang drei im Detail untersucht worden.[127] Wenigstens diese drei Spezialkommissare haben regelrechte Netzwerke ausgebaut.

Guillaume Schnaebelé, der von Oktober 1871 bis April 1887 den Posten in Pagny-sur-Moselle innehatte, ist bereits erwähnt worden. Aus dem Straßburger Umland stammend, hatte dieser nach der Niederlage von 1871 und seiner Übersiedlung nach Frankreich auf eine große Zahl von persönlich bekannten Informanten im Elsass zurückgreifen können.[128] Die Aktivitäten blieben den Behörden im Reichsland nicht verborgen. Diese gingen zunächst gegen den in Elsass-Lothringen aktiven Ableger der nationalistischen *Ligue des patriotes* vor, zu der Schnaebelé Verbindungen unterhielt. Im Februar 1887 gelang der Polizei dann die Festnahme eines der wichtigsten Agenten Schnaebelés, eines Mannes namens Tobie Klein alias »Marthe«. Nach der Gründung der Zentralpolizeistelle in Straßburg im März 1887 begann sich deren Leiter Karl August Zahn nun verstärkt

---

[124] Siehe die Beispiele in BayHStA KA, Generalstab, Bd 923: Rundschreiben Bayer. Kriegsministerium Nr. 22262/05 vom 8.1.1906 betr. Überwachung der Spionage; ebd., Handschriften Bd 3031: Rundschreiben Bayer. Kriegsministerium vom 17.3.1911 betr. Abwehr ausländischer Spionage durch die Truppen.

[125] Guttenberg erregte dort aber Verdacht und wurde schließlich durch die Nachrichtenstelle Mühlhausen abgeschaltet. Siehe RW 5/43: Reichskriegsministerium, Abwehrabteilung: Generalmajor a.D. Gempp, Geheimer Nachrichtendienst und Spionageabwehr des Heeres, Teil II, 4, Bd 4. Abschnitt (1927), Bl. 211–215. Zu Balasy-Belvate siehe Andrew, Théophile Delcassé, S. 73–74.

[126] Siehe S. 133–137.

[127] Die Darstellung stützt sich hier, soweit nicht anders angegeben, auf die dazu grundlegende Arbeit von Sawicki, Les Services de renseignements, S. 245–264, 504–732.

[128] SHD, GR 7 N 666: Ordner »Alsace-Lorraine«, gibt einen guten Eindruck von Art und Umfang der Detailinformationen, hier für das Jahr 1898.

für Schnaebelé selbst zu interessieren. Dies alles geschah unter dem Eindruck der Boulanger-Krise, die vor allem in der Grenzregion zu Spionitis und militärischer Nervosität führte.[129] In Straßburg beschloss man, den Aktivitäten Schnaebelés ein Ende zu bereiten. Zu diesem Zweck trat ein deutscher Grenzbeamter mit ihm in Verbindung und stellte ihm geheimes Material in Aussicht. Für die Übergabe schlug der Informant einen Treffpunkt auf deutschem Gebiet vor. Am 20. April 1887 überschritt Schnaebelé bei Arnaville südwestlich von Metz die Grenze und wurde dort von zwei Polizeibeamten gestellt. Sein Versuch, sich der Festnahme zu entziehen, scheiterte. Innerhalb von Tagen eskalierte die Situation. Für den französischen Kriegsminister Boulanger bot der Vorfall Anlass, im Kabinett ultimativ die Kriegserklärung gegen Deutschland zu fordern. Die Prüfung des Vorfalls durch die deutschen Behörden ergab, dass Unklarheit darüber bestand, ob es Schnaebelé im Verlauf der Rangelei mit den deutschen Polizisten vorübergehend gelungen war, wieder auf französisches Staatsgebiet zu gelangen. Auch nahm man Schnaebelés Behauptung ernst, ihm sei durch den Informanten freies Geleit zugesichert worden. In Abwägung des politischen Risikos verfügte Reichskanzler Otto von Bismarck daraufhin die Freilassung des Spions. Der eigentliche Erfolg der Operation war allerdings für die deutsche Seite schon mit der Festnahme Schnaebelés erreicht worden. Denn diese stellte für den französischen Nachrichtendienst eine Blamage dar und sie führte zur Ablösung dieses seit vielen Jahren erfolgreich arbeitenden Spezialkommissars.

Ein vergleichbares Netzwerk wie das von Schnaebelé hatte der Spezialkommissar von Saint-Dié, Jean-Baptiste Kempff, in den Vogesen errichtet. Vergleichbar war es nicht nur in der räumlichen Ausdehnung oder der sozialen Zusammensetzung des Kreises seiner Informanten – rund 18 Kaufleute, Hoteliers, Lokalpolitiker an zwölf Orten im Elsass. Es ähnelte ihm auch im generationellen Zuschnitt. Denn Kempffs Kontakte stammten nämlich aus der Zeit vor 1871 und das Netz alterte entsprechend. Inwieweit das Netz nach Kempffs Ausscheiden aus dem Dienst erhalten blieb und ob es durch seinen Nachfolger weiterentwickelt werden konnte, ist bislang nicht bekannt.[130]

Schnaebelé mag der berühmteste unter den *Commissaires spéciaux* gewesen sein, der wichtigste war aber sein Kollege Louis-Othon Fischer aus Igney-Avricourt.[131] Fischers Dienstzeit begann mehr als zehn Jahre später; anders als Schnaebelé oder Kempff konnte er sich also inzwischen auf eine gewachsene Organisation stützen. Seine Stehzeit auf dem Posten – von 1887 bis 1914 – war außergewöhnlich lang und seine Karriere war damit noch nicht beendet. Ab Kriegsbeginn 1914 sollte Fischer nämlich das Büro der *Sûreté* im französischen Hauptquartier, ab 1915 das Verbindungsbüro zur britischen Armee leiten. 1918 wurde er schließlich zum Polizeipräsidenten von Straßburg ernannt. Die Person Fischer und auch seine Arbeit belegen die Professionalisierung der nachrichtendienstlichen Tätigkeit in Frankreich seit den 1890er-Jahren. Sein Netz war mit etwa zwei Dutzend Informanten ähnlich groß wie die geschilderten, hatte den Schwerpunkt

---

[129] Der sowohl in der populären Presseberichterstattung als auch in der militärischen Fachpublizistik nachgewiesene Quellenbegriff »Spionitis« bezeichnet die sozialpathologisch gedeutete und dabei meist als unverhältnismäßig bzw. unbegründet qualifizierte Furcht vor Spionage. Siehe Altenhöner, ›Spionitis‹, S. 85.
[130] Sawicki, Les Services de renseignements, S. 264–273.
[131] Ebd., S. 274–299.

in Lothringen, wies aber auch einzelne Kontakte in Mülhausen und sogar Basel aus. Fischers Leistung lag vor allem auch darin, dass es ihm gelang, wenigstens zwei Agenten in der Straßburger Zentralpolizeistelle zu platzieren. Während die Identität des ersten, zwischen 1900 und 1906 aktiven Agenten (»X«) bis heute unbekannt ist, konnte die von »Z« aufgeklärt werden. Bei diesem handelte es sich um den 1874 nahe Metz geborenen Polizeibeamten Karl Muthmann, der seit spätestens 1905 für Fischer arbeitete. 1919 holte Fischer dann seinen langjährigen Agenten als Abteilungsleiter der *Sûreté* nach Straßburg.[132]

Selbst wenn man in Rechnung stellt, dass bislang nur die Tätigkeit von drei der 17 Spezialkommissare im Detail untersucht worden ist, bleibt der Eindruck, dass diese eine wichtige Komponente im System waren. Einschränkungen ergaben sich aus der regionalen Reichweite und aus der generationellen Halbwertszeit der Netzwerke, die oft aus der Zeit vor 1871 stammten. Hier wird man auch fragen müssen, ob die lebensjüngeren Kommissare ab der Jahrhundertwende noch auf vergleichbare Loyalitäten jenseits der Grenze stießen. Der große Vorteil der Spezialkommissare war ihre landeskundliche und kulturelle Vertrautheit mit der Region und ihren deutschen Gegnern. Das Eindringen in die Zentralpolizeistelle stellt einen wichtigen Erfolg des französischen Nachrichtendienstes vor 1914 dar.

Bei der Betrachtung des bisher bekannt gewordenen Materials muss dieses mit Blick auf Art, Datierung, Authentizität und Menge kritisch geprüft werden. Die frühe Erinnerungsliteratur hat, unter Hinweis auf vermeintliche Dokumente zur deutschen Aufmarschplanung und Mobilmachung, die Effektivität der eigenen Spionage betont und diese positive Einschätzung hat bis in die neuere Forschungsliteratur hinein Spuren interlassen. Ein häufiger Gegenstand der niedrigschwelligen Wirtshausspionage waren waffentechnische Detailinformationen, vornehmlich zur Artillerie und zum Festungswesen. Hier ist wenigstens ein Fall überliefert, bei dem ein ingenieurtechnisch gebildeter Spion 1879/80 aus Berlin schriftlich und mittels detaillierter Skizzen über Zünder, Lafetten und Richtmittel der Feldartillerie berichtete.[133]

Tatsache ist auch, dass das *Deuxième Bureau* zu verschiedenen Zeitpunkten immer wieder Gliederungen von deutschen Großverbänden erhalten hat. So konnte es 1897 aus insgesamt sieben Beutedokumenten die Kriegsgliederung des XIV. Armeekorps (Karlsruhe) erschließen. 1901 gelang das auch für das gerade zwei Jahre vorher aufgestellte XVIII. Armeekorps (Frankfurt a.M.).[134] Bekannt ist ebenfalls der Verratsfall des Thorner Sergeanten Gustav Wölkerling, der zwischen 1910 und 1912 unter anderem Mobilmachungsunterlagen des Gouvernements der Festung Thorn an Russen und Franzosen verkauft hatte.[135]

Ein weiterer Typ von Material waren Unterlagen aus Übungen und Manövern, die einen relativ großen Verteiler hatten, einen entsprechend geringen Geheimhaltungsgrad aufwiesen, aber durchaus Hinweise auf taktische Verfahren liefern konnten. Das galt besonders für die in der Nachbereitung zirkulierten

---

[132] Zu Muthmann siehe ebd., S. 279–283.

[133] Siehe das Konvolut in SHD, GR 7 NN 2 708.

[134] SHD, GR 7 N 665: EMA, Deuxième Bureau, Note sur les formations de guerre et la mobilisation du XIVe corps d'armée, 21.7.1897; ebd., GR 7 NN 2 760: »Mobilmachungsjahr 1901/02. Formationen welche vom 18. Armeekorps aufgestellt werden. Beilage 2 z. Mob. Instr. D. 18. A.K.« (Fotografien).

[135] Schmidt, Gegen Rußland und Frankreich, S. 677.

Manöverkritiken der Leitenden. Hier lassen sich entsprechende Quellen für das Korpsmanöver des XVI. Armeekorps (Metz) von 1910 und ein Kriegsspiel mit Offizieren des XIII. (Stuttgart) und XVIII. Armeekorps von 1912 nachweisen.[136] Von besonderem Interesse waren auch einzelne Leitungskritiken aus Kriegsspielen des Großen Generalstabs aus den Jahren 1902–1912. Auch wenn diese teilweise fragmentarisch waren oder von den französischen Experten in ihrer Authentizität durchaus in Frage gestellten wurden, so bleibt doch der Eindruck, dass das *Deuxième Bureau* in einigen Fällen aus dem Umfeld des Generalstabs wenigstens Unterlagen zu dessen Kriegsspielen erlangen konnte.[137]

Ein wichtiger Bestandteil des Beutematerials waren natürlich auch Vorschriften aller Art. Diese dürften über den gesamten Zeitraum mit großer Regelmäßigkeit beim *Deuxième Bureau* eingegangen sein, da sie ebenfalls weit verbreitet und verhältnismäßig leicht zu kopieren oder zu entwenden waren. Eine herausragende Bedeutung hatte hier allerdings das geheime und nur in personalisierter Auflage herausgegebene »Handbuch für den Generalstabsdienst im Kriege«. Von diesem verfügten die Franzosen seit 1902 über ein Exemplar und sie erhielten auch Fotografien der Folgeausgabe von 1908. Aus diesem wegen des Umschlags »Roter Esel« genannten Handbuch erschlossen sich tatsächlich wichtige Informationen, so 1908 zur mittlerweile verstärkten Berücksichtigung des Festungskrieges, zu den Eisenbahntransporten und zur Verwendung von Reserveformationen im Kriegsfall.[138]

Skepsis ist allerdings dort angebracht, wo die Literatur pauschal von der Kenntnis des deutschen Aufmarsch- oder Kriegsplans spricht. Am Beispiel des mysteriösen, mit einem Kopfverband vermummten »Rächers« von 1904 wird weiter unten die Komplexität von Aufmarschunterlagen und damit auch die Fragwürdigkeit derartiger Thesen diskutiert.[139] Nach jetzigem Kenntnisstand hat das *Deuxième Bureau* spätestens seit der Jahrhundertwende die deutsche Schwerpunktsetzung nach Westen erkannt und es nahm ab etwa 1904–1906

---

[136] SHD, GR 7 NN 2 669: EMA, Deuxième Bureau, Critiques des Manoeuvres du XVI. Corps d'Armée Allemand, 1910; ebd., EMA, Deuxième Bureau, Kriegsspiel des officiers des 13e et 18e corps allemands en 1912.

[137] SHD, GR 7 N 1771: EMA, Deuxième Bureau, Document du 2e Bureau, Exercise sur al Carte de 1902, Remarques critiques (du général de Schlieffen); GR 7 NN 2 667: EMA, Deuxième Bureau, Moyen d'instruction dont dispose le Grand Etat-Major allemand, 13.4.1912; ebd., GR 7 NN 2 760: Deuxième Bureau, Note sur plusieurs travaux du Grand Etat-Major (S.R. No. 2169 – 9 Septembre 1903) vom 23.10.1903. Letztere werden dort als »en général fort incomplete« bewertet. Siehe auch den Hinweis auf Übungsbesprechungen von 1905 bei Dupont, Mémoires, S. 107.

[138] SHD, GR 7 NN 2 623: EMA, Deuxième Bureau: Denkschrift vom 20.4.1911 betr. Aidemémoire secret de l'Officier du Grand État-Major allemand, und ebd.: Commentaires du Document S. R. no. 1685 du 20 Avril 1911 (Aide-mémoire de l'Officier d'État-Major en Allemagne).

[139] Siehe S. 145–156. 1905 habe die Kartenbeilage zu einem Kriegsspiel des Generalstabs Aufschluss über die strategischen Absichten der Deutschen – Bruch der belgischen Neutralität – gegeben (Laurent, Politiques de l'ombre, S. 468). Ferner habe der französische Nachrichtendienst den »plan de mobilisation établi en 1907 par l'état-major allemand« und im folgenden Jahr weitere Dokumente erhalten, aus denen sich die Absicht, die belgische Neutralität zu verletzen, bestätigt habe, Joffre, Mémoires, Bd 1, S. 20, und AFGG, Teil 1, Bd 1 [²1936], S. 37.

auch den Bruch der belgischen Neutralität – und damit verbunden – einen starken rechten Flügel durch das Nachbarland als gesichert an. Doch nährte sich
diese Erkenntnis aus einem breiteren nachrichtendienstlichen Ansatz, bei dem
die Beutedokumente nur Mosaiksteine in einem größeren Bild waren. Auch
war das Wissen aus diesen Dokumenten unvollständig und es verlor auch rasch
wieder an Aktualität. Teilweise werden diese Unterlagen in der Forschung auch
unzutreffend interpretiert. So findet sich in der französischen Literatur mehrfach ein »document Ludendorff« vom 19. März 1913, das den Titel »Note sur
le renforcement de l'armée allemande« trug. Aus diesem bislang in den französischen Archiven nicht ermittelten Beutedokument habe sich dem Generalstab
die deutsche Absicht, Frankreich mit Schwerpunkt über Belgien anzugreifen, erschlossen. Nach Ansicht eines Historikers hätte dieses Dokument »mesures dis-
crètes de mobilisation et les premières offensives« aufgezeigt.[140] Zunächst einmal
ist offensichtlich, dass es sich beim »document Ludendorff« um eine Denkschrift
des Großen Generalstabs im Zusammenhang dem großen Rüstungsprogramm
von 1913 handelte. Das zentrale Dokument enthielt tatsächlich einen Absatz zu
den operativen Absichten im Westen, stammte aber vom 21. Dezember 1912.[141]
Allerdings war der vermeintliche Urheber des auf den 19. März 1913 datierten
Schriftstücks, Oberst Erich Ludendorff, zu diesem Zeitpunkt längst nicht mehr
im Generalstab in Berlin, sondern Regimentskommandeur in Düsseldorf. Wenn
sich aus diesem Dokument ein Bruch der belgischen Neutralität und dort ein starker rechter Flügel erschlossen, dann war dies nur die Bestätigung einer Annahme,
von welcher der französische Generalstab eigentlich seit gut zehn Jahren ohnehin
ausging.[142] Die durch Spionage erlangten Dokumente waren insgesamt also für
die taktische und technische Aspekte wichtig und durchaus zahlreich; bei den
Dokumenten, die Aufschluss über die operativen Absichten des Gegners bringen
konnten, sah das aber anders aus. Diese waren rar, zeitgebunden und sie bedurften der Kompilation mit anderen Quellen.

Gleichwohl wird man zu dem Schluss kommen können, dass sich die französische Spionage gegen Deutschland zwischen 1871 und 1914 durch Erfahrung
und Entschlossenheit ausgezeichnet hat. Spätestens seit Mitte der 1880er-Jah-
re ist ein älteres und der deutschen Seite überlegenes System zu erkennen. Die
militärische Säule in diesem System wurde allerdings ab 1894 in den Strudel
der Dreyfus-Affäre gerissen. Anteil an der Krise hatte sicher auch der zeitgleiche
Aufbau der deutschen Spionageabwehr in Elsass-Lothringen. Erst ab 1905 zeigen sich Anzeichen eines institutionellen und operativen Wiedererstarkens der
Section de renseignement. Sie hat eine Reihe von durchaus relevanten militärischen
Dokumenten akquirieren können. Viel wichtiger war aber die kontinuierliche
Ausspähung der militärischen Infrastruktur entlang der deutschen Westgrenze,

---

[140] Laurent, Politiques de l'ombre, S. 468 f. (Zitat); der Titel des »Ludendorff-Dokuments«
nach Dupont, Mémoires, S. 107.

[141] Siehe Kriegsrüstung und Kriegswirtschaft, Bd 1, S. 17, sowie Kriegsrüstung und Kriegswirtschaft, Anlagen, S. 158–173.

[142] Kritisch zu sehen ist auch die Aussage, der französische Generalstab habe ab Anfang Januar
1914 über den »plan de mobilisation signé par le Kaiser le 9 octobre précédent« verfügt
(Arboit, Des Services secrets, S. 135). Kaiser Wilhelm II. hat nämlich niemals Einblick in
die Aufmarschunterlagen des Generalstabs erhalten und aus diesem Grund hat er diese
auch nicht unterzeichnet.

vor allem der dortigen Eisenbahnlinien.[143] Das französische Spionagesystem von
1914 zeichnete sich durch eine etablierte und dabei auf einer militärischen und
einer polizeilichen Säule ruhenden Gesamtstruktur aus, durch die weitgehende
Unterstützung von Seiten der Diplomatie und durch eine anhaltende Stärke, ja
vielleicht sogar Überlegenheit seiner Spionage in den verlorenen Provinzen.

Die französische Fernmeldeaufklärung ist insgesamt für die Zeit bis 1914
wenig untersucht worden; gleichzeitig scheint die positive Bewertung für den
Teilbereich der Kryptografie in der Literatur recht eindeutig. Die Fernmeldetruppe
war seit 1900 zielstrebig aufgebaut und bis 1913 im 8. Genieregiment zusammengefasst worden. Die Truppe gliederte sich wie in Deutschland in Telegrafie,
Funk, Telefonie und Brieftaubenwesen.[144] Auch die französische Armee übernahm nicht das Marconi-System, sondern entwickelte eine nationale Lösung.[145]
Bei den französischen Bemühungen um den Ausbau der Überseekabel gilt es,
sich in Erinnerung zu rufen, dass hier der globale Wettbewerber bis 1914 nicht
Deutschland, sondern Großbritannien war. Beide Kontinentalmächte sowie die
USA waren hier Herausforderer des Monopolisten. Auch das französische Netz
war bis 1914 nicht global, sondern stark kolonial ausgelegt. Es umfasste Afrika,
Nordamerika, die Antillen und Brasilien.[146] Wie für das Deutsche Reich war auch
für die Kolonialmacht Frankreich der Langstreckenfunk eine Möglichkeit, informationelle Souveränität zu wahren. Schon 1899 hatte die Marconi-Gesellschaft
die erste transnationale Funkverbindung, zwischen Wimereux (Pas-de-Calais)
und South Foreland Lighthouse (Kent), eingerichtet. Die bekannteste und auch
strategisch bedeutendste Verbindung war die zwischen dem Eiffelturm und
der weißrussischen Anlage von Bobruisk, die 1904 eröffnet wurde. Eine zweite
Langstreckenverbindung war bis 1914 auf der Strecke Bobruisk–Sewastopol–
Bizerte–Paris eingerichtet. Außerdem befand sich bis Kriegsbeginn eine zweite
Großfunkenstation bei Lyon in Bau.[147]

Die Entwicklung und die Dynamik des Chiffrierwesens und der militärischen Fernmeldeaufklärung in Frankreich erklärt sich nur durch ihre geschilderte Einbettung in eine politische Kultur der Ausspähung.[148] Diese gründete in
den *Cabinets noirs*, den bereits am französischen Hof des 18. Jahrhunderts eingerichteten und in der Republik nach 1789 mit anderem Fokus fortgeführten,
geheimen Büros zur Postüberwachung. Das Abhören von Telefongesprächen und
Funksprüchen und das Entziffern und Entschlüsseln von Telegrammen stellte so
gesehen nur die technisierte und ins Militär übernommene Variante einer etablierten Herrschaftstechnik dar. Kryptografie und Kryptoanalyse waren in der
Dritten Republik allerdings Projekte mehrerer Ministerien und damit Gegenstand
von Ressortrivalitäten. Das Außenministerium verfügte beim unerwünschten
Einblick in die Post der ausländischen Diplomaten europaweit über die größte
Erfahrung und die stärkste politische Rückendeckung.[149] Allerdings forcierte ab
der Jahrhundertwende auch das Innenministerium seine eigenen Bemühungen in

[143] Siehe S. 137–145.
[144] Historique du 8e régiment du génie.
[145] Amoudry, Le général Ferrié, S. 54–140.
[146] Headrick, Cables télégraphiques.
[147] Amoudry, Ferrié, S. 70–78, 95–100; Doughty, Pyrrhic Victory, S. 24 f.
[148] Laurent, Politiques de l'ombre, S. 423.
[149] Siehe Andrew, Déchiffrement, S. 37–64.

dem Feld. Seit 1904 existierte bei der *Sûreté* ein *Service cryptographique*.[150] Dieser begann 1907 mit der regelmäßigen Entzifferung verschlüsselter Telegramme, auch der diplomatischen. Da das Außenministerium darin einen Eingriff in die eigene Kompetenz erkannte, erwirkte es 1913 die Beschränkung der Aktivitäten der *Sûreté*.

Beim Kriegsministerium war schon 1894 eine *Commission de cryptographie militaire* eingerichtet worden, die zunächst aber nur ein Forum für eine Handvoll von Ministerialen und Experten blieb. Kommissionsarbeit und die Grundlagenforschungen der wenigen Fachleute kennzeichneten die weitere Entwicklung. 1912 richtete das Ministerium schließlich eine *Section du chiffre* ein, in der bis 1914 alle militärischen Aktivitäten gebündelt wurden. So wurde die Section gleichzeitig zum *Bureau central de telegraphie sans fils* und übernahm damit die Fachaufsicht über den strategischen Funkverkehr am Eiffelturm. Die *Commission de cryptographie militaire* und das *Bureau militaire de dechiffrement* wurden ihr angegliedert. In diesem Jahr wurde auch erstmals eine Vorschrift zum Chiffrierwesen erlassen und die ersten praktischen Versuche der Funkaufklärung in einem Manöver unternommen.[151]

Die Bemühungen des Kriegsministeriums, die interministerielle Federführung in der Kryptografie zu erlangen, waren allerdings schon 1909 am Widerstand des Außenministeriums gescheitert.[152] Von Erfolg gekrönt waren dagegen die internationalen Absprachen: So vereinbarte das Kriegsministerium 1909 mit dem russischen Allianzpartner den Austausch von Erkenntnissen im Fall eines Krieges. Da bereits in Friedenszeiten Verbindungsbüros eröffnet wurden, liegt die Vermutung nahe, dass dieser Austausch bereits vor dem August 1914 Früchte trug. Eine ähnliche Vereinbarung konnte 1911 mit dem *War Office* getroffen werden.[153]

Die französische Kryptografie und -analyse können neben derjenigen des Habsburgerreiches wohl als europaweit führend angesehen werden.[154] Allerdings sollte man vermeiden, die Vorkriegsleistungen der anderen Ressorts und die späteren militärischen Leistungen während des Weltkrieges ebenfalls für die Vorkriegsgeschichte der *Section du chiffre* im Kriegsministerium anzunehmen. Auch beim französischen Heer arbeitete dieser Bereich des Nachrichtenwesens nämlich auf sehr basalem Niveau und gegenüber den anderen Ressorts – Außen und Innen – war das Kriegsministerium ein Nachzügler. Tatsächlich waren Fachgremien vergleichsweise früh aus der Taufe gehoben worden (vielleicht sogar zu viele, worauf ihre Zusammenfassung bei der *Section du chiffre* Anfang 1914 deutet). Doch kam die Arbeit der *Section* nicht vom Fleck. Das lag daran, dass das Interesse in der Truppe überschaubar blieb und wichtige Entschlüsse durch die zahlreichen Ministerwechsel liegenblieben.[155] Eine planmäßige Funkaufklärung

---

[150]   Ollier, La Cryptographie militaire, S. 204.
[151]   SHD, GR 7 N 10: Ministère de la Guerre, Cabinet du Ministre, Nr. 533/g: Note pour l'Etat-Major de l'Armée, 12.1.1914. Siehe dazu Couderc, Renseignement technique et secret militaire, S. 59.
[152]   Andrew, Déchiffrement, S. 52.
[153]   Arboit, Des Services secrets, S. 110–112.
[154]   So Andrew, France, 129; Ollier, Cryptographie, S. 183, 203.
[155]   Das räumt auch die offizielle Geschichte ein. Siehe SHD, GR 1 K 842 1: Marcel Givierge, Étude historique sur la section du chiffre des origines à 1921, S. I-18–19; III-4.

gegen fremde Heere ist jedenfalls – mit Ausnahme der Station am Eiffelturm – bis Kriegsbeginn nicht betrieben worden.[156]

Am Personal hat es dabei nicht gelegen. Gerade Frankreich hatte zwischen 1890 und 1914 eine Reihe internationaler Fachleute hervorgebracht.[157] Auch hier genügt allerdings der Verweis darauf, dass diese vor allem für das Außen- und für das Innenministerium arbeiteten – denkt man an Étienne Bazeries und Jacques-Paul Marie Haverna. Die Bedeutung der *Section du chiffre* ist deshalb weniger in der wissenschaftlichen Einzelleistung zu suchen, sondern im Bemühen, über die Jahre einen eigenen wissenschaftlichen Nachwuchs auszubilden, der dann wiederum den zivil-militärischen Expertenpool von 1914 bildete.

Bedeutender als Organisationen und Personal scheint aber ohnehin die kulturelle Vorprägung der Ausspähung. Diese war ja auch und gerade in der Armee allgegenwärtig. Das große Defizit der französischen Kryptografie, und auch dieses muss in die abschließende Bewertung der vermeintlichen Überlegenheit gegenüber Deutschland und Großbritannien mit eingehen, war ihre politische Vereinnahmung. Die Inhalte der Post von anderen war nämlich in Frankreich zu einer Ware, ja zu einer Waffe in der innenpolitischen Auseinandersetzung geworden. Dies trat in dramatischer Weise im Zusammenhang mit beiden Marokkokrisen zutage, wo politische Kontrahenten entzifferte diplomatische Telegramme als Druckmittel einsetzten. In der Caillaux-Affäre vom Frühsommer 1914 führte die Erörterung dieser Praxis in der französischen Presse dazu, dass ausländische Vertretungen in Paris eilig ihre Schlüssel wechselten und die Fernmeldeaufklärung des Außenministeriums damit in der Julikrise praktisch ausgeschaltet war.[158] Bei aller Anerkennung der theoretischen Vorarbeiten im Bereich der militärischen Kryptografie und -analyse lässt sich festhalten, dass diese bis Kriegsbeginn 1914 schon allein mangels ausländischer Angriffspunkte noch keine zentrale Rolle spielten und in Friedenszeiten den Beweis ihrer Leistungsfähigkeit gegen den eigentlichen Gegner noch nicht erbracht hatten. Ihre Stunde sollte erst mit dem Eintritt des Stellungskrieges schlagen und zu einer strategischen Fähigkeit sollten sie erst bis 1917 aufwachsen.

Vom ersten Tag an sollten allerdings die Fähigkeiten bei der Luftaufklärung ins Gewicht fallen. Etwa zeitgleich mit der Entwicklung im Deutschen Reich hatten die diesbezüglichen Überlegungen um 1910 in Frankreich eingesetzt.

---

[156] Allerdings hatte die *Section de renseignement* wenigstens zwei Fassungen der »Anleitung zur Geheimschrift innerhalb des Heeres« beschaffen können. Siehe SHD, GR 7 NN 2 623: EMA, Deuxième Bureau, Nr. 2886: Instruction sur le système de correspondance cryptographique (texte allemand), 9.1.1895; ebd., Nr. 1514: Traduction d'une circulaire du Ministère de la Guerre allemand au sujet d'une nouvelle instruction cryptographique pour l'armée, 7.10.1898. Dass auch spätere Fassungen vorlagen, erschließt sich aus ebd., GR 1 K 842 1: Marcel Givierge, Étude historique sur la section du chiffre des origines à 1921, S. III–21, außerdem SHD, GR 1 K 842 1: Marcel Givierge, Étude historique sur la section du chiffre des origines à 1921, S. III–21.

[157] Zu diesen siehe Andrew, Déchiffrement, S. 44, 52.

[158] Andrew, Déchiffrement, S. 51, und Andrew, France, S. 145. Am 16.3.1914 hatte die Ehefrau des damaligen Finanzministers Joseph Caillaux (*Parti radical*), Henriette, den Herausgeber der Zeitung *Le Figaro* erschossen, der gedroht hatte, persönliche Briefe des Paars zu veröffentlichen. Die Tat führte zum Rücktritt des Ministers, der ein entschiedener Gegner der Heeresvermehrung war. Der viel beachtete Strafprozess endete am 28.7.1914 mit einem Freispruch.

Allerdings waren in Frankreich zunächst noch Drachen das Mittel, mit dem
Fotoapparate in die Luft befördert werden sollten. Einzelne technikaffine Piloten
führten am *Laboratoire des recherche aéronautique* in Chalais-Meudon erste Teste
mit Flugzeugen durch. Luftbildfotografie blieb hier, wie in Deutschland, zunächst
ein Interesse der militärischen Amateurs, das bis 1914 zunehmend dienstlich
wurde.[159] Mit der Aufstellung der *Aviation militair* war dafür zwar ein wichtiger
Schritt getan, aber bis Kriegsbeginn sollte die Integration der Luftbildfotografie
in die neue Waffengattung nicht mehr gelingen. Im August 1914 standen ganze
drei Prototypen in Flugzeugen verbaut bereit.[160]

Bei den Produkten des Nachrichtendienstes existierte ein grundätzlich ähnliches Portfolio wie in Deutschland. Eine französische Besonderheit war das wö-
chentliche *Bulletin de renseignement*. Dieses wurde durch die *Section de renseignement* redigiert und an den Präsidenten der Republik und die relevanten Minister
versandt. Mehr noch: Der Sektionschef hielt täglich Vortrag beim Kriegsminister.
Bei dieser Gelegenheit hatte er außerdem die Gelegenheit, sogenannte *blancs* zu
übergeben. Das waren Dossiers zu aktuellen Themen, die ohne Absender verfasst
waren. Der Minister konnte diese nach eigenem Ermessen verwenden. Beim täg-
lichen Briefing legte der Sektionschef gelegentlich auch nachrichtendienstliches
Rohmaterial vor, etwa entzifferte Telegramme oder Berichte von Agenten.[161] Die
Vorstellung, dass der Leiter der Sektion IIIb direkt und regelmäßig dem preußischen Kriegsminister vorgetragen hätte, wäre im Großen Generalstab unvorstellbar gewesen; dasselbe gilt für die Weitergabe von Material, ohne dass dieses vorher
von den Länderabteilungen ausgewertet und durch den Chef des Generalstabs
freigegeben worden wäre. Hier lässt sich also für die französische Armee ein di-
rekter und institutionalisierter Kommunikationskanal vom Militärgeheimdienst
zur politischen Leitungsebene ausmachen.

Bei den Militärfachzeitschriften, dem wichtigsten Durchlauferhitzer für
militärisches Wissen in das eigene Offizierkorps präsentierte sich die französische Armee auf der Höhe der Zeit. Das Portfolio an Zeitschriften war groß, die
Themenpalette breit und die Kontroverse dort schon aufgrund der geschilderten
Diversität des Offizierkorps vorprogrammiert. Traditionsreiche Leitpublikationen
waren die *Revue Militaire Générale* oder das *Journal des Sciences Militaires*. Mit
der *Revue Militaire des Armées Étrangères* (ab 1900: *Revue des armées de l'étranger*)
verfügten die Streitkräfte seit 1872 sogar über ein Medium, das gänzlich auf
die Entwicklungen im Ausland ausgerichtet war. Der Umstand, dass hier das
Deuxième Bureau selbst als Herausgeber der Zeitschrift fungierte, deutet auf den
engen Zusammenhang von Nachrichtenwesen und Publizistik und damit auf
die Verwissenschaftlichung der Militäraufklärung hin. Die Entwicklung bei der
Marine vollzog sich im kleineren Rahmen und auch etwas später. Allerdings lassen sich auch hier die klassischen Formate der Zeit, eine Fachzeitschrift (*Revue
maritime et coloniale*, seit 1874) und ein internationaler Flottenkalender (*Flottes
de combat*, seit 1897) feststellen.[162] Ein offiziöses Jahrbuch, vergleichbar den
Löbellschen Jahresberichten, hat es aber wohl nicht gegeben. Insgesamt weisen
die französischen Zeitschriften einen starken technischen Anteil und eine deut-

[159] Finnegan, Shooting the Front.
[160] Chasseaud, Imaging Golgatha, S. 89; Finnegan, Shooting the Front, S. 23.
[161] Laurent, Politique de l'ombre, S. 349–352.
[162] Ebd., S. 448 f., sowie Wettstein, Die Grenzen militärischer Prognostik, S. 220–228.

liche Fokussierung auf den Hauptgegner Deutschland auf. Dauerthemen waren etwa die deutschen Manöver oder der Ausbau der Eisenbahnen.[163] Ähnlich wie die deutschen Zeitschriften enthalten auch die französischen zahlreiche Übersetzungen von Artikeln oder teilweise serialisierte Zusammenfassungen ausländischer Monografien.

Eine regelmäßige, innerhalb des Heeres breiter gestreute dabei aber vertrauliche Berichterstattung über fremde Heere ähnlich der deutschen Jahresberichte des Generalstabs ließ sich für den *État-Major Général* bislang nicht ermitteln. Dass die Deutschen bei der Vermittlung der nachrichtendienstlichen Erkenntnisse hier möglicherweise voraus waren, musste das *Deuxième Bureau* 1912 selbst einräumen.[164] Für den April desselben Jahres lässt sich dann auch ein entsprechendes Vademekum mit dem Titel »Ce qu'il faut savoir de l'armée allemande« identifizieren, das aber aufgrund des deutschen Heeresrüstungsprogramms rasch wieder überholt war.[165]

Die Bekämpfung der Spionage war seit 1871, wie weiter oben bereits erwähnt, die Aufgabe der *Police spéciale des chemins de fer* gewesen. Diese war seit Mitte des 19. Jahrhunderts allerdings ihrer Rolle als Bahnpolizei entwachsen und ihre Spezialkommissare waren für die Fremdenpolizei zuständig. Die *Police spéciale* unterstand dem Innenministerium.[166] Dieses System fand 1886 mit dem Antritt des Kriegsministers Boulanger ein vorläufiges Ende. Dieser hatte sich im Rahmen seiner populistischen Versicherheitlichungsstrategie eine umfassende Reorganisation und Verschärfung der Spionageabwehr auf die Fahnen geschrieben. Reorganisation hieß für Boulanger in erster Linie Militarisierung. Zu diesem Zweck erreichte er die taktische Unterstellung der Spezialkommissare unter den militärischen Nachrichtendienst, und zwar unter die damals noch innerhalb des Generalstabes organisatorisch freischwebende *Section de statistique*. Außerdem beauftragte Boulanger die dem Kriegsministerium unterstehende Gendarmerie mit Abwehraufgaben und schuf schließlich bei den Generalkommandos ein Netz von inaktiven Bezirksoffizieren für die Spionageabwehr.[167] Das Ergebnis war ein zentralisiertes Überwachungssystem, das sich vor allem durch operative Hektik auszeichnete, in dem das Militär zunehmend zur Überwachung im Innern herangezogen wurde und gleichzeitig innerhalb des militärischen Nachrichtendienstes die Erfüllung der Kernaufgaben (Aufklärung und Auswertung) an der neuen Anforderung zu leiden begann. Vorschriften oder eine geregelte Ausbildung gab es in der militärischen Spionageabwehr keine; vielmehr operierte die *Section de statistique* auf der Basis von individuellen Erfahrungen und ministeriellen Weisungen.[168]

---

[163] Wettstein, Die Grenzen militärischer Prognostik, S. 159, 162. Laurent errechnet bei den redaktionellen Inhalten der *Revue militaire de l'etranger* einen Anteil von 30,84 % allein für das Deutsche Reich (Politiques de l'ombre, S. 345).

[164] SHD, GR 7 NN 2 667: EMA, Deuxième Bureau: Moyen d'instruction dont dispose le Grand Etat-Major allemand, 13.4.1912.

[165] SHD, GR 7 NN 2 624: EMA, Deuxième Bureau, Note pour le Général, Chef d'Etat-Major Général de l'Armée, November 1913.

[166] Warusfel, Contre-espionage, S. 16; Sawicki, Les Services de renseignements, S. 45.

[167] Laurent, Aux origines, S. 779.

[168] Arboit, Des Services secrets, S. 101.

Dieses System brach in dem Moment zusammen, als die *Section de statistique* in den Abgrund der Dreyfus-Affäre gerissen wurde. Am 1. Mai 1899 entzog die Regierung dem Kriegsministerium die Spionageabwehr und übertrug diese der *Sûreté*. Dieser radikale Schnitt führt in der Folge zu anhaltenden interministeriellen Auseinandersetzungen. Die mittlerweile in *Section de renseignement* umbenannte Spionagezelle wurde dem *Deuxième Bureau* unterstellt. Dies hatte allerdings zur Folge, dass die Generalstabsabteilung jetzt die Bearbeitung der verbleibenden Abwehrfragen erbte. Ab 1907 begannen sich die interministeriellen Frontstellungen zu entspannen, weil das Innenministerium im Zuge einer großangelegten Polizeireform auch die Spionageabwehr neu organisierte.

Auf der Arbeitsebene näherten sich nun *Sûreté* und *Deuxième Bureau* wieder an und am 30. Juni 1913 regelte ein Erlass des Kriegsministeriums die Verhältnisse über eine Hilfskonstruktion. Diese bestand darin, dass jetzt erstmals ein expliziter Bedarf an Spionageabwehr im Ausland definiert wurde. Von nun an sollte das *Deuxième Bureau* hierfür zuständig sein, während die Spionageabwehr in Frankreich selbst weiterhin durch die *Sûreté* betrieben werden sollte.[169] Zwischen 1871 und 1914 vollzog sich der Aufbau der Spionageabwehr also gänzlich anders als im Deutschen Reich: als offener Kampf zwischen zwei Ressorts, dabei aber stets zentralistisch angelegt, ohne dass föderale Gesichtspunkte eine Rolle spielten, und durchwegs auf einen breiten, exekutiven Unterbau aus Spezialpolizei und Gendarmerie abgestützt.

In die Planung von Spezialoperationen war der französische Militärnachrichtendienst schon zu einem Zeitpunkt verwickelt, an dem sein deutsches Pendant noch gar nicht existierte. Diese frühe Bereitschaft zur verdeckten Kriegführung baute auf die Erfahrung des Krieges von 1870/71, wo Freischärler (*franctireurs*) in der zweiten Phase des Krieges deutsche Truppen angegriffen und Eisenbahnverbindungen sabotiert hatten.[170] Zwar ist es unwahrscheinlich, dass die Franctireur-Erfahrung eine nachhaltige, bis 1914 anhaltende Wirkung auf das militärische Denken in der französischen Armee hatte. Gleichwohl hat sich die *Section de statistique* ab 1883 bei ihren ersten Überlegungen zu Spezialoperationen von diesen damals noch frischen Erfahrungen anleiten lassen.[171] Diese Überlegungen umfassten den Kleinkrieg in Frankreich selbst wie auch jenseits der Landesgrenzen.

Die flächendeckende nachrichtendienstliche Organisation in den eigenen Grenzregionen ließ die Idee, diese auch im Fall einer deutschen Invasion nutzbar zu machen, schon früh keimen. Unmittelbaren Anlass bot ab 1899 der regionale Ausbau der Abwehrorganisation in Gestalt der *Secteurs de renseignements territoriaux (SRT)*. In den kommenden Jahren baute der Militärnachrichtendienst diese Spitzelorganisation zu einem regelrechten Invasionsnetzwerk aus. Hochrechnungen aus den überlieferten Quellen lassen die Annahme zu, dass dafür bis Kriegsbeginn

---

[169] Warusfel, Contre-espionage, S. 20. Damit war ein sicherheitspolitisches Kondominium geschaffen, das in Frankreich über Jahrzehnte Bestand haben sollte – freilich mit Ausnahme der beiden Weltkriege, in denen das Militär wieder eine vorübergehende Ausweitung der eigenen Kompetenzen erlangte.

[170] Siehe Dirou, Les francs-tireurs, S. 406–438.

[171] Sawicki, Aux origines, S. 12.

mehrere tausend Personen verpflichtet wurden.[172] Die Angehörigen des SRT-Netzes sollten im Fall einer Besatzung feindliche Truppenbewegungen melden und Sabotageaktionen durchführen. Für diesen Zweck sollten auch Waffen und Sprengstoff deponiert werden, wobei allerdings unwahrscheinlich ist, dass dies tatsächlich im großen Umfang geschah. Wichtig ist der Hinweis, dass sich das Netz auch auf das Territorium des Deutschen Reiches erstreckte. Die Erkenntnisse über das SRT-Netz gehen zum Teil auf die Aufklärung von dessen Verduner Abschnitt im Jahr 1912 durch den Metzer Nachrichtenoffizier zurück.[173] Die Kenntnis um die französische Organisation eröffnete IIIb auch die Möglichkeit, über ein entsprechendes Netzwerk nachzudenken. Hier lässt sich also der Transfer einer nachrichtendienstlichen Praxis nachweisen.

Nicht nur das Invasionsnetzwerk erstreckte sich ins Ausland. Schon in den ersten Überlegungen von 1883 lassen sich insgesamt offensive Absichten bei den Spezialoperationen herauslesen. So verschaffte sich die *Section de statistique* deutsche Bahngleise, um daran Sprengversuche durchzuführen, und ließ die Rheinbrücken im Elsass rekognoszieren.[174] Zwar waren Sprengpatrouillen Teil der zeitgenössischen Kavallerietaktik, doch im französischen Fall ist die Organisation durch den Nachrichtendienst bemerkenswert. Als Sprengagenten waren aktive Offiziere und Irredentisten in Elsass-Lothringen vorgesehen; die Spezialkommissare spielten auch hier wegen ihrer Netzwerke und ihrer Ortskenntnis eine wichtige Rolle. 1914 hatte der Geheimdienst für ein Dutzend Männer Aufträge für Zerstörungsmaßnahmen in Deutschland und in Luxemburg ausgearbeitet.[175]

So lassen sich die Erkenntnisse zum französischen Nachrichtendienst wie folgt zusammenfassen. Dieser wuchs in den Jahren zwischen 1871 und 1914 zu einer militärischen Organisation auf, deren Fokus einseitig auf das Deutsche Reich ausgerichtet und deren Engagement im Innern seit den 1890er-Jahren außergewöhnlich stark war. Anders als in Deutschland und Großbritannien war seine Geschichte in dieser Ära von scharfen Brüchen gekennzeichnet: das boulangeristische Intermezzo 1886/87, die Dreyfus-Affäre ab 1894, die sogenannte Radikale Wende 1902 und die Neuausrichtung des militärischen Oberbefehls unter Joseph Joffre ab 1911. Bei Beginn des Weltkrieges befand sich der militärische Geheimdienst in einer Phase der Konsolidierung. Innerhalb des Generalstabs stellte das *Deuxième Bureau* ein etabliertes Führungsgrundgebiet mit klassischer, regionaler Gliederung dar. Allerdings vermochte dieser Generalstab bis 1914 nicht dieselbe Autorität zu entfalten wie sein deutsches Gegenüber.

Wie im Deutschen Reich waren auch in Frankreich die Verbindungen zwischen den Nachrichtendiensten der Teilstreitkräfte schwach ausgeprägt. Ob das Verhältnis von Nachrichtendienstlern und Operateuren tatsächlich so schlecht war, wie in der älteren Literatur behauptet, oder ob die vermeintliche

---

[172] Sawicki, A la frontière des deux Lorraine, S. 131, außerdem Lahaie, Renseignement, S. 107.

[173] BArch, RW 5/654: Reichskriegsministerium, Abwehrabteilung: Generalmajor a.D. Gempp, Geheimer Nachrichtendienst und Spionageabwehr des Heeres, Teil I, 1. Bd, 1866–1914 (1928), Bl. 376–379 (Hauptmann von Rohrscheid, Organisation des N.D. im Bereich des XVI. A.K. für den Fall einer feindlichen Invasion [Januar 1913]).

[174] Sawicki, Aux origines, S. 14.

[175] Ebd., S. 20.

Geringschätzung der ersteren durch letztere nicht eher Teil einer von ersteren gestrickten apologetischen Legende war, müssen weitere Detailstudien zeigen. Richtig ist aber, dass die nachrichtendienstliche Analyse im Hinblick auf Stärke und operative Absichten des deutschen Gegners nicht ausreichend Eingang in die Planungen der Entscheidungsträger gefunden hat.[176] Ungeachtet dessen war das *Deuxième Bureau* einer der weltweit führenden Dienste.

Dasselbe lässt sich von der ab 1899 unterstellten Spionagesektion, der *Section de renseignement*, nicht behaupten. Diese existierte sehr viel früher als ihr deutsches Pendant IIIb und hatte ebenfalls eine Immediatstellung inne. Anders als IIIb entwickelte die französische Spionagesektion aber kriminellen Aktionismus in der Abwehrarbeit und kam durch die eigenen Machenschaften schließlich zu Fall. So fand sich die *Section de renseignement* wieder auf ihr eigenes Kerngeschäft zurückgeworfen und die Spionageabwehr wurde nach den Prinzipien eines erfahrenen zivilen Nachrichtendienstes reorganisiert. Bemerkenswert ist für den französischen Spionagedienst schließlich der direkte Zugang zu den politischen Entscheidungsträgern, der für IIIb und – wenigstens in ihrer Gründungsphase – auch für die britischen Dienste unvorstellbar gewesen wäre.

Die französischen Nachrichtenoffiziere von 1914 waren Teil einer professionellen Generalstabskultur, die zwar nach 1871 nach dem preußischen Vorbild nachjustiert worden war, die aber älter war und die für sich selbst stand. Die nachrichtendienstliche Arbeit blieb dort stark auf die klassischen Fragen von militärischen Stärken, operativen Absichten und Waffentechnik konzentriert, wobei die Fokussierung auf den einen Gegner Deutschland die professionelle Perspektive zusätzlich beschränkte. Allerdings waren die französischen Nachrichtenoffiziere in den scharfen parteipolitischen Kämpfen der Dritten Republik geschult und sie waren an eine Praxis der politischen Überwachung gewöhnt, wie sie in Deutschland oder Großbritannien unbekannt war. Die Elsässer oder Lothringer Offiziere unter ihnen verfügten außerdem über einige kulturelle Kompetenzen, was ihre deutschen Gegner anging. Trotz der starken parteipolitischen Instrumentalisierung des französischen Nachrichtendienstes war aber der Primat der Politik bei der Landesverteidigung nie in Frage gestellt. Diese auf den ersten Blick disparat wirkende Kombination von strukturellen Dispositionen und individuellen Fähigkeiten war für die Entwicklung eines modernen Nachrichtendienstes förderlich. Sie hatte sich schon im jahrzehntelangen Spionagekrieg um Elsass-Lothringen bewährt. Auf der anderen Seite waren in diesem Modell Schematismus bei der Stabsarbeit, der Tunnelblick auf Deutschland und ein grundsätzliches Misstrauen nach Innen als systemische Risiken angelegt.

c) Großbritannien

Das Nachrichtenwesen der britischen Armee wich in Größe und Struktur von dem der kontinentalen Großmächte ab. Diese Abweichung wird in der Literatur vielfach als Ausdruck einer besonderen nachrichtendienstlichen Kultur erklärt, in der organische Struktur und Kollegialitätsprinzip vorherrschend gewesen seien. Diese Interpretation scheint schon deshalb verdächtig, weil sie das bis heu-

---

[176] Andrew, France, S. 141–149.

te beherrschende Narrativ der nachrichtendienstlichen Erinnerungsliteratur im Vereinigten Königreich ist. Zweifellos machte sich das Kollegialitätsprinzip noch zu Beginn des 20. Jahrhunderts auch in der militärischen Organisation bemerkbar. Es war dort aber nicht etwa prägend, weil es als besonders zweckmäßig und daher alternativen Führungs- und Verwaltungsstilen überlegen erkannt worden wäre, sondern weil es eben bislang so gehandhabt worden war und weil die vergleichsweise geringe Größe des Heeres und seiner Führungsstrukturen dieses Prinzip zuließen. Organische Struktur und Kollegialitätsprinzip, so Philip Davies, waren »a result, but not a goal«.[177] Neben der Größe ergab sich der Unterschied aus der strategischen Ausrichtung der Streitkräfte, die wiederum zeitlich abweichende Schübe der Versicherheitlichung und eine Ansiedelung des Heeres-Nachrichtenwesens im Kriegsministerium mit sich gebracht hatte. Das *War Office* insgesamt wie auch das dortige Nachrichtenwesen im Besonderen zeichneten sich zwischen 1871 und 1914 durch eine derart idiosynkratische formale Organisation und durch gewucherte Verantwortungsbereiche aus, dass man darin schon fast eine Verschleierungsmaßnahme der eigenen Spionageabwehr vermuten könnte.

Der Nachrichtendienst des Kriegsministeriums war ursprünglich im *Topographical and Statistical Department* angesiedelt gewesen; wie in Frankreich zeigt sich also auch hier die institutionelle Verwurzelung im Kartenwesen.[178] Ein regulärer *Intelligence Branch* wurde 1873 unter dem Eindruck des Deutsch-Französischen Krieges eingerichtet. Die weiter oben für die Ebene des Ministeriums bereits dargestellte Entwicklung muss nun hier für die nachgeordnete Ebene des Nachrichtendienstes ergänzt werden. Die dort erwähnte Gliederung des *Intelligence Branch* von 1878 wies an erster Stelle eine *Central Section* auf.[179] Leiter war ein Generalmajor, dessen Vertreter ein Oberst mit einem weiteren Offizier. Neben der eigentlichen Leitungsaufgabe befasste sich diese Sektion mit der Mobilmachung und den operativen Planungen für den Einsatz der *British Army*. Die unterstellten Sektionen waren im Prinzip als Länderzuständigkeiten gegliedert, hatten aber darüber hinaus weitere Aufgaben. So bearbeitete *Section A* mit einem Major und einem kommandierten Leutnant Frankreich mit seinen Kolonien, Belgien sowie die Militärgeschichtsschreibung und das Archiv. In *Section B* waren ein Oberstleutnant und ein Leutnant für den Nachrichtendienst in den eigenen Kolonien zuständig. In *Section C* bearbeiteten ein Oberstleutnant und ein Major das Deutsche Reich, die Niederlande, Dänemark, die Schweiz, die USA und Mittelamerika; sie koordinierten außerdem die Beobachtung der europäischen Manöver und waren für Fragen der Kavallerie verantwortlich. *Section D* arbeitete zum Russischen Reich, Spanien, Portugal, Indien[180], Persien, China, Japan, Zentralasien, Neuguinea und Polynesien sowie zu Fragen der Artillerie. *Section E* bearbeitete Österreich-Ungarn, Italien, Griechenland, Schweden, Norwegen, das

---

[177] Davies, MI6, S. 339.

[178] Zur frühen Entwicklung siehe Fergusson, British Military Intelligence.

[179] Für diese frühe, gundlegende Gliederung siehe MIM: Captain E. H. H. Collen, Report on the Intelligence Branch, Quarter-Master's-General Department, Horse Guards, London October 1878, S. 13–16.

[180] In der *Indian Army* existierte eine eigenständige nachrichtendienstliche Organisation, weswegen sich die Zuständigkeit von *Section D* vermutlich auf die für die *British Army* relevanten Aspekte beschränkte.

Osmanische Reich, Ägypten und Afrika (außer eigene Kolonien; zwei Hauptleute, ein Leutnant). In *Section F* befanden sich die Bibliothek, der Kartenraum, die Zeichenstelle und die Zeitungsauswertung unter einem Hauptmann mit zivilen Beschäftigten. Es liegt auf der Hand, dass eine tiefergehende Beschäftigung mit der Vielzahl von Ländern bei einer derartig schwachen personellen Ausstattung überhaupt nicht zu leisten war. Die Entwicklung des *Intelligence Branch* blieb dementsprechend zurück und dieser Bereich galt bis 1885 als praktisch tot.

Im Jahr darauf übernahm Generalmajor Henry Brackenbury die Dienststelle, der als erster *Director of Military Intelligence* dem Nachrichtenwesen in den kommenden Jahren wichtige Impulse geben sollte. Dies machte sich äußerlich in einem geänderten Unterstellungsverhältnis und der Umbenennung der Dienststelle in *Intelligence Division* (1888) bemerkbar. Allerdings blieb auch in Brackenburys Dienstzeit die Zuständigkeit für die Mobilmachungspläne erhalten. Dies kann zwar auf den ersten Blick als Indiz für den gewachsenen persönlichen Einfluss des DMI gelten; tatsächlich muss darunter aber das nachrichtendienstliche Kerngeschäft gelitten haben.[181] Zu den weiteren Errungenschaften Brackenburys zählt der Aufbau von Arbeitsbeziehungen mit dem Außenministerium und die Reorganisation des Attachéwesens.[182] Nach Brackenburys Weggang 1891 stagnierte die Entwicklung der *Intelligence Division* wieder, um dann im Verlauf des Zweiten Burenkrieges Ziel von zahlreichen, kritischen Anwürfen zu werden. Im Zuge der darauffolgenden Reform des Kriegsministeriums kam es endlich 1904 zur Einrichtung eines Direktorats *Military Operations*, in das nun wiederum der Nachrichtendienst überführt wurde.[183] Dieses Direktorat ist in seiner Gliederung bereits dargestellt worden. Deshalb soll hier auch nur noch mal auf die eigentliche Besonderheit der Entwicklung hingewiesen werden: Anders als in Deutschland und Frankreich war der Nachrichtendienst in Großbritannien seit dieser Reorganisation von 1904 keine eigenständige Abteilung, sondern ein Bestandteil der Operationsabteilung. Innerhalb von *Military Operations* – und das gilt es nun im Detail zu untersuchen – waren die fremden Heere bis 1904 geschlossen innerhalb einer Abteilung beobachtet worden. Jetzt wurde das Aufgabengebiet in zwei Länderabteilungen unterteilt: MO2 für Europa (einschließlich Afrika) und MO3 für Asien (einschließlich den Amerikas). Nach der Verfestigung der Triplentente wurden die beiden Länderabteilungen 1907 erneut umgebaut: MO2 betrieb ab jetzt die Sammlung und Auswertung von Informationen zu den Streitkräften der möglichen Feindstaaten (einschließlich

---

[181] Brice, The Military Career, S. 175–181. In dieser Zeit gab der DMI durchaus auch Empfehlungen zu strategischen und Mobilmachungsfragen im imperialen Raum ab; siehe die Denkschrift zu Indien in TNA, WO 32/6349: Memorandum by Lieutenant-General Brackenbury, Director of Military Intelligence, War Office, and Major-General Newmarch, Military Secretary, India Office, 19.8.1889.

[182] Hilbert, The Role, Bd 1, S. 50, 68. Brackenburys zentrales, von Hilbert 1954 ermittelte und in Bd 2 (S. 319–322) nur paraphrasierte »Memorandum on Reorganisation of the Intelligence Branch of the War Office« vom November 1890 scheint in den National Archives nicht mehr erhalten geblieben zu sein.

[183] Eine Organisationsgeschichte des Kriegsministeriums bis 1914 bildet ein Desiderat der Forschung. Tadman, The War Office, bietet Einblicke in die diversen Reorganisationsbemühungen seit 1871. Zu den Untersuchungen, die nach dem Krieg in Südafrika zur Reorganisation führten, siehe TNA, WO 32/6922: Report of Lord Hardwicke's Committee. Permanent Establishment of the Mobilisation and Intelligence Division, März 1903.

kleinerer Mächte), also Deutschland, die Niederlande, Österreich-Ungarn, die Schweiz, Balkan- und der Mittelmeerstaaten, Osmanisches Reiches und die Amerikas. MO3 tat dasselbe mit Blick auf die Bündnispartner (einschließlich kleinerer Mächte), also Belgien, Frankreich, Russland, die Nordischen Staaten, Marokko, China, Japan und Korea. Die Länderabteilungen MO2 und MO3 verfügten im letzten Friedensjahr zusammen über 17 Mitarbeiter und wurden jeweils von einem Oberst geleitet.[184] MO4 war als Kartenabteilung ebenfalls in die Bereitstellung nachrichtendienstlicher Produkte eingebunden. Von besonderem Interesse ist allerdings die Abteilung MO5. Die Aufgaben dieser auch als *Special Section* bezeichneten Abteilung waren am Ende:

> »Policy regarding submarine cables and wireless telegraphy; press correspondents and control of the press in war; censorship; ciphers; policy regarding martial law; policy regarding aliens and civilian population in war; military international law; draft bills affecting the General Staff; municipal law as affecting defence schemes; traffic in arms; and compensation claims.«[185]

Hier war also bis 1914 eine Reihe heterogener Einzelaufgaben zusammengeworfen worden. Von Interesse ist MO5 insofern, weil diese Abteilung den Nukleus des späteren Nachrichtendienstes MI5 darstellt. Seit 1904 waren zunächst die im Südafrikanischen Krieg aufgewachsenen Sonderaufgaben wie Völkerrecht, Kabel und Zensur in einer Abteilung MO3 bearbeitet worden. Seit der Aufteilung der Länderabteilungen 1907 firmierte dann MO3 als MO5. Für den Zeitpunkt der Aufstellung des eigenständigen *Secret Service Bureau* 1909 benennt die offizielle Geschichte von MI5 keine Veränderung im Portfolio von MO5. Folgt man dieser Geschichte, so wurde erst nach der Mobilmachung im August 1914 dessen Abwehrkomponente, das *Special Intelligence Bureau*, als Sektion MO5 (g) truppendienstlich in das Kriegsministerium integriert.[186] Entgegen dieser bis heute offiziellen Version bietet der bis vor Kurzem noch geheime Rechenschaftsbericht von MI5 eine andere Lesart an. Demnach war das *Special Intelligence Bureau* wohl schon seit seiner Gründung 1909 organisatorisch Teil von MO5 und damit des Kriegsministeriums gewesen.[187]

---

[184] Beach, Haig's Intelligence, S. 24. Für die Reorganisationen, Zuständigkeiten und die Personalentwicklung siehe außerdem TNA, WO106/6083: Lieutenant Colonel William R.V. Isaac, The History of the Development of the Directorate of Military Intelligence, 1855–1939 (1957), S. 19–22.

[185] TNA, KV 4/183: Major General Sir W. Thwaites (DMI), Historical Sketch of the Directorate of Military Intelligence during the Great War, 1914–1919 (6.5.1921), S. 3.

[186] Andrew, MI5, S. 86.

[187] Siehe TNA, KV 4/183: Major General Sir W. Thwaites (DMI), Historical Sketch of the Directorate of Military Intelligence during the Great War, 1914–1919 (6.5.1921), Bl. 12 (»It worked as a secret organization, and was responsible to M.O. 5, Colonel, who acted as its paymaster, military chief, and director.«); ähnlich TNA, KV 1/38: M.I.5. »F« Branch Report. Summary, 1921, S. 26. Dort wird die Stellung von MO5(g) wie folgt beschrieben: »Before and at the period of Mobilization, and up to June 1915 the Bureau [*Special Intelligence Bureau*] was a Department of the War Office, a single and indivisible subsection of the Military Operations Branch (M.O.5) and designated M.O.5.g«; schließlich fast wortgleich TNA, KV 1/49: M.I.5. »H« Branch Report. Organisation and Administration. Chapters 1 to 5, 1921, Bl. 8.: »It worked as a secret organisation, being responsible to the M.O.5 branch of the War Office who acted as its paymaster and military chief.«

Noch unklarer liegen die Verhältnisse für den *Secret Service*, also die Spionagekomponente des *Secret Service Bureau*. Ganz allgemein kann man Alan Judds Einschätzung zustimmen: »The military [...] were in charge, the Admiralty had a role of some sort and the Foreign Office paid.« Dabei ist unter »military« konkret MO5 zu verstehen und unter »Admiralty« deren *Director of Naval Intelligence*. Der Grund für diese bemerkenswerte organisatorische Unklarheit erklärt sich aus der extremen nachrichtendienstlichen Abdeckung des *Secret Service Bureau* insgesamt. Dadurch wollten sowohl das Außen- als auch das Kriegsministerium *deniability* sicherstellen. Auf diese Weise sollten gegebenenfalls nicht nur mögliche Operationen geleugnet werden können, sondern überhaupt die Existenz einer Organisation, die solche Operationen veranlassen konnte.[188] Was sich später als Mehrwert beweisen sollte – die frühe streitkräftegemeinsame Organisation – war also ursprünglich eine budgetäre Notlösung (»Wer zahlt?«) und eine Konsequenz der Forderung nach Abdeckung gewesen. Aus diesem organisatorischen Detailblick ergibt sich eine zweite, durchaus weitergehende Erkenntnis, nämlich die, dass das *Secret Service Bureau* insgesamt eben nicht – wie mitunter bis heute angenommen – »the first civilian intelligence service of the age« gewesen ist.[189]

Bis zu Kriegsbeginn gliederte sich MO5 somit auf dem Papier – d.h. ohne das Personal des *Secret Service Bureaus* – in eine Chefsektion, die mit Fragen der Militärpolitik und des Kriegsvölkerrechtes befasst war, eine Sektion (a) für die Kontrolle von Überseekabeln und Funk, Pressearbeit, Zensur und Chiffrierwesen, eine Sektion (b), welche die Bibliothek des Generalstabs war, und die Haushalts- und Registratursektion (c).[190] Bei MO5 arbeiteten in dieser Friedensgliederung vom Juli 1914 drei Generalstabsoffiziere und sechs zivile Mitarbeiter (Bibliothekare und Verwaltungsbeamte).[191] Als Leiter fungierte seit 1909 Oberst George Macdonogh. Als ausgebildeter Rechtsanwalt und konvertierter Katholik galt dieser innerhalb der Leitungsebene des Ministeriums als eine Ausnahmepersönlichkeit. Besonnenheit im Urteil, ein ungewöhnlich starkes Gedächtnis und eine lange Stehzeit im Ministerium machten Macdonogh bis Kriegsbeginn zu einer Schlüsselfigur beim Aufbau des Heeres-Nachrichtendienstes.[192]

Die Personalstärke von MO2, 3 und 5 war demnach deutlich geringer als in den vier(-einhalb) Spiegelabteilungen auf deutscher Seite. Angesichts des vergleichbaren, globalen Portfolios lässt sich daraus wohl folgern, dass die Arbeit im *War Office* deshalb vielleicht nicht mit einem vergleichbaren Tiefgang geleistet werden konnte. Deutschland hatte Russland spätestens 1904 als Fokus in der nachrichtendienstlichen Beobachtung abgelöst. Auch darin unterschied sich der britische Fall vom deutschen bzw. französischen, wo der jeweilige Fokus schon deutlich länger unverändert war.

188 Judd, The Quest for C, S. 72, 73 (Zitat), 115.
189 So Neitzel, National Cultures, S. 16.
190 TNA, WO 106/6083: Lieutenant Colonel William R. V. Isaac, The History of the Development of the Directorate of Military Intelligence, 1855–1939 (1957), S. 20–23.
191 The War Office List 1914, London 1914, S. 6.
192 Zu Macdonogh siehe Beach, Haig's Intelligence, S. 44–48. Für die Personalstärke von MO5 siehe TNA, KV4/183: Major General Sir W. Thwaites (DMI), Historical Sketch of the Directorate of Military Intelligence during the Great War, 1914–1919 (6.5.1921), S. 12.

Was den Personalkörper angeht, so fällt das Leitungspersonal mit Blick auf die Karrierepfade nicht besonders auf. Klassische Operateure waren keine darunter, gleichwohl aber selbstverständlich Offiziere mit imperialer Einsatzerfahrung, vor allem in Südafrika. Mit Edward Graf von Gleichen, James Grierson, Charles E. Calwell und James Edward Edmonds waren auch »Literaten« im nachrichtendienstlichen Umfeld vertreten.[193] Mit Ausnahme von Grierson, der von 1896 bis 1900 als Militärattaché in Berlin gedient hatte, war keine der Leitungspersönlichkeiten ein ausgewiesener Kenner des deutschen Heeres. Von den fünf seit 1900 nach Berlin entsandten Militärattachés hatten allerdings vier Vorverwendungen im Nachrichtendienst gehabt.[194] Ab 1912 liefen im Ministerium Planungen zum Aufbau einer qualifizierten Personalreserve an, die im Mobilmachungsfall im Verband eines *Intelligence Corps* zusammengezogen werden sollte.[195]

Die eigentliche Besonderheit des britischen Falls war aber eine nicht dem Kriegsministerium unterstehende Behörde, in der ab 1909 der geheime Nachrichtendienst und die Spionageabwehr betrieben wurden, das *Secret Service Bureau*. Dieses ist oft als unmittelbares Produkt der vorangegangenen Spionagehysterie interpretiert worden.[196] Damit ist zwar der konkrete, politische Hebel für die Gründung im Jahr 1909 benannt; allerdings leistet eine derartige Sicht der Deutung des Dienstes selbst Vorschub, nach der seine Gründung als *Reaktion* auf eine äußere Bedrohung verstanden werden muss – ob diese nun real oder konstruiert war. Tatsächlich war das Interesse an der Gründung von Nachrichtendiensten von Anfang an durch die Aussicht auf Verbesserungen bei der *aktiven* Aufklärung bestimmt gewesen. Wie im Bereich der Kolonial- und der Flottenpolitik war auch hier Großbritannien nicht bloß Objekt der Herausforderung anderer Mächte, deren es sich zu erwehren hatte. In Friedenszeiten permanent Spionage zu betreiben war nun aber bis zur Jahrhundertwende aus einer Mischung von an sich sachgerechten geostrategischen Bewertungen, einer haushälterisch geprägten Ad-hoc-Mentalität und imperialer Selbstsicherheit schlicht als überflüssig betrachtet worden. Diese traditionelle Haltung weist selbst noch eines der Gründungsdokumente des britischen Nachrichtendienstes aus dem Jahr 1905 auf:

> »It is obvious that we, from our geographical position, do not require in peace time elaborate espionage agencies in the interior of any European country. Our peace requirements in the matter of secret service, unlike those of Continental nations having extensive land frontiers to guard, differ much from our War requirements; it is not necessary for us, as it is for them, to maintain an army of spies constantly in our neighbour's territory to report his slightest movements. [...] In peace time we should be able to obtain all the information and warning we require, from a careful study of the Continental Press, and from the reports of a few intelligent observers at the Capitals and chief seaport towns; while mi-

---

[193] Grierson war 1904–06 *Director of Military Operations*, Edmonds von 1907–09, Calwell 1914–16 (seit Dezember 1915: *Director of Military Intelligence*).
[194] Siehe Seligmann, Spies in Uniform, S. 53 f.
[195] Beach, Haig's Intelligence, S. 68.
[196] Siehe Andrew, The Defence, S. 3–28, und Jeffery, MI6, S. 3–36.

nor technical information regarding the introduction of new weapons and so forth must be obtained by means of special agents engaged for the purpose.«[197] Allerdings standen nur noch vier Jahre zwischen dieser Position und der Gründung eines eigenen geheimen Nachrichtendienstes. Die Diskrepanz lässt sich über kulturellen Wandel schwer erklären. Sie weist auch keine organisationale Logik auf. Denn eigentlich verfügte das Kriegsministerium mit MO5 schon über eine nachrichtendienstliche Analyseeinheit, in der ein Gutteil der genannten Aufgaben geleistet wurde. Nicht die Abwehr der angeblichen deutschen Gefahr, sondern der wachsende Bedarf an eigener Spionage wuchs so zur Gretchenfrage der Entscheidungsträger in den Streitkräften und in der Politik auf. Was in Frankreich aus Gründen der Staatsräson seit jeher als selbstverständlich galt und auch im Deutschen Reich aus einem militärischen Effizienzdenken heraus inzwischen praktisch organisiert worden war, bedurfte in Großbritannien noch 1909 einer organisatorischen Sonderlösung, die überdies auch nur innerhalb eines sicherheitlichen Gelegenheitsfensters gelang:

»The essential purpose of the SSB [*Secret Service Bureau*]«, so Philip Davies, »was never to function as an independent operational entity comparable to the Admiralty or a military GHQ [*General Headquarters*]. From its very inception, it was intended to act as a sort of institutional ›cut-out‹ between the War Office and the Admiralty (and later, more grudgingly, the Foreign Office) and the outside world, where the dirty work of spying was actually done.«[198]

Das eigentlich Interessante an der Konstruktion des *Secret Service Bureau* war also, dass es streitkräftegemeinsam und nach außen hin außerhalb des Generalstabs organisiert werden sollte. Doch die Gründungsumstände erschwerten den Aufbau. Das Außenministerium war weiterhin stark daran interessiert, die Existenz des Büros überhaupt geheim zu halten und die dienstliche Zusammenarbeit mit den Diplomaten auf ein Minimum zu reduzieren. Kriegsministerium und Admiralität hatten sich zwar geeinigt, je einen Vertreter zu entsenden, versäumten es aber, eine konkrete Aufgabenteilung festzulegen und das Büro personell ausreichend auszustatten. Die Folge waren interne Konflikte, die erst im Oktober 1910 zur räumlichen Trennung und zur Klärung der Zuständigkeiten der beiden Teile führten. Ab nun firmierte die für Spionageabwehr zuständige *Home Section* als *Special Intelligence Bureau*, während die *Foreign Section*, also der für den geheimen Nachrichtendienst zuständige Teil des Büros, als *Secret Service* bezeichnet wurde. Damit waren die Vorgängerinstitutionen der beiden bis heute umgangssprachlich als MI5 (Spionageabwehr) und MI6 (geheimer Nachrichtendienst) bekannten britischen Dienste geschaffen.

Terror- und Spionageabwehr waren bis dahin auch schon von MO5 bearbeitet worden, wobei die Sektion mangels exekutiver Befugnisse auf die Zusammenarbeit mit dem *Special Branch* des Londoner *Metropolitan Police Service* (*Scotland Yard*) angewiesen war. *Special Branch* war ähnlich der preußischen Staatspolizei-Centralstelle oder der *Sûreté* eine landesweit operierende Politische Polizei und verfügte durch die jahrzehntelange Bekämpfung des irischen Republikanismus über Erfahrung, politische Rückendeckung und vor allem Personal. 1914 verfügte *Special Branch* über 114 Detektive und sein Leiter, Basil Thomson, sollte im

---

[197] TNA, HD 3/124: Foreign Office, Permanent Under Secretary's Department: Memorandum »Secret Service in the Event of a European War« (ca. 1903–1905).
[198] Davies, MI6, S. 26.

Verlauf des Weltkrieges der Leiter der politischen Überwachung im Land werden.[199]

Erfahrung, Rückendeckung und Personal waren aber genau die Ressourcen,
die dem *Secret Service Bureau* zunächst fehlten. Als dessen Leiter wurde
Hauptmann Vernon Kell berufen. Dieser war eine eigentümliche Wahl, da er
über keine einschlägigen Vorkenntnisse verfügte. Eine praktische Qualifikation
– Fremdsprachenkenntnisse – brachte er wohl mit; eine weitere war sicher seine
politische Ausrichtung: Kell galt als ein »dyed-in-the-wool Germanophobe who
shared Edmond's paranoia about German espionage plots«.[200] Unter Nutzung
dieses tagespolitischen Rückenwindes gelang es Kell, seine Dienststelle bis 1914
auf immerhin sieben Offiziere und drei Detektive zu vergrößern, womit er den
Abwehranteil der deutschen Sektion IIIb (drei Offiziere) deutlich übertraf.[201]

Den Spionageanteil des neu gegründeten *Secret Service Bureau* leitete Kells
Gegenüber von der Marine, Fregattenkapitän Mansfield (Smith-)Cumming. Auch
dieser war kein ausgebildeter Nachrichtendienstler und er sprach auch zunächst
nicht mal Deutsch, was angesichts der Tatsache, dass der *Secret Service* ausschließlich auf Deutschland angesetzt wurde, überrascht.[202] Wohl war Cumming aber
ein fähiger Organisator. Sein *Secret Service* startete ebenfalls als Einmannbetrieb,
wobei der Leiter zunächst darauf hinarbeitete, auf dem Kontinent überhaupt
Kontakte zu gewinnen. Bislang war die *British Army* in dieser Hinsicht nämlich
kaum aktiv gewesen und die Kontakte der *Royal Navy* waren mehrheitlich auf
die Küstenstädte beschränkt gewesen. Im März 1912 nahm Mansfield Cumming
Verbindung mit den französischen Kameraden vom *Deuxième Bureau* auf, wobei
die Bedeutung der Absprachen nicht nur durch die Unkenntnis des deutschen
Operationsplans, sondern vor allem auch durch die Unkenntnis des jeweils eigenen Operationsplans beschränkt blieb. Bis 1914 hatte der *Secret Service* wegen
der vergleichsweise späten Aufnahme seiner Arbeit, vor allem aber aufgrund des
Fehlens von gemeinsamen Landesgrenzen zu möglichen Feindstaaten auch kein
Netz aus ortsfesten, hauptamtlichen Nachrichtenoffizieren etablieren können. Bei
Kriegsbeginn verfügte der Chef des *Secret Service* über fünf Offiziere in London
und vielleicht ein gutes Dutzend von V-Leuten in Belgien, den Niederlanden und
Dänemark – der Beginn der für den britischen Nachrichtendienst seitdem typischen Vorverlagerung der Aufklärung in neutrale oder außenpolitisch willfährige
Drittstaaten.[203] Für die Spione in Deutschland galt wohl auch 1914 noch die

---

[199] Andrew, The Defence, S. 82. Zu den polizeilichen Ursprüngen der Terrorabwehr durch
Special Branch siehe Clutterbuck, Countering Irish Republican Terrorism.

[200] Boghardt, Spies of the Kaiser, S. 38. Mit »Edmonds« ist der damalige Leiter von MO5
genannt, der maßgeblich die Einrichtung des Secret Service Bureaus betrieben hatte und
dafür die Spionagehysterie anfeuerte.

[201] Personalzahlen nach Andrew, The Defence, S. 51, 870; siehe leicht abweichend TNA, KV
1/9: Kell's Bureau six-monthly progress reports, hier »Bureau Organization April 1914«
(S. 85), wo sieben Offiziere/Detective genannt werden.

[202] Der von Cumming selbst skizzierte Auftrag seiner Dienststelle lautete: »Organize an efficient
system by which German progress in Armaments and Naval construction can be watched,
being careful in doing so that every thing which would point to concentration should be
reported.« Siehe Denkschrift »Duties of SS [Secret Service] Bureau« vom 21.10.1909, zit.
n. Judd, The Quest for C, S. 104–107, hier S. 104.

[203] Siehe Davies, MI6, S. 30–31, dort als »Third Country Scheme« bezeichnet; außerdem
Jeffery, MI6, S. 33, 35.

Bewertung von Cummings Biograf für den Zeitpunkt der Gründung des *Secret Service* – nämlich dass diese »few, tentative and amateurish« gewesen seien, also keinen Vergleich zu den über lange Jahre etablierten Netzwerken beiderseits des Rheins darstellten.[204]

Bei den Quellen zeichnet sich für den britischen Nachrichtendienst kein grundsätzlich andersartiges Bild ab. Das Vereinigte Königreich hatte 1914 weltweit 14 Militär- und acht Marineattachés im Einsatz.[205] Diesen war Spionage offiziell untersagt, und das *Foreign Office* war, ähnlich wie die Ministerien in Berlin und Paris, immer stark darauf bedacht, die Kompromittierung seiner Diplomaten zu vermeiden. Doch ist es nicht auszuschließen, dass auch britische Attachés, wo sich Gelegenheiten boten, diese auch ergriffen haben. Das Attachékorps war, gemessen an der Größe des Heeres, relativ groß bemessen.

Attachéberichte und offene Quellen hingen traditionell eng zusammen, weil erstere oft auf letztere bauten. Doch flossen offene Quellen nicht allein über die Attachés in das Lagebild der Zentralen ein. Diese unternahmen nämlich zunehmend die planmäßige Auswertung von Büchern, Zeitungen und Zeitschriften sowie dem öffentlich verfügbaren, amtlichen Schriftgut selbst. Offene Quellen konnte auch heißen, dass das britische Kriegsministerium in großer Stückzahl Landkarten, 1912 etwa zu den norddeutschen Flussmündungen, einfach beim deutschen Hersteller bestellte, was aber den deutschen Militärbehörden nicht verborgen blieb.[206] Die planmäßige Nutzung offener Quellen ist für den deutschen und den französischen Generalstab gut aufgearbeitet. Die diesbezüglichen Forschungen zu Großbritannien sind immer noch rar und das Urteil kann deshalb hier nur weniger eindeutig ausfallen. Die zögerliche Entwicklung des Generalstabssystems und die damit verbundene Reorganisation des Kriegsministeriums legen nahe, dass die institutionellen Voraussetzungen für eine planmäßige Auswertung offener Quellen in Großbritannien erst verhältnismäßig spät gegeben waren. Sie hatten folglich bis 1914 einen entsprechend geringeren Anteil am Lagebild. Indizien wie die Erhöhung des Budgets für Übersetzungen und internationale Militärfachzeitschriften ab 1904 deuten zwar auf einen Aufwärtstrend hin.[207] Gleichwohl dürften in Art und Umfang vergleichbare Auswertungen in der britischen Armee bis 1914 nicht die Regel gewesen sein. Diese Bewertung steht im Gegensatz zu derjenigen von John Ferris, der bei einem allerdings deutlich weiter gewählten Zeithorizont mit Blick auf die Rolle offener Quellen zu folgendem pointiertem Schluss kam:

> »Britain gained more knowledge by information than any other state had ever done through intelligence and processed and used it better. It developed information superiority over all other states; this was not lost until 1950. This success defined the need for intelligence. Open sources answered most questions, leaving just a few hard and special cases of internal or external threats.«[208]

---

[204] Judd, The Quest for C, S. 128, dort auch S. 155–160, 229, 233.

[205] The Monthly Army List. July 1914, London 1914, S. 93; The Monthly Navy List. June 1914, London 1914, S. 532.

[206] BArch, RM 47/141, Bl. 110: Staatssekretär des Reichsmarineamtes an Chef des Admiralstabes vom 12.9.1912 betr. Bestellungen Kartenmaterial (Abschrift).

[207] TNA, WO106/6083: Lieutenant Colonel William R.V. Isaac, The History of the Development of the Directorate of Military Intelligence, 1855–1939 (1957), S. 15.

[208] Ferris, Tradition and System, S. 187.

Für den strategischen, imperialen Informationsraum zwischen 1890 und 1914 und für das geschilderte Verhältnis von offenen zu geheimen, nachrichtendienstlichen Quellen wird man dieser Bewertung unbedingt zustimmen müssen. Für den operativen, kontinentalen Informationsraum, der immer ein Landkriegsszenario zum Gegenstand hatte, ist diese Aussage aber doch deutlich zu relativieren.

Ähnlich gestalteten sich die Verhältnisse bei der Spionage gegen das Deutsche Reich. Bis 1908 hatte es diesbezüglich kaum Aktivitäten auf Seiten von MO5 gegeben.[209] Das galt sowohl für die systematische Anwerbung von Vertrauensleuten als auch für die routinemäßige Durchführung von Aufklärungsreisen durch aktive Offiziere. Gerade diese Rekognoszierungen waren aber auf deutscher und französischer Seite seit mehr als 20 Jahren eingeübte Praxis. Für das letzte Jahrzehnt vor dem Krieg sind auch auf britischer Seite durchaus Bemühungen in diese Richtung erkennbar.[210] Insgesamt wurden im Deutschen Reich zwischen 1908 und 1912 zwölf britische Spione verurteilt; dem standen 41 französische gegenüber.[211]

Deutschland war jedoch nicht das einzige Ziel: Offiziere von MO5 bereisten auch Belgien und Nordfrankreich, wobei hier eher Fragen des eigenen Aufmarsches und der Verkehrsverhältnisse in diesen Staaten von Interesse waren.[212] Eine britische Besonderheit gegenüber Deutschland stellt die frühe Einrichtung von Residenturen im neutralen Ausland dar, mit denen die räumliche Distanz zur deutschen Grenze überwunden wurde: 1909 im belgischen Brüssel, 1912 im niederländischen Rotterdam.[213]

Die Marinespionage mag weiter vorangeschritten gewesen sein. Nur waren deren Erkenntnisinteressen nicht deckungsgleich mit denen des Heeres, dem es bis Kriegsbeginn letztlich nicht gelang, in Deutschland oder wenigstens in den Grenzgebieten des heutigen Benelux-Raums ein funktionierendes Netzwerk aufzubauen. Die Behauptung, der britische Nachrichtendienst habe in den Jahren vor dem Krieg »a good deal of valuable information« durch Spionage erlangt, lässt sich somit keinesfalls bestätigen.[214] Rückblickend war in diesem Bereich in jeder Hinsicht zu wenig und zu spät gearbeitet worden.[215]

Die Fernmeldeaufklärung war auch in der britischen Armee bis Kriegsbeginn noch nicht entwickelt.[216] Später als in Deutschland und Frankreich war die Fernmeldetruppe reorganisiert worden und blieb dann auch weiter Teil der *Royal*

---

[209] So Hiley, The Failure of British Espionage, S. 873. Dass es bereits um 1890 Rekognoszierungen gegeben hat, lässt eine vom damaligen DMI Henry Brackenbury erlassene Richtlinie vermuten. Ob diese damals gegen Deutschland gerichtet waren, bleibt allerdings offen. Siehe Brice, Career, S. 187.

[210] Jeffery, MI6, S. 5 f., 25; Seligmann, Spies in Uniform, S. 9; Judd, The Quest for C, S. 134 f.

[211] Schmidt, Gegen Rußland und Frankreich, S. 669–679.

[212] Siehe den Hinweis auf eine Reise des damaligen *Director of Military Operations* im Jahr 1912 bei TNA, WO 106/6083: Lieutenant Colonel William R.V. Isaac, The History of the Development of the Directorate of Military Intelligence, 1855–1939 (1957), S. 22.

[213] Hiley, The Failure of British Espionage, S. 881, 883.

[214] So Fergusson, British Military Intelligence, S. 235.

[215] Siehe Seligmann, Spies in Uniform, S. 12: »[F]or much of the pre-war period, Britain lacked even the most rudimentary system for the collection of covert intelligence«.

[216] Ferris, The Road to Bletchley Park, S. 59.

Engineers.[217] Der Krieg in Südafrika hatte zwar die Bedeutung der Fernmeldetechnik insgesamt aufgezeigt; da die Gegner allerdings wenig Gebrauch davon machten, hatte das die Erkenntnis um die Notwendigkeit von Fernmeldeaufklärung nicht sonderlich gefördert. Auch die britische Armee befand sich fernmeldetechnisch vor 1914 in einer technischen Reorganisation; für ihre Führung blieb aber die Telegrafie – und hier zeigt sich ein Unterschied zu Deutschland – weiterhin das Kommunikationsmittel der ersten Wahl.[218]

Das Festhalten an der Telegrafie war Ausdruck des allgemeinen Bewusstseins darum, dass diese – und zwar in Gestalt der transkontinentalen Unterseekabel – letztlich das Nervensystem des Empire bildete. Deshalb wurden Überlegungen zur Kontrolle der globalen Informationsflüsse in Großbritannien durchaus früh angestellt und sie zeitigten ab August 1914 auch handfeste Folgen.[219] Die Zerstörung der gegnerischen Kabel diskutierte und organisierte ab der Jahrhundertwende die Marine. Die Organisation der Kabelzensur war interministeriell zu klären; sie war nicht nur ein praktisches Problem, sondern auch ein rechtliches. Hierbei war das Kriegsministerium in Gestalt von MO5 mit eingebunden.

Wenn die Fachliteratur stark auf die Zweifel, ja den hinhaltenden Widerstand der Armeeführung gegen die neue Technologie Funk abhebt, so ist das sicher richtig im Vergleich zur Marine. Betrachtet man aber letztlich die Ausstattung des Expeditionskorps in 1914, so war diese nicht viel schlechter als die der Deutschen und der Franzosen.[220] Die agilere Führungskultur und die positive Einstellung zum Funk im deutschen Militär änderten nichts daran, dass alle Seiten mit demselben Problem zu kämpfen hatten: der ungeklärten Frage der Kommunikationssicherheit.

Angesichts der zögerlichen Haltung nimmt es nicht wunder, dass es auch in Großbritannien bis 1914 keine organisierte Fernmeldeaufklärung gab. Im Kriegsministerium befasste sich zwar die Sektion MI5 (e) mit Studien zum Chiffrierwesen und zu Kryptoanalyse; zum Einsatz ist diese Sektion in Friedenszeiten allerdings nicht gekommen.[221] Bei der Marine gestalteten sich die Verhältnisse nicht besser. Nur die *Indian Army* verfügte seit 1913 über ein kryptografisches Büro, das gegen Russland arbeitete.[222] Insgesamt gestaltete sich die Lage in Großbritannien so, dass es mit Ausnahme der Planungen zur Kontrolle der strategischen Kabelverbindungen keine institutionellen bzw. personellen Vorbereitungen auf einen Krieg im Äther gab.[223]

---

[217] Nick Evans' Aussage – »[the British Army] was the first major European army to form a signals corps« – ist in doppelter Hinsicht unzutreffend: Weder zählte das britische Heer vor 1914 zu den »major European armies«, noch hatte es als erstes eine medienübergreifende Fernmeldetruppe aufgestellt. Siehe Evans, The British Army and Communications, S. 219.
[218] Siehe Hall, The British Army.
[219] Kennedy, Imperial Cable Communication, S. 740, 747 f.
[220] Nämlich Stationen für das Hauptquartier, den Stab der Kavalleriedivision und deren vier Brigadestäbe. Siehe Hall, The British Army, S. 294–296.
[221] Es ist sogar angezweifelt worden, ob MI5 (e) vor Kriegsbeginn überhaupt gearbeitet hat. Siehe Freeman, MI1(b), S. 208.
[222] Ferris, Before ›Room 40‹, S. 439.
[223] TNA, HW 7/35, [Major Godfrey Leveson Brooke-Hunt?], History of M.I.1.B. (ca. 1912–1923), S. 1.

Das 1912 gegründete *Royal Flying Corps* (RFC) entwickelte sich, wie die deutschen und französischen Luftstreitkräfte, sehr schnell, wobei auch im Vereinigten Königreich der Aufklärung eine wichtige Rolle zukam. Im britischen Fall lässt sich eine interessante personelle Verknüpfung von Nachrichten- und Flugwesen ausmachen: Zum ersten Kommandeur des RFC wurde nämlich der als der Verfasser von »Field Intelligence« (1904) und »The Art of Reconnaissance« (1907) bekannt gewordene Brigadegeneral David Henderson ernannt. Somit kann ein grundsätzliches Bewusstsein für das Thema in Rechnung gestellt werden. Allerdings blieben die tatsächlichen organisatorisch-technischen Bemühungen, was die Luftbildfotografie angeht, in der britischen Armee bis Kriegsbeginn erst in einem experimentellen Stadium.[224]

Bei den nachrichtendienstlichen Produkten lassen sich mit Blick auf Deutschland zwei jährliche und drei unregelmäßige Serien identifizieren, die von MO2 bzw. MO3 als Verschlusssachen veröffentlicht wurden.[225] Als erstes sind zu nennen die seit 1905 jährlich publizierten *Reports on Foreign Manoeuvers*, in denen internationale Manöver analysiert wurden. Die seit 1906 erscheinenden *Reports on Changes in Foreign Armies* waren ähnlich konzipiert und gaben einen Überblick über organisationale und waffentechnische Entwicklungen fremder Armeen. Beide Serien wurden weitgehend aus der Attachéberichterstattung kompiliert. Nachgewiesen ist außerdem ein *Handbook of the German Army*, das 1912 zum letzten Mal erschien und damit die durch das letzte Heeresrüstungsprogramm eingeleiteten Änderungen nicht mehr erfasste. Einen landeskundlichen und militärischen Überblick bot in unregelmäßiger Folge die Broschüre *Military Resources of Germany*; nachgewiesen ist diese für 1902, 1904 und 1911.[226] Ein allein für 1912 nachgewiesenen Handbuch, das auf letztere Publikation aufbaute, waren die *Special Military Resources of the German Empire*.[227] Der Leserkreis war hier auf das Kriegsministerium und einzelne Offiziere in einschlägigen Verwendungen beschränkt. Das Buch gliederte sich in Kapitel zum politischen System, zu den operativen und Mobilmachungsplanungen und zu den Truppenstärken. Es bot außerdem abschließende Einschätzungen zu den militärischen Fähigkeiten und moralischen Qualitäten der deutschen Soldaten und des Offizierkorps. Die Überlegungen zu den deutschen operativen Planungen waren auf einem vergleichsweise hohen und dabei konkreten Niveau, was freilich die Beschränkung auf einen sehr engen Leserkreis erlaubte. Die Einlassungen zum Nationalcharakter und den militärischen Fähigkeiten waren verglichen mit den kontinentalen Produkten deutlich essayistischer und stereotyper.[228]

Neben diesen klassifizierten Produkten gab es auch in Großbritannien Militärfachzeitschriften, die allerdings in ihrer Qualität und in ihrer Reichweite

[224] Finnegan, Shooting, S. 26; Watkis, The Western Front, S. 7–9.
[225] Seligmann, Spies in Uniform, S. 217 f.
[226] TNA, WO 106/46, sowie Seligmann, Spies in Uniform, S. 218.
[227] TNA, WO 33/579.
[228] Exemplarisch die für sich genommen durchaus amüsante, dabei aber das britische Selbstbild entlarvende Charakterisierung des Deutschen Reiches als »a newly-dubbed peer, who comes into the House of Lords full of his own importance, and is huffy in the society of his new comrades if he is not at once treated by them as one of themselves.« (TNA, WO 33/579, General Staff, Special Military Resources of the German Empire, February 1912, S. 1).

hinter den deutschen und französischen Periodika zurückblieben.[229] Wohl wies
das *Journal of the Royal United Service Institution* eine lange Tradition auf, doch
gelang es dem Generalstab erst 1912, mit der *Army Review* eine Zeitschrift zu
lancieren, mit der er in eine heeresweite Fachöffentlichkeit hineinwirken konnte. Möglicherweise fehlte hier mit Blick auf den im Vergleich deutlich kleineren
Leserkreis schlicht die kritische Masse.[230] Der Blick auf die nachrichtendienstlichen Produkte zeigt also, dass die klassifizierten, periodischen Dienstschriften
vergleichsweise spät konzipiert wurden. In der Konzeption waren sie durchaus
von guter Qualität. Das Problem bis 1914 blieb aber die planmäßige Verbreitung
ihrer Erkenntnisse in die Breite des Offizierkorps hinein. Die Kleinteiligkeit und
Selbstbezogenheit der Zeitschriftenlandschaft wirkten sich zusätzlich negativ aus.
Es fehlte eben ein offiziöser Digest wie die *Löbellschen Jahresberichte* in Deutschland
oder *Brassey's Naval Annual* bei der *Royal Navy*, der das Interesse kontinuierlich
auf die fremden Militärmächte lenkte. Somit scheint es zweifelhaft, dass die nachrichtendienstlichen Produkte bis 1914 im eigenen Offizierkorps einen Effekt auf
die Ausbildung einer Vorstellung von Deutschland als Militärmacht und potenziellen Gegner erzielen konnten.[231]
    Die britische Spionageabwehr des Jahres 1914 war, wie geschildert, ein Produkt
der Versicherheitlichungskampagne von 1909. Die organisatorische Entwicklung
hatte sich also in einem Zeitraum von nur fünf Jahren vollzogen. Dabei war es
dem *Secret Service* gelungen, das Bewusstsein der politischen Entscheidungsträger
für eine vermeintliche Bedrohung durch deutsche Spionage und Sabotage zu entwickeln und daraus den eigenen institutionellen Ressourcenbedarf zu begründen.
Dabei war es letztlich unerheblich, dass dieses Bedrohungsszenario reine Fantasie
war.[232] Der tatsächliche Umfang der deutschen Spionage in Großbritannien war
gering geblieben; sie war vor allem von der Marine und nicht vom Heer ausgegangen und sie hatte auch kaum Ergebnisse gezeigt. Wo es Ermittlungserfolge
gegeben hatte, waren diese auf die Arbeit der Polizei bzw. der Postüberwachung
zurückzuführen, sodass sich argumentieren lässt, dass erst der Ausnahmezustand,
also der Krieg, MO5 und dem *Secret Service* institutionell in die Karten spielte.[233]
    Spezialoperationen waren seit jeher ein integraler Bestandteil des Kleinen
Krieges im kolonialen Raum gewesen. In Südafrika hatte die britische Armee
leidvolle Erfahrungen mit der bald auch in anderen Streitkräften sprichwört-
lich gewordenen »Burentaktik« gemacht. Es ist also nicht überraschend, dass
Überlegungen zum Kleinen Krieg auch im Rahmen der Planungen für eine
Verteidigung der Britischen Inseln gegen eine deutsche Invasion angestellt wurden. Dabei hatte die öffentliche Spionitis auch Einfluss auf die Lagebeurteilung

---

229 Eine erste Schneise in dieses Forschungsfeld schlägt Rose, »Readiness or Ruin?«.
230 Gooch, The Plans of War, S. 123. Dabei bleibt es eine Aufgabe der Forschung, zu klären,
    inwieweit der militärische Fachdiskurs in Großbritannien nicht ohnehin stärker außerhalb
    des Heeres, etwa in Zeitungen und Publikumszeitschriften, geführt wurde. Die Forschung
    von Rose, »Readiness or Ruin?«, deutet darauf hin.
231 Dies scheint bei der ohnehin recht pauschalen Bewertung durch Fergusson (»generally
    excellent intelligence products«; British Military Intelligence, S. 224) zu wenig
    berücksichtigt worden zu sein.
232 Siehe den frühen, grundlegenden Aufsatz von French, Spy Fever in Britain, sowie Hiley,
    Re-entering the Lists, S. 441.
233 Boghardt, Spies of the Kaiser, S. 69.

des Generalstabs gezeitigt. Dieser schätze zwar 1912 die Aussichten einer Invasion aus logistischen Gründen für niedrig ein, nahm aber durchaus die Existenz einer deutschen Fünften Kolonne an: »There is little doubt that a certain amount of hostile organization already exists in our eastern and southern counties, and that preparations will have been made, if an invasion is seriously entended«.[234] Die Maßnahmen gegen eine Invasion und gegen eine Fünfte Kolonne waren schon 1908 und damit zeitgleich mit dem Aufbau von Territorialstreitkräften eingeleitet worden. Das für die Heimatverteidigung zuständige Direktorat im Kriegsministerium und der *Secret Service* traten in diesem Zusammenhang auch an die Planung eines Invasionsnetzwerkes heran, für das örtliche Vertrauensleute (*Observers*) rekrutiert wurden.[235] Mit der Ausbildung von Sabotageagenten für den Einsatz auf dem Kontinent ist in Großbritannien bis 1914 aber wohl nicht begonnen worden.[236]

Der Nachrichtendienst des britischen Heeres von 1914 war also das Ergebnis der späten und hektischen Anpassung eines Empire an die veränderten Sicherheitsbedürfnisse seiner Metropole. Diese Anpassung konnte erst unter dem Druck des Versicherheitlichungsschubes von 1907 bis 1909 vollzogen worden. Der neue Fokus lag gänzlich auf dem Deutsche Reich; die Aktivitäten in den anderen europäischen Staaten waren in der Regel bloß Mittel zu diesem eigentlichen Zweck.

Als Empire hatte das Vereinigte Königreich seit jeher ein ausgeprägtes Bewusstsein für Information und damit auch für die Beschaffung und Auswertung vornehmlich offener Quellen. Die seit der Jahrhundertwende reorganisierten Auswerteabteilungen im Kriegsministerium konnten somit überall dort informationell aus dem Vollen schöpfen, wo das Empire politische, militärische oder wirtschaftliche Macht projizierte. Das Deutsche Reich zählte allerdings nicht zu diesem Informationsraum. Für die Anpassung der Auswertung war also ein Perspektivenwechsel erforderlich. Dieser war bis 1914 zwar noch im Gang, aber auf gutem Weg.

Schwieriger lagen die Verhältnisse bei der Spionage, weil es hier bis 1909 keine entsprechende Organisation gegeben hatte, weil direkte Grenzen zum potenziellen Gegner fehlten und weil wohl auch mit Blick auf Deutschland die kulturellen Kompetenzen im Offizierkorps dieser Zeit rudimentär waren. Der institutionelle Container des Nachrichtendienstes war hier nicht ein eingearbeiteter Generalstab mit einem entsprechend qualifizierten und in der »Denke« ausgerichteten Personalkörper.[237] Es war vielmehr ein Kriegsministerium, und zwar eines, dass sich bis ins 20. Jahrhundert hinein praktisch in ständiger Transformation befand.

---

[234] TNA, WO 33/579, General Staff, Special Military Resources of the German Empire, February 1912, S. 51.

[235] Hiley, Re-entering the Lists, S. 445.

[236] Ab Oktober 1914 begann die Aufstellung von *County Emergency Committee* und die Benennung von *Special Constables*, zu deren Aufgaben auch die Aufklärung im Fall einer Invasion gehören sollte. Zu diesem Zeitpunkt war sich das Kriegsministerium aber aufgrund der Ereignisse in Belgien der Brisanz irregulärer Kampfführung (oder auch nur der Wahrnehmung derselben durch mögliche Invasoren) bewusst. Siehe Mitchinson, Defending Albion, S. 86.

[237] Occleshaw spricht hier von einer »general staff mentality«. Siehe Occleshaw, Armour, S. 3.

Nimmt man diese Ausgangslage zusammen, dann möchte man der pointierten Einschätzung eines führenden Experten kaum widersprechen: »Between 1870 and 1914, British intelligence was mediocre in Europe and excellent in the rest of the world.«[238] Gleichwohl haben die hochentwickelten zivil-militärischen Verhältnisse im Vereinigten Königreich die Entfesselung einer sicherheitlichen Dynamik ermöglicht, deren Folgen schon 1914 sichtbar waren. Ein besonderer Ausdruck dieser Dynamik war die Schaffung eines streitkräftegemeinsamen *Secret Service Bureau*. Ausdruck dieser Dynamik war auch das Interesse der Politik, namentlich des *Foreign Office*, an der Gestaltung des militärischen Nachrichtenwesens. Eine Institution wie das *Committee of Imperial Defence*, so beschränkt seine Kompetenzen auch 1914 noch gewesen sein mögen, konnte doch als Schnittstelle zwischen Nachrichtendiensten und Politik nutzbar gemacht werden. Somit sind die nachrichtendienstlichen Standards im engeren Sinne – also Organisationen und Netzwerke, Erfahrung und Qualifikation des Personals sowie das Portfolio der Produkte – sicher niedriger gewesen als auf dem Kontinent. Die strategischen und politischen Rahmenbedingungen, den Nachrichtendienst dann unter den Bedingungen eines zunehmend globalisierten Krieges auszubauen, waren aber durchaus vorteilhaft. So improvisiert sich der britische Nachrichtendienst 1914 präsentierte, stand er doch auf den Schultern eines Riesen – der einzigen informationellen Supermacht des frühen 20. Jahrhunderts.[239]

---

[238] Ferris, Tradition and System, S. 190.
[239] Zu diesen Ambiguitäten siehe auch Ferris, Tradition and System, S. 193.

IV. Operationen

Aufbauend auf der Organisationsgeschichte der Nachrichtendienste sollen nun exemplarische Operationen vorgestellt werden. Dabei sind hier nicht Spionageoperationen im engeren Sinn gemeint, sondern vielmehr die ganze Bandbreite nachrichtendienstlicher Tätigkeit, also Spionage, Abwehrarbeit, der Beitrag der Attachés, die Auswertung offener Quellen, aber auch Phänomene wie Spionagebetrug und die Konstruktion einer konspirativen Erzählung. Dabei stehen Personen im Mittelpunkt, die in ihrem Handeln durch die zeitgenössische Organisation geprägt waren oder aber außerhalb derselben standen. Auch wenn es das Bestreben dieser Studie gewesen ist, die gesamte behandelte Epoche mit entsprechenden Fallbeispielen zu hinterlegen, so wird doch das Übergewicht der Phase von 1890 bis 1914 offensichtlich. Dies ergibt sich allerdings aus der für die Frühphase spärlichen Quellenüberlieferung. Das Übergewicht ist aber wohl auch nur eine Widerspiegelung der schwächeren Ausprägung eines organisierten Nachrichtenwesens in den Jahren unmittelbar nach 1871.

1. Wilhelm Stieber und die konspirative Erzählung 1871

Zu den markantesten Akteuren in der Welt der Nachrichtendienste vor 1914 zählt zweifellos der preußische Geheimrat Dr. Wilhelm Stieber. Wie sehr dieser noch heute die Gemüter bewegt, zeigt eine Charakterisierung durch den britischen Publizisten John Hughes-Wilson aus dem Jahr 2016:
>»He [Stieber] was a two-faced, treacherous, double-dealing, amoral, duplicitious, conniving bastard: in fact he had all the qualities of a very effective intelligence officer. [...] His methods closely followed Fouché's and he has considerable claim to be the man who invented modern ›intelligence‹.«[1]

Mit dem Verweis auf den allmächtigen Polizeiminister Napoleons, Joseph Fouché, wird hier auf Stiebers ursprüngliches Arbeitsgebiet verwiesen, die Politische Polizei. Allerdings habe Stieber für seinen politischen Herrn, den preußischen Ministerpräsidenten Otto von Bismarck, auch das militärische Nachrichtenwesen der Armee aufgebaut. Dazu habe – folgt man der obigen Darstellung – auch ein massives Netzwerk von 35 000 Spionen in Frankreich gezählt: »Von Moltke's armies could not have asked for more when, in the summer of 1870, Bismarck

---

[1]   Hughes-Wilson, On Intelligence, S. 32.

https://doi.org/10.1515/9783111380940-006

struck. The Prussians knew where to go, which farms had livestock and food and where every French official lived. Stieber's intelligence ensured French defeat.«[2]

Bezwinger von Frankreich und Vater des modernen Nachrichtenwesens? Schon an dieser Stelle werden sich bei der Lektüre Zweifel einschleichen – oder eben auch nicht. Denn die Biografie, die sich hier präsentiert, wird seit mehr als hundert Jahren genauso und immer wieder nacherzählt. Die Geschichte hat nur einen Nachteil: Sie ist eine Fiktion. Orientiert man sich an literaturwissenschaftlichen Textgattungen, so handelt es sich bei der Biografie von Wilhelm Stieber streng genommen um eine Legende. Auch wenn der Protagonist zeitlich vor dem hier untersuchten Betrachtungszeitraum tätig gewesen ist, so ist seine Geschichte doch maßgeblich in den folgenden Jahrzehnten entwickelt und fortgesponnen worden. Die Stieber-Legende bildet keine isolierte Biografie. Sie lässt sich vielmehr einordnen in einen weit größeren, narrativen Zusammenhang, der politisch und militärisch motiviert war. Der Stieber-Legende soll hier also nachgegangen werden, um darüber der konspirativen Erzählung zwischen 1871 und 1914 näher zu kommen. Diese ist für die folgende Zeit des Ersten Weltkrieges selbst gut erforscht und wird deshalb auch konkret als »Kriegserzählung« definiert:

> »Die konspirativen Kriegserzählungen«, so Gundula Bavendamm, »sind metaphorische Erzählungen, die dazu dienen sollten, eine traumatische Kriegserfahrung zu deuten. Sie handeln nicht nur von Spionage und Verrat, ihr Bedeutungsspielraum reicht wesentlich weiter. Konspirative Kriegserzählungen reflektieren immer auch den Bedeutungsverlust traditioneller Kriegsbilder. Als Erzählungen über den Krieg im Rücken der Front thematisieren sie die Allgegenwart, die Ubiquität des modernen Krieges, in dem sich potentiell überall Kriegsschauplätze eröffnen.«[3]

Was hier für den Ersten Weltkrieg und die Zeit nach 1918 beobachtet wird, lässt sich ohne Mühe auch auf die davorliegende Epoche übertragen; das ist auch nicht verwunderlich, weil die dort gesponnenen Geschichten, die dort entwickelten publizistischen Genres und die eingeübten Erzählstrategien letztlich Vorläufer bilden, an die dann ab 1914 bzw. nach 1918 leicht wieder angeknüpft werden konnte. Diese ursprüngliche, konspirative Erzählung speiste sich aus der scheinbaren Unerklärlichkeit der französischen Niederlage von 1871; sie war also im Ursprung französisch und Teil des nationalen Traumas.[4] Sie blieb allerdings nicht endemisch. Das lag daran, dass die zugrundeliegenden Motive, das (Staats-) Geheimnis und sein Verrat, eine universale erzählerische Attraktivität aufwiesen.[5] Die konspirative Erzählung war nach 1871 vor allem eine populärliterarische und damit kommerzielle; eine, die in rücksichtsloser Manier auf Angst und den aus ihr gewonnenen Thrill baute. Es war aber gleichzeitig eine tagespolitische Warnung. Ihre Attraktivität speiste sich genau aus dieser Verbindung von Emotion und Aktion. Der publizistische Erfolg basierte bis 1914 im Prinzip darauf, dass die konspirative Erzählung Authentizität vorgab, wo keine war, und sich dafür des literarischen Realismus bediente.[6]

---

[2]   Ebd., S. 33.
[3]   Bavendamm, Spionage und Verrat, S. 20.
[4]   Laurent, Politiques de l'ombre, S. 321–323, sowie Deborah Bauer, Villains, S. 192.
[5]   Dazu Horn, Der geheime Krieg, S. 28, 105.
[6]   Wark, Introduction, S. 1–3. Mediengeschichtlich ist die konspirative Erzählung abzugrenzen vom zeitgleichen Phänomen falscher Nachrichten in der Massenpresse, wo sich

Der bedeutendste geografische und Kulturraum, der in dieser Zeit von Unsicherheit geprägt blieb, war die imperiale Peripherie. Das erklärt auch die frühe Entstehung der konspirativen Erzählung im Vereinigten Königreich. Die populärliterarischen Genres, in denen die konspirative Erzählung nun um sich griff, lassen sich relativ präzise benennen: Es sind dies die Detektivgeschichte, der Kolonialroman, der Spionageroman und die Invasionsliteratur.[7]

Auf den ersten Blick scheint es fraglich, warum der Detektivroman hier aufgeführt wird – spielt er doch, wie etwa die Geschichten um den Detektiv Sherlock Holmes, im Milieu der Metropole und behandelt er scheinbar nur gewöhnliche Verbrechen. Tatsächlich zeichnen sich aber gerade die populären Geschichten von Arthur Conan Doyle durch einen imperialen Subtext und eine sich in den kriminellen Einzelfällen manifestierende, größere Bedrohung von außen aus.[8] Der Kolonialroman zählt dagegen ganz eindeutig zu den Genres der konspirativen Erzählung. Hier ist die eigene Herrschaft permanent in Frage gestellt: Thomas Richard definiert ein Imperium »by definition and default a nation in overreach«.[9] Die inneren und äußeren Feinde sind zahlreich und andersartig, und sie spielen auch nicht nach den Regeln. Die imperiale Variante des konspirativen Protagonisten ist Kim im gleichnamigen Roman von Rudyard Kipling (1901). Dieser Roman ist auch deshalb für den Blick auf Stieber wichtig, weil er mit der Person des Oberst Creighton den im Hintergrund wirkenden Führungsoffizier, den *spy master*, als Protagonisten einführt.[10] Betrachtet man Spionageromane, so sind diese konspirative Erzählungen per Definition. Die edwardianischen Autoren Robert Erskine Childers und William Le Queux waren nicht nur stilbildend für das Genre. Sie zeichneten sich auch und vor allem durch die unmittelbare politische Instrumentalisierung ihrer Romane im Verlauf des zweiten Versicherheitlichungsschubes von 1907 aus. Schließlich die Invasionsliteratur: Sie ist der Literaturwissenschaft bislang als eigenes Genre der konspirativen Erzählung mitunter entgangen oder sie wurde, wie im Fall von Childers' »The Riddle of the Sands« (1903), unter dem Spionageroman subsummiert. Spionage bildet in diesem Genre zwar die Voraussetzung für eine spätere Invasion – das obige Zitat zu Stiebers vermeintlicher Vorarbeit für den deutschen Einmarsch von 1870 belegt dies gut. Gleichwohl präsentiert sich in der Invasionsliteratur ein eigener, stärker konventionell-militärischer Plot. Als politische Dystopie ist die Erzählperspektive diejenige des Angegriffenen und nicht des Angreifers.[11] Das Bemühen, die fiktive Geschichte in den Dienst einer realen, tagesaktuellen nationalen Sache zu stellen, ist hier ebenso evident wie beim Spionageroman; allerdings sind die Übergänge zur militärischen Fachliteratur fließender und anders als bei den drei genannten Genres ist bei der Invasionsliteratur auch ein deutlicher Anteil deutscher Autoren zu verzeichnen.

---

allerdings durchaus verwandte Motivationen, Funktionen und narrative Elemente finden. Dazu weiterführend Barth/Homberg, Fake News.

[7]   Die ersten drei identifiziert Buckton, Espionage in British Fiction and Film, S. 3.
[8]   Siddiqi, Anxieties of Empire, S. 18–33.
[9]   Richards, The Imperial Archive, S. 1.
[10] Siddiqi, Anxieties of Empire, S. 24 f.
[11] Weiterführend Franke, Der politisch-militärische Zukunftsroman; Clarke, Voices Prophesying War.

Die merkwürdige deutsche Fehlstelle bei der konspirativen Erzählung, auf die schon Florian Altenhöner hingewiesen hat, erklärt sich zum Teil durch das lange Fehlen eines geeigneten imperialen Schauplatzes und wohl auch durch mangelnden politischen Versicherheitlichungsdruck.[12] Bis zur Jahrhundertwende war die Angst vor inneren und äußeren Feinden nicht mehr bzw. noch nicht so allgegenwärtig und man wähnte sich als aufstrebende Macht. Damit fehlte der eigentliche Auslöser für die konspirative Erzählung, die in letzter Konsequenz ein Symptom der Krise ist. Auch die Deutschen verehrten in diesen Jahren populärliterarische Helden, die sich gegen heimtückische Indigene zu behaupten hatten, die Komplotte aufdeckten und Sklaven befreiten. Die hießen dann Old Shatterhand oder Kara Ben Nemsi – *frontiersmen* im klassischen Sinne. Der Unterschied war freilich, dass diese Protagonsten in Imperien agierten, die eben nicht die ihren waren.[13]

Die konspirative Erzählung bezog sich nicht nur auf die Tagespolitik; sie hatte sich dieser im doppelten Sinn des Wortes verschrieben. Im Vereinigten Königreich und in Frankreich bildeten sich regelrechte militärisch-literarische Netzwerke, die Publizistik zur Flankierung der wehrpolitischen und nationalistischen Agitation nutzten. Die Verbindung von Le Queux und der *National Service League* gilt dabei als bekanntestes Beispiel. Deren Präsident, Feldmarschall Frederick Lord Roberts, hatte das Manuskript von Le Queuxs »The Invasion of 1910« gegengelesen und das Buch mit einem Vorwort gefördert.[14] Sicherheitspolitisch unmittelbar war auch die Zusammenarbeit von Le Queux mit dem Chef von MO5, Oberstleutnant James Edmonds.[15] Die Gründung des *Secret Service Bureau* ist deshalb ein gutes historisches Beispiel dafür, dass alternative Realitäten gleichwohl eine Grundlage für reale Veränderungen in den Bereichen der inneren und äußeren Sicherheit bilden konnten – womit wir wieder bei Wilhelm Stieber sind.

Der historische Stieber kann mittlerweile als gut erforscht gelten.[16] 1818 in Merseburg geboren, begann der Jurist seine Karriere zunächst als Strafverteidiger. Wichtig für die weitere Entwicklung ist der Hinweis, dass Stieber zeit seines Lebens als kriminologischer, als autobiografischer Publizist und als Herausgeber eines Volks-Kalenders aktiv war. 1851 wurde er als Ermittler der preußischen Politischen Polizei gegen kommunistische Exilanten in Großbritannien angestellt. Im Jahr darauf trat er als Zeuge der Anklage im Kölner Kommunistenprozess auf, was ihm die lebenslange Aufmerksamkeit der marxistischen Internationale verschaffte. Der erste Strang der Stieber-Legende war also die Geschichte eines Polizeiagenten der preußischen Reaktion.

1852 wurde Stieber zum Polizeidirektor und Leiter der Berliner Kriminalpolizei ernannt, 1859 aber nach einer Anklage wegen Amtsmissbrauchs und widerrechtlicher Verhaftungen zur Disposition gestellt. Otto von Bismarck bediente sich ab 1862 Stiebers zwar als Sonderermittler, verwarf aber die von ihm eingereichte Denkschrift zur Aufstellung einer Staatspolizei. Historisch ist diese Denkschrift

---

[12] Altenhöner, »Spionitis«, S. 82.
[13] In dem ebenso umfangreichen wie unübersichtlichen Werk von Karl May bildet die postume »Greifenklau«-Tetralogie die einzige Spionagegeschichte.
[14] Trotter, The Politics of Adventure, S. 32.
[15] Hiley, Decoding German Spies, S. 57.
[16] Siehe Brückner, Wilhelm Stieber. Die folgende Darstellung zur Biografie und zur Legende stützt sich, wo nicht anders vermerkt, auf diese Darstellung.

auch deshalb von Bedeutung, weil sich hier die im Ersten Weltkrieg vollzogene, verderbliche Verbindung von Pressearbeit und Nachrichtenwesen erstmals angedacht findet.

Aus der unbefriedigenden beruflichen Lage rettete Stieber letztlich 1866 der Krieg gegen Österreich. Als das Kriegsministerium die Stabswachen des Großen Hauptquartiers und der Armeeoberkommandos einrichtete und diese teilweise mit Kriminalbeamten besetzte, bekam Wilhelm Stieber die Leitung der Stabswache des Hauptquartiers übertragen. Als »Feld-Polizeidirektor« war er für den Personenschutz, die Spionageabwehr und die Pressezensur des Hauptquartiers zuständig. Nicht zuständig – und diese Feststellung ist für die weitere Entwicklung bedeutsam – war Stieber für das militärische Nachrichtenwesen. Dafür war aus Anlass des Krieges innerhalb des Generalstabs ein Zentral-Nachrichten-Bureau eingerichtet worden, das aber nach dem Ende der Feindseligkeiten alsbald wieder aufgelöst wurde. Weil Stieber umgehend die herrenlos gewordene Dienststellenbezeichnung für sich vereinnahmte und weil die folgende, historische Literatur eine sorgfältige organisationsgeschichtliche Detailbetrachtung versäumte, galt Wilhelm Stieber seitdem immer öfter als Chef des Zentral-Nachrichten-Bureaus und damit als Leiter des ersten deutschen Militärnachrichtendienstes. Damit war der zweite Strang der Stieber-Legende angelegt.[17] Allerdings gelang es Stieber 1866 nicht, seine Tätigkeit zu verstetigen, auch wenn ihm bis 1870 als Sonderermittler gegen die Welfen-Partei eine wichtige nachrichtendienstliche Aufgabe zukam.

Anlässlich des drohenden Krieges gegen Frankreich griff Bismarck 1870 erneut auf Stieber zurück, als er ihn zum Leiter der Politischen Polizei im Großen Hauptquartier ernannte. Wieder war dessen Zuständigkeit auf das Hauptquartier selbst beschränkt. Er übernahm dort Aufgaben als Leiter des Vorauskommandos der Hauptquartierstaffel, war für zivil-militärische Belange zuständig, außerdem für den Personenschutz und die Spionageabwehr. Auch 1870/71 fiel das militärische Nachrichtenwesen nicht in Stiebers Aufgabenbereich, selbst wenn er persönliche Initiativen in diese Richtung entwickelte. Wie auch schon 1866 wurde seine Dienststelle nach Kriegsende wieder aufgelöst. 1874 trat Stieber in den Ruhestand, 1882 starb er.

Blickt man auf die Karriere Stiebers zurück, so ist es die eines durchaus erfolgreichen Strafverteidigers, eines Kriminalbeamten mit Karriereknick, eines Sonderermittlers in Staatsschutzangelegenheiten und eines temporären Leiters der zivilen Polizei im Hauptquartier während der Kriege von 1866 und 1870/71. Dabei ist auch wichtig festzuhalten, was Stieber *nicht* war, nämlich ein (Berufs-)Soldat. Angesichts der institutionsgeschichtlichen und militärkulturellen Verfasstheit des militärischen Nachrichtenwesens in Deutschland ist es unwahrscheinlich, dass eine zivile Persönlichkeit wie Stieber die zugeschriebene Bedeutung in diesem militärischen Führungsgrundgebiet hätte erlangen können.

Stieber war in erster Linie Jurist, und für einen solchen verfügte er über ziemlich viel Geltungsbedürfnis und ebenso viel Fantasie. Sein Kernproblem war, dass es ihm nicht gelang, das Betätigungsfeld, in dem er seine persönlichen Interessen sah, institutionell zu verstetigen. In diesem beruflichen Scheitern spiegelt sich ein weiteres Mal die Beständigkeit des sicherheitlichen Nachwächterstaates in

17 Brückner, Wilhelm Stieber, S. 243, 247, 272.

Preußen-Deutschland im letzten Drittel des 19. Jahrhunderts.[18] Der Polizeidirektor z.D. wurde für Aufgaben herangezogen, für deren Erledigung es in Preußen-Deutschland keine Institutionen gab bzw. geben sollte. Die eingangs zitierte Charakterisierung Stiebers als des Mannes, der das moderne Nachrichtenwesen erfand, erscheint vor diesem Hintergrund also geradezu grotesk. Offen bleibt da die Frage, wie es zu einer derartigen Fehleinschätzung kommen konnte.

Die Stieber-Legende gründete auf Erzählstränge, die schon während seines Lebens angelegt worden waren. Sie brach sich aber erst ab 1882 mit der Veröffentlichung seiner »Denkwürdigkeiten« Bahn. Die Legende hat also einen autobiografischen Kern. Nun ist der Begriff »Denkwürdigkeiten« literaturwissenschaftlich unzutreffend. Tatsächlich hatte die Familie nach seinem Tod ein Konvolut aus Korrespondenzen, dienstlichem Schriftgut und persönlichen Aufzeichnungen zusammengestellt, das sie dem Rechtshistoriker Ludwig Auerbach zur Publikation übergab. Dieser verarbeitete diese Quellen zu einem Text, der 1882/83 zunächst im *Berliner Tageblatt* als Serie und anschließend in Buchform veröffentlicht wurde.[19] Die Forschungen von Hilmar-Detlef Brückner machen nun deutlich, dass die von Stieber selbst nachgelassenen Quellen zum Teil deutlich selektiert gewesen sein müssen und dass aus ihnen das Bedürfnis des Nachlassers hervorging, seine Person in historische Ereignisse regelrecht hineinzuschreiben und sein Vertrauensverhältnis zu politischen Führungspersönlichkeiten seiner Zeit stark überhöht darzustellen. Historische Quellenkritik bzw. journalistische Sorgfalt haben dann bei der Herausgebe keine große Rolle gespielt. Das hatte vor allem rezeptionsgeschichtliche Folgen für Stiebers unzutreffende Behauptung, er habe vor und im Krieg gegen Frankreich ein Netzwerk von Agenten unterhalten, das Bismarck wichtige Informationen geliefert habe. Damit war nämlich die Geschichte des Meisterspions in der Welt. Vor allem war sie in der Welt der französischen Revanchepublizistik angekommen und dort wurde sie begierig aufgegriffen, weil die Ursachen der Niederlage von 1871 erbittert diskutiert wurden.[20]

Als erster Journalist griff Charles-Ange Laisant noch im selben Jahr in der Zeitschrift *Le Petit Parisien* die angeblichen Enthüllungen Stiebers auf, und – Laisant sollte sich knapp drei Jahre später dem Lager Boulangers zuwenden – verknüpfte sie mit der Warnung vor einer erneuten deutschen Invasion. Die erste Monografie, in die Stiebers Selbstbild einging, stammte freilich von Schweizer Publizisten Victor Tissot. Dieser legte 1884 mit seiner Kolportage »La police secrète prussienne« den Grundstein für die weitere Rezeption, mit Stieber als Protagonisten. Die Resonanz auf Tissots Werk ergab sich auch aus dem Umstand, dass es zur Argumentationshilfe bei der germanophoben Wende in der französischen Politik unter Boulanger wurde.[21] Das Scheitern dieser Politik führte dann auch dazu, dass das Interesse an Stieber zunächst wieder in den Hintergrund trat. Das angebliche Spionenheer Stiebers griff dann 1905 William Le Queux in »The

---

[18] Schon Wolfram Siemann hat auf die Tendenz bei den deutschen Staaten (mit Ausnahme Österreichs) hingewiesen, sicherheitliche Institutionen nur ad hoc zu begründen, um sie danach wieder aufzulösen. Siehe Siemann, »Deutschlands Ruhe, Sicherheit und Ordnung«, S. 461.

[19] Denkwürdigkeiten des Geheimen Regierungsrathes Dr. Stieber; dazu Brückner, Wilhelm Stieber, S. 375–440.

[20] Laurent, Politiques de l'ombre, S. 321–323.

[21] Tissot, La police secrète prussienne.

Invasion of 1910« auf, womit die Erzählung von der Schweiz über Frankreich nach Großbritannien migriert war und erstmals in das verwandte Genre der Invasionsliteratur einging. Auch in diesem Fall ist der zeitliche Zusammenhang mit einer nationalen Phase der Versicherheitlichung augenfällig.[22]

Kurz nach Le Queux lebte Stieber auch wieder in Frankreich auf, und zwar in dem Buch »L'Espionnage allemande en France« des Journalisten Paul Lanoir von 1908, wie Laisant ein ehemaliger Boulangist und parteipolitischer Renegat.[23] Hier trat der literarische Stieber, der bisher eher als Strippenzieher im Hintergrund geschildert worden war, als teutonischer Sadist auf: »Er lässt Kinder verprügeln, Greise auspeitschen, Kranke hängen und Mütter, Frauen und Töchter vergewaltigen, um Informationen zu erpressen.«[24] Damit sind die Grundzüge der Stieber-Rezeption bis 1914 beschrieben. Ihr Ursprung war im Prinzip autobiografisch, begründet in den »Denkwürdigkeiten«. Die Rezeption fand vornehmlich in der politischen Boulevard- und Verschwörungsliteratur statt und wies schon bis zum Weltkrieg bemerkenswerte transnationale Wahrnehmungsmuster auf. In allen Fällen standen die Veröffentlichungen in enger zeitlicher Verbindung zu politischen Krisenphasen.

Ab 1918 hatte sich die große Erzählung von Konspiration, Subversion und Invasion mit Blick auf Deutschland auf den ersten Blick eigentlich erledigt; gleichwohl war es mit der Stieber-Legende nicht vorbei. Es dauerte nur zehn Jahre, bis der amerikanische Publizist Richard Wilmer Rowan Versatzstücke aus den Vorkriegsphantasmagorien zu Stieber in einer internationalen Geheimdienstgeschichte unter dem Titel »Spy and Counter-Spy« verbaute.[25] Damit war »Stieber« endlich in Amerika angekommen. Damit nicht genug, denn Rowans Buch erschien 1935 in französischer Übersetzung und kehrte damit gerade zum Zeitpunkt der deutschen Wiederaufrüstung nach Europa zurück. Für 1937 ist eine außerdem interne Übersetzung ins Russische nachgewiesen.[26] Zu Beginn des Zweiten Weltkrieges war die Biografie des Sozialistenfressers und nachrichtendienstlichen Dunkelpreußens Stieber also endgültig in die populäre Geheimdiensterzählung in Europa und Nordamerika eingeschrieben.

Man mag nun annehmen, dass angesichts der Verheerungen des Zweiten Weltkrieges die doch inzwischen reichlich traditionelle Stieber-Geschichte ihre Anziehungskraft verloren hätte. Dem ist freilich nicht so gewesen, denn inzwischen war diese Geschichte zum Prolog einer größeren, populären Geschichte des Nachrichtenwesens im Zeitalter der Weltkriege aufgewachsen. Bernard Newmans »Epics of Espionage« von 1950 kann hierfür als frühes Beispiel angeführt werden, das schon zwei Jahre später ins Deutsche übersetzt wurde.[27] Mittlerweile war durch die Kriegszerstörungen von 1945 ein massiver Verlust an einschlägigen Archivquellen eingetreten, sodass es immer schwierig wurde, den historischen Stieber zu fassen. Gleichzeitig bildete sich ein neues Genre an Geheimdienstliteratur aus, das zwar Abstand zur nationalistischen Trivial- und

---

[22] Le Queux, The Invasion of 1910.
[23] Lanoir, L'Espionnage allemande en France.
[24] Brückner, Wilhelm Stieber, S. 393.
[25] Rowan, Spy and Counter-Spy.
[26] Brückner, Wilhelm Stieber, S. 409, 412.
[27] Newman, Epics of Espionage. Der deutsche Titel lautete »Spionage. Gestern, heute, morgen«.

Verschwörungsliteratur à la Le Queux suchte, sich gleichwohl vielfach aus deren verlockendem Fundus an historischen Protagonisten und Anekdoten bediente. Beispiele hierfür sind Klassiker des Genres, etwa »The Craft of Intelligence« des ehemaligen Direktors der *Central Intelligence Agency*, Allen Dulles, von 1963, und das in Deutschland mangels besserer Überblicksdarstellungen über Jahrzehnte als Standardwerk geltende Buch »Die anonyme Macht. Aufgaben, Methoden, Erfahrungen der Geheimdienste« des Publizisten Gert Buchheit von 1969.[28]

Einen Wendepunkt in der Stieber-Rezeption bildete 1978 die Veröffentlichung der angeblichen »Enthüllungen« Stiebers unter dem Titel »Spion des Kanzlers«. Dabei handelt es sich um eine offensichtlich im Umfeld der Familie initiierte, apokryphe Fortschreibung der »Denkwürdigkeiten« von 1884, die allerdings aufgrund ihrer historischen Fehlerhaftigkeit rasch als solche erkannt wurde.[29] Zwar finden sich sogar die falschen »Enthüllungen« bis heute als Beleg zitiert, doch haben sich seitdem Historiker quellenkritischer mit Stieber und Aspekten seiner Legende befasst.[30] Wo historische Fakten durch Nachlässigkeit und Irreführung zur Fiktion wurden, ist es auch nicht überraschend, dass sich die literarische Fiktion dieser alternativen Wirklichkeit bediente. Im Fall Stiebers lässt sich das daran aufzeigen, dass der preußische Geheimrat inzwischen in wenigstens zwei Romanen seinen Platz gefunden hat. Dabei handelt es sich einmal um den Kriminalroman »Stieber. Der Spion des Kanzlers« von Wolfgang Brenner, der nicht nur ohne Weiteres den Titel der falschen »Enthüllungen« von 1978 recycelt, sondern als Umschlagbild kurioserweise auch noch die Beine von Helmuth von Moltke für Stiebers ausgibt. Schließlich hat Wilhelm Stieber 2010 mit einer Nebenrolle in Umberto Ecos Roman »Il cimitero di Praga«, der bezeichnenderweise die Verschwörung bzw. das Erzählen über dieselbe zum Thema hat, endlich einen Nischenplatz in der Weltliteratur erlangt.[31] Stiebers Geschichte steht also als Beispiel für eine konspirative Erzählung des ausgehenden 19. Jahrhunderts, die ganz erstaunliche Langlebigkeit bewiesen hat. Ihre Besonderheit liegt darin, dass sie einen autobiografischen Kern besitzt. Dass wir Falsches oder wenig Gesichertes über Stieber wissen, liegt zum guten Teil an ihm selbst. Seine »Denkwürdigkeiten« waren ein Text ohne Hüter, dessen sich die Trivialliteratur bald bemächtigt hatte; sie ist damit auch ein Beleg für die Wirkmächtigkeit dieses Genres.

Stiebers Geschichte ist aber auch ein Beleg für die Reichweite narrativer Transfers in diesem politisch-literarischen Feld. Auch wenn Wilhelm Stieber in seiner Zeit keinerlei geheimdienstliche Aktivitäten gegen die Schweiz (Tissot), Großbritannien (Le Queux), die USA (Dulles) oder Italien (Eco) entfaltet hat, ist er dennoch ein fester Baustein der internationalen, westlichen Spionageliteratur geworden. Als eine Art Forrest Gump der konspirativen Erzählung findet sich seine Figur eingeschrieben in die Geschichte Preußens und Deutschlands, und sie spiegelt damit letztlich die Annahme der Wirkmächtigkeit der konspirativen

---

[28] Zu beiden Titeln und deren weitgehend ungeprüften Übernahme der Stieber-Legende siehe Brückner, Wilhelm Stieber, S. 420, 423.

[29] Schoeps, Daran stimmt kein Wort.

[30] Schoeps, Julius H., S. 71–104; Weiß, Wilhelm Stieber, S. 87–112, Dobler/Selowski, Die Berliner.

[31] Brenner, Stieber. Das Umschlagbild zeigt – warum erschließt sich nicht – einen Ausschnitt aus Anton von Werners Gemälde »Graf Moltke in seinem Arbeitszimmer in Versailles (19. November 1870)« aus dem Jahr 1872; außerdem Eco, Il cimitero di Praga.

Persönlichkeit in einem Zeitalter wider, das gerade dabei war, diese durch den Ausbau seiner nachrichtendienstlichen Strukturen in Frage zu stellen.

2. Der Spionagebetrüger Hendrik Reeser 1892

Am 1. September 1892 ging am Landgericht I in München ein viel beachteter Spionageprozess zu Ende. Vielbeachtet war dieser Prozess vor allem deshalb, weil er öffentlich geführt wurde und weil mit dem 33-jährigen bayerischen Privatier Emil Freiherr von Kreitmayr und dem 30-jährigen niederländischen Journalisten Hendrik Reeser zwei schillernde Angeklagte vor Gericht standen. Die Identität von Reeser überhaupt einmal zu klären, war ein aufwändiger Bestandteil der polizeilichen Ermittlungen gewesen.[32] In München hatte dieser nämlich unter dem Namen Henry Baron de Graillet gelebt.

Geboren wurde Reeser am 26. Dezember 1852 in Amsterdam. Der spätere Deckname »Baron de Graillet« war der Mädchenname seiner Mutter.[33] 1892 sollte er noch unter den Namen »Charles Leroy«, 1906 unter »d'Oulteloux« auftreten. Als junger Mann war Reeser 1869 in das päpstliche Zouavenregiment in Rom eingetreten, allerdings nicht als Offizier, wie er im Verlauf der Vernehmungen in München angab, sondern als Gemeiner. 1870 wurde er dort zum Korporal befördert.[34] Nach dem Ende des Kirchenstaates will Reeser zunächst auf französischer Seite am Krieg von 1870/71 teilgenommen und anschließend als Söldner im Dritten Karlistenkrieg (1872) in Spanien gekämpft haben. 1878 ging er nach Paris zurück, wo er – wahrscheinlich zwischenzeitlich eingebürgert – heiratete, als Journalist arbeitete und wegen Betrug zwei Monate in Haft kam. 1881 war er nach eigener Aussage vom französischen Nachrichtendienst zum Zweck der Spionage gegen Deutschland angeworben worden.

Als Baron de Graillet reiste Reeser Anfang 1882 über Stuttgart nach München und baute schnell Kontakte zu vier Männern und einer Frau auf. Diese erwiesen sich allerdings entweder als wenig kompetent oder nicht kooperationswillig. Zwei der Kontaktpersonen zeigten Reeser umgehend bei der Polizei

---

[32] Diese zogen international Kreise. Im weiteren Verlauf waren darin eingebunden die bayerischen Ministerien des Äußeren und des Inneren, das bayerische Kriegsministerium, die bayerischen Gesandtschaften in Paris, in Turin und am Heiligen Stuhl, das Auswärtige Amt, die kaiserliche Botschaft in Paris, die kaiserliche Gesandtschaft im Haag, das italienische, das belgische und das niederländische Außenministerium.

[33] Die Angaben zur Person erschließen sich aus Aussagen Reesers im Verlauf der Vernehmungen, den weitergehenden polizeilichen Ermittlungen und der Presseberichterstattung zum Prozess. Siehe Allgemeine Zeitung Nr. 241 vom 29.8.1882. Die Geburtsurkunde ist nachgewiesen durch das niederländische Personenstandsregister, https://www.wiewaswie.nl/nl/detail/79209776 (8.8.2023).

[34] BayHStA, Abt. II, Gesandtschaft Päpstlicher Stuhl, Bd 2743: Bayer. Gesandtschaft beim päpstlichen Stuhl an bayer. Staatsministerium des Königl. Hauses und des Äußeren (Legationsrat Frhr. von Cetto) Nr. 47 vom 2.6.1882 betr. Untersuchungen wegen Landesverrathes (Kopie).

an.[35] Ziel von Reesers Ansprachen war es, Informationen über die deutschen Mobilmachungsvorbereitungen und über die Festung Ingolstadt zu erhalten. Etwa zwei Monate später wurden Reeser und drei weitere Verdächtige festgenommen. Das Reichsgericht lehnte es aber ab, das Verfahren an sich zu ziehen und verfügte überdies die Freilassung von zwei der Verdächtigen – ein Hinweis darauf, dass der Fall als nicht besonders schwerwiegend beurteilt wurde.[36] Damit blieben Reeser und Kreitmayr als Angeklagte übrig. Vor Gericht erschien Reeser als »ein hübscher, kräftiger Mann, von hoher Statur, mit starkem schwarzem Schnurrbart«.[37] Die Verhandlung machte bald die Schwächen der geltenden Spionagegesetzgebung deutlich; so argumentierte Reesers Verteidiger, dass der Vorwurf des Verrats von Staatsgeheimnissen zweifelhaft sei. Und der Anwalt Kreitmayrs bezweifelte Reesers Qualifikation als Spion. Dieser mache vielmehr den »Eindruck eines Schwindlers, der auf eigene Rechnung arbeite«. Es liege also bei Reeser keine Spionage im Auftrag einer fremden Macht vor, was wiederum bedeute, dass sein Mandant, Kreitmayr, auch kein Landesverräter sein könne. Das Gericht verurteilte beide am 1. September 1882 zu einem Jahr und vier Monaten Haft – für Reeser zusätzlich mit anschließender Unterstellung unter Polizeiaufsicht.[38] Zehn Monate später war Reeser aber schon wieder frei und außer Landes verwiesen.[39]

Für die kommenden vier Jahre verliert sich seine Spur. Anfang 1886 tauchte er in Metz auf. Dort begann er bei französischen Irredentisten als angeblicher Spion im Dienste Frankreichs Geldzahlungen zu erschwindeln. Dabei trat er auch an einen seiner alten Bekannten heran, was darauf schließen lässt, dass Reeser nicht erst 1881 in Paris rekrutiert worden war, sondern schon länger in Elsass-Lothringen für die Franzosen gearbeitet hatte. Bei diesem Kontaktmann handelte es sich um die Top-Quelle des französischen Spezialkommissars Schnaebelé, Tobie Klein alias »Marthe«. Diese Kontaktaufnahme alarmierte den Leiter der *Section de statistique* in Paris derart, dass er Marthe abschaltete und die Kommunikation mit allen V-Leuten in Elsass-Lothringen vorübergehend unterbrechen ließ.[40] Weil Reeser auch versuchte, die französischen V-Leute zu erpressen, lancierte der französische Nachrichtendienst in der Presse des Reichslandes Meldungen über den falschen Baron, mit dem Ziel, diesen regional zu vergrätzen. Dadurch wurde auch der Leiter der deutschen Spionageabwehr in Mühlhausen auf Reeser aufmerksam und setzte sich in der Sache sogar mit seinem französischen Gegenüber in Verbindung. Dies wiederum hatte zur Folge, dass sich Reeser tatsächlich nach Frankreich absetzte, dort prompt festgenommen und im August 1886 zu 13 Monaten Haft mit anschließender Ausweisung verurteilt wurde.[41] Reeser hatte es also geschafft, sowohl von den deutschen als auch von den französischen Behörden verfolgt und verurteilt zu werden.

[35]   Insgesamt bewertete ein Prozessbeobachter Reesers Vorgehen als »täppisch«. Siehe o.V., Deutsches Reich. In: Weser-Zeitung (Bremen) Nr. 12813 vom 4.9.1882 (Mittag).
[36]   O.V., Aus dem Gerichtssaale. In: Allgemeine Zeitung Nr. 202 vom 21.7.1882.
[37]   O.V., Aus dem Gerichtssaale. In: Allgemeine Zeitung Nr. 241 vom 29.8.1882.
[38]   O.V., Aus dem Gerichtssaale. In: Augsburger Abendzeitung Nr. 240 vom 2.9.1882.
[39]   O.V., Aus dem Gerichtssaale. In: Allgemeine Zeitung Nr. 194 vom 14.7.1883.
[40]   Sawicki, Les Services de renseignements, S. 613-616.
[41]   Ebd., S. 616. Die Straftat geht aus der Quelle nicht hervor.

Nach einer weiteren Lücke von fünf Jahren tauchte Reeser wieder in München auf. Unter dem Namen »Charles Leroy« wandte er sich nun im Juli 1892 an den bayerischen Generalstab und gab an, Unterlagen über das *Deuxième Bureau* und dessen Spione in Bayern zu besitzen. Nachdem immerhin 520 Mark ohne Gegenleistung geflossen waren, brach der Generalstab ein halbes Jahr später den Kontakt ab.[42] 1897 wurde Reeser wieder in Frankreich verhaftet, zwei Jahre später entlassen. Sein Verbleib in den Jahren 1897 bis 1906 ist bislang ungeklärt. Im April 1906 meldete er sich dann bei der bayerischen Gesandtschaft in Paris, wo er unter dem Namen »d'Oulteloux« erneut Informationen über die französische Spionage in Bayern anbot. Er gab dort an, bis 1894 acht Jahre im Dienst des bayerischen Kriegsministeriums gearbeitet zu haben und nun Rache an den Franzosen nehmen zu wollen. Als einen von deren V-Leuten denunzierte Reeser einen Münchner Kunstmaler Fleischmann, der – wie die weiteren Ermittlungen ergeben sollten – tatsächlich ein Belastungszeuge gegen Reeser im Prozess von 1882 gewesen war. Bei der Pariser Gesandtschaft war man skeptisch, zumal der Selbstanbieter »einen heruntergekommenen Eindruck machte und merklich nach Schnaps roch.«[43] Während die Militärbehörden in München über Reeser offenbar gar keine Akte führten, konnte die dortige Polizeidirektion – allerdings nach vier weiteren Jahren – die Identität Reesers klären und den Zusammenhang mit dem Prozess von 1882 herstellen.[44] Wo sich Reeser 1910 aufhielt und wie sein weiteres Leben verlief, ist bislang ungeklärt. Erfolgreiche Spionage scheint er aber nicht mehr betrieben zu haben. Seine bislang letzte Spur findet sich in den Akten der Zentralpolizeistelle Straßburg, der er sich im Mai 1912 unter dem Namen »Paul Petit« angedient hatte.[45]

Die Geschichte Reesers kann als Musterbeispiel für den zeitgenössischen Typ des Spionagebetrügers gelten. Die deutsche Sprache kennt für diesen Akteurstyp auch die Bezeichnung »Nachrichtenschwindler«; im Französischen spricht man von »Escroc aux renseignement«, im Englischen von »intelligence fabricator«. Während also die Begrifflichkeiten im Deutschen und Französischen die Handlung moralisch konnotieren, erlaubt der englische Begriff immerhin die Vorstellung einer produktiven Arbeitsleistung. Liest man Spionage als literarischen Stoff, so steht der Spionagebetrüger stark in der Tradition des frühneuzeitlichen Schelmenromans.[46] Auch hier geht es um das Spiel mit Identitäten oder Fähigkeiten. Häufig ist der Spionagebetrug Bestandteil einer komplexeren Devianzbiografie. So war Reeser wegen Betrugs verurteilt und begann anschließend seine Spionageaktivitäten; einer seiner Zeitgenossen, der vermeintlich eng-

---

[42] BayHStA, KA, Generalstab, Bd 924.
[43] BayHStA, Abt. II, Gesandtschaft Paris, Bd 4763: Bayer. Gesandtschaft Paris an Bayer. Staatsministerium des Königlichen Hauses und des Äußeren: Bericht Nr. 82 vom 3.4.1906 betr. Angebliche Enthüllungen über französische Spionage (Entwurf).
[44] BayHStA, Abt. II, Gesandtschaft Paris, Bd 4763: Polizeidirektion München I an Bayer. Staatsministerium des Königlichen Hauses und des Äußern Nr. 14498 VI vom 11.2.1910 betreff Angebliche Enthüllungen über französische Spionage (Kopie).
[45] Archives départementales du Bas-Rhin (Strasbourg), 121 AL 855: Direction de Police Strasbourg, Nr. c 587, vom 20. Januar 1920 betr. Extraits du cahier d'ordre de la Zentralpolizeistelle de Strasbourg de l'année 1912. Den Hinweis auf die Fundstelle verdanke ich Gérald Sawicki (Nancy).
[46] Darauf verweist schon Schmidt, Dr. Heinrich Peters, S. 27.

lische Journalist Lewis Williams, der 1889 in Köln wegen gewöhnlichen Betrugs
verhaftet worden war, bot für den Fall einer Haftverschonung Aussagen über
die französische *Ligue des patriotes* an.[47] Tatsächlich wurde Williams, der eigentlich Karl Zepelin hieß und aus Mecklenburg stammte, zu diesem Zeitpunkt in
Deutschland, Großbritannien und der Schweiz wegen diverser Delikte gesucht.

Damit ist auf ein weiteres Merkmal des Spionagebetrügers hingewiesen: Er ist
ein ausgesprochen transnationaler Akteur. Er spielt nicht nur mit Identitäten, sondern auch mit Nationalitäten, was seinem Handeln in einem vom Nationalismus
getriebenen Zeitalter eine gefährliche Dynamik verleiht. Eng verbunden damit
ist der Anspruch des Spionagebetrügers auf Weltläufigkeit. Er profitiert von
Fremdsprachenkenntnissen, kultureller Kompetenz und dem immer leichter zu-
gänglichen Wissen von fremden Welten. Selbstverliehene akademische Weihen
zählen zu seinem Standardrepertoire. So trat der erwähnte Lewis Williams auch
als »C. A. von Zepelin-Bützow, Ph. Dr. Senior Professor of Modern Languages in
Reading School« auf. Auch die Zugehörigkeit zum Adel konnte als ein Ausweis
von Weltläufigkeit gelten. So wurde aus Hendrik Reeser »Henry Baron de
Graillet«. Und es braucht auch nicht viel, um zu erkennen, dass es sich bei dem
angeblich aktiven preußischen Offizier »Franz von Cemmern«, der im August
1902 dem französischen Generalstab für 300 000 Francs den deutschen Kriegsplan gegen Frankreich anbot (gegen Vorkasse und postlagernd nach Sandfort
bei Osnabrück), weder um einen Offizier noch um einen Adeligen handelte.[48]

Das deutet auf die primäre Motivation des Spionagebetrügers: Geld. Spionagebetrug im fin de siècle ist damit auch ein Indiz für die fortschreitende
Kapitalisierung des Nachrichtenwesens. Schon immer ist die Mitteilung von
Geheimnissen vergütet worden. Aber in dem Umfang, in dem Nachrichten vor
1914 gesamtgesellschaftlich zur Ware wurden und sich die technischen Mittel
ihrer Übermittlung erweiterten, professionalisierte sich auch das Geschäft mit
geheimer Information. Dass sogar gefälschte Informationen einen Warenwert
hatten, zeigt das Beispiel einer deutsch-österreichischen Bande, die Behörden
und Unternehmen fabrizierte Geheimdokumente zum Kauf anbot und sie anschließend mit der Drohung erpresste, dies öffentlich zu machen.[49] Epochen
der Versicherheitlichung waren und sind also auch besonders anfällig für die
Kapitalisierung der dafür erforderlichen Information.

Das Aufblühen des Spionagebetrugs hängt auch damit zusammen, dass
diese Kapitalisierung geheimer Information schneller vonstatten ging als die
Professionalisierung der Nachrichtendienste. Im sicherheitlichen Nachwächterstaat konnten transnationale Akteure leichter auf- und abtauchen als in einem
zentralisierten Sicherheitsstaat. Transnationale Behördenkooperation hat es damals auch gegeben und sie hat das Geschäft des Spionagebetrügers erschwert.[50]
Motivationen und Handlungsweisen des Spionagebetrügers lassen sich letzt-

---

[47]   Schmidt, Der geheimnisvolle Lewis Williams von Hartmann.
[48]   RGVA, 1280-1-29: Schreiben Franz von Cemmern an den französischen Premierminister
       Émile Combes vom 22.8.1902. Die Identität von Cemmern ist ungeklärt. Allerdings
       existierte ein Offizier dieses Namens nicht.
[49]   BayHStA, KA, Generalstab 923: Bayer. Kriegsministerium Nr. 23837 an die Komman-
       dobehörden vom 23.1.1912 betr. Überwachung der Spionage.
[50]   Siehe Jäger, Verfolgung durch Verwaltung, der die Anfänge transnationaler Kriminalistik
       darstellt, allerdings ohne Bezug auf den Spionagebetrug.

lich von denen des tatsächlichen Spions nur schwer unterscheiden. Das liegt in
der Natur der Sache, denn auch der echte Spion ist in letzter Konsequenz ein
Betrüger, nur eben ein lizensierter. Der Spionagebetrüger vor 1914 dagegen war
Ausdruck einer individuellen, konspirativen Selbstermächtigung und damit Indiz
für einen weitergehenden gesellschaftlichen Prozess der Versicherheitlichung.

3. Die französische Aufklärung des deutschen Eisenbahnaufmarsches 1888–1914

Die Nutzung der Eisenbahn bildet eine der Grundvoraussetzungen für die
Kriegführung industrialisierter Staaten seit Mitte des 19. Jahrhunderts. Das
Musterbeispiel in diesem Zusammenhang stellt die erfolgreiche Verwendung die-
ses Transportmittels durch den preußischen Großen Generalstab zwischen 1864
und 1871 dar. Doch bedeutete das militärische Eisenbahnwesen in Europa zu
Beginn des 20. Jahrhunderts schon sehr viel mehr als nur das alte Siegesrezept
der Einigungskriege aus »Railroads and Rifles«.[51] Seit den 1880er-Jahren hatten
sich nämlich großtechnische Systeme herausgebildet, die als zivil-militärische
Projekte öffentlich-privater Partnerschaft organisiert waren und in denen die
Bedürfnisse des Staatshaushalts, der Verkehrspolitik, der Wirtschaft wie auch
des Militärs aufeinandertrafen.[52] Dabei entstanden bis 1914 weder in Frankreich
noch in Deutschland nationale Staatsbahnen. Hier standen sechs privatwirt-
schaftlich organisierte Eisenbahngesellschaften dem Staat gegenüber; dort hatten sich zwar Eisenbahngesellschaften der deutschen Einzelstaaten gebildet, die
aber ihre Interessen gegenüber dem Reich vertraten. Während das Militär in
Deutschland und Frankreich in Friedenszeiten durchaus um die Berücksichtigung
seiner Belange zu kämpfen hatte, wurde ihm in beiden Staaten für den Kriegsfall
ein weitreichender Zugriff auf die Systeme eingeräumt. Die Entwicklung der
Eisenbahnen hatte in diesen Staaten schon Mitte des 19. Jahrhunderts eine
Industrialisierung von Raum und Zeit zur Folge gehabt.[53] Ab den 1880er-Jahren
lässt sich aber für das großtechnische System Eisenbahn auch eine Militarisierung
von Raum und Zeit beobachten: »Strategy and the deployment of railroads«, so
Allan Mitchell, »were synonymous for the French and German general staffs and
justification enough for the huge sums spent on them by both«.[54]
    Um im Folgenden den Angriff des französischen Nachrichtendienstes auf
das deutsche Eisenbahnnetz zu verstehen, hilft es, zunächst den nachrichten-

---

[51]   Für die Geschichte der militärischen Nutzung der Eisenbahn besteht ein merkwürdiges
       Ungleichgewicht der Forschung. Der Zeitraum bis Mitte der 1880er-Jahre ist gut unter-
       sucht; die Jahre danach allerdings deutlich weniger. Siehe Showalter, Railroads and Rifles;
       Bremm, Von der Chaussee zur Schiene; Bremm, Armeen unter Dampf.
[52]   Einführend die klassische Studie von Mitchell, The Great Train Race. Statt des in der
       Technikgeschichte eingeführten Begriffs »large technological system« schlägt der Autor für
       das Eisenbahnwesen den des »technonational system« vor, führt diese Überlegungen aber
       selbst nicht weiter aus.
[53]   Titelgebend bei Schivelbusch, Geschichte der Eisenbahnreise.
[54]   Mitchell, The Great Train Race, S. 259.

dienstlichen Blick auf die schienengebundene Infrastruktur zu schärfen. Diese wird in der Regel unter dem Gesichtspunkt diskutiert, dass die Eisenbahn den Raum »verkürzt« habe. Dieses Bild muss zunächst dahingehend korrigiert werden, dass die Eisenbahn nur den Raum zwischen Start und Ziel verkürzte.[55] Die für den Nachrichtendienst besonders interessanten Start- und Zielorte, also die Bahnhöfe, blieben von der »Verkürzung« des Raums unberührt. Unter militärischen Gesichtspunkten hat die Eisenbahn aber auch neue Räume erschlossen. Der westeuropäische Raum ist dafür vielleicht ein weniger geeignetes Beispiel, weil hier auch ohne Zutun des Militärs schon früh ein dichtes Schienennetz entstanden war. Für Mittelosteuropa oder für die imperiale Peripherie ist dieses Phänomen der militärischen Raumerschließung für die Epoche von 1890 bis 1914 aber sehr viel offenkundiger. Für das deutsch-französische Grenz- und Aufmarschgebiet ist ein weiterer Aspekt des Verhältnisses von Eisenbahn und Raum bedeutsam, dass sich nämlich das Eisenbahnnetz in geradezu symbiotischer Verbindung zu den Festungen entwickelte. Festungen entfalteten ihre militärische Wirkung erst, wenn sie auf dem Schienenweg versorgt werden konnten, und die Schienenwege wiederum bedurften im Krieg ständiger Sicherung durch Festungen bzw. durch die dort stationierten Truppen. Die Eisenbahn brachte für das Militär aber nicht nur die Verkürzung des alten und die Erschließung neuen Raums. Sie führte auch zu einer starken Bindung der Operationen an das neue, schienengebundene Verkehrsmittel. Für den Nachrichtendienst ergab sich daraus eine bessere Vorhersehbarkeit möglicher Schwerpunkte des gegnerischen Aufmarsches, im Idealfall sogar eine erhöhte Berechenbarkeit des Kräfteansatzes. Diese neuen, aus dem Eisenbahnraum zu gewinnenden Erkenntnisse waren freilich nicht augenfällig. Sie verlangten eine entsprechende Schulung der nachrichtendienstlichen Aufklärer und der Analysten. Und so wirkte die Veränderung des Raums durch die Eisenbahn wiederum auf das Militär zurück.[56]

Nicht nur der Raum, sondern auch die Zeit wurde also durch die Eisenbahn verkürzt. Das Verkehrsmittel ermöglichte es, vom Zeitpunkt der Kriegserklärung schneller zum Beginn der Operationen übergehen zu können. Diese zeitliche Verkürzung ließ die politische Reaktionszeit schwinden und erhöhte in letzter Konsequenz auch die Furcht vor einem strategischen Überfall. Diesen vorherzusehen wurde eine immer schwierigere nachrichtendienstliche Aufgabe. »War by Timetable« mag im Zeitalter der Massenheere als logistischer Sachzwang entstanden sein. Dieser Sachzwang zeitigte aber strategische Folgen.[57]

Die Eisenbahn verkürzte die militärische Zeit nicht nur; sie unterwarf sie auch einem immer komplexeren Regelungsregime. Für die deutschen Eisenbahnbehörden gliederte sich die Zeit in die Phase der Mobilmachungstransporte und die der Kriegstransporte. Während der ersten Phase sollten Streitkräfte und Festungen in den Kriegszustand überführt werden, also die aufgebotenen Soldaten, Pferde, Munition, Verpflegung und Betriebsstoffe in einer großen Zahl einzelner Transporte mit wechselndem Lauf und Ziel an die Mobilmachungsorte befördert werden. Die zweite Phase der Kriegstransporte sah dann die Versammlung

---

[55] So auch Schivelbusch, Geschichte der Eisenbahnreise, S. 35.
[56] Schivelbusch, Geschichte der Eisenbahnreise, S. 39.
[57] Siehe Stevenson, War by Timetable? Dieser unterscheidet zwischen der logistischen Herausforderung im Verlauf der Krise selbst und den strategischen Konsequenzen, die der Ausbau der Eisenbahn zeitigte.

des Heeres im Aufmarschgebiet vor. Dies geschah entlang weniger, vorbereiteter Transportstraßen, die in eine Richtung verliefen. Beide Phasen mussten zeiträumlich extrem präzise aufeinander abgestimmt sein.[58] Es entstand so eine neuartige, liminale Periode zwischen Frieden und Krieg. Die Eisenbahn machte den Operationsplan in Teilen zu einer Ableitung des Fahrplans. Für den Nachrichtendienst verhieß das die Möglichkeit, aus der Kenntnis des letzteren auf ersteren rückschließen zu können. In dem Moment, wo aber der letzte Mann, die letzte Kanone und das letzte Pferd aus der Bahn ausgeladen waren, ergriff die napoleonische Zeit wieder Besitz von den Operationsplänen. Ab jetzt ging es nämlich zunächst zu Fuß weiter.

Das Eisenbahnnetz im Deutschen Reich stellte eines der dichtesten weltweit dar. An Streckennetzlänge gemessen sollte es 1915 seine bis heute größte Ausdehnung erreichen.[59] Vom militärischen Standpunkt aus betrachtet, untergliederten sich die Eisenbahnlinien. Da waren einmal die strategischen Trassen, welche die westlichen und östlichen Grenzregionen verbanden und so Heeresoperationen auf der inneren Linie ermöglichten. Die Notwendigkeit, Verbände rasch zwischen West und Ost zu verschieben, stellte sich für das Deutsche Reich mit immer größerer Dringlichkeit, je effektiver und offensiver sich das französisch-russische Bündnis entwickelte. Bis Kriegsbeginn blieb das militärisch relevante Schienennetz östlich der Weichsel allerdings schwach ausgebaut. Im industriell starken Oberschlesien lagen dagegen vorteilhafte Bedingungen vor.[60] Im Westen gestaltete sich die Infrastruktur deutlich besser. Das lag daran, dass die Industriegebiete an Rhein, Ruhr und an der Saar ohnehin über ein gut ausgebautes Netz verfügten. Weiter südlich, im neu gewonnenen Elsass-Lothringen, musste das Netz nach 1871 noch an die neuen operativen Erfordernisse links des Rheins angepasst werden. Das Deutsche Reich betrieb außerdem die Eisenbahn in dem seit 1867 selbstständigen Großherzogtum Luxemburg. Deutsche und belgische Gesellschaften betrieben gemeinsame Eisenbahnprojekte. Der planmäßige Aufbau und die Erweiterung der militärischen Linien begannen 1887. Bis Kriegsbeginn 1914 waren 13 zweigleisige Transportstraßen angelegt und 15 feste Rheinübergänge errichtet worden. Eine wichtige Rolle spielten schließlich die vier zweigleisigen Querverbindungen entlang der deutschen Westgrenze – durch die Eifel, beiderseits des Rheins und über die Strecke Karlsruhe–Frankfurt a.M.–Gießen–Köln, welche die Rochade von Verbänden entlang der Front gegen Frankreich ermöglichen sollten.[61] Damit bot das Liniennetz an sich gute Voraussetzungen für einen deutschen Aufmarsch mit Schwerpunkt im Westen. Das Gleiche galt für die zivil-militärische Organisation der Eisenbahnverwaltung, die wahrscheinlich weltweit führend war. Federführend war dabei die Eisenbahnabteilung des Generalstabs; die regionale

---

[58] Das deutsche Feldeisenbahnwesen, S. 11–22.

[59] Bei Kriegsbeginn lag die Betriebslänge der militärisch relevanten Strecken (vollspurige Privat- und Staatsbahnen) bei 61 404 km. Siehe Sarter, Die Eisenbahnen im Kriege, S. 33–35.

[60] Zur Entwicklung des strategischen Netzes siehe Das deutsche Feldeisenbahnwesen, S. 1–6.

[61] Das deutsche Feldeisenbahnwesen, Karte 2; zu den Brücken siehe Mende, German Fortified Railway Bridges.

Verwaltung in Friedenszeiten und die Durchführung des Eisenbahnaufmarsches zu Beginn eines Krieges oblag 26 Linienkommandanturen.[62]

Die französische Eisenbahnaufklärung, so wie die ihrer Gegner, war damit einer der Teilbereiche des militärischen Nachrichtenwesens, der unmittelbar auf die Kenntnis des gegnerischen Operationsplans zielte. Dabei war sie der Kernbereich einer umfassenderen Analyse der militärisch nutzbaren Infrastruktur. Diese zielte außerdem auf das Straßennetz, die Binnenwasserwege, Bahnhöfe, Kunstbauten, Festungen und Häfen. Die Aussage, Nachrichtendienst vor 1914 habe zum guten Teil aus dem geschulten Blick auf eine Landkarte von Europa bestanden, ist daher an sich richtig, aber unvollständig.[63] Denn es ging hierbei immer auch um die noch nicht gezeichnete, nämlich *zukünftige* Landkarte.

Die Werkzeuge der französischen Eisenbahnaufklärung waren der Skizzenblock des Spions und der Rechenschieber des Disponenten. Der Eisenbahnspion musste den Gegenstand seines Interesses buchstäblich bereisen, um den Ist-Zustand festzustellen. Diese Erkenntnisse konnten durch erbeutete Aufmarschunterlagen oder die Zeitungslektüre ergänzt werden. Auf der Basis dieser Erkenntnisse begann dann im *Deuxième Bureau* die Berechnung der gegnerischen Transportkapazitäten, aus denen wiederum die operativen Absichten geschlussfolgert wurden. Rekognosziert werden konnte also alles, was gebaut war. Erkannt werden konnte, was geplant war. Und berechnet werden konnte, was militärisch möglich war. Diese Systematisierung der Eisenbahnanalyse sollte als ein besonderer Ausweis der Professionalisierung des französischen Nachrichtenwesens in der Epoche betrachtet werden.

Im Detail ging es bei der Rekognoszierung um die militärisch relevanten Eisenbahnlinien, ihren Verlauf, ihre maximale Steigung, die Trassierung, die Frage, ob sie über Ausweichstellen verfügten, vor allem aber ob sie ein- oder zweigleisig angelegt waren. Wichtig war auch die Beobachtung der als Ausladepunkte vorgesehenen Bahnhöfe und der dort vorhandenen Bahnsteige und Rampen. Verschlafene Provinzbahnhöfe, ob im Kölner Becken, in der Eifel oder in Lothringen, die über ungewöhnlich lange Bahnsteige verfügten, erregten das Interesse des Reisenden besonders. Tunnels und Brücken, vor allem diejenigen über den Rhein, standen ebenfalls im Fokus, zumal diese auch zukünftige Ziele von Sabotageoperationen sein sollten. Auch wenn die Eisenbahnbeobachtung Teil der Analyse gegnerischer Fähigkeiten war, so konnten ihre Erkenntnisse aber prinzipiell auch für die Vorbereitung eigener offensiver Absichten nutzbar gemacht werden.

Weil die französischen Aktivitäten der deutschen Seite nicht verborgen blieben und weil entsprechende Operationen von deutscher Seite natürlich auch unternommen wurden, wurde der Geheimhaltung in Eisenbahnfragen seit den 1890er-Jahren eine zunehmende Bedeutung eingeräumt. So legte das preußische Kriegsministerium zunehmend Wert darauf, Bauprojekte bei der Bewilligung des Verkehrshaushaltes und in der Ausführung in Tranchen aufzuteilen, wodurch Baukosten und Linienführungen bewusst verunklart wurden. Ab 1909 gab es außerdem keine schriftlichen Kostenvoranschläge für Heeresbauten mehr. Derartige

---

[62]   Zur Bedeutung der Eisenbahn für das operative Denken im preußischen Großen Generalstab siehe Bucholz, Moltke, Schlieffen, and Prussian War Planning.
[63]   Da irrt Pöhlmann, The Evolution, S. 151.

Tagesordnungspunkte behandelte der Etatausschuss des Reichstages nur münd-
lich.[64]

Die Eisenbahnaufklärung oblag im französischen Generalstab dem *Deuxième
Bureau*, das für die Aufklärung Offiziere entsandte oder die Dienste der *Section
de renseignement* anforderte. Hinweise gingen dem Generalstab auch von den
Militärattachés oder den Konsuln in Deutschland und Belgien zu. Die eigenen
Eisenbahnfragen bearbeitete im Generalstab das *Quatrième Bureau*.[65] Ganz grob
lässt sich die Eisenbahnaufklärung in drei Phasen unterteilen, in denen gleichzeitig räumliche Schwerpunkte gesetzt wurden.[66] Die erste Phase, von 1871 bis
1887, stand ganz im Bann des deutschen Aus- bzw. Umbaus des Schienennetzes
im Reichsland Elsass-Lothringen und der ab Ende der 1870er-Jahre neu errich-
teten Rheinübergänge. Hier lag für den französischen Generalstab der wahrscheinliche Kriegsschauplatz; hier lagen vor allem die deutschen Festungen, deren Anbindung an das Schienennetz über die Jahre intensiv beobachtet wurde.[67]
Elsass-Lothringen war somit der früheste Raum, in dem Eisenbahnbeobachtung
betrieben wurde; es war auch der Raum, in dem die Möglichkeiten für die
Aufklärung neuer Infrastruktur und die Beobachtung des laufenden Verkehrs am
größten waren. Deshalb blieb die Region – trotz aller folgenden Veränderungen
bei den deutschen Baumaßnahmen und den eigenen Operationsplänen – bis
1914 stets ein Schwerpunkt der französischen Eisenbahnspionage.

Die zweite Phase, 1888 bis 1904, war gekennzeichnet vom Zusammenfall
von zwei Entwicklungen, dem Beginn des planmäßigen Ausbaus des strategischen Eisenbahnnetzes in Deutschland (1887) und dem Beginn der Zweifron-
tenlage (1891).[68] Das hatte für das *Deuxième Bureau* insgesamt stärkere Anforderungen, im Besonderen aber auch ein erhöhtes Interesse an den strategischen
West-Ost-Verbindungen zur Folge. Auf diesen müssten nämlich die Deutschen
im Ernstfall ihre Verbände von Front zu Front verschieben. Die bereits erwähnte
Rekognoszierungsreise von Charles Dupont in die deutschen Ostprovinzen 1903
diente somit nicht nur dem Studium der dortigen Festungen, sondern selbstverständlich auch der Erkundung der dortigen Verbindungen:

»Pour cela, il fallait connaître d'abord les lignes de transport possibles. Il fallait au point où les lignes traversent la Vistule. L'étude des voies ferrées sur
le fleuve entre Thorn et Dantzig [sic] déterminerait le nombre de lignes de
transport. Il fallait ensuite déterminer les zones probables de débarquement,
c'est-à-dire étudier les aboutissements des lignes, les organisations préparées,
notamment les aménagements des quais de débarquement«.[69]

64　Für diese Information danke ich Volker Mende (Freiberg).
65　Zur Organisation der französischen Eisenbahnabteilung siehe Le Hénaff/Bornecque, Les
　　Chemins de Fer Français, S. 1–7.
66　Hénin, Le plan Schlieffen, S. 273 f.
67　Für die Anziehungskraft der Festungen siehe Zuber, The Real German War Plan, S. 50,
　　100–102. Als Beispiel für die bald erreichte Systematisierung der Aufklärung und Analyse
　　siehe SHD, GR 7 NN 2 760: EMA, Deuxième Bureau: La nouvelle ligne Metz – Vigy –
　　Anzeling et la concentration allemande, März 1902.
68　Marchand, Plans de concentration, S. 91.
69　Dupont, Mémoires, S. 70. Nach eigener Aussage präsentierte Dupont seinen Vorgesetzten
　　die als riskant eingeschätzte Festungsspionagereise als eine Eisenbahnrekognoszierung,
　　die ein geringeres Risiko verhieß. Der vollständige Bericht findet sich in SHD, GR 7

Welche Schlussfolgerungen der französische Generalstab aus diesen Deutschlandreisen, vor allem aus der Erkenntnis des vergleichsweise ungenügenden
Zustands der deutschen Bahnen östlich der Weichsel zog, ist im Detail nicht
bekannt. Anhaltspunkte gibt es allerdings dafür, dass man in Paris, selbst nach
dem mandschurischen Debakel von 1905, die russländischen Mobilmachungsfähigkeiten höher einschätzte, als das die deutsche Seite tat – und somit wiederum
die Bereitschaft der Deutschen unterschätzte, ihre Ostfront zunächst zu entblö
ßen.[70] In der Allianzkriegskonstellation waren die Eisenbahnen also alles andere als ein isoliertes Spezialthema. Sie wuchsen vielmehr zu einem strategischen
Faktor auf, der immer mehr in den Wechselbeziehungen gedacht und behandelt
werden musste. Dies erklärt auch, warum die französische Regierung den Ausbau
des russländischen Eisenbahnnetzes bis 1914 massiv finanzierte.[71]

Die dritte Phase, 1905–1914, war gekennzeichnet durch die Systematisierung
der Erkundung und Auswertung des deutschen Eisenbahnnetzes. Indiz dafür
war der Umstand, dass das *Deuxième Bureau* ab 1904 jährlich eine umfassende
Analyse vorlegte.[72] Inzwischen hatte der französische Generalstab immer mehr
Indizien dafür, dass der Gegner, erstens, die Entscheidung im Westen suchen
und hierfür, zweitens, den Bruch der belgischen Neutralität in Betracht ziehen
würde. Dafür sprachen drei Beobachtungen: die traditionell leistungsfähige
Infrastruktur an Rhein und Ruhr, der Ausbau der Eisenbahn in der Eifel und die
Baumaßnahmen am Niederrhein zwischen Krefeld und Aachen.[73] In der Eifel
erkannten die Franzosen bis 1909 den Bau einer zweiten Spur der Vennbahn, die
sie als Mittel zur Rochade zwischen Niederrhein und Luxemburg erkannten, und
den Bau der Vennquerbahn (1909–1912), die als Aufmarschstrecke für einen
Durchbruch in den Ardennen geeignet war.[74] Detaillierte Mitteilungen machte
dabei ein bislang nicht identifizierter deutscher Spion mit dem Kürzel »H«, der
spätestens 1911 für die französische *Section de renseignement* arbeitete und wahrscheinlich aus der preußischen Eisenbahnverwaltung, möglicherweise sogar aus
der Eisenbahnabteilung des Generalstabs stammte. Sollte dieser bereits 1904 für
den französischen Nachrichtendienst tätig gewesen sein, besteht außerdem die
Möglichkeit, dass »H« der Lieferant des *Vengeur*-Materials gewesen ist.[75]

Weiter nördlich, am Niederrhein, lag das Augenmerk auf dem Bau von neuen
Ausladebahnhöfen entlang der bestehenden Strecken und der grenzüberschreitenden Erweiterung des Streckennetzes. So berichtete der französische Militärattaché
in Berlin im Juli 1903 über den Bau von zwei Linien im deutsch-belgischen

---

NN 2 760: EMA, Deuxième Bureau: Reconnaissance exécuté dans les Provinces orientales
de la Prusse. Rapport du Capitaine Dupont du 2e Bureau de l'Etat-Major de l'Armée,
10.8.1903.
[70] So die Einschätzung von Zuber, The Real German War Plan, S. 49, 102, noch für das Jahr
1911.
[71] Weiterführend bei Krumeich, Aufrüstung, S. 139–147.
[72] Hénin, Le plan Schlieffen, S. 273.
[73] AFGG, Teil 1, Bd 1 (2. Aufl. 1936), S. 31, 65.
[74] Dazu siehe SHD, GR 7 NN 2 794: EMA, Deuxième Bureau: Chemins de fer de l'Eifel,
19.4.1911; siehe auch Marchand, Plans de concentration, S. 190.
[75] Siehe SHD, GR 7 NN 2 794: EMA, Deuxième Bureau: Über Eisenbahnverhältnisse in
der Eifel, 3.12.1911; ebd., H., Bau-Dispositionen von Eisenbahnlinien an der Luxembrgr.
Grenze (undat., vermutlich 1911). Die Bedeutung des Falls liegt einmal darin, dass sich
hier das Originalmaterial eines Spions überliefert findet. Siehe hierfür S. 154.

Grenzgebiet (Aachen–Löwen und Malmedy–Stavelot).[76] Das *Deuxième Bureau* rechnete also spätestens seit 1904 und vor allem aufgrund der Eisenbahnspionage immer mehr mit einem Schwerpunkt des deutschen Aufmarsches zwischen Aachen und Trier und, damit verbunden, mit einem deutschen Angriff über Belgien.[77]

Hier begannen nun aber die Probleme: Wo genau dieser Angriff ablaufen würde, – ob als weit ausholender Durchbruch vom Niederrhein über die Maas in Richtung auf Zentralbelgien oder aber nur durch das südliche Belgien und Luxemburg – ließ sich aus der Analyse der Eisenbahnen nicht mit Sicherheit schlussfolgern. So kommt das amtliche französische Kriegswerk zu dem Schluss:

»Sans doute les importants travaux exécutés sur les réseaux ferrés allemands depuis 1904 facilitaient de plus en plus le transport à travers la Belgique du gros des forces ennemies dirigées contre la gauche française, mais on ne possédait aucune certitude à cet égard et on ne pouvait faire que des hypothèses quant à l'amplitude du mouvement débordant des armées de l'aile droite allemande.«[78]

Im Großen und Ganzen hatte der französische Nachrichtendienst also den seit 1905 entwickelten Grundzug der deutschen Operationsplanungen gegen Frankreich, nämlich die Entscheidung offensiv und umfassend zu suchen, von Anfang an richtig erkannt. Die Eisenbahnaufklärung hatte dabei einen bedeutenden Anteil gehabt.[79] Aber auch hier war sicher der Mix an Quellen – Agenten, eigene Rekognoszierung, Attachéberichte und offene Quellen – entscheidend gewesen. Spätestens seit 1906 bildete ein starker Angriff des rechten deutschen Flügels über Belgien für den französischen Generalstab die wahrscheinliche Option.[80] Allerdings bleiben aufgrund der Analyse der Eisenbahnen bis zum Kriegsbeginn auch Schwerpunkte links, rechts oder beiderseits der lothringischen Festungen Metz – Diedenhofen als ernst zu nehmende Alternativen lebendig.

Auch wenn der Durchbruch bei Lüttich unter den Belgien-Varianten aufgrund der Analyse der deutschen Infrastruktur eine Gefahr war, konnte die Eisenbahnaufklärung über Richtung und Ziel des dann folgenden deutschen Vormarsches durch Belgien kaum noch Anhaltspunkte liefern. Wie weit dieser starke deutsche Schwenkungsflügel ausholen würde, blieb für den französischen Generalstab immer ein Rätsel; das Ausgreifen über die Maas hinaus haben die Experten nicht erkannt. Aus diesem Unvermögen, hinter den Schleier zu blicken, sollte der französischen Armee schließlich im Sommer 1914 eine tödliche Gefahr erwachsen.[81]

---

[76] Tanenbaum, French Estimates, S. 151. Zu seiner Erkundung des Bahnhofs von Malmedy im Jahr 1912 siehe Taufflieb, Souvenirs, S. 270.

[77] Tanenbaum, French Estimates, S. 157, 159.

[78] AFGG, Teil 1, Bd 1 (2. Aufl. 1936), S. 65. Marchand, Plans des concetration, weist auf insgesamt vier Hypothesen hin (S. 193–195). Siehe auch Lahaie, Renseignement, S. 198, der damit die Nachkriegsaussagen der Entscheidungsträger (Joffre), man sei vom deutschen Angriff 1914 überrascht worden, in Frage stellen möchte.

[79] Schmidt, Frankreichs Plan XVII, S. 223; zum deutschen Operationsplan siehe S. 145 f.

[80] Lahaie, Renseignement, S. 195; Henin, Le plan Schlieffen, S. 259, 262 f.

[81] Das räumt auch Dupont ein (Mémoires, S. 121).

Der Erfolg des deutschen Aufmarsches von 1914 lag aber nicht allein in seinem Streckennetz begründet, sondern auch in der Qualität der zivil-militärischen Eisenbahnorganisation im Deutschen Reich. Anders als die militärisch relevante Infrastruktur ließ sich die Effektivität dieser Organisation mit nachrichtendienstlichen Mitteln schwer einschätzen. Von der Leistung dieser Organisation hingen aber die Tempi von Versammlung und Aufmarsch ganz entscheidend ab.[82]

Eine weitere Beschränkung des Werts der Eisenbahnaufklärung war systemisch bedingt: Ihre Bedeutung musste in dem Moment abnehmen, wo die Infrastruktur errichtet und sichtbar war. Im Prinzip war dies mit Blick auf die deutsche Westgrenze ab etwa 1910 der Fall. Die Zahl der Neubauprojekte blieb überschaubar, Leistungssteigerungen waren weiter zu erwarten, aber insgesamt waren die Grenzen des wirtschaftlich Möglichen und des strategisch Erforderlichen erreicht. Aus französischer Sicht konnten die Deutschen zu diesem Zeitpunkt alle verfügbaren Kräfte mit jedem Schwerpunkt ihrer Wahl aufmarschieren lassen. Von nun an war das Schienennetz also kein vorrangiger Indikator mehr für eine gegnerische Kräftekonzentration.

Das größte Problem für die französische Eisenbahnaufklärung, ja für den Nachrichtendienst insgesamt war aber ab 1911 der Umstand, dass die französische Führung nun den Übergang zu einer eigenen, offensiven Operation einleitete. Diese strategische Neuorientierung ist oft und dabei verkürzt gedeutet worden als Ausdruck eines pathologischen »Geistes«, eines »Kults« oder sogar einer »Ideologie« der Offensive.[83] Diese bildete allerdings bestenfalls den ideologischen Überbau zu der sehr viel umfassenderen strategischen Konzeption. Diese gründete zum einen im Vertrauen in die eigene Aufrüstung. Außerdem war da die durchaus zutreffende Erkenntnis, dass Italien in einem europäischen Konflikt nicht mehr gegen Frankreich offensiv vorgehen würde; somit ließen sich zusätzliche Truppen für einen Konflikt an der Nord- und Ostgrenze freimachen. Schließlich aber motivierten den französischen Generalstab und die Regierung die Erfolge bei der Festigung der strategischen Allianz mit Russland und – vorbehaltlich der Irrungen und Wirrungen der britischen Innenpolitik und des Verzichts auf einen Bruch der Neutralität Belgiens durch Frankreich – auch mit Großbritannien. Das daraus neu gewonnene Selbstbewusstsein ließ beim Generalstab im Allgemeinen und seiner Operationsabteilung im Besonderen die Arbeit des eigenen Nachrichtendienstes immer weniger relevant erscheinen.[84] Am Beispiel der

---

[82] Die Grundzüge der deutschen Organisation waren freilich bekannt, unter anderem durch Beutedokumente. Siehe SHD, GR 7 NN 2 623, EMA, Deuxième Bureau: Note sur le Document S. R. no. 2179 (Emploi militaire des chemins de fer), November 1903.

[83] Die bis heute anzutreffende kulturalistische Interpretation geht am Ende doch meist ungeprüft zurück auf Snyder, The Ideology of the Offensive. Zu den Motiven und Zielen der französischen Neuorientierung siehe Foerster, Aus der Gedankenwerkstatt, S. 133–135, sowie Goya, Le Chair et l'acier.

[84] Tanenbaum, French Estimates, S. 167, 171; siehe auch die diesbezüglich vernichtende Bewertung Joffres durch Andrew, France, S. 128, 145, 147. Andrews Aussage, der französische Generalstab habe den deutschen Angriff durch Belgien überhaupt nicht erkannt, ist zwar unzutreffend. Seiner Kritik, das Vertrauen in die neu gewonnene Stärke habe in einer Vernachlässigung des eigenen Nachrichtenwesens geführt, lässt sich aber wohl zustimmen. Siehe auch die neue und anhand der nachrichtendienstlichen Fragestellungen Eisenbahnaufmarsch, Verwendung der deutschen Reservekorps und (Nicht-)Erkennen der deutschen schwersten Artillerie konkretisierte Kritik bei Lahaie, Renseignement, S. 344.

Eisenbahnaufklärung lässt sich dieser Wandel im strategischen Räsonnement besonders gut aufzeigen. Wo die deutsche Armee in Belgien einmarschieren würde, trat jetzt als Problem immer mehr in den Hintergrund. Wichtig war nur, dass sie es überhaupt tat und damit den Casus foederis lieferte.

4. Der »Rächer« und der Verrat der deutschen Aufmarschanweisung 1904

Die Aufmarschunterlagen bildeten bis 1914 das eigentliche Arkanum, den »Heiligen Gral« der europäischen Generalstäbe.[85] Das Wissen um die Stärke, die Kräfteverteilung und die operativ-strategischen Absichten der potenziellen Gegner galt als wichtigstes Ziel der nachrichtendienstlichen Bemühungen. Vieles davon ließ sich errechnen, manches ließ sich mit geschultem Blick schlussfolgern. Aber immer blieb ein dunkler Kern, und nur der unmittelbare Zugriff auf die aktuellen Papierunterlagen konnte hier letzte Wahrheiten liefern. Im Großen Generalstab in Berlin, wo die Aufmarschplanung – anders übrigens als in Frankreich und Großbritannien – jährlich überarbeitet und neu ausgegeben wurde, bildete das Verbrennen der Unterlagen des Vorjahres daher ein regelrechtes Übergangsritual.[86]

Die Grundzüge der deutschen Aufmarschplanung lassen sich dabei sehr grob in drei Phasen gliedern. Im Zeitraum 1871 bis 1890 sah der Große Generalstab unter seinen ersten beiden Chefs, den Generalfeldmarschällen Helmuth von Moltke und Alfred von Waldersee, ein defensives Dispositiv gegen West und Ost vor. Die internationale Isolierung Frankreichs und gute Beziehungen zu Russland boten hierfür die Voraussetzungen. Diese außenpolitischen Bedingungen änderten sich allerdings für Generalfeldmarschall Alfred von Schlieffen, der 1891 auf Waldersee folgte. In der nun folgenden, zweiten Phase von 1891 bis 1998 stellte sich nämlich für Schlieffen immer drängender die Frage, wie er mit einer koordinierten, gleichzeitigen Bedrohung durch Frankreich und Russland umgehen sollte. Als Ergebnis dieser Überlegungen griff bei Schlieffen unter anderem der Gedanke Raum, im Falle eines Zweifrontenkrieges eine gemeinsame gegnerische Offensive nicht abzuwarten, sondern Frankreich und Russland nacheinander zu schlagen. Das wiederum erforderte die Abkehr von der strategischen Defensive an beiden Fronten und den Übergang zur operativen Offensive an einer der beiden Fronten. Da allerdings der erste Gegner, Frankreich, über eine Landesbefestigung verfügte, die es ihm ermöglichte, zunächst den Aufmarsch des russländischen Verbündeten abzuwarten, dachte der Generalstab nun über die Möglichkeiten nach, die französische Landesbefestigung unter Bruch der niederländischen, belgischen und luxemburgischen Neutralität zu umgehen. Die Idee eines solchen Umfassungsangriffs im Westen lässt sich erstmals für 1899 feststellen.[87] In der nun folgenden dritten Phase, von 1899 bis 1914, konzentrierten sich die Planungen des Generalstabs immer stärker auf diese eine Aufmarschvariante. Die

[85] So Showalter, Intelligence on the Eve, S. 18.
[86] Groß, There was a Schlieffen Plan, S. 120.
[87] Der Weltkrieg 1914–18, Bd 1 (1925), S. 49–65, hier S. 54.

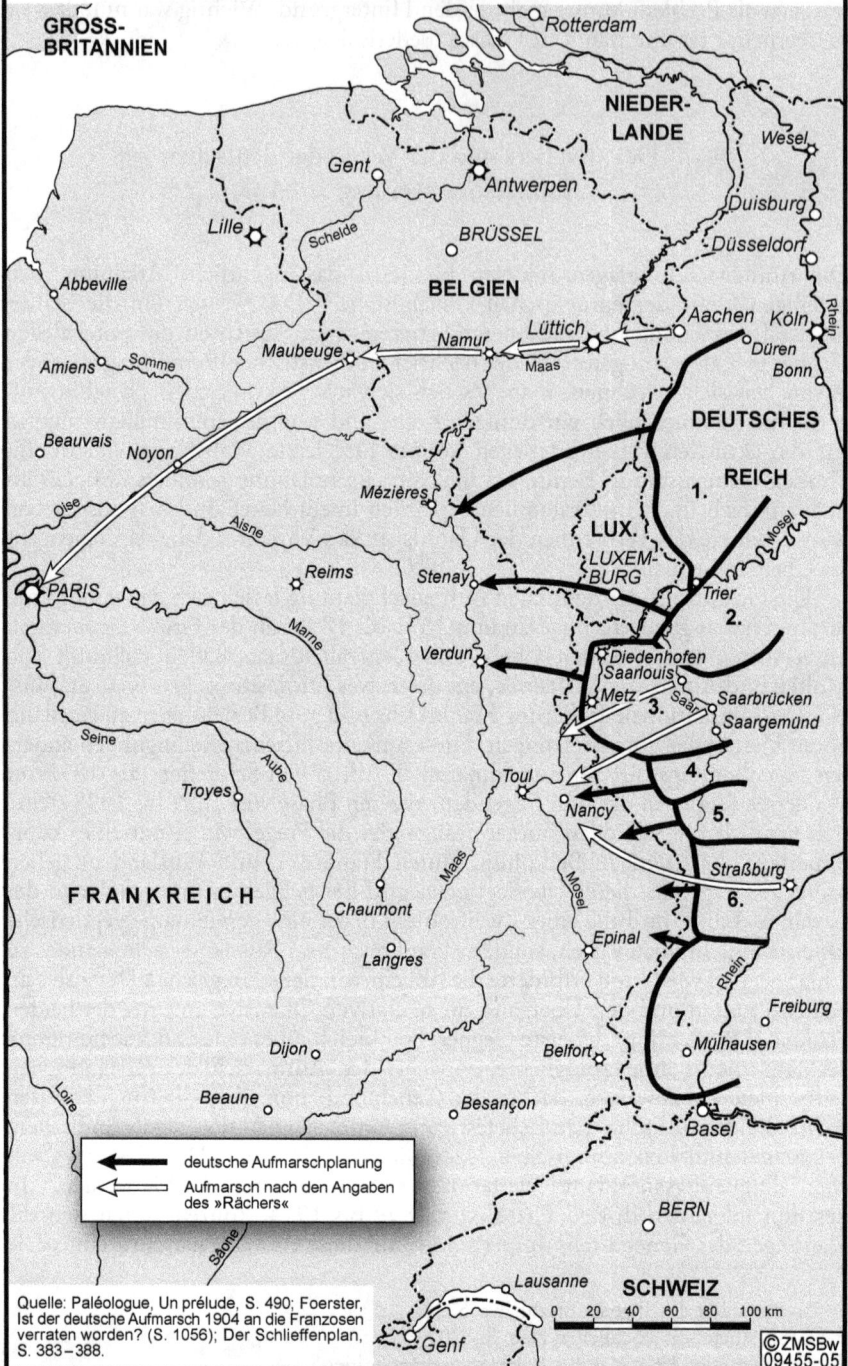

Der deutsche Aufmarschplan 1904/05 nach den deutschen Akten und den Angaben des »Rächers«

Quelle: Paléologue, Un prélude, S. 490; Foerster, Ist der deutsche Aufmarsch 1904 an die Franzosen verraten worden? (S. 1056); Der Schlieffenplan, S. 383–388.

©ZMSBw
09455-05

im Dezember 1905 von Schlieffen an seinen Nachfolger, Generaloberst Helmuth von Moltke, übergebene Denkschrift »Krieg gegen Frankreich« formuliert die Idee eines mit einem starken rechten Flügel über Belgien geführten Umfangsangriffs, hier allerdings nur für das Szenario eines Krieges gegen einen der Gegner. Diese Idee bildete im weiteren Verlauf das Kernstück der landläufig als »Schlieffenplan« bekanntgewordenen Aufmarschplanung gegen Frankreich und Russland.[88]

Es ist also nicht übertrieben, wenn man den möglichen Verrat der deutschen Aufmarschunterlagen an die Franzosen 1904 als einen der größten Spionagecoups der Epoche bezeichnet – neben dem Verrat von Aufmarschunterlagen durch einen Offizier im russländischen Hauptstab an den preußischen Generalstab zwischen 1889 und 1904 und den umfangreichen Verratshandlungen des österreichischen Generalstabsobersten Alfred Redl bis 1913.[89] Das Problem ist freilich, dass dieser angebliche Spionagefall bis heute ungeklärt geblieben ist. Diese Untersuchung soll daher einen Beitrag zur Neubewertung des Falls leisten. Dafür wird die Geschichte des deutschen Verräters, der sich selbst der »Rächer« (le Vengeur) nannte, mit Blick auf die Plausibilität des Verratsfalls und auf seine möglichen Folgen hin beleuchtet.

Dafür begeben wir uns in das Frühjahr 1904. Dieses war im französischen Militär bestimmt vom Kampf der Regierung Combes gegen die republikfeindlichen Tendenzen im Offizierkorps und einer entsprechend erbitterten Fraktionierung desselben. In Deutschland kündigte sich das Ende der langjährigen Dienstzeit Schlieffens an und der bis dahin größte Kolonialkonflikt, der Aufstand in Deutsch-Südwestafrika, band die Aufmerksamkeit im Militär. Im Februar war außerdem der Russisch-Japanische Krieg ausgebrochen, dessen Ausgang allerdings noch völlig offen war. Im April hatten sich Frankreich und das Vereinigte Königreich gegen Deutschland zur Entente Cordiale zusammengeschlossen.

Der wichtigste, weil einzige Gewährsmann der Vengeur-Geschichte war der französische Diplomat George Maurice Paléologue, damals Ministre plénipotentiaire und Sous-directeur adjoint des Affaires politiques am Quai d'Orsay.[90] Den angeblichen Spionagefall enthüllte er selbst 1931/32 im Rahmen seiner Tätigkeit als Kriegsschuldpublizist.[91] Im Verlauf eines Gesprächs am 25. April 1904 habe ihm der damalige Generalstabschef, Jean Pendézec, eröffnet, dass der französische Generalstab von einem deutschen Selbstanbieter die aktuellen Aufmarschunterlagen des deutschen Generalstabs – »le plan Schlieffen« – erhalten habe.[92] Nach einer Anbahnung durch drei im belgischen Lüttich aufge-

---

[88] Für den hier in Rede stehenden Zusammenhang sind die seit inzwischen 100 Jahre immer wieder aufflammenden, militärischen bzw. wissenschaftlichen Debatten um den deutschen Aufmarschplan nicht weiter von Bedeutung. Dass sich im Kontext dieser Debatten auch heute noch neue Aspekte auftun und dass dabei die nachrichtendienstlichen Bewertungen der gegnerischen Generalstäbe eine wichtige Rolle als Quellen spielen, zeigen die letzten Debattenstränge bei Zuber, Inventing the Schlieffen Plan; Der Schlieffenplan; Henin, Le plan Schlieffen, und Holmes, Back to the sources.

[89] Siehe Grawe, Deutsche Feindaufklärung, S. 68, und Leidinger/Moritz, Oberst Redl.

[90] Zur Biografie siehe Halfond, Maurice Paléologue.

[91] Siehe dazu Paléologue, La demission de M. Delcassé; Paléologue, Un prélude; Paléologue/ Brugère, Le plan Schlieffen.

[92] Paléologue, Un prélude, S. 490, 524.

gebene Briefe habe der Verräter bei Treffen in Paris, Brüssel und Nizza einem Hauptmann des *Deuxième Bureau*, Frédéric-Émile Lambling, die Unterlagen übergeben und dafür 60 000 Francs erhalten. Um seine Identität zu verbergen, habe der »Rächer« bei allen drei Treffen einen Kopfverband getragen, der nur seinen grauen Oberlippenbart und seinen stechenden Blick erkennen ließ. Über die Identität gab Pendézec an, dass es sich um »un officier, qui semble être un des généraux attachés au Grand Etat-major de Berlin« gehandelt habe.[93] Als Motiv habe dieser General Verbitterung über schlechte Behandlung angegeben; ausgewiesen habe er sich mit einem personalisierten Exemplar des »Handbuchs für den Generalstabsdienst im Kriege«.

Anhand einer Karte wies Pendézec Paléologue in den vom »Rächer« übergebenen Plan ein: Im Falle eines Konflikts mit Frankreich würde Deutschland sechs Armeekorps gegen Russland zurückhalten und sich mit einem Gros von 26 Armeekorps plus Reserveverbänden in der Stärke von zehn weiteren Korps gegen Frankreich wenden. Drei Armeen sollten die französische Ostgrenze zwischen Metz und Lunéville überschreiten, während eine vierte Armee, davon weit abgesetzt und unter Bruch der belgischen Neutralität, aus dem Raum Aachen über Lüttich, Namur, Charleroi und Maubeuge auf Paris vorstoßen solle.[94]

Die weitere Schilderung Paléologues, die gattungsmäßig eine Edition seiner angeblichen Tagebuchaufzeichnungen aus dem Jahr 1904 darstellt, drehte sich dann darum, dass diese bahnbrechenden, nachrichtendienstlichen Erkenntnisse beim damaligen Generalissimus, Joseph Brugère, und der politischen Leitung auf Skepsis gestoßen seien. Paléologue habe zwar vehement auf eine entsprechende Anpassung der französischen Aufmarschplanung gedrängt, sei aber nicht damit durchgedrungen. 1914 sei dann die deutsche Armee, wie im Schlieffenplan vorgesehen, in Frankreich eingefallen.

1929 habe, so Paléologue weiter, der damalige Generalinspekteur der Armee, Marschall Philippe Pétain, im Zusammenhang mit der Edition der französischen Dokumente zum Weltkrieg eine Untersuchung des *Vengeur*-Falls in Auftrag gegeben. Diese sei im Großen und Ganzen ergebnislos verlaufen, habe aber immerhin Auswertungen der Operationsabteilung zutage gefördert, die auf die ursprünglichen nachrichtendienstlichen Erkenntnisse Bezug genommen hätten.[95]

Die Darstellung Paléologues ging seither in die meisten historischen Darstellungen zur Vorgeschichte des Ersten Weltkrieges ein. Die erste Reaktion kam im November 1932 von dem deutschen Kriegsschuldforscher Wolfgang Foerster, der zu dem Schluss kam, dass der französische Nachrichtendienst einem Spionagebetrüger aufgesessen war.[96] Die eigentliche Rezeption Paléologues setzte dann nach dem Zweiten Weltkrieg ein. 1949 identifizierte der französische Militärhistoriker Louis Garros Teile der erwähnten Auswertungen, kam dabei aber zu dem Schluss, dass diese die *Vengeur*-Geschichte keinesfalls bestätigten.[97] Henry Contamine brachte 1957 eine ganz andere Erklärung ins Spiel, nämlich eine mögliche Fabrikation der Geschichte durch das *Deuxième Bureau*

---

[93]   Ebd., S. 488.
[94]   Ebd., S. 487, 490 (Skizze).
[95]   Ebd., S. 488.
[96]   Dessen Argumente werden weiter unten ausgeführt. Siehe Foerster, Ist der deutsche Aufmarsch 1904 an die Franzosen verraten worden?
[97]   Garros, Préludes; siehe auch Hénin, Le plan Schlieffen, S. 264 f.

selbst. Es sei durchaus vorstellbar, dass der französische Nachrichtendienst auf diese Weise den eigenen Warnungen beim *Troisième Bureau* und den militärischen Entscheidungsträgern mehr Gewicht hatte verleihen wollen.[98] Paul-Marie de la Gorce übernahm 1963 für seine Geschichte der französischen Armee Paléologues Geschichte, auch wenn er den »Rächer« zum Oberst degradierte. Samuel Williamson zweifelte 1969 die Geschichte an und erwähnte dabei – auf den frühen Aufsatz von Foerster verweisend – auf den schlichten Umstand, dass der »Schlieffenplan« im Frühjahr 1904 noch gar nicht existiert habe. Christopher Andrew schilderte 1968 in seiner Biografie des politischen Ziehvaters von Paléologue, Théophile Delcassé, die Anekdote ebenfalls, ging aber von einem Nachrichtenschwindel aus.[99] Mit diesen drei einflussreichen Publikationen hatte der *Vengeur* Eingang in die angelsächsische Forschungsliteratur gefunden. Das bedeutete aber nicht, dass fortan kritische Wertungen überwogen hätten. Douglas Porch etwa präsentierte 1981 letztlich Paléologues Version, auch wenn er das Dokument selbst ungewöhnlich verklausuliert beschrieb: »a German plan which resembled that drawn up by Schlieffen«.[100] Der über Jahrzehnte wichtigste, weil quellengestützte Beitrag war ein Aufsatz von Jan Karl Tanenbaum in dem für die Geschichtsschreibung der Nachrichtendienste bahnbrechenden Sammelband »Knowing One's Enemy« aus dem Jahr 1984. Der Autor übernahm im Prinzip Paléologues zweifelhafte Darstellung, befasste sich aber vor allem mit den unzweifelhaften Schlussfolgerungen auf französischer Seite.[101] Als neue, wenn auch apokryphe Quelle veröffentlichte der französische Journalist Pascal Krop 1993 ein angebliches Gespräch zwischen dem »Rächer« und Lambling.[102] Neuere Forschungen zur Geschichte der Nachrichtendienste übernahmen entweder Paléologues Darstellung[103] oder formulierten vorsichtig Skepsis, ohne selbst freilich neue Erkenntnisse beitragen zu können.[104] Pierre-Yves Hénin kam nach intensivem Studium sowohl des deutschen Aufmarschplanes als auch der erhaltenen französischen Akten zu dem Ergebnis, dass der »Rächer« – wer immer das gewesen sein soll – bestenfalls die Grundzüge des 1899 entwickelten Plans mit der kleinen Umfassung durch das südliche Belgien verraten haben kann. Weder Schlieffens namensgebender Plan von 1905/6 noch die späteren Aufmarschpläne seien dem französischen Generalstab bis 1914 bekannt geworden.[105]

Bewertet man die Forschungen zusammenfassend, fällt auf, dass die *Vengeur*-Geschichte auf eine einzige Quelle, nämlich Maurice Paléologue, zurückgeht. Die wenigsten der diesen zitierenden Historiker sind dem Fall weiter nachgegangen. Sie konnten es zunächst aufgrund der Sperrfristen für die Archivbestände

---

[98]   Contamine, La Revanche, S. 95 f.
[99]   Gorce, French Army, S. 62; Williamson, Politics, S. 55; Andrew, Théophile Delcassé, S. 253.
[100] Porch, March, S. 231.
[101] Tanenbaum, French Estimates, hier S. 153 f.
[102] Krop, Les secrets, S. 83. Die faksimilierte Quelle ist teilweise unleserlich und stammte angeblich aus dem Privatarchiv des Autors.
[103] Lahaie, Renseignement, S. 20, 80, 84, 183; Arboit, Des Services, S. 91 f.; Doughty, Pyrrhic Victory, S. 12 f.
[104] Sawicki, Services, S. 7; Seligmann, Spies in Uniform, S. 4; Laurent, Politiques de l'ombre, S. 468.
[105] Hénin, Le plan Schlieffen, S. 265, 273.

des Nachrichtendienstes schlicht nicht. Doch auch danach blieb der Auftritt des
»Rächers« eine spektakuläre Anekdote, die man ungern ausließ. Skepsis wurde
da bestenfalls im Nebensatz oder in der Fußnote formuliert. Ob es den »Rächer«
gab und, wenn ja, um wen es sich dabei handelte, ist bis heute nicht bekannt.
Gleichwohl ist inzwischen mehr bekannt über die Aktivitäten, die im zeitlichen
Zusammenhang mit dem vermeintlichen Verrat auf französischer Seite zu beobachten waren.

Prüfen wir die Anekdote zunächst auf ihre Plausibilität und beginnen dafür mit ihrem Zeugen selbst. Maurice Paléologue war ein Diplomat, der als
Botschafter in Sofia (1907–1912) und als Leiter der Politischen Abteilung im
Außenministerium (1912–1914) die Ausrichtung der französischen Außen- und
Bündnispolitik mitgeprägt hat. Für seine Zeit in der Pariser Zentralstelle fällt ein
stark manipulativer Zug in seiner Persönlichkeit auf; als Botschafter in Bulgarien
hat Paléologue nachweislich irreführende Berichte an seine Vorgesetzten verfasst.[106] Seine Stunde schlug freilich im Januar 1914, als er zum Botschafter im
Russischen Kaiserreich ernannt wurde. Als französischer Vertreter in St. Petersburg
während der Julikrise dürfte Paléologue tatsächlich zu den gut 60 Männern zählen, die den Ersten Weltkrieg ausgelöst haben.[107] Die Analyse seines diplomatischen Handelns in der Julikrise weist auf bewusste Täuschungen sowohl des
eigenen als auch des zarischen Außenministeriums hin, die darauf abzielten, die
französische Unterstützung für eine russländische Mobilmachung unbedingt sicherzustellen. Diese Vorgehensweise hat ihm die zweifelhafte Qualifikation als »a
sort of rouge ambassador« eingebracht.[108]

Nach seinem Ausscheiden aus dem diplomatischen Dienst 1921 tat sich
Paléologue als Essayist, Romancier und Autobiograf hervor, der auch im
Ausland viel rezipiert wurde. Seine politischen Aufsätze und autobiografischen
Publikationen sind im Umfeld der französischen Kriegsschuldpublizistik zu ver-
orten.[109] Soweit die Veröffentlichungen Paléologues eigenes Wirken thematisie-
ren, sind sie bestimmt von seinem starken Drang nach Selbstdarstellung; seine angeblichen Tagebucheinträge von 1904 liefern hiervon einen guten Eindruck. Weit
weniger bekannt, aber für diesen Zusammenhang sehr wichtig ist die Tatsache,
dass Paléologue seit 1897 als Reserveoffizier beim *Deuxième Bureau* eingeplant war.
Er war also selbst Angehöriger der Dienststelle, der von einigen Historikern die
Fabrikation der *Vengeur*-Geschichte vorgeworfen wurde.[110] Fasst man zusammen,
dann war Paléologue Nachrichtendienstler, Kriegsschuldforscher und einziger

[106] Halfond, Maurice Paléologue, S. X, 39–62.
[107] Siehe The Origins of World War I, S. 520–524. Diese identifizieren eine Zahl von 62
      Entscheidungsträgern aus den fünf europäischen Großmächten plus Serbien, darun-
      ter Paléologue. Auf die, gerade für die konkrete Krise vom Juli 1914 zentrale Rolle der
      Individuen verweist auch Clark, The Sleepwalkers, S. XXVIII f. Dafür ist dann seine
      Charakterisierung Paléologues – »one of the most iridescent personalities to hold ambas-
      sadorial office in the French service« – noch vergleichsweise moderat (ebd., S. 436). Siehe
      außerdem Schmidt, Frankreichs Außenpolitik, S. 335–343.
[108] Fromkin, Europe's Last Summer, S. 194.
[109] Siehe dazu die zeitgenössische Kritik bei Herzog, Glaubwürdigkeit und Quellenwert.
[110] Siehe die Personalakte in SHD, GR 5 YE 118940. Reservedienstleistungen hat er demnach
      im Zeitraum 1904–1906 nicht abgeleistet. 1918 wurde er mit seinem bereits 1898 erreich-
      ten Enddienstgrad (*Capitaine d'artillerie territoriale*) ausgemustert.

Gewährsmann der *Vengeur*-Geschichte in einer Person. Für die Glaubwürdigkeit des Falls bildet das eine gewisse Hypothek.

Genauso zweifelhaft wie der einzige Gewährsmann sind dessen Quellen. Die vom »Rächer« gelieferten Dokumente seien angeblich im August 1914 beim Vormarsch der deutschen Armeen auf Paris verbrannt worden. Dazu kommt, dass alle von Paléologue namentlich genannten Gesprächspartner zum Thema *Vengeur* 1931 bereits verstorben waren, so die Generale Jean Pendézec (1913), Joseph Brugère (1918), Jean-Jules Brun (1911) sowie die Politiker Théophile Delcassé (1923), Maurice Rouvier (1911) und Paul Cambon (1924). Vor allem aber war der seinerzeitige Chef des *Deuxième Bureau*, Oberst Charles Hollender, 1917 verstorben und der einzige Offizier, der den »Rächer« je gesehen haben soll, Oberstleutnant Frédéric Lambling, war seit 1918 ebenfalls tot.[111] Die seinerzeitigen Deutschland-Bearbeiter und der Chef des *Deuxième Bureau* von 1914 gaben später an, keine Kenntnis von dem Vorfall gehabt zu haben.[112]

Welche Dokumente 1904 konkret vorlagen, geht aus der Darstellung von Paléologue und der ihm folgenden Historiker nicht hervor. War es der ganze Aufmarschplan, waren es Teile davon oder möglicherweise nur eine Skizze von der Hand des »Rächers«? Das ist deshalb von Bedeutung, weil ein »Aufmarschplan« als Einzeldokument im Großen Generalstab überhaupt nicht existierte. Vielmehr handelte es sich hierbei um ein Konvolut, das wenigstens aus den folgenden Einzeldokumenten bestand: dem »Mobilmachungs-Terminkalender«, aus dem sich zeitliche Abfolgen herauslesen ließen; dann den »Direktiven für die Deckung des Aufmarsches« und den »Grenzschutzkarten«, die für den französischen Nachrichtendienst eher wegen der eigenen Offensivplanung von Interesse gewesen wären. Wichtig war ferner die »Kriegsgliederung«, aus der sich Stärke und Gliederung eines gegen eine bestimmte Front aufmarschierenden Heeresteils erschlossen. Am wichtigsten waren letztlich die »Aufmarschkarten«, aus denen sich die räumliche Dislozierung der Armeen und Korps ergab, vor allem aber die »Aufmarschanweisungen« an die einzelnen Armeen, denn diese enthielten auch Hinweise auf die Richtung und die Ziele des Vormarsches.[113]

Mit Blick auf die Quellen ist schließlich darauf hinzuweisen, dass das Tagebuch Paléologues aus dem Jahr 1904, aus dem er in seinem Aufsatz von 1931 zitiert,

---

[111] Siehe Paléologue, Un prélude, S. 489. Lambling war allerdings 1918 nicht »à la tête du 4e régiment d'artillerie« gefallen, wie das Hénin, Le plan Schlieffen, behauptet (S. 264). Vielmehr war er bereits 1917 wegen Depression und Erschöpfung nicht mehr fronttauglich. Er wurde im Februar 1918 in den Ruhestand versetzt und starb schon einen Monat später zu Hause. Siehe die Personalakte in SHD, GR 11 YF 1123. Die Aussage eines der ehemaligen Deutschland-Bearbeiter, damals Hauptmann Marie Joseph Barthélemy, bestätigt den *Vengeur* weder als Fall noch als Person. Aus der Perspektive der militärischen Sicherheit ist es auch irritierend, wie vielen Personen gegenüber Paléologue die letztlich doch streng geheimen, nachrichtendienstlichen Erkenntnisse offengelegt haben will.

[112] So Dupont, Mémoires, S. 106 und 265–267, der hier eine zweite amtliche Untersuchung anlässlich der Veröffentlichung Paléologues im Jahr 1932 schildert.

[113] Ein vollständiger Aufmarschplan des Großen Generalstabs konnte bis heute im Original nicht ermittelt werden. Die Zusammensetzung des Konvoluts erschließt sich aber aus Fragmenten und Abschriften, die sich ediert finden bei Der Schlieffenplan, und Zuber, German War Planning.

ebenfalls nicht überliefert ist.[114] Die Plausibilität der *Vengeur*-Geschichte leidet
also am Objekt des angeblichen Verrats. Man wird den Autor schon an seinen
Worten messen dürfen, wenn er konkret vom »plan Schlieffen«, an anderer Stelle
vom »nouveau plan de concentration que l'état-major allemand vient d'adopter
contre la France« bzw. von »tout le nouveau plan d'opération« spricht.[115] Damit
sind nicht weniger als die kompletten, aktuellen Aufmarschunterlagen gemeint.

Schon in der Lesart von 1932 verstand man aber unter dem »Schlieffenplan«
den deutschen Aufmarschplan von 1905/06, in dem erstmals die weite Umfassung
durch Belgien festgelegt worden war. Dieser Plan existierte allerdings, wie bereits
erwähnt, zu dem von Paléologue genannten Zeitpunkt überhaupt noch nicht.
Tatsächlich galt am 25. April 1904 – dem Tag, an dem Paléologue vom *Vengeur*
erfahren haben will – der Aufmarschplan für 1904/05.

Betrachtet man nun diesen Plan näher, dann erkennt man schnell, dass auch
dieser mit dem Plan von Paléologue nicht viel gemeinsam hatte.[116] Er sah sieben
Armeen gegen Frankreich vor (statt vier beim *Vengeur*). Bei der Zahl der gegen
Frankreich aufmarschierenden Korps ist vorauszuschicken, dass der deutsche
Aufmarschplan zwei Varianten vorsah, den Krieg gegen Frankreich allein und
den Krieg gegen Frankreich und Russland. Im ersten Fall hätten die Deutschen
26 Armeekorps plus 15 Reservedivisionen gegen Frankreich eingesetzt, im zweiten Fall nur 23 Armeekorps plus 15 Reservedivisionen.[117] Wenn Paléologue
26 Armeekorps plus Reservedivisionen im Wert von zehn weiteren Korps (»la
valeur des trente-six corps«) benennt, liegt er deutlich über der tatsächlichen
Stärke.[118] Noch auffälliger sind die Abweichungen bei der Dislozierung der Kräfte.
Der tatsächliche Plan von 1904/05 sah im Prinzip eine »Umfassungsschlacht etwa
im Raum Verdun« vor, bei der allenfalls das südliche Belgien und Luxemburg
als Durchmarschgebiet mit einbezogen wurden.[119] Beim Paléologueplan greifen
dagegen drei deutsche Armeen frontal die französische Festungslinie an, während
eine vierte Armee – immerhin ein Drittel der Kräfte – eine »räumlich weit abge-
setzte Sonderoperation quer durch Belgien auf Paris vollführt«.[120] Der Aufmarsch
des »Rächers« stimmt also nicht nur mit dem tatsächlichen Plan von 1904/05
nicht überein. Er entbehrt auch für sich genommen einer operativen Logik, weswegen es nicht verwundert, dass der französische Generalstab entsprechenden
nachrichtendienstlichen Erkenntnissen skeptisch gegenüber stand.

---

[114] Halfond, Maurice Paléologue, zitiert aus den Buchveröffentlichungen. Die Hinweise auf
ein Tagebuch Paléologues sind eher kryptisch. Siehe Schmidt, Frankreichs Außenpolitik,
S. 7, 331.

[115] Paléologue, Un prélude, S. 487 f., 490, 524.

[116] Siehe Karte S. 146. Zu den beiden Aufmarschplänen siehe Der Schlieffenplan, S. 389–393
(1904/05) und 394–399 (1905/06).

[117] Der Schlieffenplan, S. 389 (ohne die bei Paléologue nicht aufgeführten Kavalleriedivisionen).
An dieser Stelle ist Foerster, Ist der deutsche Aufmarsch 1904 an die Franzosen verraten
worden? (S. 1062), kritisch zu lesen. Er legt nämlich im Vergleich zu Paléologue die für
den Aufmarsch gegen *beide* Gegner mögliche, niedrige Zahl von Korps zugrunde – ein
Taschenspielertrick.

[118] Paléologue, Un prélude, S. 487.

[119] Ritter, Der Schlieffenplan, S. 41; siehe außerdem die Skizzen bei Foerster, Ist der deutsche
Aufmarsch 1904 an die Franzosen verraten worden?, S. 1056, 1061. Meine Formulierung
»allenfalls« qualifiziert die räumliche Ausdehnung, nicht die völkerrechtliche Bewertung.

[120] Foerster, Ist der deutsche Aufmarsch 1904 an die Franzosen verraten worden?, S. 1064.

Die obige Gegenüberstellung macht aber nur dann Sinn, wenn die Grundlage der französischen Überlegungen vom Frühjahr 1904, wie von Paléologue behauptet, der aktuelle deutsche Westaufmarsch (1904/05) gewesen wäre. Nicht einmal das traf aber zu. Zwar konnten die *Vengeur*-Unterlagen bislang im Original nicht ermittelt werden. Ihre Anzahl, ihre Art und ihr Inhalt lassen sich aber aus den Akten des französischen Generalstabs sehr wohl rekonstruieren. Es handelt sich genau genommen um zwei Karten mit ergänzenden Hinweisen. Bei der ersten Karte (Dokument Nr. 2474) handelt es sich um eine Darstellung des deutschen Westaufmarsches, möglicherweise eine Abschrift der Transportstraßenkarte West der Eisenbahnabteilung für das Jahr 1903/04, also des Vorjahrs. Bei der zweiten Karte (Dokument Nr. 2500) handelt es sich um ein entsprechendes Dokument für den Ostaufmarsch für das Jahr 1904/05.[121] Damit ist nachgewiesen, dass dem französischen Nachrichtendienst im Frühjahr 1904 weder der »Schlieffenplan« (1905/06) noch der aktuelle deutsche Aufmarschplan (1904/05) vorgelegen haben, sondern bestenfalls eine Karte, die als angeblicher Teil des Aufmarschplanes von 1903/04 in seinen Besitz gekommen war.

Für den weiteren Verlauf der Paléologueschen Darstellung ist nun wichtig in Erinnerung zu behalten, wie der französische Generalstab mit diesen Informationen verfuhr: Für den Januar 1904 lässt sich die erste Auswertung durch das *Deuxième Bureau* nachweisen.[122] Am Ende desselben Monats hatte die Operationsabteilung hierzu eine erste Stellungnahme abgegeben.[123] Zwischen Februar und August 1904 beschäftigte sich der Generalstab intensiv mit den neuen Dokumenten, prüfte deren Plausibilität und brachte diese in Beziehung zu bereits vorliegenden nachrichtendienstlichen Erkenntnissen. Im Ergebnis bestätigten die Dokumente die bereits als wahrscheinlich geltende Annahme, dass die Deutschen einen Krieg gegen Frankreich offensiv führen und dass sie dabei die belgische Neutralität brechen würden. Die Informationen konkretisierten die Zahl und die Verteilung der Kräfte. Über die konkrete Operationsabsichten ließen aber auch diese Dokumente keinen Schluss zu.[124] Gleichwohl stellte sich für den

---

[121] Siehe SHD, GR 7 NN 2 775: EMA, Deuxième [?] Bureau: Renseignements sur la concentration allemande vom 6.1.1904; ebd., GR 7 N 1756: Troisième Bureau, 1ère Note au sujet du plan de concentration allemand No. 1, présenté par le 2e Bureau de l'Etat-major de l'armée vom 29.1.1904 (dort die Umsetzung der Informationen aus Dokument Nr. 2474 in eine französische Karte); ebd., Deuxième Bureau, Note au sujet des documents S.R. nos. 2474 et 2500 relatifs à la concentration allemand vom 8.2.1904. Zur Transportstraßenkarte siehe Staabs, Aufmarsch nach zwei Fronten, S. 27.

[122] SHD, GR 7 NN 2 775: EMA, Deuxième [?] Bureau: Renseignements sur la concentration allemande vom 6.1.1904, Bl. 335–338.

[123] SHD, GR 7 N 1756: Troisième Bureau, 1ère Note au sujet du plan de concentration allemand No. 1, présenté par le 2e Bureau de l'Etat-major de l'armee vom 29.1.1904.

[124] SHD, GR 7 N 1756: EMA, Deuxième Bureau: Note sur le renseignements récents relatifs à la mobilisation et la concentration allemandes (Exemplaire no. 2), 8.3.1904; ebd.: EMA, Deuxième Bureau: Note sur le document S.R. no. 2474, de 1904, au sujet de la concentration allemande (Etude faite au point de vue du transport par chemins de fer), 12.4.1904; ebd.: EMA, Deuxième Bureau, Carte annexée à la note du 12 avril 1904 sur le Document S.R. no. 2474 relatifs à la concentration allemande (französische Karte, in denen sich die angenommene Operationsrichtung herauslesen lässt); wichtig aber unsicher in der Zuschreibung ist ferner ebd.: o.V. [vermutlich EMA, Troisième Bureau], Etude de la violation de la neutralté de la Belgique par l'Allemagne, o.D. [Sommer 1904].

Generalstab damit die Frage, ob der gegenwärtig gültige, eigene Operationsplan (*Plan XV*) durch diese neuen Erkenntnisse in Frage gestellt sei. Deshalb beauftragte der Kriegsminister im August 1904 die Mitglieder des *Conseil supérieur de la Guerre* auf der Basis dieser nachrichtendienstlichen Erkenntnisse mit einer Stellungnahme zur Gültigkeit des aktuellen Aufmarschplans.[125] Die bis Dezember 1904 vorliegenden Stellungnahmen führten dazu, dass der Operationsplan zunächst unverändert blieb.

Angesichts der geringen Plausibilität der Paléologueschen Geschichte gilt es nun, vier mögliche Hypothesen zu prüfen. Die erste, der tatsächliche Verratsfall eines »Rächers« mit Kopfverband und zweifellos einer dem Porträt Schlieffens entliehenen Physiognomie, diskreditiert sich allein durch ihren pathetischen Plot. 1904 gab es im Großen Generalstab acht Generale.[126] Erweitert man den Kreis der Verdächtigen, dann ist die Zahl der Stabsoffiziere zwar durchaus größer. Jedoch wären hier nur die Aufmarschbearbeiter der 2. Abt. und einzelne Mitarbeiter der Eisenbahnabteilung in der Lage gewesen, überhaupt Zugriff auf Teile des Plans zu erlangen. Die Art der Dokumente und ein späterer Spionagefall aus dem Jahr 1911 lassen es allerdings möglich erscheinen, dass in der Eisenbahnabteilung ein Landesverräter arbeitete.[127] Auch der Reisefreudigkeit von Paléologues »Rächer« ist mit Skepsis zu begegnen. Ein General oder Stabsoffizier des Großen Generalstabs, der innerhalb weniger Monate zwei Reisen nach Frankreich und vier nach Belgien unternommen hätte (3 Briefaufgaben und eine Verhandlung), hätte sich zwangsläufig verdächtig gemacht – gegenüber seinen Vorgesetzten und auch gegenüber der französischen und belgischen Spionageabwehr.

Die zweite Hypothese ist schon früh erörtert worden: ein Spionagebetrug.[128] Tatsächlich hätte ein Betrüger, ob nun ein gut informierter, ziviler Zeitungsleser oder gar ein aktiver Offizier, entsprechendes Material fabrizieren und sich einen Kopfverband anlegen können. Die Reisefreiheit, die einem General des Großen Generalstabs fehlte, wäre hier durchaus kein Hindernis gewesen. Der Militärpublizist Emil Seeliger präsentierte sogar schon 1932 einen entsprechenden Kandidaten. Allerdings klingt diese Geschichte nicht weniger abstrus als die

---

[125] Als Beispiel für eine Einladung zur Stellungnahme siehe SHD, GR 7 N 1756: Kriegsminister André an Generalleutnant Dessirier vom 13.8.1904. Die Tischvorlage für die Ratsmitglieder findet sich hier: SHD, GR 7 N 1756: EMA, Troisième Bureau: Note sur des renseignements récents relatifs à la concentration des armées allemandes, 13.8.1904; weiterführend zur Diskussion des Conseils siehe Hénin, Le plan Schlieffen, S. 263–274.

[126] Deines, von Flatow, Freiherr von Gayl, von Goßler, von Hausmann, von Schlieffen, Schulze und von Leszczynski. Von diesen trugen nachweislich sechs einen Schnurrbart, was den Kreis der Täter nur unmaßgeblich einschränkt. Siehe Rangliste der Königlich Preußischen Armee (1903), S. 14, 23. Die Obsession für den als »preußisch« konnotierten Schnurrbart von Schlieffen findet sich noch in der jüngeren, historischen Belletristik. Siehe Vuillard, La Bataille, S. 33.

[127] Hermann von Staabs weist für den Zeitpunkt seiner Übernahme der Abteilung im April 1903 auf Mängel in den Personalverhältnissen hin (Staabs, Aufmarsch nach zwei Fronten, S. 21, 28). Zum Eisenbahnspion von 1911 siehe S. 142.

[128] Foerster, Ist der deutsche Aufmarsch 1904 an die Franzosen verraten worden?, S. 1060, und Ritter, Der Schlieffenplan, S. 42.

von Paléologue.[129] Ein Spionagebetrug erscheint also prinzipiell möglich, allerdings fehlt dafür bislang jeder Beweis.

Eine Variante des Spionagebetrugs wäre streng genommen eine deutsche
Irreführung. In diesem Fall wäre ein reisefreudiger deutscher General durchaus
vorstellbar. Mit der bislang bekannt gewordenen Arbeitsweise von IIIb lässt sich
eine solche Operation allerdings schwerlich in Übereinstimmung bringen. Auch
wäre das Motiv unklar: Warum sollte Schlieffen den französischen Generalstab
1904 genau auf die Möglichkeit einer weiten Umfassungsoperation durch Belgien
aufmerksam machen, die er inzwischen selbst erwog? Die Tatsache, dass weder der
französische Generalstab selbst noch die mit dem Fall befassten Historiker eine
solche Variante auch nur erwogen haben, deutet auf ihre Unwahrscheinlichkeit
hin.

Die dritte Hypothese, eine Fabrikation der »Rächer«-Geschichte durch das
Deuxième Bureau, ist in der Fachliteratur seit Henry Renouvin 1957 wieder-
holt erwähnt, aber nie wirklich erörtert worden. Blickt man auf die Geschichte
des Dienstes zurück, so wäre das nicht von vornherein auszuschließen. Nach
Renouvin wäre das Motiv des Nachrichtendienstes darin zu suchen gewesen,
die durch fleißige Kleinarbeit wie Rekognoszierungen und Auswertung offener
Quellen erlangte Einschätzung in einem spektakulären, fingierten Verratsfall zu
bündeln und ihr damit bei den Konsumenten Nachdruck zu verleihen. Allerdings
lässt sich eine solche Fabrikation aus dem Inhalt und dem Duktus der erhaltenen
nachrichtendienstlichen Dossiers überhaupt nicht herauslesen.

Sehr viel wahrscheinlicher erscheint die hier vorgeschlagene, vierte Hypothese:
Demnach handelte es sich beim *Vengeur* tatsächlich um eine Fabrikation – allerdings um keine des französischen Nachrichtendienstes von 1904, sondern um
eine des Kriegsschuldforschers Paléologue aus dem Jahr 1931. Seine literarische
Imagination, seine politische Stoßrichtung und seine geheimdienstliche Biografie
lassen durchaus diese Vermutung zu. Paléologue hat wahrscheinlich 1929–1931
im Zusammenhang mit den Arbeiten an den *Documents diplomatiques français*
Kenntnis von dem nachrichtendienstlichen Material aus dem Jahr 1904 erlangt.
Dass es in diesem Jahr einen Verratsfall für Teile der Aufmarschunterlagen von
1903/04 gab, ist nach den oben dargestellten Erkenntnissen wahrscheinlich.
Dass diese Erkenntnisse innerhalb des Generalstabs bewertet und der obersten
Führung vorgelegt wurden, ist gesichert. Aus Paléologues Rückschau von 1932
machte nun gerade das damalige Festhalten am eigenen Kriegsplan den Eindruck
einer Pflichtvergessenheit. Dieser Umstand bot ihm nun Gelegenheit zur auto-
biografischen Profilierung. Aus den Erkenntnissen von 1929–1931 konstruierte
Paléologue jetzt einen Fall und einen Verräter. Dafür hatte er zwei gute Motive:
Sein erstes Motiv war, sich selbst als strategischen Wissensträger und als frühen,
einsamen Warner vor der deutschen Gefahr zu stilisieren. Gleichzeitig bot sich so
die Möglichkeit, durch die Enthüllung eines bereits im Frühjahr 1904 geplanten
Bruchs der belgischen Neutralität seitens der Deutschen die späteren militärischen
Absprachen der Alliierten im Rahmen der zeitgenössischen Kriegsschulddebatte
zu rechtfertigen.

---

[129] Seeliger, Über Herr [sic] Paléologue, S. 2 f. Demnach habe ein Straßburger Schauspieler
auf dem Totenbett gestanden, vor dem Krieg mehrere europäischen Generalstäbe mit
entsprechenden Angeboten getäuscht zu haben.

Die Fabrikation des »Rächers« wurde ihm dadurch erleichtert, dass fast alle der von ihm erwähnten Gesprächspartner zwischenzeitlich verstorben waren. Paléologues Version ist amtlich nie bestätigt worden. Die angeblichen Informationen des »Rächers« stimmen weder mit dem tatsächlichen deutschen Aufmarschplan noch mit den zeitgenössischen französischen Annahmen überein. Paléologue schildert eine kuriose Abart des Schlieffenplans, und zwar für einen Zeitpunkt, wo dieser Plan auf deutscher Seite überhaupt noch nicht entwickelt worden war. Insofern lässt sich aus der Geschichte des *Vengeur* mehr über die Arbeitsweise der Kriegsschuldforschung Ende des 1920er-Jahre lernen als über den Nachrichtendienst um die Jahrhundertwende.

5. W.H.-H. Waters als Militärattaché in Berlin 1900–1903

Im Januar 1900 trat Oberstleutnant Wallscourt Hely-Hutchinson Waters seinen Dienst als Militärattaché an der Botschaft des Vereinigten Königreichs in der Berliner Wilhelmstraße an. Das war früh genug für das Jahrhundert, allerdings reichlich spät für seinen Geschmack, da seine Akkreditierungsunterlagen im *War Office* über mehrere Wochen hinweg verlegt worden waren.

Der Berliner Attachéposten war bereits 1860 für das Königreich Preußen eingerichtet worden; 1872 erfolgte die Bestallung für das Deutsche Reich; 1897 trat ein Marineattaché als zweiter Offizier dazu.[130] Die Geschichte der Berliner Militärattachéstelle lässt sich für den Betrachtungszeitraum grob in drei Phasen gliedern: Die Jahre 1872 bis 1890 waren davon geprägt, dass die europäische Kontinentalmacht Deutschland und die globale Seemacht Großbritannien militärisch unverbindlich zueinander standen. Die deutsche, außenpolitische Haltung gegenüber Großbritannien sei, so W.H.-H. Waters rückblickend etwas ungnädig, unter der Regentschaft von Kaiser Wilhelm I. und seinem Reichskanzler Otto von Bismarck von »passive dislike« geprägt gewesen.[131] Für die Außenpolitiker im Vereinigte Königreich war Deutschland bestenfalls ein kontinentaler Machtfaktor unter mehreren. Allerdings bestanden enge dynastische Verbindungen zwischen beiden Monarchien, was eine erhebliche Bedeutung für die Arbeit des Berliner Militärattachés hatte. Anders als die deutschen und französischen Attachés arbeiteten die britischen bis 1904 ohne die Koordination durch einen Generalstab. Ihre Stellung war in dieser ersten Phase im Kreis der internationalen Diplomaten in Berlin nicht besonders herausgehoben; sie blieben Solitäre, was ihr institutionelles Standing gegenüber Whitehall anging und ihre Tätigkeit bestand im Wesentlichen in der eines militärischen Vertreters bei Hofe.

Das änderte sich stark im Verlauf der zweiten Phase, zwischen 1890 und 1906. Dieser Zeitraum war nun nicht mehr länger mit dem Adjektiv »passiv« zu beschreiben. Auf britischer Seite war der Nachrichtendienst 1890 reformiert worden, was eine bessere Koordination der Attachéarbeit durch den neu eingerichteten *Director of Military Intelligence* im Kriegsministerium beinhaltete. Insgesamt

---

[130] Für die Geschichte des Postens siehe die frühe, materialreiche Arbeit von Hilbert, The Role, sowie das Tätigkeitsfeld in seiner ganzen Breite darstellend Seligmann, Spies in Uniform.
[131] Waters, »Private and Personal«, S. X.

gewann das deutsch-britische Verhältnis ab Mitte der 1890er-Jahre an Dynamik, um nicht zu sagen Spannung. Für die Arbeit des Berliner Militärattachés war dies von Bedeutung, weil diese Veränderung vielfach militärisch begründet war und Kaiser Wilhelm II. in besonderer Weise zu dieser Verdichtung und Anspannung der bilateralen Verhältnisse beitrug. Doch bestand keine eindeutige, außen- und bündnispolitische Gegnerschaft. In vielen Feldern hatten beide Länder und Armeen immer noch gemeinsame Interessen oder kooperierten sogar militärisch, wie es das Beispiel des China-Einsatzes 1900 zeigt. Gerade die Jahre um die Jahrhundertwende bildeten, wie noch zu zeigen sein wird, wahrscheinlich die »most portentous part of the history of British military attachés« bis 1914.[132]

Blickt man auf die letzte Phase, von 1906 bis 1914, so fällt hier die zunehmend antagonistische Versäulung der Bündnisse auf, der auch die Attachés unterworfen waren. Diese Veränderung wurde noch dadurch verstärkt, dass die Attachés von 1905 an immer stärker als Organe eines zunehmend germanophob orientierten Generalstabs arbeiteten. Für die beiden britischen Attachés in Berlin galt außerdem, dass sich der militärdiplomatische Schwerpunkt auf dem Kontinent seit dem Ausbau der Triple Entente und dem Beginn der geheimen Militärkonsultationen von Berlin nach Paris verlagerte.

Als W.H.-H. Waters seine Stelle antrat, fand er nicht nur eine von kulturellem Unverständnis und politischem Misstrauen beeinflusste Grundstimmung in den bilateralen Verhältnissen vor. In dieser Grundstimmung machte sich nun auch zunehmend ein Wandel der Öffentlichkeit bemerkbar. Dieser zeichnete sich dadurch aus, dass neue politische Akteursgruppen gerade auch in militärischen und sicherheitspolitischen Fragen wie etwa zum Burenkrieg, zur Flottenrüstung oder zur Kolonialfrage die Meinungshegemonie der traditionellen Kabinettspolitik in Frage zu stellen begannen.[133]

Von seinem Herkommen war Waters für die Verwendung in Berlin gut geeignet. Er hatte als Schüler mehrere Jahre im Ausland verbracht, und zwar an einem Gymnasium in Berlin und an einem Collège in Versailles. Russisch hatte er in Vorbereitung auf seine Verwendung in der *Intelligence Division* und seinen ersten Einsatz als Militärattaché in Sankt Petersburg (1893–1898) gelernt. Waters brachte also eine für seine Zeit hohe Sprachkompetenz mit. Bis 1900 hatte er außerdem Dienstzeiten in Indien, Russland und Südafrika vorzuweisen. Das war für das britische Offizierkorps dieser Zeit eher Durchschnitt, zumal sich seine Einsatzerfahrungen auf Stabs- und Liaisonverwendungen beschränkten. Ungewöhnlich war der Umstand, dass er bis 1900 eigentlich als Russlandbearbeiter aufgebaut worden war. Waters' Mutter gehörte dem englischen Hochadel an, wodurch er die erforderliche Hoffähigkeit mitbrachte. Der Umstand, dass im Oktober 1900 ein angeheirateter Cousin, Oswald Freiherr von Richthofen, auf den Posten des Staatssekretärs des Auswärtigen berufen wurde, dürfte ebenfalls förderlich gewesen sein.[134]

Dem Berliner Posten sah Waters mit großen Erwartungen entgegen. Das lag einmal daran, dass der britische Attaché inzwischen besondere Aufmerksamkeit und auch Privilegien genoss. Die Gründe hierfür waren vielfältig: die noch zu schil-

---

[132] Hilbert, The Role, Bd 1, S. 128.
[133] Hier weiterführend Geppert, Pressekriege.
[134] Waters, »Private and Personal«, S. 27; Hilbert, The Role, Bd 1, S. 141; Seligmann, Spies in Uniform, S. 53.

dernde Sympathie seitens Kaiser Wilhelms II., die in der Folge der Dreyfus-Affäre
eingetretene und bis 1901 anhaltende Vakanz der französischen Attachéstelle sowie gemeinsame nachrichtendienstliche Interessen gegenüber dem Russischen
Reich.[135] Der in Deutschland scharf kritisierte Krieg der Briten in Südafrika
schien seinem Ende entgegen zu gehen, was Waters auf eine Verbesserung der
Atmosphäre hoffen ließ. In Berlin folgte Waters auf James Grierson, der – nach
Waters »the greatest living authority on the German Army« – im preußischen
Kriegsministerium und im Großen Generalstab einen guten Eindruck hinterlassen hatte.[136] Auch traf Waters in Berlin Botschafter Sir Frank Lascelles wieder,
unter dem er bereits in Sankt Petersburg gearbeitet hatte und mit dem ihn ein
enges Vertrauensverhältnis verband. Bei ihrem ersten Treffen hatte Lascelles für
die weitere Zusammenarbeit folgende Devise ausgegeben: »You must see and hear
many things, and I hope you will always tell me if you think I am going wrong,
although I may not, of course, agree with you.«[137]

Zentral für den Erfolg der Verwendung als Attaché war seine Vertrauens-
stellung bei Kaiser Wilhelm II. Dessen eigentümliche Hassliebe zum Vereinigten
Königreich und sein soldatisches Selbstverständnis boten gerade den britischen
Attachés einen direkten, wenn auch mitunter nervenzehrenden Anknüpfungs-
punkt.[138] Dafür musste sich der Militärattaché Zugang sowohl zu den militärischen
als auch zu den höfischen Zirkeln sichern. Schon einer seiner Vorgänger, Leopold
V. Swaine, der Wilhelm seit den 1880er-Jahren kannte, berichtete 1895 über den
Kaiser: »He has undoubtedly learnt a great deal in the last seven years and it is tru-
ly fascinating to watch the working of his brain and the life and spirit he throws
into his narration.«[139] Swaine wies außerdem darauf hin, dass die Verbindung des
Attachés zu Wilhelm allein über persönliche Sympathie herzustellen sei: »How
this is to be obtained nobody can answer as it depends entirely upon the individu-
al. His ways alone can attract the Emperor. If he has not got the right ones he never
can do it.«[140] Grierson stellte 1896 fest, dass er sich immer wieder als informeller
Kanal auch für nichtmilitärische Angelegenheiten gebraucht sah: Der Kaiser »told
me things I was to communicate to the Ambassador.«[141] Rückblickend bestätigte
Waters diese Wahrnehmungen: »He was rather fond of saying things to a military
attaché – if he had confidence in him – which, if said to an ambassador, would
have been necessarily official, and might sometimes have had very far-reaching
consequences.«[142] Wenn der Kaiser militärisches Gefolge und die Attachés in
abendlicher Runde ins Neue Palais geladen hatte, bot dies nicht nur Gelegenheit,
dem Monarchen persönlich nahe zu kommen, sondern bei diesen Gelegenheiten
auch die eine oder andere Information abzuschöpfen. Im persönlichen Gespräch
habe Wilhelm die bekannte Sprunghaftigkeit und Taktlosigkeit an den Tag gelegt;

---

[135] Hilbert, The Role, Bd 1, S. 111.
[136] Waters, »Private and Personal«, S. 44.
[137] Waters, »Secret and Confidential«, S. 108.
[138] Das Verhältnis des Kaisers zum Vereinigten Königreich in dieser Phase findet sich geschildert bei Röhl, Wilhelm II., Bd 2 (2001), S. 852–887.
[139] Hilbert, The Role, Bd 1, S. 117. Swaine war insgesamt dreimal als Attaché in Berlin. Siehe,
Camp and Chancery.
[140] Macdiarmid, The Life, S. 113 f.
[141] Hilbert, The Role, Bd I, S. 129.
[142] Waters, »Secret and Confidential«, S. 252 f.

Anwürfe hätten sich mit gutgemeinten Ratschlägen aller Art an »die Engländer« abgewechselt. Grundsätzlich sei der Kaiser aber für Argumente zugänglich gewesen, wenn Waters diese offen vertreten habe; vielleicht gerade weil Wilhelm in einem ansonsten als liebesdienerisch beschriebenen Umfeld darauf nicht eingestellt gewesen sei.[143] Sowohl die Botschaft als auch das *Foreign Office* hätten, so Lothar Wilfried Hilbert in seiner grundlegenden Studie, die Berichte des Militärattachés geschätzt, boten sie doch »the chance of hearing all the thoughts that were passing through the Emperor's mind.«[144]

Ab 1907 hat der Wert dieser Quelle vermutlich stark nachgelassen, einmal, weil nun die Bereitschaft Großbritanniens zum Ausgleich auf deutscher Seite immer weniger in Rechnung gestellt wurde, und, zweitens, weil die Quelle selbst, Wilhelm II., seit der Daily Telegraph-Affäre von 1908 nicht mehr so eifrig sprudelte wie noch zu Zeiten von Waters.[145] Selbst wenn man berücksichtigt, dass die Aufgabe den Gedankengängen Wilhelm II. nachzugehen, oft eher irritierend als instruktiv gewesen sein muss, so bleibt doch die Tatsache, dass der Kaiser selbst vermutlich die bedeutendste Hochwertquelle gewesen ist, die der britische Nachrichtendienstes bis 1914 abschöpfen konnte.

Die Instruktionen für die britischen Militärattachés waren relativ klar umrissen: Sie bestanden darin, »[to] keep themselves in the closest possible touch with the armies of the countries to which they are accredited« und »[to] send special despatches dealing with any circumstances which, from a military point of view, merit consideration«.[146] Bei der Berichterstattung waren sie stark der zivilen Kontrolle durch das Außenministerium unterworfen, denn der Attaché berichtete über den Botschafter dorthin. Das *Foreign Office* leitete die Berichte dann jeweils an das Kriegsministerium weiter, wo sie von der Leitungsebene über den *Director of Military Operations* an die Deutschland-Sektion gingen. Je nach Anlass und Inhalt erhielt auch der König Abschriften. Inhaltlich unterschieden sich die Berichte in die Mehrzahl der militärfachlichen und die eher seltenen militärpolitischen.[147]

Für die eigentliche Alltagsarbeit lassen sich drei Felder identifizieren: höfische Repräsentation, militärische Liaison sowie militärfachliche bzw. militärpolitische Aufklärung. Dabei gingen die höfischen Aufgaben über die geschilderten Kamingespräche mit dem Kaiser hinaus. Waters war wie alle Attachés als Teilnehmer bei militärischen Paraden und Lehrvorführungen, diplomatischen Empfängen, Ordensverleihungen und militärisch begangenen Feiertagen gefordert. Das galt ab und an auch für die Vertretung bei den anderen deutschen Höfen. Waters begleitete Wilhelm II. außerdem Ende Januar 1901 nach England,

---

[143] Waters, »Private and Personal«, S. XII, 133. Zu den zivilen und militärischen Hofzirkeln siehe Hull, The Entourage.

[144] Hilbert, The Role, Bd 1, S. 116.

[145] Dazu Winzen, Das Kaiserreich am Abgrund. Es ist nicht ohne Ironie, dass Wilhelms Interviewpartner vom *Daily Telegraph*, Edward Montagu-Stuart-Wortly, kurz vorher noch britischer Militärattaché in Paris gewesen war. Die politische Relevanz der Attachés erscheint damit noch einmal in einem ganz anderen Licht.

[146] Zitiert nach Seligmann, Spies in Uniform, S. 68.

[147] Siehe Hilbert, The Role, Bd 1, S. 104 f., und Seligmann, Spies in Uniform, S. 215.

wo der Kaiser an den Feierlichkeiten anlässlich des Todes seiner Großmutter, Königin Victoria, teilnahm.[148]

Die Liaisonaufgaben waren zivil-militärischer Natur. Dazu zählte etwa die Anbahnung von Rüstungsgeschäften oder die Vertretung des Kriegsministeriums bei der Planung des multinationalen Militäreinsatzes in China. In diesem Feld war Waters auch ständig mit Pressefragen befasst und bekam so die deutsch-britischen »Pressekriege« dieser Jahre hautnah zu spüren. So warf ihm Wilhelm II. anlässlich einer abfälligen Berichterstattung über die deutschen Herbstmanöver von 1901 vor, dass der Attaché die britischen Korrespondenten nicht ausreichend im Griff habe – was Waters mit dem Vorschlag konterte, dass im kommenden Jahr der Generalstab die Pressevertreter doch gerne selbst bestimmen könne.[149] Im Zusammenhang mit diesen Liaisonaufgaben wird auch ein mögliches Manko von Waters sichtbar: Ausweislich der Memoiren und der in der Forschung aufgearbeiteten Berichte gelang es ihm offensichtlich nicht, eine vertraute Beziehung zum Großen Generalstab aufzubauen. Über eine Begegnung mit dessen Chef, Alfred von Schlieffen, berichtet er nur am Rande. Dass die Vertreter des Generalstabs in Kenntnis der eigentlichen Aufgaben des Attachés Zurückhaltung im Umgang mit diesem obwalten ließen, lag auf der Hand. Dazu trat aber während Waters' Dienstzeit der Umstand, dass Schlieffen – anders übrigens als sein Nachfolger Helmuth von Moltke d.J. ab 1906 – soweit als möglich Abstand zu den höfischen Zirkeln hielt.[150]

Die militärfachliche Aufklärung, also Informationen zu sammeln über Stärke, Verteilung, Operationsplanung, Doktrin, Technik, Ausbildung, Spitzenpersonal und Moral des deutschen Heeres bildete das Kerngeschäft des Attachés. In Waters' Rückschau seien diese Recherchen angesichts der sonstigen Verpflichtungen allerdings »oases in a wilderness of small-talk« gewesen.[151]

Den Höhepunkt dieser Tätigkeit bildeten die jährlichen Kaisermanöver im Herbst, zu denen zwei Armeekorps gegeneinander gestellt wurden. Die historische Forschung hat diese Großübungen bislang in der Regel mit kritischem Blick auf die Rolle des Kaisers und vornehmlich aus der Perspektive ausländischer Beobachter untersucht. Dabei hat sie auf die von und für Wilhelm II. bis 1905 inszenierte große Kavallerieattacke hingewiesen, die als Symbol kaiserlicher Geltungssucht und fehlender Kriegsmäßigkeit des Manövers herausgestellt wurde.[152]

Nun geht die Kritik damit nicht fehl; sie ist nur nicht erschöpfend. Denn die Herbstmanöver versprachen sowohl den Teilnehmern als auch den Beobachtern eine Vielzahl von Informationen und Lehren. Das *grande finale* der Kavallerieattacke war schon von den Attachés kritisch angemerkt worden. Waters schrieb dazu: »As an imposing spectacle it was to be excelled, but from a purely tactical angle the resulting situation was sometimes an impossible one.«[153]

---

[148] Waters, »Secret and Confidential«, S. 154, 254.
[149] Waters, »Private and Personal«, S. 181, 235.
[150] Darauf verweist Hull, The Entourage, S. 208.
[151] Waters, »Private and Personal«, S. 107.
[152] Dazu Schulte, Die Kaisermanöver, S. 243–260. Abhilfe brachte hier erst die Verabschiedung Schlieffens. Dessen Nachfolger forderte beim Kaiser für die zukünftigen Manöver dessen Zurückhaltung ein. Siehe Mombauer, Helmuth von Moltke, S. 58–66.
[153] Waters, »Private and Personal«, S. 225.

Allerdings konstatierte er anlässlich des Manövers im Raum Stettin 1900 auch, dass der eigentliche Zweck nicht die kriegsmäßige Übung von Großverbänden gewesen sei, sondern eigentlich die Ausbildung im Führungsprozess auf allen Ebenen. Auch böte nur das Manöver die Möglichkeit, die Einziehung der Reservisten im großen Umfang zu üben, diese militärisch weiterzubilden und die Kohäsion des Heeres insgesamt zu fördern.[154] Die Manöver waren auch der Ort, um technische Neuerungen zu Gesicht bekommen – und von diesen gab es gerade um die Jahrhundertwende eine große Anzahl. Die Attachés waren sich selbstverständlich bewusst, dass sie nur das zu sehen bekamen, was dem Gastgeber opportun schien; die im Zusammenhang mit der Kritik am Kaisermanöver oft übersehenen, vorgeschalteten Übungen auf Regiments- oder Brigadeebene etwa waren für die Attachés tabu.[155]

Die militärfachliche Aufklärung bildete die Grundlage für die weitergehende Gesamtbewertung der Armee und damit auch in letzter Konsequenz der Bewertung der deutschen Bedrohung. Die aktuelle außenpolitische Gesamtsituation, die konkreten Arbeitsbedingungen des Attachés und dessen individuelles Engagement bestimmten den Tenor der Berichterstattung. Für Waters wie für alle Attachés in der Umbruchphase von 1890 bis 1906 lässt sich aus den erhaltenen Berichten ein grundsätzlich sehr hohes Ansehen der preußisch-deutschen Armee im Allgemeinen und des Generalstabs im Besonderen herauslesen.[156] Dies galt umso mehr für den Zeitpunkt ihrer Ankunft im Gastland. Bei genauerer Analyse lässt sich nun aber durchaus eine tendenziell abnehmende Bewertung im Verlauf des Aufenthalts feststellen. Möglicherweise ist diese Tendenz weniger auf die tatsächliche Beobachtung der Streitkräfte als vielmehr auf einen allgemeinen Kulturschock zurückführen. Konfrontiert mit ungewohnten kontinentalen Lebenswelten, dem wilhelminischen Hofzeremoniell und einer gehörigen Prise Alltagsanglophobie erlebten die Attachés eine Enttäuschung ihrer militärfachlichen und -kulturellen Erwartungen.[157] Schon Francis Russell war 1891 zu dem Schluss gekommen, dass die preußische Armee nicht mehr die von 1870/71 sei und gegenüber einem »quick-witted enemy« ins Hintertreffen geraten könne.[158] Am deutlichsten wird der militärische Kulturschock bei Grierson. Dessen Meinung änderte sich fast schlagartig nach seiner Ankunft in Deutschland und machte aus dem Bewunderer der deutschen Armee einen germanophoben Hardliner. Griersons Kritikpunkte waren Formalismus und fehlende Kriegsnähe in der militärischen Ausbildung. Aus dieser Wahrnehmung lässt sich freilich seine weitergehende politische Schlussfolgerung – »We must go for the Germans, and that

---

[154] Ebd., S. 66–69.
[155] Darauf verweist Water's Nachfolger. Siehe Gleichen, A Guardsman's Memories, S. 266.
[156] Siehe Seligmann, Spies in Uniform.
[157] Auch und gerade die Erinnerungen der Attachés mit deutscher Familiengeschichte und ursprünglich positiver Einstellung zum Kaiserreich, wie Swaine, Grierson oder Lord Gleichen, legen davon Zeugnis ab. Dass es auch in Großbritannien eine höfische Lebenswelt gab, die der deutschen ins nichts nachstand, ist unbestritten. Nur waren die hier betrachteten Offiziere nicht Teil derselben gewesen. »Höflinge« wurden sie erst durch ihre Attachéverwendung.
[158] Hilbert, The Role, Bd 1, S. 114. Möglicherweise handelt es sich um Francis Shirley Russell of Aden, nach Hilbert Attaché von 1888 bis 1892 (Bd 1, S. 107).

right soon or they will go for us later« – schwerlich erklären.[159] In diese Forderung waren offensichtlich viel tiefergehende, außermilitärische Wahrnehmungen mit eingeflossen. Die politische Abwendung des Vereinigten Königreichs von Deutschland erzeugte nämlich bei den Attachés eine Art kognitive Dissonanz: »Their judgements«, so Hilbert, »were those of pro-German staff officers, not of impartial diplomats. The British Intelligence officers grew up dreaming of a General Staff in the British army, associated with the German army, and baffling Russia and France. The diplomats did not share this dream«.[160]

Trübungen eines überpositiven Deutschlandbildes und Kritik am Formalismus in der Armee finden sich auch bei Waters und seinem Nachfolger als Militärattaché, Edward Lord Gleichen.[161] Allerdings erklärt sich dies letzten Endes auch aus dem begrenzten Einblick der Attachés: die »Mopke«, der gepflasterte Exerzierplatz vor dem Neuen Palais, oder das Tempelhofer Feld waren eben Tanzböden des militärischen Balletts, an denen sich bestenfalls die äußere Form besichtigen ließ. Der Alltag in der Rekrutenausbildung, in den Kriegsschulen, der Kriegsakademie, im Generalstab und im Kriegsministerium blieb den Militärattachés verschlossen. Die Analyse von Matthew Seligmann deutet nun darauf hin, dass die mit einer eindeutigeren Gegnerorientierung ankommenden Attachés nach 1906 am Ende auch ein sachlicheres Urteil fällten.[162] Das mag allerdings auch damit zusammenhängen, dass die preußisch-deutsche Armee zwischenzeitlich nach dem Ende der Ära Schlieffen reale Fortschritte bei der kriegsnahen Ausbildung erreicht hatte. Hier ist also weitere, vor allem vergleichende Detailforschung erforderlich, die dann auch für die Attachéberichterstattung den Zusammenhang von wahrgenommener Kampfkraft der deutschen Streitkräfte und angenommenem Kriegswillen ihrer Führung noch besser herausarbeitet.

Über die nachrichtendienstliche Tätigkeit von Waters bieten seine Erinnerungen wie auch die Berichte wenig Aufschluss. Das britische Interesse am deutschen Aufmarschplan war zu diesem Zeitpunkt noch verhalten, und auch in den folgenden Jahren der britisch-französischen Generalstabsgespräche sollten die Möglichkeiten der Briten, hier Aufklärung zu erlangen, weiter eingeschränkt bleiben. Dass Belgien im Falle eines großen Krieges Durchmarschgebiet für die deutsche Armee werden könnte, sei allerdings schon um 1900 eine allgemeine Annahme gewesen: »I do not think«, so Waters rückblickend, »that the British Government was interested then in the matter, preferring to wait and see what time should bring forth.«[163]

Die vom *War Office* an Waters herangetragenen Fragen waren in der Regel konkreter. Dazu gehörte die Anlage von Truppenübungsplätzen und großen Übungen, ein im Vereinigten Königreich chronisches Problem. Auch in wichtigen Artilleriefragen, beim Rohrrücklaufgeschütz und beim rauchschwachen Pulver, sahen sich die Briten technologisch und rüstungsmäßig im Hintertreffen. Exportverbote erschwerten es, dass die *British Army* deutsche Schnellfeuergeschütze kaufen konnte. Den Schwierigkeiten, Granaten mit dem seit Mitte der 1880er-Jahre auf dem Kontinent eingeführten rauchschwachen Pulver zu fertigen,

---

[159] Macdiarmid, The Life, S. 133.
[160] Hilbert, The Role, Bd 2, S. 329.
[161] Ebd., Bd 1, S. 149 f.; Gleichen, Memories, S. 266 f.
[162] Siehe Seligmann, Spies in Uniform, S. 149 f.
[163] Waters, »Private and Personal«, S. 228.

konnte dagegen durch eine Anfrage von Waters beim preußischen Kriegsministerium begegnet werden: Dieses übergab dem Attaché einfach ein Gebinde von zwölf Granaten zur weiteren Verwendung.[164] Umgedreht erkannte Waters 1901 aus dem Entwurf des Wehretats rasch die vergleichsweise späte Einführung von Maschinengewehren im deutschen Heer und konnte diese auch im Manöver kritisch beobachten.[165] Eine Quelle britischer Innovation sei nach Waters' Aussagen Wilhelm II. selbst gewesen. Dieser habe ihm ebenfalls 1901 im Gespräch Vorschläge für die Reorganisation der Reserve in Großbritannien gemacht. Waters habe diese pflichtgemäß nach London berichtet und sei selbst erstaunt gewesen, dass die Organisation der *Territorial Army* ab 1908 genau diesen Vorschlägen entsprochen habe: »The outstanding fact about the origins of the Teritorial Army«, so Waters, »is that the plan was the Kaiser's and nobody else's«.[166] Diese Aussage mag nun füglich bezweifelt werden; es ist aber durchaus anzunehmen, dass die Briten bei dieser Reform auch über den Zaun nach Deutschland geblickt haben.

An Informationen kam der Militärattaché in der Regel ganz einfach durch persönliche Gespräche. Waters nennt hier als Beispiel die geringe Popularität des deutschen Einsatzes in China ab 1900 in der Bevölkerung: »Germans of all ranks told me this, so there must have been a solid foundation for their apprehensions.«[167] Gesprächsaufklärung brachte selten wichtige Einzelinformationen, allerdings solche, die im Kriegs- oder im Außenministerium sorgsam geordnet, ein Gesamtbild durchaus konturieren konnten.

Informationen erhielten die Militärattachés auch, indem sie einfach bei den deutschen Militärbehörden anfragten: »[T]hey would either give this to me promptly or else would say that the matter was secret«, bekannte Waters, und sein Nachfolger, Lord Gleichen, erhielt bei seiner Abreise nach Berlin 1903 vom deutschen Attaché in London den wohlmeinenden Ratschlag, er solle sich einfach immer an den Generalstab wenden. Dort erhalte er alle Informationen. Was er dort nicht erhalte, solle er auch nicht andernorts suchen, denn der Generalstab erführe am Ende sowieso davon.[168] Einen Sonderfall bildeten nachrichtendienstliche Erkenntnisse über Russland, das bis in die 1890er-Jahre ein gemeinsamer Gegner gewesen war. Swaine hattte 1887 mit Wissen des Großen Generalstabs in Galizien rekognosziert. Waters war schon 1891 als Angehöriger der *Intelligence Division* sogar mit Unterstützung des Großen Generalstabs nach Russisch-Polen gereist und hatte Erkenntnisse von dieser Reise anschließend in Berlin vorgelegt. Im Austausch hat wohl auch Grierson Informationen über Russland vom

---

[164] Ebd., S. 116 f., 228, 242. Schriftliche Auskunftsersuchen an die Kriegsministerien der Gaststaaten waren ohnehin gängige Praxis, versprachen allerdings nur bei unverfänglichen Themen Aussicht auf Erfolg. Siehe etwa SHD, GR 1 N 1112: Preußisches Kriegsministerium an französischen Militärattaché in Berlin vom 5.2.1902 betr. Fütterung von Pferden. Alfred von Schlieffen schickte dem französischen Militärattaché 1895 auf Anfrage sogar die Geschäftseinteilung des Generalstabs. Eine derartige Freigiebigkeit hätte sein Nachfolger vermutlich nicht mehr an den Tag gelegt. Siehe SHD, GR 7 NN 2 667: Chef des Großen Generalstabes an französischen Militärattaché vom 5.7.1895 betr. Geschäftseinteilung.

[165] Waters, »Private and Personal«, S. 108.

[166] Ebd., S. 122.

[167] Ebd., S. 83. Für weitere Beispiele aus den Berichten des Attachés siehe Hilbert, Role, Bd 1, S. 146.

[168] Waters, »Private and Personal«, S. 87; Gleichen, Memories, S. 252.

Großen Generalstab erhalten. Diese Praxis erklärt auch ein Stückweit die Wahl von Waters als Attaché, denn dieser war ja eigentlich ein Russlandfachmann. Der britische Militärattaché in Berlin konnte also, solange es die bündnispolitischen Verhältnisse erlaubten, gewissermaßen nebenamtlich auch noch gegen Russland arbeiten.[169]

Den britischen Militärattachés war, wie dargestellt, Spionage eindeutig verboten. Waters legte rückblickend einen betont viktorianischen Habitus an den Tag, wenn er urteilte: »This sort of thing was not much in our line [...]. But foreigners are often imbued with the idea that something secret must necessarily be of great value to their respective countries«. Die bisherige Untersuchung hat gezeigt, dass ein derartiges Berufsverständnis auch auf britischer Seite um 1900 schon sehr ungewöhnlich gewesen sein dürfte. Waters selbst räumt ein, dass das *War Office* auch während seiner Amtszeit bereits einen »inofficial officer« zum deutschen Herbstmanöver 1902 entsandt habe.[170] Die Spionageaktivitäten britischer Attachés dürften insgesamt selten gewesen sein und sie dürften dann auch erst in den letzten Jahren vor dem Krieg begonnen haben – dann auch eher im Bereich der Marine.[171]

Im Juni 1903 kam W.H.-H. Water's Attachéverwendung turnusmäßig zu ihrem Ende. Eine Verlängerung stand nicht zur Debatte und wäre wohl vonseiten seiner britischen Herren auch nicht befürwortet worden. Denn Waters hatte sich in seinen Berichten als ein militärischer Vertreter der Krone gezeigt, der um einen deutsch-britischen Ausgleich bemüht blieb. In London hatte sich der Wind allerdings inzwischen gedreht, und zwar sowohl im Kriegsministerium als auch im Außenministerium.[172] Zu seinem Nachfolger wurde Oberst Edward Lord Gleichen berufen.

Versucht man nun die britischen Militärattachés in Berlin um 1900 zu charakterisieren, so sticht die Vielfalt ihrer Aufgaben ins Auge. Sicher waren sie keine »spies in uniform«. Der einprägsame Titel der Untersuchung von Matthew Seligmann muss in seiner breitestmöglichen Metaphorik gelesen werden. Von ihrem militärischen Verwendungsaufbau und von ihrem Auftrag her waren sie Nachrichtendienstler, aber sicher keine Spione im juristischen Sinn. Durch ihr Herkommen und ihr imperiales Archiv verfügten die meisten von ihnen über vergleichsweise starke interkulturelle Kompetenz. Sie funktionierten als sicherheitspolitische Sensoren. Ihr Kerngeschäft war die Beobachtung des Militärischen im Gastland. Oft gerieten sie in die Rolle eines transnationalen Mittlers, was in ihrer Stellenbeschreibung so sicher nie festgelegt war. Sie überbrachten Botschaften, ohne Botschafter zu sein. Im Berliner Fall waren sie – das ist bislang oft überse-

---

[169] Hilbert, The Role, Bd 2, S. 331; Swaine, Camp, S. 230; Waters, »Secret and Confidential«, S. 28–33.

[170] Waters, »Secret and Confidential«, S. 36 (Zitat), 222. Siehe auch die Andeutung zu möglicher Spionage bei Grierson in Macdiarmid, The Life, S. 115.

[171] Seligmann, Spies in Uniform, S. 9, weist auf Zurückhaltung bei Rekognoszierungen nach dem Spionagefall Brandon/Trench hin. Hilbert erklärt die Abberufung des Marineattachés Herbert Heath im Jahr 1910 mit dessen Verwicklung in Spionage. The Role, Bd 2, S. 233, 347–356.

[172] Hilbert kommentiert die Versetzung von Waters mit den Worten: »Though he liked to pride himself on being the representative of the British army, in practice he had not his own superiors behind him.« Hilbert, The Role, Bd 1, S. 149; siehe auch S. 157.

hen worden – nolens volens auch Teil der Entourage von Kaiser Wilhelm II. Die
Attachés waren militärisch und sicherheitspolitisch relevant. Ihre Stimme wurde
gehört und ihre Berichte zeitigten Wirkung.[173]

Bei allen britischen Attachés der Phase von 1890 bis 1906 ist zu beobachten,
dass der Aufenthalt in Deutschland sie tendenziell skeptischer auf die Aussichten
einer deutsch-britischen Verständigung blicken ließ. Mit dieser Desillusionierung
ging auch teilweise eine kritische Berichterstattung über die Kampfkraft der deutschen Armee einher.

Das wiederum gibt Anlass zur Überlegung, ob die Attachéberichterstattung
mit ihrer Wahrnehmung der vorübergehenden militärischen Stagnation um die
Jahrhundertwende die strategische Wende Großbritanniens gegen Deutschland
nicht befördert hat. Niall Ferguson hat argumentiert, dass sich Großbritannien
der Entente Cordiale nicht aufgrund der perzipierten Bedrohung durch
Deutschland angenähert habe, sondern – ganz im Gegenteil – wegen des
Eindrucks der Schwäche des Reiches. Stützt nun das Desillusionierungsmotiv
in der Attachéberichterstattung um 1900 diese Interpretation? Am Ende sind
die diesbezüglichen Bewertungen wohl nicht ausreichend eindeutig und sie
sind auch nicht zahlreich genug. Dazu kommt, dass der Berliner Attaché für die
Empfänger in Whitehall einer unter mehreren blieb. Die Bewertung der militärischen Schlagkraft und des Kriegswillens Deutschland blieb am Ende immer auch
beeinflusst von der gleichzeitigen Bewertung dieser Faktoren auf französischer,
russischer und österreichisch-ungarischer Seite.

Für die letzte Dekade vor 1914 lässt sich dann auf jeden Fall mit Blick auf
die Deutschland-Perzeption nicht mehr von einem Eindruck der Schwäche sprechen.[174] Die Jahrhundertwende war eine Phase, in der sich die Rolle der Attachés
zu verändern begann, und zwar vom viktorianischen Repräsentanten der Krone
über einen vergleichsweise solitären Militärdiplomaten hin zu einem Instrument
des neu gegründeten britischen Generalstabs. Der letzte Schritt setzte nach dem
Weggang von Waters ein. Die stärkere Bindung an den Generalstab mag die
Militärattachés mehr zu ausführenden Organen desselben gemacht haben, doch
darf man nicht übersehen, dass diese Entwicklung letzten Endes ein Ausweis der
nachrichtendienstlichen Professionalisierung der britischen Armee darstellt.

6. Die britische Rekognoszierung der deutschen
Nordseeküste 1910

In der Vollmondnacht vom 20. auf den 21. August 1910 stand der Kanonier
Wilhelm Worm in der Strandbatterie auf der Nordseeinsel Borkum Wache.
Gegen 23.30 Uhr nahm er innerhalb des mit Stacheldraht abgesperrten militä-
rischen Sicherheitsbereichs eine Gestalt wahr. Nachdem er den Mann angeru-
fen hatte, verschwand dieser zunächst zwischen den Bauten. Worm setzte dem
Eindringling nach und stellte diesen schließlich mit vorgehaltener Waffe in einer

---

[173] Seligmann, Spies in Uniform, S. 262.
[174] Siehe Ferguson, The Pity of War, S. 52 f. Diese These ist in der neueren Diplomatiege-
schichte vertreten worden von Rose, Zwischen Empire und Kontinent, S. 103, 344, 580.

Gebäudenische. Damit beendete der Soldat, der für seine Geistesgegenwart im weiteren Verlauf zum Gefreiten befördert und mit 60 Mark, ein Gegenwert heute von knapp 270 € belohnt wurde, die wahrscheinlich bedeutendste britische Spionageoperation gegen Deutschland im Jahrzehnt vor 1914.[175]

Die noch in derselben Nacht durch Worms Vorgesetzten, Leutnant Günther Luchmann[176], auf Französisch durchgeführte Vernehmung ergab, dass es sich bei dem Festgenommenen um einen britischen Staatsbürger namens Vivian Brandon handelte, der angab, Student und Tourist zu sein. Die bei Brandon aufgefundenen Gegenstände ließen allerdings rasch Zweifel an der Version aufkommen. Nachdem Brandon am nächsten Tag in das Gerichtsgefängnis Emden verbracht worden war, stellte sich heraus, dass in Emden auch sein Reisegefährte, der angebliche Sprachschüler Bernard Frederic Trench, im Hotel »Union« logierte. Trench wurde daraufhin im Hotel verhaftet. Die wahre Identität der beiden Touristen war schnell festgestellt, und zwar ganz einfach durch einen Blick in die aktuelle Rangliste der *Royal Navy*. Demnach war Brandon aktiver Leutnant zur See in der *Royal Navy* und Trench Hauptmann bei der britischen Marineinfanterie (*Royal Marines Light Infantry*). Jetzt kam bei den Berliner Militärbehörden und der Staatspolizei-Centralstelle (C.St.) Hektik auf. Die bei Brandon und Trench gefundenen Beweismittel und die fremdenpolizeilichen Erkundigungen der Staatspolizei-Centralstelle ergaben rasch, dass die beiden Offiziere nicht nur auf Borkum rekognosziert hatten, sondern vorher offenbar die gesamte deutsche Küstenlinie bereist hatten. Konfrontiert mit den Ermittlungsergebnissen räumten beide ein, dass sie sich tatsächlich zur Spionage in Deutschland aufhielten, bislang ihre Erkundigungen aber nicht hätten übermitteln können. Am 22. August erließ das Amtsgericht Emden Haftbefehl und der für Spionageangelegenheiten zuständige Oberreichsanwalt in Leipzig zog die Ermittlungen an sich.[177]

Die Spionageoperation von Brandon und Trench fand zeitgenössisch ein großes Presseecho und fehlt auch in kaum einer britischen Darstellung zur

---

[175] Die Festnahme wird in der Literatur mitunter irrtümlich auf den 21.8. datiert. Das mag damit zusammenhängen, dass die erste Meldung in »The Times« von »on the night of August 21« sprach (o.V., The Borkum Espionage Case. British Officers on Trial. In: The Times vom 22.12.1910). Siehe dagegen die Angabe in GHStA PK, I HA Rep. 77, Tit. 872, Nr. 11, Bd 1: Oberreichsanwalt, J. 44 10. 7 B. 2009, an Staatssekretär des Reichsjustizamtes vom 27.8.1910 (Abschrift). Auch über die genaue Uhrzeit besteht keine Sicherheit. Abweichend zur obigen Angabe findet sich in den Akten auch 21.45 Uhr. Siehe BArch, R 3003/1334-1: Kommandantur Borkum an Oberreichsanwalt vom 21.8.1910 (Telegramm). Die Würdigung des Kanoniers Worm durch die Lokalzeitung hielt sich freilich in Grenzen: »Es war ein guter Griff, den er gemacht hat. Ihn nun als Held zu feiern, liegt keine Veranlassung vor, denn die Erziehung des deutschen Soldaten ist so, daß jeder Andere es grade [sic] so gemacht hätte. Immerhin ist es erfreulich sagen zu können: der Mann war auf dem Posten, auf den er gestellt war!« Siehe o.V., Zur Borkumer Spionageangelegenheit. In: Rhein-Ems-Zeitung (Emden) vom 24.9.1910.

[176] Fälschlich »Buchmann« bei o.V., Der Borkumer Spionageprozeß. In: Berliner Börsen-Zeitung vom 22.12.1910 (Morgen); »Luckamm« bei Judd, The Quest for C, S. 179, und schließlich »Luckman« bei Bittner, Royal Marines Spies, S. 24.

[177] BArch, R 3003/1334-1: Amtsgericht Emden IV, Haftbefehl G 411/10 vom 22.8.1910 (Bl. 29); GHStA PK: I HA Rep. 77, Tit. 872, Nr. 11, Bd 1: Oberreichsanwalt, J. 44 10. TB. 1929, an Staatssekretär des Reichsjustizamtes vom 22.8.1910 (Abschrift).

Frühgeschichte der Nachrichtendienste.[178] Die wissenschaftliche Anziehungskraft des Falls ergibt sich letztlich aus der Möglichkeit seiner kulturalistischen Erweiterung. Denn die Reise von Brandon und Trench weist auf den ersten Blick erstaunliche Ähnlichkeiten mit einem Klassiker der zeitgenössischen britischen Spionageliteratur auf, dem 1903 veröffentlichten Roman »The Riddle of the Sands« von Erskine Childers. In diesem kreuzen zwei britische Amateurspione mit einem Segelboot durch die norddeutsche Inselwelt, wo sie dem Plan einer Invasion Großbritanniens durch die deutsche Hochseeflotte auf die Schliche kommen.[179]

Die Parallelen erschienen so frappant, dass aus der möglichen Kenntnis des fiktionalen Textes bei den Angeklagten mitunter die Inspiration für eine reale Operation geschlussfolgert worden ist. So behauptet Horn, Brandon und Trench hätten den Roman »gleichsam nachgespielt«, wodurch dieses Buch »unmittelbare militärische Folgen« gezeitigt habe.[180] Hier soll nun ein wichtiges Beispiel für die britische Spionage gegen Deutschland wenige Jahre vor dem Weltkrieg untersucht und das Verhältnis von realen Operationen und literarischen Spiegelungen schärfer gefasst werden.

Was das deutsch-britische Verhältnis vor dem Ersten Weltkrieg angeht, kann der Sommer 1910 tendenziell als eine Phase der Entspannung gesehen werden. Nicht, dass zentrale Streitpunkte aus dem Weg geräumt gewesen wären. Sie waren aber oftmals einfach klar benannt und teilweise auch schlicht entschieden. Das galt für das Wettrüsten der Flotten, das den Fachleuten seit dem letzten Rüstungsschub von 1909 unweigerlich zugunsten von Großbritannien auszufallen schien. Dazu kam, dass sich die britische Regierung inzwischen bündnispolitisch gegen das Deutsche Reich positioniert hatte, womit diplomatisches Lavieren überflüssig geworden war. Auch mit den irritierenden Interventionen Kaiser Wilhelms II. war es inzwischen vorbei. Schließlich war ein Jahr vorher das *Secret Service Bureau* gegründet worden, womit zumindest der Spionagehysterie in Regierungskreisen die Spitze gebrochen war. All das ließ in London den Eindruck einer gestiegenen Berechenbarkeit der deutschen Politik erwachsen. Auf deutscher Seite öffnete die Einsicht in die Niederlage in der Marinerüstung den Anreiz zu einer Nachrüstung des Heeres, die Großbritannien nicht unmittelbar bedrohte. Schließlich war mit Theobald von Bethmann Hollweg seit gut einem Jahr ein Reichskanzler im Amt, der sich eine Verständigung mit dem Vereinigten Königreich auf die Fahnen geschrieben hatte.

---

[178] Eine konzise Untersuchung des Falls bietet Bittner, Royal Marines Spies; Judd, The Quest for C, ist wichtig, um die Rolle des *Secret Service Bureau* zu verstehen. Bei Jeffery, MI6, S. 25, wird die Affäre als vermeintliche Angelegenheit der Marine nämlich nur en passant erwähnt. Umfassend ist Schmidt, Britische Marinespionage 1910/11, S. 77–119. Dieser hat erstmals die Ermittlungsakten im Geheimen Staatsarchiv in Berlin herangezogen. Seine damalige Quellenbasis wird hier um die Akten des Oberreichsanwalts im Bundesarchiv, Abt. Berlin-Lichterfelde, durch die Presseberichterstattung und die literarischen Spiegelungen erweitert.

[179] Childers, The Riddle of the Sands, London 1903. Das Buch erschien zunächst als Pseudoedition. Weiterführend zum Autor und zum Buch siehe Drummond, The Riddle.

[180] Horn, Der geheime Krieg, S. 178. Ähnlich die Schlussfolgerung von Seed, Erskine Childers, S. 70: »In 1910 *The Riddle of the Sands* was realized in a startlingly direct way.«

Die Rekognoszierung der deutschen Nordseeküste durch die britischen Offiziere Brandon und Trench, 1910

Wie stand es nun vor dem Hintergrund dieser Spionagemission um die Operationsplanungen der *Royal Navy* in der Nordsee und welche Vermutungen wurden wiederum auf deutscher Seite im Hinblick auf diese Pläne angestellt? Ganz allgemein waren die britischen Überlegungen seit 1904 von der Verschiebung des Schwerpunktes vom Mittelmeer in Richtung auf Nord- und Ostsee geprägt. Für einen Seekrieg gegen das Deutsche Reich gab es bei der Admiralität im Prinzip drei operative Ideen: Die erste war ein Überfall auf die deutschen Kriegshäfen Kiel und Wilhelmshaven und die dort liegende Hochseeflotte, die man mit Blick auf den berüchtigten Angriff gegen die dänische Hauptstadt 1807 als die Kopenhagen-Variante bezeichnen könnte. Die zweite Idee war die von der *Royal Navy* unterstützte Landung eines Expeditionskorps an der Nord- oder Ostseeküste, die amphibische Variante. Die dritte Idee kann als Flotillenvariante bezeichnet werden. Diese bestand in der Überwachung und Abschließung der militärisch relevanten Flussmündungen von Elbe, Weser, Jade und Ems.

Die Kopenhagen-Variante wurde in der zeitgenössischen Populärliteratur reichlich thematisiert, war aber in der *Royal Navy* längst nicht mehr das Mittel der ersten Wahl. Das lag daran, dass die deutsche Hochseeflotte und die Küstenbefestigungen inzwischen zu stark aufgewachsen waren und die Möglichkeiten der vorzeitigen Aufklärung eines solchen Flottenverbands im Vergleich zu 1807 deutlich gestiegen waren.[181] Eine amphibische Landung an den deutschen Küsten war in der britischen Admiralität seit jeher durchgespielt worden, galt aber seit 1905 ebenfalls als ein immer unwahrscheinlicheres Szenario. Das lag vor allem daran, dass die British Army sich mit dieser Operation nicht anfreunden konnte. Sie fürchtete ein abgesetztes Einsatzgebiet und die undankbare Rolle als Juniorpartner der Marine.[182] Die Flottillenvariante blieb somit bis 1910 das wahrscheinliche Szenario.[183] Dabei sollten detachierte Zerstörer und Panzerkreuzer vor den Flussmündungen Stellung beziehen, die Ausfahrt kleinerer deutscher Einheiten verhindern und ein Auslaufen der deutschen Hochseeflotte frühzeitig entdecken. Dann erst würde das Gros der Home Fleet gegen den gemeldeten Feind auslaufen. Für diese enge »observational blockade« benötigte die Flottille allerdings vorgeschobene Stützpunkte zur Versorgung. Hier kamen nun die von Brandon und Trench erkundeten Nordseeinseln ins Spiel. Denn diese galten als mögliche Stützpunkte, die gleich zu Kriegsbeginn per Handstreich erobert werden mussten. Von besonderem Interesse waren für die Briten Sylt, Helgoland und Borkum. Allerdings begannen die Deutschen ab etwa 1906 mit dem Ausbau der Befestigungen genau dieser Inseln. Damit waren wiederum die Voraussetzungen für die Flotillenvariante in Frage gestellt.[184]

Legt man nun die deutschen Annahmen neben die britischen Pläne, so zeigt sich, dass die deutsche Sorge vor einer amphibischen Landung just in dem Moment anwuchs, als die Variante auf britischer Seite aufgegeben wurde, nämlich 1905.[185] Grund hierfür waren aber keine konkreten nachrichtendienstlichen Erkenntnisse, sondern die Presseberichterstattung und die allgemeine Wahrnehmung der Veränderung der britischen Politik gegenüber dem Deutschen Reich. Als mögliche nördliche Einfallstore identifizierte man Holstein, Pommern sowie das dänische Jütland. Die forcierte Befestigung der Inseln war eine der unmittelbaren Reaktionen auf diese angenommene Gefahr, wobei dann beim britischen Generalstab ab 1908 aber immer stärker die Entsendung eines Expeditionskorps nach Belgien oder Frankreich in den Fokus der Betrachtung trat. Fasst man also die Grundlinien der operativen Planungen für die Nordsee bis 1910 zusammen, so kann gelten, dass die Landung eines Expeditionskorps zu diesem Zeitpunkt in Expertenkreisen als nicht mehr sehr wahrscheinlich galt. Allerdings blieb die amphibische Variante bis 1914 immer ein Thema, vor allem auch in den populären Versicherheitlichungsdiskursen in Deutschland. Gerade weil der britische Marinenachrichtendienst aber Anstrengungen bei der deutschen Flottenrüstung und bei den Befestigungsarbeiten wahrnahm, versuchte er diesen durch verstärkte Spionage auf den Grund zu gehen.[186]

---

[181] Lambert, The German North Sea Island, S. 41. In der deutschen Invasionsliteratur war sie gleichwohl noch präsent. Siehe Argus, Die Engländer kommen!

[182] Grimes, Strategy and War Planning, S. 50, 70; Lambert, The German North Sea Island, S. 40.

[183] Grimes, Strategy and War Planning, S. 43, 75, außerdem The Naval Route to the Abyss, S. 353.

[184] Morgan-Owen, The Fear of Invasion, S. 203.

[185] Zu den deutschen Annahmen siehe Grawe, Albion an Holsteins Küsten.

[186] Naval Route to the Abyss, S. 351.

Genau vor diesem strategischen Hintergrund ist es nun interessant, nach der Vaterschaft für die Spionageoperation von Brandon und Trench zu fragen. Die Quellenlage hierzu ist begrenzt; sie deutet aber in Richtung der *Naval Intelligence Division* (NID) der Admiralität.[187] Zu deren Kernaufgaben zählte natürlich die Rekognoszierungen der deutschen Küste, ihrer Häfen, Werften, Garnisonen und Befestigungen. Ziel der geplanten Operation für 1910 sollte es nun aber nicht sein, Indizien für eine mögliche Zusammenziehung der deutschen Hochseeflotte für einen Überraschungsschlag gegen die Britischen Inseln zu sammeln. Das wäre das defensive Szenario aus »The Riddle of the Sands« gewesen. Nein, vielmehr ging es darum, die deutschen Küstenbefestigungen zu erkunden, also eine der Vorbedingungen für einen möglichen britischen Angriff im Falle eines Krieges mit dem Deutschen Reich zu klären. Von Anfang an war die Rekognoszierung umfassend angelegt und sie sah eine mehrwöchige Reise vor. Die Operation war in ihrer Art nicht die erste. Anders als das Heer konnte die Marine, was Erkundungen anging, durchaus auf eine Geschichte zurückblicken. In den Jahren nach 1900 hatte eine ähnliche Operation Borkum und Emden zum Ziel gehabt.[188]

Zu den wichtigsten Zielen von Brandon und Trench zählten 1910 die Elbemündung bei Brunsbüttel und der von dort bis Kiel führende Kaiser-Wilhelm-Kanal. Der Kanal war zwar schon 1895 eröffnet worden, konnte also in der Anlage als weitgehend bekannt gelten. Allerdings hatte die Entwicklung der neuen Großkampfschiffe schon bald eine Erweiterung des Kanals erforderlich gemacht, mit der 1907 begonnen worden war. Hier galt es, die laufenden Arbeiten zu beobachten.

Einen weiteren Fokus des nachrichtendienstlichen Interesses bildete die 1890 von Großbritannien an das Deutsche Reich abgetretene Insel Helgoland. Deren Ausbau zur Hochseefestung war umgehend begonnen worden und ihre Grundzüge dürften der britischen Admiralität ebenfalls bekannt gewesen sein. Aber auch hier waren inzwischen aktuelle Baumaßnahmen bekannt geworden, so die 1906 begonnene Neuarmierung und der 1908 abgeschlossene Bau eines Südhafens.[189]

Außerdem ist die Insel Borkum zu nennen, die den Endpunkt der Reise bilden sollte. Die Insel sicherte den Flottenstützpunkt Emden und die Ausfahrt aus der Emsmündung. Hier endeten zwei militärisch bedeutende Wasserwege: der Ems-Jade-Kanal, der die westliche Ausfahrt der Kriegsflotte aus Wilhelmshaven war, und der Dortmund-Ems-Kanal, der den einzigen deutschen Rheinzugang bildete. Gerade wegen der Sorge um eine Bedrohung der Emsmündung durch die *Royal Navy* war im Februar 1908 mit dem Ausbau der Befestigung von Borkum begonnen worden. Dazu wurden Batteriestellungen und Kasernenanlagen errichtet und die Trasse der Inselbahn verlängert. Ein gutes Vierteljahr vor der Spionageoperation waren drei Batterien des Fußartillerieregiments von Hindersin

---

[187] Judd, The Quest for C, S. 189.

[188] Diese Operation hatte ein Agent mit dem Kürzel »Z« durchgeführt. Bittner, Royal Marines Spies (S. 19), und darauf aufbauend, Judd, The Quest for C (S. 178), deuten die Möglichkeit an, dass es sich bei diesem Agenten um den Romancier Erskine Childers gehandelt haben könnte, was dem Verhältnis von literarischer Fiktion und nachrichtendienstlicher Operation nochmal eine weitere Wendung geben könnte. Allerdings bleibt diese Variante bislang reine Spekulation.

[189] Fröhle/Kühn, Hochseefestung Helgoland, T. 1, S. 17–19.

(1. Pommersches) Nr. 2 nach Borkum verlegt worden. Im selben Jahr begann der
Bau von Anlagen für zwei 28-cm-Küstenhaubitzbatterien, zwei 15-cm-Schnella-
dekanonenbatterien, sechs schweren Feldhaubitzen und stationären Scheinwerfer.
Damit erfuhr die Inselfestung eine bedeutende Verstärkung ihrer Feuerkraft.[190]
Emden schließlich war für die Spione als Garnison und Hafen ebenfalls von
Interesse, zumal seit 1906 der Ausbau eines Torpedoboothafens diskutiert wur-
de.[191]
Wenn die Leitung der Operation der NID oblag, stellt sich die Frage, warum der Fall im Rahmen der vorliegenden Darstellung behandelt wird. In der
Tat war die Idee zu der Operation in der *Naval Intelligence Division* entwickelt
worden. Im Mai 1910 war der dort eingesetzte Hauptmann Cyrus H. Regnart
an Trench herangetreten. Beide kannten sich aus gemeinsamer Dienstzeit bei den
Royal Marines. Trench hatte möglicherweise bereits 1908 für Regnart in Kiel spio-
niert und hatte ab Mai 1909 an einer Spionagemission der HMS »Cornwall« in
der Ostsee teilgenommen.[192] Inzwischen war mit der Gründung des *Secret
Service Bureau* aber ein neuer Nachrichtendienst auf den Plan getreten, dessen Leiter der Auslandsspionage, Fregattenkapitän Mansfield Cumming, ebenfalls aus der Marine kam und zudem ein starkes Interesse hatte, seinen neuen
Dienst unter Beweis zu stellen. Das Interesse des NID an einer Kooperation mit
Cumming dürfte sich, ganz prosaisch, aus der Hoffnung auf eine Erhöhung des
Budgets für die Operation gespeist haben. Indem die NID den Einmannbetrieb
von Cumming als Juniorpartner ins Boot holte, hoffte man, an Haushaltsmittel
des Heeres zu kommen. Damit war die Tour zu einer streitkräftegemeinsamen
Operation aufgewachsen, möglicherweise zur ersten seit Gründung des *Secret
Service Bureau* überhaupt. Dieser Plan ging zunächst auch auf. In Verhandlungen
mit Cumming gelang es, aus dessen Haushalt einen Begleiter für Trench zu finan-
zieren. Damit war Vivian Brandon mit von der Partie, der ebenfalls 1909 an der
Spionagemission der »Cornwall« teilgenommen hatte. Regnart hatte mit Trench
also die Ziele der Operation vereinbart. Cumming übernahm von nun an die
praktische Vorbereitung. Wer aber die Operation letzten Endes leitete, blieb bis
zu ihrem Beginn unausgesprochen.[193]
Wer waren nun die beiden Agenten? Bernard Frederic Trench (1880–1967)
war Anfang 1910 gerade zum Hauptmann befördert und im Juni zum
Studium nach Dänemark kommandiert worden. Er hatte bereits 1906/07 ei-

---

[190] Gosch, Festungsbau, S. 65–76, außerdem Apfeld, Borkum, S. 7–12. Für die Garnison
siehe Petzold, Geschichte des Fußartillerie-Regiments von Hindersin (1. Pomm.) Nr. 2,
S. 10, 30. Erster Kommandant von Borkum war der damalige Major Georg Bruchmüller.
[191] Für die 1910 vorliegenden britischen Erkenntnisse siehe Bittner, Royal Marines Spies,
S. 19, 55.
[192] Bittner, Royal Marines Spies, benennt eine förmliche Anerkennung für eine Reise nach Kiel
1908 (S. 13, 52), zitiert dann aber im weiteren Verlauf Trench, der sich auf eine Ostseereise
mit dem Kadettenschulschiff »Cornwall« anlässlich der Kieler Woche 1909 bezieht
(S. 55–56). Möglicherweise liegt hier nur ein Datierungsfehler vor. Kapitän des Schiffs
war damals der spätere DNI, Sir Reginald Hall. Siehe James, The Eyes of the Navy, S. 7 f.;
außerdem Schmidt, Britische Marinespionage, S. 88 f., für die deutsche Beobachtung der
»Cornwall«. Zu Regnart siehe Jeffery, MI6, S. 21–28. Zu den Abwehrbemühungen der
britischen Spionage während der Kieler Woche siehe BArch, RM 47/141.
[193] Die Fragen der Finanzierung scheinen im Vorfeld die der Leitung überlagert zu haben.
Siehe Judd, The Quest for C, S. 188–190.

nen Sprachaufenthalt in Deutschland absolviert. 1908 und 1909 hatte Trench, wie erwähnt, in Kiel Marineanlagen ausgespäht. Als Marineinfanterist konnte Trench keine seemännische oder schiffstechnische Expertise einbringen. Donald Bittner argumentiert, dass Dienstposten für Offiziere der *Royal Marines* damals rar gewesen seien und der wachsende Nachrichtendienst daher eine willkommene Ersatzverwendung gewesen sei. Ein pikantes Detail in der Biografie von Trench war die Tatsache, dass er ein Verwandter des Anfang 1910 regulär abberufenen britischen Militärattachés in Berlin, Oberst Frederic Trench, war. Die Festnahme des Neffen während der Dienstzeit des Attachés hätte dem Fall sicher eine zusätzliche Brisanz verliehen.[194]

Leutnant zur See Vivian Brandon (1882–1944) verfügte im Gegensatz zu Trench als ausgebildeter Marineoffizier und Sachbearbeiter beim hydrografischen Dienst der Marine über die bei einer derartigen Unternehmung unentbehrlichen Kenntnissen in der Navigation und Fähigkeiten in der Vermessung. Wenn seine Karriere zum damaligen Zeitpunkt noch nicht so eindeutig auf den Nachrichtendienst ausgelegt war wie bei Trench, so hatte er sich durch seine Beteiligung an der Mission von 1909 dafür aber schon empfohlen.[195]

Der Umstand, dass Brandon auf Borkum festgenommen worden war, hat in der Literatur mitunter den Eindruck entstehen lassen, Ziel der Mission sei allein diese Insel gewesen. Dem war allerdings mitnichten so. Borkum bildete nur den unfreiwilligen Endpunkt einer Reise entlang der gesamten deutschen Küste von der dänischen bis zur niederländischen Grenze. Dafür reiste Brandon von London zunächst nach Hamburg ein, während Trench am 5. August von Kopenhagen kommend in Kiel eintraf. Dort nahm er sofort eine intensive Erkundung von Marineanlagen in der Kieler Förde und zweier dort liegender Kriegsschiffe vor. Am folgenden Tag nahm er den Dampfer durch den Kaiser-Wilhelm-Kanal, wo er ebenfalls ausgiebig Informationen sammelte. Beide Spione trafen sich am 7. August in Brunsbüttel, von wo sie ihre Tour gemeinsam fortsetzten. Das Itinerar macht sowohl der körperlichen Fitness der beiden Offiziere als auch der Leistungsfähigkeit des norddeutschen Eisenbahn- und Fährverkehrs alle Ehre.[196] Am Abend des 7. August erreichten Brandon und Trench Cuxhaven. Am 8. August unternahmen sie von dort eine Rundreise über Bremen, Geestemünde, Bremerhaven und zurück. Am 9. nahmen sie den Dampfer über Helgoland nach Sylt. Dort blieben sie am 10. und reisten am 11. August nach Tondern. Von dort ging es am 12. weiter über Dagebühl nach Wyk auf Föhr, am Abend desselben Tages weiter nach Wittdün auf Amrum. Auf der Insel erkundeten sie am 13. August, um dann am 14. nach Helgoland weiterzufahren. Die Weiterreise nach Norderney erfolgte am 15. August, dort noch am selben Tag weiter über Norddeich nach Carolinensiel. Am 16. August erkundeten Brandon und Trench auf Wangerooge, am 17. auf Langeoog. Am 18. folgte die Weiterreise nach

---

[194] Bittner, Royal Marines Spies, S. 13, 16, 53, bezeichnet ihn als Neffen des Attachés. Dagegen From our own correspondent, British Officers on Trial, wo er als dessen Vetter vorgestellt wird.

[195] Zu Brandon siehe From our own correspondent, British Officers on Trial. In: The Times vom 22.12.1910, sowie James, The Eyes of the Navy, S. 7–9.

[196] Das folgende Itinerar nach dem als Beweismittel übersetzten »Notizbuch 114« von Trench. In: BArch, R 3003/1334-2, Bl. 70–74; siehe außerdem Schmidt, Britische Marinespionage, S. 91–96, für eine Übersicht der militärischen Ziele an den jeweiligen Erkundungsorten.

Norderney und noch am Abend weiter nach Juist. Dort verbrachten sie den 19. August. Am 20. August reisten sie von Juist über Norderney nach Borkum.[197] Noch in derselben Nacht wurde dann Brandon festgenommen.

Nach Brandons Festnahme war die Existenz eines Komplizen anfangs unentdeckt geblieben. Anschließend an eine erste Durchsuchung des Bahnhofshotels auf Borkum wurde Brandon am 21. August mit der Fähre in die Garnison nach Emden gebracht, wobei Trench, offenbar ohne das Aufsehen der Bewachungsmannschaften zu erregen, mitreiste und sogar mit dem Festgenommenen ins Gespräch kommen konnte. Erst nach der Vernehmung in Emden erfuhr die Polizei von Trench und nahm diesen dann im Hotel »Union« ebenfalls fest.

Inzwischen hatte die C.St. zwei Detektive entsandt, die beide Hotelzimmer durchsuchten.[198] Dort und bei den Festgenommenen selbst war inzwischen ein bunter Strauß von Beweismitteln sichergestellt worden, darunter drei Filme, welche die im Bau befindlichen Munitionsmagazine sowie Geschütz- und Scheinwerferschuppen einer projektierten 15-cm-Batterie auf Wangerooge zeigten; ein Reiseführer für Helgoland, in dessen Karten sich Vermerke zur Lage und zum Bauzustand des Torpedoboothafens, der Kommandeurstände bei Spitzhorn und Kastealhorn und den Kanonenständen fanden; außerdem ein Fotoapparat, Ferngläser, Kompasse, ein Senkblei und ein Taschen-Winkelmessinstrument, das die Vermessung von Gebäuden über Distanz ermöglichte.[199]

Noch während der Ermittlungen kam im September weiteres Material dazu: Im Emdener Hotel hatte ein Zimmermädchen in einer Matratze verborgen weitere 20 Karten und Aufnahmen norddeutscher Hafenstädte sowie 19 Zeichnungen, drei Notizbücher und eine Schachtel mit Blitzlichtpatronen entdeckt. Diese Entdeckung warf intern kein gutes Licht auf die vorangegangene Ermittlungsarbeit der C.St., deren Kriminal-Wachtmeister Nechterschen das Zimmer ja bereits durchsucht hatte. Nach einer dienstlichen Erklärung des Beamten, dass er das fragliche Möbel vorschriftsmäßig und ohne Ergebnis untersucht hatte, gingen die Ermittlungsbehörden davon aus, dass die Beweismittel dort möglicherweise nachträglich von einer Person platziert worden seien, die diese vorher von Trench zu treuen Händen erhalten hatte. Damit stand kurzzeitig der Verdacht von deutschen Mittätern im Raum. Eine spätere disziplinarische Maßnahme gegen den Ermittlungsbeamten deutet aber die Möglichkeit einer unzureichenden Durchsuchung an.[200]

---

[197] Der irritierende Umweg ergab sich aus der bis heute fehlenden Fähre zwischen den Nachbarinseln Juist und Borkum. Für Hinweise zu den zeitgenössischen Verkehrsverbindungen danke ich dem Stadtarchivar von Norderney, Matthias Pausch (Schreiben vom 3.6.2021), Klaas Bakker vom Heimatverein Borkum (Schreiben vom 7.6.2021) und Ute Marienfeld von der Ferring Stiftung Juist (Schreiben vom 10.6.2021) sowie Evelyn Kraßmann von der Gemeinde Sylt (Schreiben vom 22.6.2021).

[198] BArch, R 3003/1334-1: Der Polizeipräsident von Berlin, C.St. (Kriminal-Wachtmeister Nechterschen) vom 2.9.1910 betr. Ermittlungen in Emden, auf Borkum, Wangerooge, Helgoland etc. über die englischen Spione Brandon und Trench, Bl. 109–115.

[199] GHStA PK: I HA Rep. 77, Tit. 872, Nr. 11, Bd 1: Vorläufiges Gutachten des Chefs des Admiralstabes der Marine (Mauve) vom 27.8.1910 (Abschrift).

[200] BArch, R 3003/1334-2: Der Polizeipräsident von Berlin, C.St. (Nechterschen) vom 29.9.1910 betr. Erklärung; und ebd., Chef des Admiralstabes (Tapken) an Landgerichtsdirektor Dr. Anger vom 30.9.1910. Für die Presseresonanz siehe o.V., Zur Borkumer Spionageangelegenheit. In: Rhein-Ems-Zeitung (Emden) vom 24.9.1910.

Nechterschen war im Zuge seiner Ermittlungen außerdem auf postlagernde Sendungen aus der niederländischen Grenzstadt Delfzijl gestoßen. Daraufhin war er über die Grenze gereist, hatte dort mit dem örtlichen Postdirektor verhandelt, der sich bereit erklärte, dort lagernde Briefe auf Antrag des inhaftierten Brandon an die deutschen Ermittlungsbehörden zu übersenden. Besonderer Bedeutung sollte dabei der Brief eines gewissen »Reggie« [d.i. Hauptmann Regnart von der NID] zukommen, aus dem sich für die Ermittlungsbehörden die Beauftragung durch den britischen Marinenachrichtendienst ergab. Nun rächte sich, dass die beiden Spione von ihrem ursprünglichen Plan, ihr Material vor der Reise nach Borkum zunächst in Delfzijl zu deponieren, abgewichen waren. Es rächte sich auch, dass Trench das Material nach der Festnahme von Brandon nicht sofort vernichtet hatte. Zusammen mit den Zeugenaussagen der beiden Borkumer Soldaten, des Emdener Untersuchungsrichters und dreier militärischer Gutachten zu dem Material ergab sich eine erdrückende Beweislast. Am 24. November eröffnete das Reichsgericht das Hauptverfahrens wegen Verbrechens gegen das »Gesetz gegen den Verrath militärischer Geheimnisse«.[201]

Der Prozess gegen Brandon und Trench fand am 21. und 22. Dezember 1910 vor dem Vereinigten II. und III. Strafsenat des Reichsgerichts in Leipzig statt. Als Vorsitzender fungierte Senatspräsident Friedrich Menge. Die Anklage vertraten Oberreichsanwalt Arthur Zweigert und Reichsanwalt Paul Richter. Mit Justizrat von Adolf von Gordon und Rechtsanwalt Hans Otto traten zwei erfahrene Strafverteidiger an. In Großbritannien wurde der Rechtsbeistand durch Sir William Bull, einen Unterhaus-Abgeordneten und Schwager von Brandon,

---

Für das disziplinarische Nachspiel für Nechterschen siehe BArch, R 3003/1334-3: Der Polizeipräsident von Berlin, C.St., TB 1985.10, an Oberreichsanwalt vom 16.12.1910.

[201] GHStA PK: I HA Rep. 77, Tit. 872, Nr. 11, Bd 1: Reichsgericht, 2 C. 8/1910 TB 2233, vom 24.11.1910 (Abschrift).

koordiniert.[202] Dessen Tätigkeit wurde durch den Umstand erschwert, dass die Regierung jede Verbindung zu der Mission abstritt.

Der erste Tag des Prozesses begann mit der Beweisaufnahme und der Befragung der Angeklagten. Brandon und Trench räumten dabei den Versuch der Spionage ein, gaben auch zu, von einem Mitarbeiter des Marinenachrichtendienstes instruiert worden zu sein und mit diesem im Verlauf der Operation in Verbindung gestanden zu haben. Sie machten überdies Angaben über das Dossier, in das ihre Erkenntnisse einfließen sollten – den »Marine-Baedeker«.[203] Die Kooperation bei Trench ging – wohl aus Kameradschaft gegenüber seinem Mitangeklagten – so weit, auszusagen, dass er in der fraglichen Nacht auf Borkum mit Brandon zusammen am Strand gewesen sei. Dieser Sachverhalt war dem Gericht bis dahin überhaupt nicht bekannt gewesen.[204] Allerdings stritten beide ab, früher bereits gemeinsam in Deutschland gewesen zu sein, was sich unbedingt strafverschärfend ausgewirkt hätte. Auch weigerten sie sich, Angaben zum Namen ihres Agentenführers und über die Organisation des Nachrichtendienstes zu machen. Anschließend wurden die Borkumer Zeugen vernommen, die nur ihre früheren Aussagen zu Protokoll gaben.

Zum Ende des ersten Tages gab der Oberreichsanwalt eine Erklärung ab, die dem Prozess eine interessante politische Note gab. Seitens der Anklage sei man entschlossen, das Verfahren so weit als möglich öffentlich zu führen. Es sei nämlich »gerichtsnotorisch«, dass in der englischen Presse seit mehreren Jahren der Eindruck erweckt würde, Deutschland plane einen Angriffskrieg gegen das Vereinigte Königreich und habe deshalb das Land »selbst auf dem Luftwege« mit einem Netz von Spionen überzogen. Dass dies unrichtig sei und dass es sich geradezu umgedreht verhalte, würde der Prozess zeigen. Tatsächlich könne die Mission Brandon und Trench gar nicht anders bewertet werden als eine für einen britischen Überfall gedachte Rekognoszierung.[205] Deshalb beantrage er, die Öffentlichkeit – mit Ausnahme der Anhörung der militärischen Sachverständigen zu Borkum – weiterhin zuzulassen.

Der zweite Tag der Verhandlung, der 22. Dezember, begann also mit einer eineinhalbstündigen, vertraulichen Beweisaufnahme zu den Ereignissen auf Borkum, weil Brandon und Trench hier, im Unterschied zu den anderen Orten, ihre Beobachtungen nach dem Einbruch in einen militärischen Sicherheitsbereich gemacht hatten. Nachdem die Öffentlichkeit wieder zugelassen worden war, hielt der Ankläger sein Plädoyer, in dem er es für erwiesen hielt, dass sich die beiden Offiziere des gemeinschaftlichen Betretens verbotenen Geländes, der Spionage und des Versuchs, militärische Geheimnisse einer fremden Macht zugänglich zu machen, schuldig gemacht hatten. Angesichts der am Vortag geschilderten sicherheitspolitischen Lage stelle das eine schwere Straftat dar. Anderseits seien auch mildernde Umstände geltend zu machen. Dazu zähle der Umstand, dass

[202] O.V., Gerichtssaal. In: Berliner Börsen-Zeitung vom 21.12.1910 (Morgen).
[203] O.V., Spionageprozeß. In: Neue Preußische (Kreuz-) Zeitung vom 21.12.1910 (Abend). Bittner, Royal Marines Spies, S. 29, vermutet, dass es sich bei dem Dokument um einen seit 1906 fortgeschriebenen »Naval Intelligence Report No. 812« handelte.
[204] O.V., Der Spionageprozeß gegen die englischen Offiziere. In: Berliner Tageblatt vom 22.12.1910 (Morgen).
[205] O.V., Der Borkumer Spionageprozeß. In: Berliner Börsen-Zeitung vom 22.12.1910 (Morgen).

Polizeifoto Bernard Trench, 1910.
BArch, Abt. Berlin-Lichterfelde

es den Angeklagten nicht gelungen sei, ihre Erkenntnisse an den Nachrichtendienst zu übermitteln; dass sie nicht versucht hätten, Informationen von deutschen Amtsträgern zu erlangen; dass sie sich in den Vernehmungen weitgehend geständig gezeigt und dass sie schlussendlich als Offiziere aus patriotischen Beweggründen gehandelt hätten.[206] Der Oberreichsanwalt forderte daher sechs Jahre Festungshaft unter Anrechnung von zwei Monaten Untersuchungshaft. Die starke Betonung der mildernden Umstände seitens des Anklägers mag wohl tatsächlich durch den guten Eindruck der Angeklagten begründet gewesen sein. Sie ergab sich aber auch aus dem Wortlaut des Gesetzes, denn dieses sah ohne mildernde Umstände eine Zuchthausstrafe vor. Diese war nicht nur schwerer als Festungshaft, sondern sie galt auch für Offiziere als ehrenrührig.[207]

Die Verteidiger wiesen in ihren Plädoyers ebenfalls darauf hin, dass es beim Versuch geblieben sei, dass die meisten der Beobachtungsobjekte öffentlich sichtbar gewesen seien und daher nicht »geheim« im Sinne des Gesetzes sein konnten, und sie verwiesen auf den kurz vorher in England wegen Spionage festgenommenen deutschen Leutnant Siegfried Helm, der gegen Zahlung eines Bußgeldes freigelassen worden war.[208] Die Verteidigung forderte daher Festungshaft unter

---

[206] O.V., Der Borkumer Spionageprozess. In: Berliner Börsen-Zeitung vom 22.12.1910 (Abend).

[207] § 1 des »Gesetzes gegen den Verrath militärischer Geheimnisse« vom 3.7.1893 lautete: »Wer vorsätzlich Schriften, Zeichnungen oder andere Gegenstände, deren Geheimhaltung im Interesse der Landesvertheidigung erforderlich ist, in den Besitz oder zur Kenntniß eines Anderen gelangen läßt, wird, wenn er weiß, daß dadurch die Sicherheit des Deutschen Reichs gefährdet wird, mit Zuchthaus nicht unter zwei Jahren bestraft, neben welchem auf Geldstrafe bis zu fünfzehntausend Mark erkannt werden kann. Sind mildernde Umstände vorhanden, so tritt Festungshaft nicht unter sechs Monaten ein, neben welcher auf Geldstrafe bis zu zehntausend Mark erkannt werden kann.« Reichsgesetzblatt [1893], S. 205.

[208] Die Analogie zum Fall Helm war der einzige Moment in dem Prozess, in dem der Vorsitzende Richter intervenierte – und sich den Vergleich verbat. Helm hatte im September 1910 aus eigener Initiative Zeichnungen von Befestigungen in Portsmouth angefertigt und war angesichts seines offensichtlich amateurhaften und unschädlichen Vorgehens von den bri-

einem Jahr. Nachdem beide Angeklagten auf ein letztes Wort verzichtet hatten, verkündete Senatspräsident Menge das Urteil, das auf vier Jahre Festungshaft unter Anrechnung von zwei Monaten Untersuchungshaft lautete.[209] Die mildernden Umstände hatte das Gericht damit voll anerkannt.

Vivian Brandon wurde daraufhin auf der Festung Wesel inhaftiert und im Februar 1913 nach Königstein in Sachsen verlegt.[210] Um eine Kommunikation zwischen beiden Häftlingen zu verhindern, kam Frederic Trench nach Glatz in Schlesien. Der an sich verhältnismäßig privilegierte Aufenthalt wurde dort allerdings 1911 dadurch getrübt, dass der französische Nachrichtenoffizier und Hauptmann Charles Lux auf derselben Festung inhaftiert wurde. Dieser war am 2. Dezember 1910 bei einer Spionageoperation gegen die Zeppelinwerke der deutschen Spionageabwehr in die Hände gefallen und vom Reichsgericht zu sechs Jahren Haft verurteilt worden. Lux nutzte die vorteilhaften Haftbedingungen zur Organisation seiner Flucht, die im Dezember 1911 mit Unterstützung eines Kommandos des *Section de renseignement* unter abenteuerlichen Bedingungen gelang.[211] In der Folge verschärfte nun die Kommandantur die Haftbedingungen für die verbliebenen Häftlinge. Trench, davon und von der Sorge um seine Karriere in der Marine bedrückt, unternahm daraufhin am 14. Januar 1913 einen Suizidversuch, der allerdings rechtzeitig erkannt und vereitelt wurde.[212]

Der Vergleich der Fälle Brandon/Trench und Lux ist auch deshalb interessant, weil beide Fälle fast zeitgleich vor dem Reichsgericht landeten. Während die beiden Briten als geständige »Offizier«-Spione trotz erheblicher krimineller Energie mit vier Jahren davonkamen, wurde der nachrichtendienstliche Profi Lux, der bei seiner Mission in eine Falle ging und deshalb keinerlei Informationen hatte erlangen können, zu sechs Jahren verurteilt. Dass er schon bald aus der Ehrenhaft floh, ist ein Ausweis seines andersgearteten Dienstverständnisses und letztlich auch der deutlich höheren Professionalität seines Dienstes. Lange mussten Brandon und Trench allerdings nicht in der Haft verbringen, denn am 21. März 1913 wurden sie anlässlich der Hochzeit von Viktoria Luise, Prinzessin von Preußen, mit Ernst August III., Herzog von Hannover, durch den deutschen Kaiser begnadigt.[213]

---

tischen Behörden nach Zahlung eines Bußgeldes des Landes verwiesen worden. In einigen britischen Medien wurde daher die Forderung nach einer entsprechenden Lösung für die Fälle Brandon und Trench laut. Siehe Boghardt, Spies of the Kaiser, S. 48–51.

[209] GHStA PK: I HA Rep. 77, Tit. 872, Nr. 11, Bd 1: Reichsgericht 2 C. 8/1910 TB 3110 vom 22.12.1910 betr. Urteil.

[210] Die Verlegung entgeht Bittner, Royal Marines Spies. Siehe dazu BArch, R 3003/1334-2: Preußisches Kriegsministerium, Armeeabteilung, Nr. 1408 I A, an Oberreichsanwalt vom 30.4.1913.

[211] Dazu mit der entsprechenden autobiografischen Dramatik bei Lux, L'évasion du capitaine Lux, ferner Bauer, Marianne is Watching, S. 128–133.

[212] BArch, R 3003/1334-3: Kommandantur der Festung Glatz (Hauptmann Laake) an Oberreichsanwalt vom 16.1.1912. Wie unmittelbar die Folgen der Flucht von Lux waren, zeigt auch die Vermutung von IIIb und der Nachrichtenabteilung des Admiralstabes kurz vor dem Suizidversuch, Trench könne eine Flucht planen. Dafür sprach, dass Trench zum Teppichknüpfen Wolle aus Großbritannien bestellte (Seil?) und Gedichte verfasste, die so sinnentleert erschienen, dass IIIb darin versteckte Botschaften vermutete. Siehe ebd., Großer Generalstab, IIIb (Heye), an preußisches Kriegsministerium, Armeeabteilung, vom 12.1.1912 (Abschrift).

[213] Bittner, Royal Marines Spies, S. 36.

In ihrer weiteren militärischen Laufbahn sind Brandon und Trench dem Nachrichtendienst verbunden geblieben. Nach der Rückkehr musste sich Trench zumindest gegen den Versuch des *Director of Naval Intelligence* (DNI) wehren, in der Nachbereitung der Operation diese als unautorisierte Eigeninitiative der beiden Offiziere darzustellen. Das war auch deshalb kritisch, weil davon die Nachzahlung von Dienstbezügen und die Übernahme der Prozesskosten abhing. Hier konnten sich aber beide Offiziere am Ende durchsetzen. Vivian Brandon tat während des Ersten Weltkrieges Seedienst und wurde 1918 Assistent des Leiters des Marinenachrichtendienstes. Er schied 1927 altersbedingt als Kapitän zur See aus der *Royal Navy* aus und starb 1944. Auch Bernard Trench tat im Weltkrieg auf Schiffen Dienst, außerdem als Verhöroffizier. Nach dem Krieg blieb er im Nachrichtendienst und schied ebenfalls 1927 als Oberstleutnant aus der Marine aus. Im Zweiten Weltkrieg wurde Trench reaktiviert und war erneut als Verhöroffizier tätig. Er starb 1967.[214]

Wie wurde nun der Fall in den deutschen und britischen Öffentlichkeiten wahrgenommen und was lässt sich daraus für den Stellenwert der Spionage kurz vor dem Ersten Weltkrieg schließen? Blickt man in die Tagespresse, fällt insgesamt die Nüchternheit der Berichterstattung und die allgemeine Zufriedenheit mit dem Urteil auf. Das Festhalten an der Öffentlichkeit hatte sich somit für das Gericht ausgezahlt.[215] Als auffallend vermerkten alle Beobachter die entspannte Atmosphäre nach dem Urteil: »When it was all over«, so der Korrespondent von *The Times*, »[Brandon and Trench] remained for some few minutes chatting with counsel and others and shaking hands with acquaintants, such as the Juge d'Instruction who conducted the preliminary hearing.«[216] Die auffallende Höflichkeit des Gerichts gegenüber den ausländischen Offizieren griffen mehrere deutsche Zeitungen auf. So stellte die *Allgemeine Zeitung* süffisant fest, dass man ein derartiges »Uebermaß« an »Gefühl« von deutschen Richtern so gar nicht kenne. Die in der Presseschau der *Kreuz-Zeitung* zitierten Blättern warnten davor, ausländische Angeklagte besser zu behandeln als deutsche. Bei aller Anerkennung der vaterländischen Motive hätten sich die Angeklagten doch einer schweren Straftat schuldig gemacht.[217]

Was die politischen Folgen des Prozesses anging, so erhoffte sich die *Vossische Zeitung* nun einen Stimmungsumschwung in Großbritannien:

»Die Spionenriecherei jenseits des Kanals hat bisweilen groteske Formen angenommen. Es wurde behauptet, daß zehntausende Kellner und Friseurgehilfen in London nichts als verkleidete Offiziere der deutschen Armee und Marine seien. [...] Jetzt will es der Zufall, daß just englische Offiziere, die incognito reisen, bei der Spionage in Deutschland ertappt und daß ein Plan zum plötzlichen Angriff auf die deutschen Küsten nachgewiesen wird.«[218]

---

[214] Ebd., S. 38–40, 45 f. James benennt Brandon und Trench als Auswerter in Reginald Halls Funknachrichtendienst (*Room 40*). Siehe James, Eyes of the Navy, S. 121.

[215] O.V., Politische Nachrichten. In: Berliner Börsen-Zeitung vom 23.12.1910 (Abend).

[216] From our own correspondent, The Leipzig Trial. British Officers Found Guilty. In: The Times vom 23.12.1910.

[217] O.V., Aus anderen Blättern. In: Neue Preußische (Kreuz-)Zeitung vom 24.12.1910 (Morgen).

[218] O.V., Spionage. In: Vossische Zeitung vom 22.12.1910 (Abend).

Die Mutmaßung, dass mit dem Fall Brandon und Trench tatsächlich ein Plan zum Angriff auf Deutschland aufgedeckt worden sei, ging auf die oben erwähnte Erklärung des Oberreichsanwaltes zurück, der festgestellt hatte, dass die Mission allein offensiven Zielen dienen konnte – was freilich etwas anderes war als die Feststellung eines drohenden Überfalls.[219]

Insgesamt zeigt die Berichterstattung einen hohen Grad an transnationaler Bezugnahme, was möglicherweise durch die weitgehende Übereinstimmung in der Sache begünstigt wurde.[220] Der spannendste Aspekt der Berichterstattung war freilich der Wandel in der Wahrnehmung von Spionage und Spionen. So zitierte die *Berliner Börsen-Zeitung* den Londoner *Standard*: »So unangenehm die Ausübung der Spionage ist, so braucht daraus doch kein Vorwurf der Unfreundlichkeit oder Angriffslust hergeleitet zu werden. [...] Kein Land hat das Recht, auf irgendein anderes Steine zu werfen [...].«[221] Das *Berliner Tageblatt* stellte fest, dass in Sachen Spionage die Nationen »allesamt Sünder« seien:

> »Die beiden Engländer haben nichts weiter verbrochen, als was zahlreiche Offiziere aller Staaten tun [...]. Zudem haben sie, durch ihr Auftreten vor Gericht, einen recht sympathischen Eindruck hinterlassen. [...] Dies Verhalten ist aller Ehren wert, und wir wünschen, daß die beiden Gentlemen nicht allzu lange gezwungen sein werden, den Stand unserer binnenländischen Befestigungskunst vor hundert Jahren zu studieren.«[222]

Auch der Leitartikler der *Allgemeinen Zeitung* räumte ein: »Über die Notwendigkeit der Spionage zu reden, ist wohl überflüssig; da die Spionage einmal unentbehrlich ist, kann man auch nicht gut wünschen, daß die Spione, falls sie erwischt werden, allzu streng bestraft werden.«[223] In einer eigentümlichen Auslegung der Rechtslage stellte die *Vossische Zeitung* schließlich fest: »Weder den englischen Offizieren, noch ihren Vorgesetzten ist ein Vorwurf daraus zu machen, daß sie tun, was sie für ihre Pflicht und Schuldigkeit halten. [...] Sie sind nicht Verbrecher, sondern Gentlemen.«[224] Die transnationale Bezugnahme wird hier sichtbar, wenn man den Kommentar von *The Times* am Tag des Urteils danebenlegt. Dieser kam zu dem Schluss:

> »The *Vossische Zeitung* has already commented upon the subject in a spirit which we cordially reciprocate. It is to the credit of both nations that their

---

[219] Auf diese falsche Auslegung wies auch die Presseschau von »The Times« hin. Siehe From our own correspondent, The Leipzig Trial. Comments of the German Press. In: The Times vom 24.12.1910.

[220] Siehe z.B. die Bezüge auf Zeitungen des jeweiligen Auslands in o.V., Politische Nachrichten. In: Berliner Börsen-Zeitung vom 23.12.1910 (Abend); o.V., Nachklänge zum Spionageprozeß. In: Vossische Zeitung vom 23.12.1910 (Abend); o.V., Aus England. Britische Urteile über den deutschen Spionageprozeß. In: Neue Preußische (Kreuz-) Zeitung vom 23.12.1910 (Abend); From our own correspondent, The Leipzig Trial. Comments of the German Press. In: The Times vom 24.12.1910. Auch die Lokalpresse nahm intensiv Anteil an dem Fall und nahm auch früh die internationalen Reaktionen wahr. Siehe o.V., Die englische Presse über die Borkumer Spionageangelegenheit. In: Borkumer Zeitung vom 26.8.1910.

[221] O.V., Politische Nachrichten. In: Berliner Börsen-Zeitung vom 23.12.1910 (Abend).

[222] O.V., Das Urteil gegen die englischen Offiziere. In: Berliner Tageblatt vom 23.12.1910 (Morgen).

[223] O.V., Spione. In: Allgemeine Zeitung vom 31.12.1910.

[224] O.V., Spionage. In: Vossische Zeitung vom 22.12.1910 (Abend).

young soldiers and sailors are intent on showing zeal in the professions to which they belong, and no responsible person in either country will discover a dark connection between the zeal of the services and the aims of their controlling Governments.«[225]

Mit dem Fall Brandon und Trench präsentierte sich eine öffentliche Rede über Spionage, die in zweierlei Hinsicht bemerkenswert war. Da war einmal die realpolitische Anerkennung der Spionage als Praxis in den internationalen Beziehungen. Darüber hinaus hatte sich aber auch ein ganz neues Bild des Akteurs breitgemacht. Während noch im letzten Drittel des 19. Jahrhunderts Spionage für einen aktiven Offizier als moralisch problematisch angesehen wurde, erschien sie jetzt fast schon als eine ganz normale, soldatische Dienstpflicht. Damit war auch ein neuer Akteurstyp auf den Plan getreten, der »Gentleman«-Spion. Dessen Qualifikation ergab sich nun aber nicht aus seiner Klassenzugehörigkeit, seiner Bildung oder seinem Habitus, sondern aus der Tatsache, dass er als Offizier gewissermaßen zwingend über die Distinktionsmerkmale des Gentlemans verfügte.

Die Mission von 1910 ist auch ein Beispiel für die Grenzen der kulturwissenschaftlichen Rede über Spionage. Denn die Annahme, Brandon und Trench hätten ihre Operation nach der Lektüre von Erskine Childers »The Riddle of the Sands« geplant und durchgeführt, reduziert die beiden Offiziere nicht nur auf amateurhafte Nachahmungstäter. Vielmehr offenbart sich darin auch eine fragwürdige Annahme von der Unmittelbarkeit literarischer Wirkungsmacht. Dafür gibt es mit Blick auf die fragliche Epoche freilich gute Gründe – nimmt man etwa die Gründungsgeschichte des *Secret Service Bureau*, bei der die fiktionale Tendenzpublizistik ja durchaus eine Rolle gespielt hatte. Im Fall von Childers' Roman hatte daran zu allererst der Autor selbst Schuld. Denn er war es, der die Gattung seines Textes bewusst verunklarte, indem er ihn als einen Tatsachenbericht und sich selbst als Herausgeber desselben ausgab. Die Erstauflage von 1903 erschien nämlich noch mit dem Untertitel »A Record of Secret Service Recently Achieved«.[226] Allerdings fiel in Folgeauflagen der Satzteil »Recently Achieved« weg, womit nun der Anspruch auf Faktizität ein Stückweit relativiert wurde. In der deutschsprachigen Erstausgabe von 1975 blieb diese Faktizität durch den Titel »Das Rätsel der Sandbank. Ein Bericht des Geheimdienstes« zwar prinzipiell noch angedeutet; doch sorgten allein schon der zeitliche Abstand zu den Ereignissen und die Veröffentlichung in einer Reihe für Kriminalromane für gattungsmäßige Klarheit.[227]

---

[225] O.V., The Espionage Trail at Leipzig. In: The Times vom 23.12.1910.

[226] Horn, Der geheime Krieg, S. 167.

[227] Childers, Das Rätsel der Sandbank. Es gibt überhaupt keinen Grund für die Annahme, dass Childers' Roman in Deutschland verboten (»banned«) gewesen sei, wie das Seed, Erskine Childers, S. 73, behauptet. Dass bis 1914 keine deutsche Übersetzung des Buches erschienen ist, lag vermutlich vor allem im Genre selbst begründet, dessen Attraktivität sich in besonderer Weise aus dem Spiel mit der nationalen Selbstviktimisierung speiste. Der Plot eines deutschen Überfalls auf Großbritannien stellte für deutsche Leserinnen und Leser in dieser Beziehung nur einen geringen Kaufreiz dar. Außerdem darf man die Kosten einer Fremdsprachenübersetzung nicht unterschätzen. Unter den genrebedingten Einschränkungen hätte eine deutsche Ausgabe also ein erhebliches unternehmerisches Risiko dargestellt.

Was sind nun die Grundlagen der Annahme, dass »The Riddle of the Sands« Brandon und Trench zu ihrer Erkundung verleitet habe? Als erstes ist hier natürlich die räumliche Übereinstimmung zu nennen. Doch hatten die Spione die Nordseeküste nicht ausgewählt, weil diese der geografische Raum des Romans von 1903 war, sondern weil es ein strategisch relevanter Raum in ihrer Wirklichkeit von 1910 war. Das literarische Setting lehnt sich hier schlicht an das strategische an.

Spannende Aspekte der Übereinstimmung scheinen sich auch im Plot zu finden: Zwei Männer erkunden in der friesischen Wattlandschaft auf klandestine Weise eine militärische Operation. Wer sich die Mühe macht und die Stoßrichtungen der Operationen im Roman und in der Realität näher betrachtet, stellt aber fest: Während Childers' Protagonisten Carruthers und Davies einen deutschen Angriff auf Großbritannien aufklären, sollen Brandon und Trench die Möglichkeiten eines britischen Angriffs auf das Deutsche Reich erkunden. Der literarische Plot ist hier also dem strategischen Plan diametral entgegengesetzt.

Das stärkste Argument der Nachahmungsthese ist das vermeintliche Eingeständnis der beiden Spione von 1910, dass sie das Buch von Childers kannten. Da lohnt es sich zunächst die relevanten Quellen zu prüfen. Gesichert ist immerhin eine Einlassung von Brandon im Verlauf des Prozesses, die in diese Richtung deutete. Im Verlauf der Vernehmung legte sein Rechtsanwalt ihm, nach Darstellung des Gerichtsreporters, »ein englisches Buch« vor, in dem ein Leuchtturm auf Wangerooge als besonders interessanter Punkt vermerkt war.[228] In der Berichterstattung von *The Times* wird dieses Buch eindeutig als »The Riddle of the Sands« beschrieben. Auf die Frage, ob er dieses Buch vor der Mission gelesen habe, habe Brandon geantwortet: »Ich habe es nicht einmal, sondern dreimal gelesen.« Und Trench habe ergänzt: »Ich habe den Spaziergang nur gemacht, um den interessanten Leuchtturm zu sehen.«[229] Welches Buch hier konkret präsentiert wurde, hat der deutsche Gerichtsreporter offenbar nicht erfassen können. Die Entscheidung, einen möglicherweise für militärische Beobachtungen interessanten Leuchtturm auf Wangerooge zu besuchen, hätte sich aber auch aus der Lektüre jedes beliebigen Reiseführers ergeben können. Dass es sich bei dem Buch um Childers Roman gehandelt habe, scheint aber in der Literatur auf Basis der Berichterstattung von *The Times* ausgemacht. Folgt man dem Zitierfaden zu seinem Ursprung, so landet man bei deren namenlosen Gerichtsreporter und, vermutlich darauf aufbauend, bei dem britischen Admiral und Nachrichtendienstler, Sir William James.[230] Dessen Feststellung – »[T]heir only knowledge of the Frisian Islands was derived from The *Riddle of the Sands*« – stimmt schon allein wegen des im Verlauf des Prozesses zutage gekommenen Dossiers des NID nicht. Selbst

---

[228] Tatsächlich handelte es sich um den so genannten Westturm, der als Teil des 1855 durch eine Sturmflut zerstörten alten Ortes erhalten geblieben war und der in einer halben Stunde zu Fuß zu erreichen war. Siehe Nordwest-Deutschland, S. 90.

[229] O.V., Spionageprozeß. In: Neue Preußische (Kreuz-) Zeitung vom 21.12.1910 (Abend).

[230] From our own correspondent, British Officers on Trial. In: The Times vom 22.12.1010; dem folgen James, Eyes of the Navy, S. 8, und Andrew, Secret Service, S. 131. Die Quelle von Bittner, Royal Marines Spies, S. 52, ist unklar, vermutlich aber James, Eyes of the Navy. Bei Judd, The Quest, S. 181, fehlen wie üblich Belege. Für das gesamte Kapitel nennt er als einzige Quelle Bittner. Horn, Der geheime Krieg, S. 178, basiert auf Andrew, Secret Service, und Seed, Erskine Childers.

wenn man annimmt, dass in der Verhandlung tatsächlich ein Exemplar von
»The Riddle of the Sands« vorgelegt worden war, beweist das nur, dass beide
das Buch kannten – nicht mehr und nicht weniger. Schon die Ermittlung von
1910 hatte ergeben, dass die beiden Spione durch ein chiffriertes Schreiben
ihres Führungsoffiziers auf den Leuchtturm hingewiesen worden waren.[231]
Brandon und Trench hatten also einen militärischen Auftrag und kein literari-
sches Erweckungserlebnis. Dass ihre Aufklärungsziele teilweise dieselben wie die
Handlungsorte in Childers' Roman waren, mag bei den beiden Spionen vielleicht
ein prickelndes Gefühl ausgelöst haben. Doch die Bedeutung des Leuchtturms
auf Wangerooge lag auch für sie nicht in dem literarischen Wiedererkennungswert
des Bauwerkes, sondern in dessen taktischer Bedeutung. Dass die Lektüre eines
Buches das Bestreben auslöst, dessen Handlung nachzuspielen, kann passieren.
In der ganz überwiegenden Zahl der Fälle bleibt diese Reaktion aber aus. Das gilt
für die Weltliteratur ebenso wie für die triviale Versicherheitlichungsbelletristik
um 1900.

Dem Unternehmen von Brandon und Trench kommt schließlich auch eine
wichtige Rolle in der Entwicklung der britischen Nachrichtendienste zu. Sie war
in der Tat in vielerlei Hinsicht ein negatives Lehrbeispiel.[232] Das gilt unbedingt
für die mangelnde Koordination zwischen NID (Regnart) und SSB (Cumming);
sicher gilt das aber auch für taktische Aspekte wie die mangelhaften Legenden der
beiden Spione, ihre Sorglosigkeit bei der Aufbewahrung der Hilfsmittel, Notizen
und Filme, die Ergreifung von Trench, nachdem Brandon schon verhaftet worden
war, und deren starke Auskunftsbereitschaft gegenüber den Ermittlungsbehörden.

Dass schwere Fehler gemacht worden waren, heißt aber nicht, dass Brandon
und Trench nur »enthusiastic officers on leave« (Christopher Andrew) oder gar
»Amateure« gewesen seien.[233] Denn hinter ihnen standen zunächst zwei militärische Dienststellen, die hier ihre vielleicht erste streitkräftegemeinsame Operation durchführten. Brandon und Trench waren aktive Offiziere, sie waren
»Wiederholungstäter« und sie arbeiteten als Team. Sie hatten einen komplexen Auftrag, sie erarbeiteten einen einigermaßen sorgfältigen Plan, hielten sich
über mehrere Wochen im Zielgebiet auf und sie nutzten technische Hilfsmittel.
Außerdem ließen die Auftraggeber ihren Agenten während und nach der
Haft Fürsorge angedeihen und beide Offiziere setzten später ihre Karriere im
Nachrichtendienst fort. Stellt man sich vor, sie wären nicht just auf der letzten Etappe festgenommen worden, dann gälte das Unternehmen heute als ein
Musterbeispiel für militärische Rekognoszierung und alle Fehler würden als lässli-
che Sünden abgetan. Damit ist die Frieslandreise von 1910 sehr wohl ein Ausweis
der Professionalisierung der britischen Spionage innerhalb des Nachrichtenwesens.

Das gilt aber übrigens auch – vielleicht sogar noch mehr – für die deutsche
Spionageabwehr und die Strafermittlung. Das beginnt mit dem eingangs genannten Kanonier Worm, der bei der nächtlichen Festnahme des Spions eine gemeinhin für Fußartilleristen ungeahnte Initiative bewiesen hatte, was wiederum auf
eine erfolgreiche Sensibilisierung der Truppe durch die Militärbehörden hindeutet. Bedeutsam waren auch die Ergebnisse der frühen Befragungen von Brandon

---

[231]   Dieser Brief war von der Nachrichtenabteilung entziffert worden. Siehe BArch, R 3003/
        1334-1: Chef des Admiralstabes (Tapken), 7998 N, 19.9.1910 betr. Zeichnungen.
[232]   So Seligmann, Spies in Uniform, S. 9.
[233]   Andrew, Secret Service, S. 130.

auf Borkum und in Emden, die zur Festnahme seines Komplizen führten. Dann ist die Sicherstellung und Auswertung der Beweismittel zu nennen, wobei freilich die nachträgliche Entdeckung im Hotel »Union« zum Gegenstand einer selbstkritischen Nachbereitung bei den Beamten der Staatspolizei-Centralstelle wurde. Auch konnte der Weg der beiden Offiziere fremdenpolizeilich sehr zügig ermittelt werden. Überhaupt gelang es den ermittelnden Beamten, viele Sachverhalte schlicht durch Befragung in Erfahrung zu bringen. Sogar in der Gerichtsverhandlung kamen noch Details zu Tage. Als Achillesferse erwies sich auf deutscher Seite die Rechtslage. Weil hier der Versuch der Straftat unpräzise bewährt war, musste das Urteil relativ milde ausfallen. In der tagespolitischen Situation war das unschädlich. Das Gericht versuchte sogar aus der prozessualen Not eine politische Tugend zu machen, indem es die richterliche Milde mit dem Appell an die britische Öffentlichkeit verband. Bei Lichte betrachtet hatte sich das Gesetz von 1893 aber als ein zahnloser Tiger erwiesen und es wäre ein lohnenswertes Bemühen, den Einfluss des Falles auf die Novellierung des Gesetzes von 1914 rechtshistorisch zu erforschen. Mit dem braven Senatspräsidenten Menge trat der preußisch-deutsche Nachtwächterstaat hier also ein letztes Mal in eine rückblickend eigentlich recht liebenswerte Erscheinung.

7. Die deutsche Beobachtung des britischen Armeemanövers von 1912

Ende 1912 schrieb der im Großen Generalstab diensttuende Major Rudolf von Xylander:

> »Die englische Geschichte beweist es, daß diese Nation mit seltener Folgerichtigkeit das durchführt, was sie als richtig erkannt hat. Sie hat das Rohmaterial, sich eine gute Armee zu schaffen. Sie arbeitet auch daran. [...] Es wird gearbeitet in England. Hoffen wir, daß wir diese Armee treffen, bevor zuviel geschehen ist.«[234]

Xylanders Bewertung bildete das Schlusswort zu einer Denkschrift, in der er über seine Teilnahme am britischen Armeemanöver vom 16. bis 18. September 1912 berichtete. Diese international vielbeachtete und auch für die britische Armee bedeutende Veranstaltung bietet die Möglichkeit, die Praxis, das Potenzial und die Grenzen der Manöverbeobachtung als Elemente der nachrichtendienstlichen Aufklärung vor 1914 näher zu untersuchen. Dieses Armeemanöver fiel in eine Zeit des Wandels: Seit März war mit Sir John French ein neuer Chef des Generalstabs (und damit auch präsumtiver Befehlshaber des Expeditionskorps) ins Amt gekommen. Im Juni war der langjährige Kriegsminister Richard Haldane zurückgetreten. Die von ihm angestoßenen Militärreformen begannen mittlerweile zu greifen. Das Manöver wurde durchaus auch als Bewährungsprobe für dieses Reformprojekt gesehen.[235]

---

[234] HStA, KA, Generalstab, 151: Denkschrift Rudolf Ritter von Xylander, Erlebnisse bei den britischen Armeemanövern 1912, Bl. 40 (im Folgenden: Xylander, Denkschrift).
[235] Als Überblick, der freilich die internationale Rezeption des Manövers außen vorlässt, siehe Batten, »A School for the Leaders«.

Die sicherheitspolitische Lage war ein Jahr nach der Zweiten Marokkokrise immer noch angespannt. Sie hatte vor allem aber die strategische Neuausrichtung von Armee und Politik in Richtung auf ein kontinentales Engagement und eine militärische Anlehnung an Frankreich forciert. Zwar gab es offiziell keine Militärkonvention, aber auf deutscher Seite ging der Generalstab fest und zurecht davon aus, dass sich Briten und Franzosen mittlerweile in enger Absprache für den Fall eines Krieges befanden. Im Mai 1912 bewertete der Große Generalstab das britische Expeditionskorps in diesem Zusammenhang wie folgt: »Ihre Führer sind für den großen Krieg nicht hinreichend vorgebildet. Die Truppe ist aber ein ebenbürtiger Gegner.«[236] Das Herbstmanöver von 1912 bot also auch für die deutsche Seite eine gute Gelegenheit, diese Annahme durch eigene Beobachtung zu überprüfen.

Große Herbstmanöver wie in Deutschland oder Frankreich kannte man im Vereinigten Königreich erst seit 1909. Das Manöver von 1911 war wegen der Marokkokrise abgesagt worden, was die Erwartungen für 1912 weiter gesteigert hatte. Vier der sechs Divisionen waren daran beteiligt, mithin 48 000 Mann – eine für britische Verhältnisse historische Größenordnung. Zweck der Übung war es, die bislang im kolonialen Detachementkrieg erfahrenen Stäbe und Truppen im kontinentalen Großkrieg zu schulen, technische Neuerungen wie Luftstreitkräfte, Nachrichtenmittel und Motortransport zu erproben und erstmals die unter Haldane reorganisierten Territorialstreitkräfte in ein Manöver zu integrieren.

Wie international üblich wurden die Militärattachés der anderen Staaten eingeladen: insgesamt eine Gruppe von 27 Offizieren. Daneben bestand eine Delegation französischer Offiziere, die den britischen Stäben direkt zugeteilt waren. Neben den Russen und Niederländern waren die Deutschen die einzigen, die mehr Beobachter als nur den Militärattaché stellten. Im deutschen Fall erwiderten die britischen Gastgeber damit eine Gefälligkeit der deutschen Seite aus dem vergangenen Jahr. Gegenüber den anderen Vertretern suchten die Briten das Gesicht zu wahren, indem sie den Attaché, Major Roland Ostertag, als Vertreter des Deutschen Reiches, den der 3. Abteilung des Generalstabs zugehörigen Hauptmann Curt Liebmann als Vertreter des Königreichs Preußen und den ebenfalls von der 3. Abteilung entsandten Major von Xylander als Vertreter des Königreichs Bayern firmieren ließen.[237]

---

[236] BArch, PH 2/394: Großer Generalstab, 3. Abt., Das englische Expeditionskorps, Mai 1912, Bl. 199–206, zit. Bl. 200 (hier als Anl. 2 zu Generalstab des Feldheeres, Abt. Fremde Heere, Denkschrift über England (undat., 1917/18; Bl. 187–225). Weiterführend zu dieser Phase Grawe, Deutsche Feindaufklärung, S. 310–316.

[237] Xylander, Denkschrift, Bl. 8. Alle drei Beobachter waren erfahrene Generalstabsoffiziere und ausgewiesene Nachrichtendienstler. Ostertag war seit 1909 als Militärattaché in London und hatte sehr gute Kontakte zu Kriegsminister Haldane gepflegt. Er starb 1916 als Oberstleutnant. Liebmann stieg später im Truppenamt der Reichswehr zum Leiter des militärischen Nachrichtenwesens auf. 1935 wurde er Leiter der wiedereröffneten Kriegsakademie, 1939 hatte er eine letzte Verwendung als General der Infanterie und Oberbefehlshaber der 5. Armee. Xylander galt 1912 als einer der besten bayerischen Generalstabsoffiziere. Im Ersten Weltkrieg diente er als 1. Generalstabsoffizier im Armeeoberkommando 6 und als Artilleriekommandeur. Nachdem er nicht in die Reichswehr übernommen worden war, war er als Militärpublizist tätig. Er beendete seine militärische Laufbahn im Zweiten Weltkrieg als Chef einer Feldkommandantur in Frankreich und Generalmajor z.V.

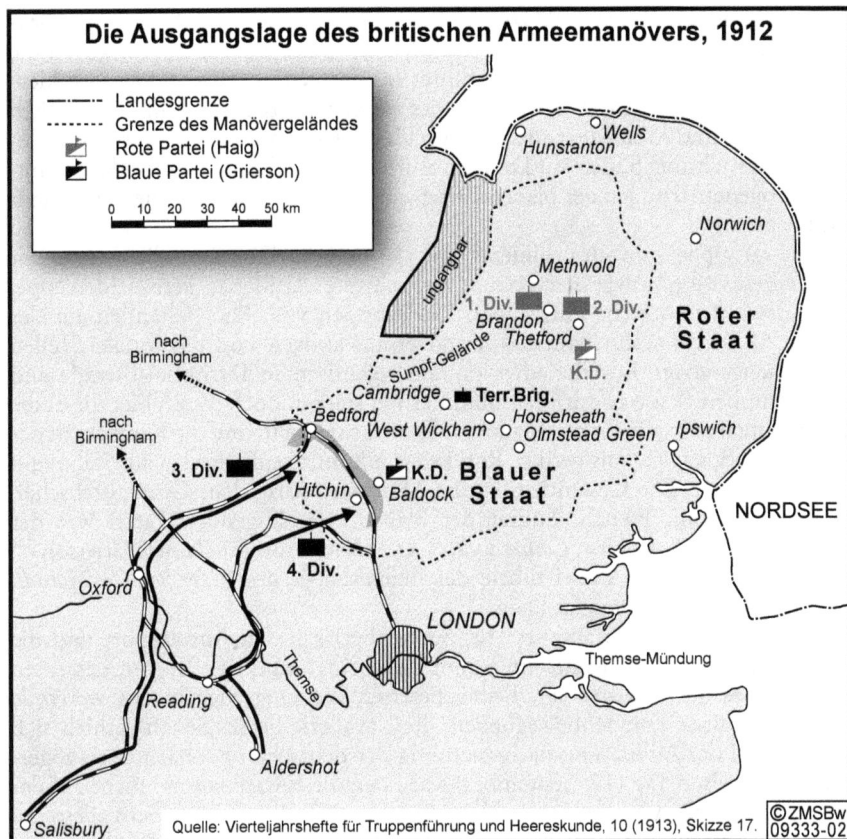

Die Ausgangslage des britischen Armeemanövers, 1912

Landesgrenze
Grenze des Manövergeländes
Rote Partei (Haig)
Blaue Partei (Grierson)

0 10 20 30 40 50 km

Wells
Hunstanton

Norwich

ungangbar

Methwold

1. Div.   2. Div.
Brandon   Thetford   **Roter Staat**
nach Birmingham
Sumpf-Gelände   K.D.

Cambridge Terr.Brig.
nach Birmingham   Bedford   Horseheath
West Wickham Olmstead Green   Ipswich

3. Div.   K.D. **Blauer**
Hitchin Baldock **Staat**

Oxford   4. Div.   NORDSEE

LONDON

Themse   Themse-Mündung

Reading

Aldershot

Salisbury   Quelle: Vierteljahrshefte für Truppenführung und Heereskunde, 10 (1913), Skizze 17.   ©ZMSBw 09333-02

Ganz sicher haben alle drei Beobachter Berichte erstellt, wenn auch heute nur noch die Denkschrift von Xylander namentlich zuzuordnen ist. Die Berichte von Liebmann und Ostertag sind aber ohne Zweifel eingegangen in eine ab Oktober 1912 begonnene, fünfteilige Serie im *Militär-Wochenblatt* sowie in einen anonymen Aufsatz in den vom Generalstab herausgegebenen *Vierteljahrsheften für Truppenführung und Heereskunde* aus dem Frühjahr 1913. Der Eintrag in den *Löbellschen Jahresberichten* von 1912 basiert wiederum auf der Serie im *Militär-Wochenblatt*.[238]

Das Armeemanöver war in der Region East Anglia, dabei hauptsächlich in den Grafschaften Norfolk und Cambridgeshire, geplant. Die dortige Küste galt als eine mögliche Landezone im Falle einer deutschen Invasion; ein Szenario, das die britischen Entscheidungsträger und die Öffentlichkeit bis Kriegsbeginn

---

[238] Le Juge, Die englischen Armeemanöver 1912; o.V., Die englischen Armeemanöver 1912; o.V., Heerwesen Großbritanniens. – Der Autor der Serie im *Militär-Wochenblatt*, Le Juge, lässt sich bislang nicht zuordnen. Er war ausweislich der Ranglisten 1908 als Kommandeur des Landwehrbezirks Insterburg verabschiedet worden und hatte im Lauf seiner Karriere u.a. als Lehrer an der Hauptkadettenanstalt gedient.

1914 bekanntlich umtrieb.[239] Der Manöverraum war durch die Anlage von vornherein künstlich eingeschränkt, was nach Meinung der deutschen Beobachter die operative Freiheit der beiden Parteiführer beeinträchtigte. Das Szenario bildete der Angriff eines fiktiven Rotstaates, dessen Grenze die Küstenlinie zwischen Hunstanton und Wells-next-to-the Sea bildete. Auftrag der roten Partei war der Angriff in Richtung Süden auf London. Auftrag der im Raum Cambridge zusammengezogenen Truppen der blauen Partei war es, den Vorstoß auf die Hauptstadt abzuwehren.

Die Truppen von Rot bildeten die 1. und 2. Division, die Masse der Kavalleriedivision sowie Armeetruppen (schwere Artillerie, Fernmeldetruppe, ein Luftschiff und sechs Flugzeuge). Die Truppen von Blau bestanden aus der 3. und 4. Division, einer für das Manöver aus aktiven und territorialen Teilen zusammengesetzten Kavalleriedivision, einer gemischten Territorial-Brigade und Armeetruppen.[240] Zwar war Blau nummerisch stärker, doch waren hier die Stäbe und Truppen teilweise für das Manöver zusammengestellt, und die Kampfkraft der Territorialbrigade galt als gering. Rot dagegen konnte auf eingespielte Stäbe und Truppen bauen. Die Gesamtleitung des Manövers oblag dem Generalstabschef, General Sir John French. Führer der blauen, verteidigenden Partei war der Befehlshaber des *Eastern Commands*, Generalleutnant Sir James Grierson.[241] Die angreifende, rote Partei führte der Befehlshaber des *Aldershot Commands*, Generalleutnant Sir Douglas Haig.

Der erste Tag des Manövers (16. September) sah den Antransport und die Ausladung der blauen Kräfte im Raum Cambridge und den Beginn des roten Vormarsches auf London vor. Dabei lieferten die Flugzeuge bereits wertvolle Meldungen über Truppenbewegungen; die Kavallerie beider Seiten verhielt sich dagegen bei der Aufklärung nach Meinung der deutschen Beobachter zu zögerlich. Am zweiten Tag (17. September) traf Haig die Entscheidung, nicht auf das im Raum Cambridge vermutete blaue Gros zu marschieren, sondern dieses zu umfassen. Der Weg der roten Kräfte nahm daher teilweise den Charakter eines riskanten Flankenmarsches entlang der gegnerischen Front an.[242]

Nachdem beide Parteiführer bis zum Ende des zweiten Tages manövriert und nicht attackiert hatten, entschied sich Grierson am Morgen des dritten Tages zum Angriff (18. September). In der Folge trafen beide Parteien etwa 15 Kilometer südöstlich von Cambridge auf der Linie West Wickham–Horseheath–Olmstead Green frontal aufeinander. Im Verlauf des Nachmittages gelang es Blau beide roten Flügel zurückzudrängen. Griersons Kavallerie hob dabei beinahe Haigs Gefechtsstand aus.[243] Im weiteren Verlauf verloren beide Parteiführer aber mehr oder weniger die Kontrolle über das Geschehen, das sich nun in eine Vielzahl von Einzelgefechten – oder wie es das *Militär-Wochenblatt* spitz bemerkte: ein

---

[239] Der Manöverraum war sogar die angenommene Landezone in William Le Queux's 1906 erschienenem Roman »The Invasion of 1910« gewesen (Batten, »A School for the Leaders«, S. 31).
[240] Zur Kriegsgliederung siehe o.V., Die englischen Armeemanöver 1912, S. 150 f.
[241] Dieser war den deutschen Beobachtern als früherer Militärattaché in Berlin und ausgewiesener Kenner der deutschen Armee kein Unbekannter. Siehe Le Juge, Die englischen Armeemanöver 1912, Sp. 3192.
[242] Xylander, Denkschrift, Bl. 21.
[243] Le Juge, Die englischen Armeemanöver 1912, Sp. 3241.

»Tohuwabohu« – auflöste. Gegen 17.00 Uhr wurde das Manöver abgebrochen und der ursprünglich geplante vierte Tag abgesagt.[244]

Die Gründe für den Abbruch blieben Gegenstand von Spekulationen. Der Berichterstatter im *Militär-Wochenblatt* vermutete, dass sich die Einheiten derart vermischt hatten und eine geordnete Fortsetzung des Manövers am nächsten Tag deshalb nicht möglich gewesen wäre. Die Analyse in den *Vierteljahrsheften* gab zu bedenken, dass die Leitung möglicherweise geplant habe, am dritten Tag eine neue Lage einzuspielen, die dann wegen des zögerlichen Manövrierens nicht mehr umzusetzen gewesen sei. Xylander schließlich nahm eine generelle Enttäuschung der Leitung an, die mit dem Abbruch vermeiden wollte, dass die Schwächen der eigenen Manöveranlage offenkundig geworden wären.[245]

Die unterschiedlichen Einschätzungen zum Abbruch deuten schon darauf hin, dass es auch Nuancen in der Berichterstattung gab; allerdings blieb diese auf Details begrenzt. Was die Anlage des Manövers betraf, bestand Einigkeit, dass die Begrenzung des Raumes die Führer von vornherein eingeschränkt hatte und dass die an die Truppe gestellten Anforderungen, was Dauer, Märsche und Ruhezeiten betraf, deutlich geringer waren als bei deutschen Manövern.[246] Was man bei der Diskussion der Anlage vermisst, sind explizite Beurteilungen des geografischen Raumes im Hinblick auf eine eigene Invasion; dies wäre, zumindest für die veröffentlichten Berichte, auch sehr unzweckmäßig gewesen, abgesehen davon, dass derartige Planungen auf deutscher Seite 1912 nicht bestanden; das schloss aber nicht aus, dass die geschulten Augen der Offiziere entsprechende Beobachtungen machten: Alle Dörfer seien »offen gebaut« und eigneten sich »nicht zu hartnäckiger Verteidigung«. Für die Kavallerie böten Hecken ein »bedeutendes Bewegungshindernis«. Gute Straßen und Wege durchziehen das Land nach allen Richtungen. Der Gesamtcharakter des Geländes ist der des östlichen Holsteins.«[247]

Bei der Bewertung der Manöverleitung wurde die Anlage grundsätzlich als kriegsmäßig anerkannt, die gestellten Aufgaben und »gekünstelte Leitungsmittel« aber kritisiert. Dazu gehörte namentlich die starke Betonung der rückwärtigen Verbindungen, die zu sehr an napoleonische Formen der Truppenführung gemahnte.[248] Künstlichkeit war auch bei der Beurteilung der beiden Parteiführer der Hauptkritikpunkt. Deren Überlegungen und Handlungen, vor allem die Haigs, erschienen schematisch und bestenfalls an den immer gleichen Rahmenbedingungen bekannter Übungsplätze geschult.[249] Verbunden damit kritisierten die Beobachter einen auffallenden Mangel an Initiative, »zögerliches Verhalten, Abwarten von Nachrichten und geringe Entschlußkraft«. Den Grund erkannten sie in der mangelnden Erfahrung in der »Leitung, Verwendung und

[244] Ebd., Sp. 3407 (Zitat); O.V., Die englischen Armeemanöver 1912, S. 155.
[245] Le Juge, Die englischen Armeemanöver 1912, Sp. 3407; o.V., Die englischen Armeemanöver 1912, S. 156; Xylander, Denkschrift, Bl. 30.
[246] Xylander, Denkschrift, Bl. 39.
[247] Ebd., Bl. 14; o.V., Die englischen Armeemanöver 1912, S. 148.
[248] Xylander, Denkschrift, Bl. 7.
[249] Le Juge, Die englischen Armeemanöver 1912, Sp. 3195.

Ausnutzung größerer Truppenmassen in unbekanntem Gelände«.[250] – Das war ja genau der Grund gewesen, warum die Armeemanöver eingeführt worden waren.
Dass die Qualität der niederen Führung kein besseres Bild abgab, war daher nicht überraschend. Gleichwohl attestierte Xylander den Offizieren soldatische Haltung, Stressresilienz und persönlichen »Schneid«. Auch die Mannschaften machten auf ihn einen »geweckten Eindruck« und schienen »gut ausgebildet«.[251] Das galt am ehesten für die Artillerie. Bei der Infanterie bemerkten die Beobachter die geringen Kopfstärken der Einheiten, die sie auf die Ersatzpraxis und dauernde Abgaben an die imperialen Garnisonen zurückführten. Bei der Kavallerie stellte die *mounted infantry*, also berittene Truppen, die den Kampf in der Regel abgesessen und nicht vom Pferd aus führten, eine unbekannte Besonderheit dar.[252] Am schlechtesten schnitten erwartungsgemäß die *territorials* ab, deren Ausbildungsstand und Kampfwert als »unzureichend« kritisiert wurde.[253] Interessant war auch die Beurteilung der technischen Waffen: Trotz mehrerer Unfälle formulierten alle Berichte Anerkennung für den Wert des Flugzeuges bei der Aufklärung. Sie wiesen auch auf den gelungenen Antransport der blauen Kräfte mit der Eisenbahn und den hohen Grad der Motorisierung der Nachschubtruppe hin.[254] Kulturelle Stereotypen finden sich vergleichsweise wenige, mit Ausnahme einer karikierenden Detailbetrachtung Xylanders, die sich an sorgsam zelebrierter, angelsächsischer Exzentrizität festmacht und so letztlich auch in einem französischen Bericht hätte stehen können. Zu den Stereotypen zählt freilich auch der Hinweis auf den Charakter des »Söldnerheeres«, das im zeitgenössischen Militärdiskurs für die Vertreter des »Volkes in Waffen« stets ein rotes Tuch darstellte.[255]
So war das Gesamturteil durchwachsen. Was die Anlage und Leitung derartiger Großmanöver anging, hatten die Deutschen den Briten Jahre an Erfahrung voraus. Ihr Offizierkorps war für ein derartiges Großkriegsszenario besser geschult. Somit gab es für sie hier taktisch und operativ nichts zu lernen. Gleichwohl nahmen sie den Wind des Wandels sehr wohl wahr und erkannten in der Annäherung an die kontinentale Taktik auch eine Neuausrichtung der britischen Streitkräfte auf ein ebensolches Szenario: »Aber eines dürfen wir nicht vergessen«, mahnte Xylander: »Aus hundert und tausend Kleinigkeiten kann jeder Deutsche, der nach England kommt, die Überzeugung gewinnen, daß der Kampf gegen uns immer populärer wird.«[256]
Die Beobachtung der britischen Heeresmanöver und die Diffusion der Erkenntnisse in die Armee hinein liefen im Rahmen eines etablierten Prozesses der militärischen Wissensvermittlung ab. Seine Ursprünge reichten, wie geschildert, ins letzte Drittel des 19. Jahrhunderts zurück. Seit 1899 kam dabei der Beobachtung aktueller Kriege eine immer größere Rolle zu. Am Anfang dieses Prozesses

---

[250] Xylander, Denkschrift, S. 39; Le Juge, Die englischen Armeemanöver 1912, Sp. 3410, 3459.
[251] Xylander, Denkschrift, S. 31.
[252] Xylander stellte deren Wert nicht grundsätzlich in Frage, kritisierte aber ihren unzweckmäßigen Einsatz. Siehe Xylander, Denkschrift, S. 36.
[253] O.V., Die englischen Armeemanöver 1912, S. 156.
[254] Xylander, Denkschrift, S. 5; o.V., Die englischen Armeemanöver 1912, S. 157.
[255] Le Juge, Die englischen Armeemanöver 1912, Sp. 3462; Xylander, Denkschrift, S. 17, 39.
[256] Xylander, Denkschrift, S. 39.

stand die Beobachtung selbst, die im Falle der Artikelserie im *Militär-Wochenblatt* im Prinzip eine Auswertung der internationalen Presse, im Falle Rudolf von Xylanders tatsächlich eine teilnehmende Beobachtung sein konnte.

Berichte in den eigentlichen Expertenkreis hinein bildeten die zweite Stufe des Prozesses. Für die Angehörigen der Länderabteilungen und die Militärattachés war dies ohnehin ihr Tagesgeschäft; die ad hoc entsandten Kriegs- oder Manöverbeobachter richteten ihren Empfängerkreis nach Bedarf aus. So ist für Xylander der Geschäftsgang ersichtlich und außerdem jeweils ein Vortrag im bayerischen Kriegsministerium und vor der Militärischen Gesellschaft in Berlin nachgewiesen.[257] Die schriftlichen Berichte wurden dann in den internen Denkschriften der Länderabteilung bzw. in den nur für den Dienstgebrauch publizierten Jahresberichten des Großen Generalstabs kompiliert.[258] So finden sich Echos des Manövers von 1912 etwa in einer geheimen Zusammenstellung des Generalstabs über die britische Armee von 1914: Dort werden die Expeditionsstreitkräfte als »ebenbürtiger Gegner« bewertet, allerdings mit der Einschränkung: »Der Wert der Offensive wird in allen Vorschriften hervorgehoben. Trotzdem neigen die Engländer zum Stellungskampf, bis die Lage völlig geklärt ist. [...] Die höhere Truppenführung besitzt noch vielfach Mängel.« Und weiter – hier wird dann die Schlussfolgerung aus der Beobachtung konkret: »Einem rasch und entschlossen zufassenden Gegner wird sich oft Gelegenheit zum Erfolg bieten.«[259]

Mit dem *Militär-Wochenblatt*, den *Vierteljahrsheften* und den *Löbellschen Jahresberichten* verfügte der Generalstab über Medien, in denen er die Berichterstattung für eine breitere Fachöffentlichkeit lancieren konnte. Ab dieser Stufe konnte man sicher davon ausgehen, dass nun auch internationale Experten mitlasen. Hierauf waren diese Veröffentlichungen aber auch ausgerichtet. Der Kreis der Beobachtung schloss sich also, wenn die Deutschland-Bearbeiter bei MO2 im *War Office* lasen, wie die Großbritannien-Bearbeiter der 3. Abteilung des Generalstabs das Heeresmanöver in East Anglia beurteilten. Die öffentliche Berichterstattung in der Militärpresse blieb nicht auf die drei genannten Journale begrenzt. So konnten sich die Fachzeitschriften der Untersuchung der einzelnen Waffengattungen oder technischer Neuerungen im Detail widmen. Dafür griffen sie auch auf eigene Experten zurück, und es konnten sich in der Folge durchaus auch Debatten entwickeln. Zudem berichteten die Tageszeitungen regelmäßig über Manöver, wobei sie wiederum über eigene Kommentatoren verfügten.

Die deutsche Manöverbeobachtung von 1912 zeigt die Möglichkeiten und Grenzen dieses nachrichtendienstlichen Zugangs vor dem Ersten Weltkrieg auf. Bemerkenswert ist sie in der zeitlichen Nähe zum Ereignis: das *Militär-Wochenblatt* berichtete ab Ende Oktober; der Bericht Xylanders, der Jahresbericht des Generalstabs und die *Löbellschen Jahresberichte* lag ein viertel Jahr später vor, die *Vierteljahrshefte* ein halbes Jahr nach dem Ereignis. Dabei ließ sich durchaus eine Bandbreite von relevanten Themen im Manöver beobachten: der

---

[257] HStA, KA: Kriegsministerium, Bd 1002: Bayer. Generalstab Nr. 646 vom 1.3.1913 betr. Kommando zu den britischen Armeemanövern 1912; OP 18705: Personalakte Rudolf Ritter von Xylander, hier bayer. Kriegsministerium vom 8.12.1912 betr. Einladung.

[258] HStA, KA: Generalstab, Bd 576: Jahresbericht über die Tätigkeit des großen Generalstabes, des Landesvermessungswesens und der Kriegsakademie 1912, Berlin 1912, S. 26.

[259] Kurze Zusammenfassung über die Englische Armee, Berlin 1914 (Geheim!), S. 5, 14.

Ausbildungsstand, die Bewaffnung und die Haltung der Truppen, die Führung im Besonderen, der potenzielle Kampfraum der Zukunft und politische Einstellungen gegenüber dem eigenen Land. Allerdings war dieser Einblick nicht unbeschränkt: So hielten die betreuenden Stäbe die internationale Beobachtergruppe unter Aufsicht; diese reiste nach einem Programm, bei dem die Gäste im Idealfall nur das zu sehen bekamen, was gewünscht war.[260] Durch die Einbeziehung der internationalen Presse in die Berichte gingen Stimmen in die Berichte ein, die von außen kamen und bei denen die Fachkompetenz und Agenda nicht immer klar war. Das Beispiel von 1912 zeichnet eine Multiperspektivität, die so nicht immer und überall möglich gewesen sein dürfte. Xylander als teilnehmender Beobachter, dessen Stärke die Impressionen waren; der Bericht im *Militär-Wochenblatt*, der über weite Strecken eine internationale Presseauswertung war und die dortigen, teilweise scharfen britischen und französischen Urteile übernahm; und der Aufsatz in den *Vierteljahrsheften*, dessen anonymer, aber zweifellos dienstlicher Autor sich auf den taktischen Ablauf und die Führerleistung beschränkte und sich bei seinem Urteil nicht allzu sehr in die Karten schauen ließ.

Manöverbeobachtung hielt auch kognitive Fallen bereit. So richteten die deutschen Beobachter selbstverständlich ein besonderes Augenmerk auf diejenigen Aspekte, die ihnen aufgrund ihrer eigenen Karriere wichtig erschienen – die eigene Waffengattung oder der selbsterfahrene Moment der Bewährung des militärischen Führers im Manöver konnten dazu zählen. Die Gefahr, dass sie an der britischen Armee besonders intensiv beobachteten, was ihnen an der deutschen wichtig erschien, war immer gegeben. Dass der Bericht selbst oder die Auswertung desselben nur der Selbstbestätigung dienten, zählte auch zu den Gefahren. Mit einem großen Armeemanöver begaben sich die Briten auf ein Parkett, auf dem Deutsche und Franzosen schon lange tanzten. Da lag diese Gefahr besonders nahe.

Wer die Berichte aus der Rückschau liest, tut das mit dem Wissen um das Kriegsbild von 1914–1918.[261] Er oder sie wird daher den auch von den britischen Beobachtern und der eigenen Manöverleitung als Cunctator gescholtenen General Haig als jemanden sehen, der den Wandel des Verhältnisses von Offensive und Defensive schon erahnte, der aber in East Anglia keinen Ausweg aus diesem Dilemma bieten konnte. Die Berichte über die Luftaufklärung entsprechen deren späteren Leistungen ab August 1914 exakt. Die langatmigen Erörterungen um die taktischen Leistungen der Kavallerie sind mit deren generellem Unwert ab Herbst 1914 nicht mehr in Übereinstimmung zu bringen. Die Rolle der Logistik und ihre Motorisierungen wurden durchaus positiv wahrgenommen. Dass beide Elemente aber für sich genommen und in Verbindung zueinander im Ersten Weltkrieg zu kriegsentscheidenden Faktoren aufsteigen sollten, konnte sich den Beobachtern von 1912 selbst bei wildester Vorstellungskraft nicht erschließen. Ein Kardinalproblem der britischen Berufsarmee bis 1916, die für einen Kampf auf dem Kontinent unzureichende Personalstärke, sahen die deutschen Beobachter freilich klar und deutlich. Überhaupt war es nicht ihre Aufgabe, ein Bild des Krieges der Zukunft zu zeichnen. Dafür lieferten sie bestenfalls einen Farbtupfer.

---

[260] So versammelte sich Xylanders Gruppe am ersten Manövertag im Kriegsministerium in London. Sie bekam also den Bereitstellungsraum der roten Kräfte, die für einen deutschen Beobachter besonders interessante Küstenzone, gar nicht zu sehen.

[261] Zu den Lehren siehe auch Batten, »A School for the Leaders«, S. 42–47.

8. Die Nachrichtendienste in der Julikrise 1914

Es zählt zu den vornehmsten Aufgaben von Nachrichtendiensten, den militärischen und politischen Entscheidungsträgern präzise und zeitgerechte Grundlagen für ihre Entschlüsse an die Hand zu geben. Dies war schon 1914 der Fall, als bosnisch-serbische Terroristen am 28. Juni in Sarajevo den österreichisch-ungarischen Thronfolger und seine Frau ermordeten. Die sich nun entfaltende und im Ersten Weltkrieg mündende Julikrise böte in ihrer zeitlichen Beschränkung, in ihrer Dynamik und ihrer Folgemächtigkeit ein bestechendes Fallbeispiel zur Arbeit von Nachrichtendiensten, zur Analyse und Aufbereitung ihrer Erkenntnisse und zur Rezeption derselben. Allein, der Mangel an Quellen, die Komplexität der Krise selbst und die Monstrosität der wissenschaftlichen Diskussion über die Ursprünge des Ersten Weltkrieges lassen ein solches Unterfangen im Rahmen eines Buchkapitels von vornherein aussichtslos erscheinen.[262] Gleichwohl sollen hier einzelne nachrichtendienstliche Aspekte der Krise diskutiert werden, die für eine solche, umfassendere Untersuchung dienlich sein könnten. Schließlich wird in diesem Kapitel auch die erstmalige Mobilmachung der drei Nachrichtendienste und damit ihre Transformation in eine Kriegsorganisation darzustellen sein.

In der Folge der Krisen zwischen 1904 bis 1914 sticht die Julikrise dadurch heraus, dass sie als Komplott peripherer Akteure für die hier untersuchten Nachrichtendienste völlig überraschend kam – ein »Schwarzer Schwan«.[263] Gleichzeitig handelte es sich aber um einen staatlich protegierten Terrorakt, der einen genuin geheimdienstlichen Ursprung hatte.[264] Die konkrete Krise mag von ihrem Auslöser her ungewöhnlich gewesen und überraschend eingetreten sein; gleichwohl befanden sich alle drei Nachrichtendienste zur selben Zeit bereits in einem, jeweils unterschiedlich motivierten Krisenmodus: Die deutschen und französischen Dienste waren intensiv mit der Auswertung der aktuellen gegnerischen Heeresrüstungsprogramme befasst. IIIb arbeitete darüber hinaus seit Monaten mit Blick auf Russland in einer Art erhöhter Alarmbereitschaft. Das *Deuxième Bureau* stand, wie ganz Frankreich, im Juni 1914 innenpolitisch im Bann der Caillaux-Affäre. Und beim britischen Generalstab hatte man gerade die Curragh-Meuterei, die zum Rücktritt des Chefs des Generalstabs, Sir John French und des Kriegsministers J.E.B. Seely führte, hinter sich und blickte auf eine mögliche Eskalation der Irischen Frage. Es war also nicht so, dass es den drei Diensten im Juni 1914 langweilig zumute gewesen wäre.

Ungewöhnlich war die Jahreszeitlichkeit der Julikrise. Der Blick auf die vorangegangenen Jahre zeigt nämlich, dass der Sommer statistisch gesehen als

[262] Aus der Vielzahl der neueren Literatur zur Julikrise siehe Clark, The Sleepwalkers; McMeekin, July 1914; Mombauer, Die Julikrise, und Otte, July Crisis.
[263] Hier in Übertragung aus dem finanzwirtschaftlichen Begriffsfeld, wo damit ein unerwartbares Ereignis bezeichnet, das starke Auswirkungen auf die Börse zeitigt. Siehe Taleb, The Black Swan.
[264] Die Verwicklung des serbischen Militärnachrichtendienstes ist weitgehend unbestritten. McMeekin geht darüber hinaus auch von einer Mitwisserschaft des russländischen Militärattachés und des Botschafters in Belgrad aus. Siehe McMeekin, July 1914, S. 50 f.

Beginn von Krisen und Kriegen eher unkritisch gewesen war.[265] Das erklärt
sich zum Teil dadurch, dass damals bei der Planung von militärischen Aktionen
einschließlich der Manöver (die ja immer wieder Anlass zu nachrichtendienstlicher Alarmbereitschaft boten), das Einfahren der Ernte berücksichtigt wurde.
Das bedeutete im Umkehrschluss, dass die Monate Juli und August bei allen
europäischen Generalstäben als die Zeit im Jahr galt, in der die Planungen für
die Herbstmanöver abgeschlossen sein mussten. In diesem Zeitfenster stand der
»exode annuel« (Messimy) an, bevor dann ab September die Herbstmanöver einen Arbeitsschwerpunkt im Kalenderjahr bildeten.[266]

Wie war es nun im Juli 1914 um die Stellung des Nachrichtenwesens in-
nerhalb der Generalstäbe bestellt? Im deutschen Fall lässt sich eine eingespielte
Organisation bei der Arbeit beobachten. IIIb hatte im Vorjahr mit Major Walter
Nicolai einen neuen Leiter erhalten. Allerdings war dieser schon länger mit der
Führung beauftragt gewesen und hatte »Stallgeruch«. Weder Nicolai noch die
Chefs der Länderabteilungen scheinen bei der Aufmarschplanung der letzten
Jahre Standpunkte vertreten zu haben, die im Gegensatz zu denen des Chefs
des Generalstabs gestanden wären. Während der geheime Nachrichtendienst
mit der Etatisierung der Nachrichtenoffiziere organisatorisch Fahrt aufgenom-
men hatte, verliefen die Fortschritte beim Ausbau und die Zentralisierung der
Spionageabwehr aus der Perspektive des Generalstabs schleppend. Der Große
Generalstab verfügte Ende Juni 1914 über einen Plan für einen Krieg. Das verhieß
für die jetzt aufbrechende Krise – positiv gewendet – immerhin Verlässlichkeit,
was den nachrichtendienstlichen Fokus (Frankreich und Russland) anging.

Auch die französische Organisation war groß und eingearbeitet. Wie sein
deutsches Gegenüber war Oberstleutnant Charles Dupont im Vorjahr auf seinen Posten gekommen. Auch er verfügte über langjährige Erfahrungen in dem
Führungsgrundgebiet. Anders als im deutschen Fall hatte der Wechsel in der
Führung des *État-major de l'armée* 1911 Differenzen zwischen Nachrichten- und
Operationsabteilung aufbrechen lassen, die 1914 noch fortwirkten. Der französische Generalstab hatte ebenfalls nur einen Plan für einen Krieg, diesen allerdings mit zwei Varianten.[267] Dieser Plan sah aber, anders als der deutsche, nicht
den Bruch der Neutralität Belgiens vor und er zielte auch nur auf einen einzigen
Gegner – Deutschland. Damit war der französische Plan zwar ebenso unflexibel
wie der deutsche, er litt nur nicht an dessen sehr viel weitergehenden strategischen Implikationen.

Der britische Nachrichtendienst war kleiner, strukturell weniger gefestigt und
hatte erst 1909 eine Spionage- und Abwehrkomponente dazu gewonnen. Oberst
Macdonogh war zwar kein ausgesprochener Nachrichtendienstler wie Dupont
oder Nicolai, dennoch kam seinem Urteil innerhalb des Generalstabs Gewicht zu.

---

[265] Mit Ausnahme der Marokkokrise von 1911 und dem Beginn des Zweiten Balkankrieges
1913. Siehe dazu auch Otte, July Crisis, S. 507.

[266] Messimy, Mes Souvenirs, Paris 1937, S. 127. Der französische Kriegsminister spricht vom
»exode annuel vers la mer et la montagne«.

[267] Der am 15. April in der Endfassung vorliegende *Plan XVII* sah eine Offensive gegen das
Deutsche Reich vor, machte die Verteilung der eigenen Kräfte aber davon abhängig, ob die
deutsche Armee ihrerseits einen strategischen Überfall (*attaque brusquée*) über Lothringen
durchführen oder aber den Weg über Belgien nehmen würde. Siehe AFGG, Teil 1, Bd 1
(2. Aufl., 1936), S. 88.

Als einziger der drei Generalstäbe stand der britische im Juli 1914 in einer starken doppelten Abhängigkeit, und zwar von der eigenen Flotte und vom französischen Verbündeten. Diese Abhängigkeit galt auch und vor allem für die Übermittlung von nachrichtendienstlichen Informationen. Der britische Plan für den Fall eines Krieges auf dem Kontinent bestand darin, ein Expeditionskorps dorthin überzusetzen und es zunächst in den französischen Aufmarsch einzureihen. Auf der Arbeitsebene der Generalstäbe waren die Planungen dazu mit einer rückblickend gespenstischen Rechtzeitigkeit im Juli 1914 abgeschlossen worden.[268]

Im Juli 1914 war im Westen die deutsch-französische Gegnerschaft von vornherein gesetzt. Die britische Kriegsteilnahme blieb zwar bis zum deutschen Einmarsch in Belgien prinzipiell offen. Der nachrichtendienstliche Austausch zwischen dem britischen und französischen Generalstab war aber unabhängig von der zu erwartenden politischen Entscheidung schon zu Beginn der Julikrise eingespielt und intensiv. Auch wenn alle drei Mächte auf dem westlichen Kriegsschauplatz Teil eines Bündnisses waren, konnten dort nur Briten und Franzosen die Vorteile ihres Bündnisses bei Fragen des Nachrichtendienstes zur Geltung bringen.

Was die Nachrichtendienste am 28. Juni 1914 für einen Krieg wissen mussten, hatten sie bis dahin bereits zu großen Teilen in Erfahrung gebracht. Dazu zählten die Stärke, Bewaffnung und Friedensdislokation der gegnerischen und neutralen Heere. Gerade aus den öffentlichen Debatten um die Heeresvergrößerungen in Deutschland und Frankreich hatte sich eine Vielzahl von Basisdaten herauslesen lassen. Bei Fragen wie Ausbildung, Doktrin und Kampfkraft lagen regelmäßig aktualisierte Einschätzungen vor. Hier hatten die Manöverbeobachtung und die Analyse der Publizistik wichtigen Aufschluss gegeben, die freilich stärker Gegenstand von Interpretation waren. So wusste der französische Generalstab wohl um die deutsche Präferenz für die taktische und operative Umfassung; andersherum war dem deutschen Generalstab die offensive Wende im militärischen Denken westlich des Rheins nicht verborgen geblieben.

Doch gab es in diesen Themenfeldern auch Fehlstellen: Eine schwerwiegende war die französische Unkenntnis im Hinblick auf die deutschen Rüstungsfortschritte bei der schweren Artillerie und die deutsche Absicht, die Reserveverbände sofort und zu Reservekorps zusammengefasst einzusetzen.[269] Auf deutscher Seite lassen sich aus dem weiteren Verlauf der militärischen Operationen Versäumnisse bei der Bewertung der Kampfkraft der Festungen Lüttich und Verdun anführen; auch ist die Frage der Nachführung von britischen Verstärkungen aus dem Empire kaum untersucht worden. Auf britischer Seite hatte die jahrelange Fixierung auf eine deutsche Invasion zu einem grundsätzlichen Missverständnis geführt, dass nämlich die deutschen nachrichtendienstlichen Bemühungen nicht primär einer Invasion des Landes, sondern vor allem dem wichtigsten Instrument ihrer Verhinderung, der britischen Flotte, gedient hatten.[270] Die gegnerischen Absichten waren im Sommer 1914 ungleich schwieriger zu beurteilen. Im

---

[268] Strachan, The British Army, S. 93 f.; Jeffery, Field Marshal Sir Henry Wilson, S. 127.

[269] Tanenbaum, French Estimates, S. 168. Lahaie (Renseignement, S. 344) argumentiert, dass es sich hier weniger um ein Versäumnis des Nachrichtendienstes gehandelt hat, sondern vielmehr ein Versäumnis des Generalstabschefs, die Erkenntnisse zusammenzuführen und anzuerkennen.

[270] Andrew, MI5, S. 31 f.

Großen und Ganzen bestand Klarheit, aber die Details blieben dann doch noch entscheidend.

So hatte der Große Generalstab keine Kenntnis davon, dass seit 1. Mai 1914 ein neuer französischer Operationsplan (*Plan XVII*) in Kraft getreten war. Über aktuelle Spionageerkenntnisse verfügte er nicht. Aus der Kenntnis der französischen Friedensgliederung und der Doktrin schlussfolgerte die 3. Abteilung aber, dass die Franzosen im Fall eines Krieges zunächst in der strategischen Defensive verharren und nach Erkennen der deutschen Angriffsabsichten frontal in Lothringen angreifen würden. Ferner ging der Generalstab davon aus, dass Franzosen, Briten und Belgier einen deutschen Durchmarsch durch Belgien erwarteten. Mit dieser Einschätzung lag der Generalstab also ungefähr richtig, auch wenn er die offensiven Absichten der Franzosen unterschätzte und deren Schwerpunkt nicht ganz korrekt bezeichnen konnte.[271] Mit Blick auf Großbritannien rechnete der Generalstab unter bestimmten Umständen mit der Anlandung des Britischen Expeditionskorps, wobei die Anlandungshäfen nicht exakt bezeichnet werden konnten, man aber davon ausging, dass das Korps zwar zügig auf dem Kontinent auftauchen, dann aber zunächst nicht ins Gefecht geworfen würde.[272]

Der französische Generalstab wiederum war sich zwar sicher, dass die Deutschen sofort und mit Schwerpunkt gegen Frankreich angreifen würden. Auch galt beim *Deuxième Bureau* der Angriff eines rechten Flügels über Belgien aufgrund von Manöverbeobachtung, offenen Quellen und einzelnen Beutedokumenten als gesichert. Die Stärke und das Ausgreifen dieses rechten Flügels waren aber völlig unterschätzt worden.[273] Die Einschätzungen des britischen Generalstabs zum deutschen Operationsplan resultierten aus Manöverbeobachtungen und offenen Quellen, vor allem aber auf den Stabskonsultationen mit den französischen Partnern; aus diesen hatte der Generalstab die Erkenntnis gewonnen, dass die deutsche Armee bestenfalls durch das südliche Belgien (Ardennen) marschieren würde.[274]

Zu Beginn der Julikrise hatten alle drei Nachrichtendienste ihre »Hausaufgaben« weitgehend gemacht. Wer mit wem gegen wen kämpfen würde, war allseits bekannt, dafür brauchte man keine Nachrichtendienste.[275] Wie die in den Krieg tretenden Armeen beschaffen waren, war aufgrund jahrelanger Detailarbeit ebenfalls klar. Allein bei den operativen Absichten der Gegner blieb ein kritisches Maß an Unsicherheit. Im Verlauf der Julikrise selbst blieben damit drei Aufgaben zu erledigen: erstens, mögliche gegnerische Mobilmachungsaktivitäten zu iden-

[271] BArch, RH 61/398: Reichsarchiv, Archivrat Helmuth Greiner: Welche Nachrichten besaß der deutsche Generalstab über Mobilmachung und Aufmarsch des französischen Heeres in den Jahren 1885–1914? Wie wurden sie ausgewertet, und wie lagen die tatsächlichen Verhältnisse (undat. Studie; ca. 1928–1934). Darauf aufbauend Foley, Easy Target or Invincible Enemy?, S. 20, und Zuber, The German Intelligence Estimates, S. 196–199.

[272] Siehe BArch, PH 3/394: Großer Generalstab, 3. Abt.: Das englische Expeditionskorps (Denkschrift 1912, fortgeschrieben 1914), Bl. 199–207, hier Bl. 203, 218, und ebd., Generalstab des Feldheeres, Abt. Fremde Heere: Denkschrift über die Rüstung Englands unmittelbar vor Kriegsausbruch 1914 (1917/18), Bl. 277.

[273] Tanenbaum, French Estimates, S. 167, 170.

[274] Brock, Britain Enters the War, S. 149 f.

[275] Natürlich blieben die Kriegsbeitritte des Vereinigten Königreichs und Italiens bis Anfang August ungewiss. Nur hätten Nachrichtendienste hierzu keine Aufklärung bringen können, weil die Entscheidungen erst kurzfristig getroffen wurden.

tifizieren; dann in der Folge, zweitens, den gegnerischen Aufmarsch aufzuklären; und, drittens, in Zusammenarbeit mit den zivilen Stellen Maßnahmen zur Spionageabwehr, zur Zensur und zur allgemeinen Überwachung vorzubereiten.

Die militärische Führung und den Nachrichtendienst zeichnete in der Julikrise auch die Abwesenheit zahlreicher Akteure aus, was die Folge der oben dargestellten Urlaubssaison war. Besonders gut dokumentiert und dabei fatal gestaltete sich die Feriensaison auf deutscher Seite: Generalstabschef Helmuth von Moltke kurte vom 2. bis zum 25. Juli in Karlsbad. Sein ranghöchster Vertreter, Generalleutnant Konstantin Schmidt von Knobelsdorf, war im Urlaub, sodass der oberste Landvermesser des Heeres, Generalleutnant Hermann von Bertrab, den Kaiser und Obersten Kriegsherrn am 6. Juli auf Nordlandfahrt verabschieden musste, von der dieser am 27. Juli zurückkehrte.[276] Auch der Chef von Moltkes Aufmarschabteilung, Oberstleutnant Gerhard Tappen, hatte vom 15. bis 23. Juli Erholungsurlaub in Goslar genommen.[277] Der Chef von IIIb, Major Walter Nicolai, befand sich vom Anfang bis zum 25. Juli im Sommerurlaub im Harz. Der preußische Kriegsminister war vom 9. bis 24. Juli nach Juist abgereist. Den Staatssekretär des Auswärtigen, Gottlieb von Jagow, hatte der Mord von Sarajevo auf Hochzeitsreise überrascht, von der er immerhin am 6. Juli zurückkehrte.[278] In Paris waren zwar die Militärs präsenter, doch klaffte auch hier eine kritische Lücke bei den politischen Entscheidungsträgern und damit den Konsumenten eventueller Meldungen. So waren Staatspräsident Raymond Poincaré und Ratspräsident René Viviani (zusätzlich mit dem Portefeuille des Außenministers) zwischen dem 15. und 29. Juli ebenfalls auf Nordlandfahrt, allerdings in dezidiert bündnispolitischer Mission in St. Petersburg. So sah sich Kriegsminister Adolphe Messimy mit der Koordination der Spannungsmaßnahmen konfrontiert.[279] Deutlich besser scheinen die Büros in London besetzt gewesen zu sein. Hier waren sowohl Premierminister Herbert Asquith als auch Außenminister Edward Grey und der *Director of Military Operations*, Henry Wilson, auf dem Posten. Dies war aber nicht eine Folge der Ereignisse auf dem Balkan, sondern kann durch die kritische Phase im Gesetzgebungsverfahren zu *Home Rule* erklärt werden.[280] Die Rolle des Kriegsministers war insofern eine besondere, als der letzte Minister, J.E.B. Seely, Ende März im Zusammenhang mit der Curragh-Meuterei zurückgetreten war und Premierminister Asquith das Portfolio seitdem selbst übernommen hatte. Angesichts der alles beherrschenden irischen Krise kann man davon ausgehen, dass es dem Kriegsministerium bei der Beobachtung der kontinentaleuropäischen Krise insgesamt an Führung mangelte. Anderseits konnten nachrichtendienstliche Erkenntnisse den Premierminister in seiner Doppelfunktion

---

[276] So berichtet es der in der Rangfolge nächste und für die Operationen zuständige Oberquartiermeister, Generalmajor Georg Graf von Waldersee – der zwei Tage später ebenfalls in den Urlaub abreiste. Siehe Waldersee an Auswärtiges Amt vom 25.10.1919. In: DD, Bd 1 (1919), S. XV.

[277] BArch, RH 61/986, Reichsarchiv: Kriegserinnerungen des Generalleutnants a.D. Tappen, Bl. 10.

[278] Zu den einzelnen Abwesenheiten siehe Afflerbach, Falkenhayn, S. 151, 153; Clark, The Sleepwalker, S. 413; Geheimdienst und Propaganda, S. 96.

[279] Siehe Messimy, Souvenirs, S. 124–154; Krumeich, Aufrüstung, S. 257–271. Joffre befand sich in Paris. Der Aufenthalt von Dupont und Zopff konnte nicht aufgeklärt werden.

[280] Siehe Clark, The Sleepwalker, S. 488–490; Otte, July Crisis, S. 511.

als Verteidigungsminister aber so auf direktem Wege erreichen. Mansfield Cumming, der Leiter des *Secret Service*, befand sich zwar grundsätzlich im Dienst, allerdings weist sein Diensttagebuch für den Juli mehrere leere Seiten auf, was auf urlaubsbedingte Abwesenheit hinweisen könnte. Insgesamt verrät auch bei ihm das Tagebuch zunächst »no sense of the imminence of war«.[281]

Wie ist nun der anhaltende Friedensmodus beim deutschen Nachrichtendienst zu interpretieren? Sicher nicht zwingend als Ausdruck unbedingten Friedenswillens; es ist aber auch fraglich, ob dem Generalstab für die Julikrise der Vorwurf gemacht werden kann, weit entfernt von »angemessener Feindaufklärung« gewesen zu sein.[282] Denn – ganz im Gegenteil – kann man den Friedensbetrieb auch als Beleg für einen funktionierenden, bürokratischen Apparat verstehen; es lief dort auch ohne die Chefs. Außerdem: Welche Erkenntnisse hätte IIIb zwischen dem 26. Juni und dem 25. Juli tatsächlich gewinnen können? Auch in Frankreich und Großbritannien, wo es um die Anwesenheit der Entscheidungsträger besser bestellt war, lag in diesem Zeitraum nachrichtendienstlich nichts an. Das Ende des Friedensbetriebs kam schließlich mit der serbischen Generalmobilmachung und der darauffolgenden Ablehnung des österreichisch-ungarischen Ultimatums am 25. Juli. Weil damit die österreichisch-ungarische Kriegserklärung als sicher und ein Eingreifen Russlands zugunsten Serbiens als wahrscheinlich galt, schrillten jetzt auch in den Generalstäben in Berlin, Paris und London die Alarmglocken.[283]

Ab jetzt galt es, anhand einer Vielzahl von Beobachtungen mögliche Kriegsvorbereitungen bei den potenziellen Gegnern und damit jenseits der eigenen Grenzen zu identifizieren und zu einem Gesamtbild zu formen.[284] Die Hinweise hierfür konnten allgemeiner politischer Natur sein. Sie fanden sich in der Tagespresse: etwa die Verschärfung des Tones, das Einschwenken regierungskritischer Blätter auf eine gouvernementale bzw. patriotische Linie oder Anzeichen für militärische Pressezensur. Politische Anzeichen konnten auch auffallend häufige Beratungen der Exekutive oder außergewöhnliche Vorträge von Regierungsmitgliedern beim Staatsoberhaupt sein. Sichere Indizien waren ferner die verschärfte Überwachung von Ausländern.

Neben den politischen gab es auch eine ganze Reihe von wirtschaftlichen Anzeigen – so z.B. eine Verzögerung von Haushaltsverhandlungen in den Parlamenten, die Einziehung der Goldreserven und damit Währungsverfall als Folge, auffällige Verhandlungen des Finanzministers mit den Vorständen der Geldinstitute, die Verzögerung oder der Stopp von Exporten sowie Anzeichen für die verstärkte Beschaffung von militärischer Ausrüstung und Ankauf von Pferden durch Regierungsstellen. Besonderes Augenmerk lag auf dem Bahnbetrieb. Auf

---

[281] Judd, The Quest for C, S. 267; Jeffery, MI6, S. 35 (Zitat).
[282] So Grawe, Deutsche Feindaufklärung, S. 442.
[283] Mombauer, Die Julikrise, S. 66, 96.
[284] Grundlage der folgenden Darstellung ist ein diesbezügliches Schlüsseldokument, das sich für die Arbeit des Generalstabs in Berlin erhalten hat; allerdings ist mit Sicherheit davon auszugehen, dass die anderen beiden Organisationen auf der Basis vergleichbarer Fragenkataloge arbeiteten. Siehe BArch, RM 5/6669: Generalstab der Armee Nr. 7797 II vom 27.6.1914 an Admiralstab betr. Anhaltspunkte zum Erkennen von Kriegsvorbereitungen, dort die Anlage: Generalstab der Armee, 1. Abt., Nr. 1446 betr. Gesichtspunkte für Erkennen und Bewerten russischer Maßnahmen zur Erhöhung der Kriegsbereitschaft in Zeiten politischer Spannung (Bl. 30–37).

eine verdeckte Kriegsvorbereitung deuteten technischer Dienst am rollenden Material oder dessen Zusammenziehung, Revision und Reparatur von Strecken, unbegründete Zurückstellung von privatwirtschaftlichen Transporten, Zunahme von Militärtransporten und Bewachung aller Kunstbauten.

Auch Veränderungen beim Grenzschutz deuteten auf mögliche Kriegsvorbereitungen. Verstärkung bzw. Bewaffnung und Ausrüstung der Grenzwachen, die Wartung und der Ausbau von Telegrafenverbindungen oder das Eintreffen von Brieftaubenschlägen an Grenzstationen zählten dazu.

Auch an der Arbeit der Zivilverwaltung ließen sich Veränderungen beobachten. Dazu zählten Einschränkungen der Freizügigkeit von gestellungspflichtigen Personen und Ausländern, Auftauchen von neuem Personal (als Vertreter für gestellungspflichtige Beamte), Hinweise auf Quartiermacherei. Bei den Militärbetrieben galt die Ausweitung der Produktion – Ankäufe von Material, zusätzliche Schichten, Beschleunigung der Abnahmeverfahren – als wichtiger Hinweis; außerdem plötzliche Ankäufe von Kriegsmaterial im Ausland oder verstärkte Munitionstransporte. Militärbehörden waren ebenfalls ein wichtiges Beobachtungsobjekt. Veränderungen bei den höheren Führerstellen galten als Indiz: »Verabschiedung überalterter oder unfähiger Generale« benannte das deutsche Merkblatt in diesem Zusammenhang explizit.[285] Zusammenziehungen von Kommandierenden Generalen, Urlaubssperren und Abbruch von Lehrgängen kamen dazu.

Schließlich waren Hinweise aus der Truppe von Relevanz. Auch hier waren Urlaubssperren und die Zurückhaltung von ausgedienten Mannschaften signifikant, außerdem der Abbruch von Übungen und die außerplanmäßige Einberufung von Reservisten. Stärkere Belegung von Kasernen, Instandsetzung von Waffen und Gerät, ungewöhnliche Arbeiten, Appelle und Märsche in kriegsmäßiger Ausrüstung, Requisition von Kraftfahrzeugen sowie das Auftauchen der Felduniformen deuteten ebenfalls auf eine bevorstehende Mobilmachung hin.

In der folgenden Woche sollten viele dieser Indizien auftreten; allerdings lassen sich nur noch einzelne in den Quellen nachweisen. Nach Berlin waren Moltke und Nicolai am 25. Juli zurückgekehrt. Letzterer befahl für IIIb umgehend den Übertritt in den sogenannten Spannungsdienst. Das bedeutet, dass zunächst die von den Nachrichtenoffizieren in den Grenzregionen geführten »Spannungsagenten« auf ihre Reise geschickt wurden. Deren Auftrag war es, auf vorher festgelegten Routen hauptsächlich durch Belgien, Frankreich und Russland zu reisen und die oben angeführten Feststellungen über Mobilmachungsaktivitäten entweder von unterwegs nach Deutschland zu telegrafieren oder bei ihrer Rückkehr zu übermitteln.[286] Für die Verschärfung der Lage sprach an diesem Tag, dass die Festungsfunkstation in Königsberg starken Funkverkehr zwischen Bobruisk und Paris aufnahm, den sie aber nicht zu entschlüsseln vermochte.[287] Der 25. Juli war auch in Paris der Tag, an dem Kriegsminister Messimy die Forcierung des Nachrichtendienstes anwies und auf eigene Faust alle Generale und Chefs der

[285] Ebd., Bl. 33.
[286] BArch, RW 5/657: Reichskriegsministerium, Abwehrabteilung: Generalmajor a.D. Gempp, Geheimer Nachrichtendienst und Spionageabwehr des Heeres. Teil II, 2. Bd, (1928), Bl. 5, 68–97; dazu außerdem Trumpener, War Premeditated?
[287] Grawe, Deutsche Feindaufklärung, S. 448.

Armeekorps aus dem Urlaub zurückrief.[288] Die Aktivitäten in London dürften ebenfalls zu diesem Zeitpunkt verstärkt worden sein; an diesem Tag fand die europäische Krise auch erstmals Erwähnung im Tagebuch von Henry Wilson. Nachgewiesen ist für den 25. Juli außerdem die Entsendung einer Spannungsagentin durch den *Secret Service* nach Berlin.[289]

Der 26. Juli bedeutete einen bedeutenden Schritt in der folgenden Eskalation, nämlich die Erklärung der Kriegsvorbereitungsperiode in Russland. Diese war im März 1913 im Zuge der Heeresreformen eingeführt worden und war aufseiten der Mittelmächte als ein Instrument der verdeckten Vorverlegung von Mobilmachungsmaßnahmen erkannt worden.[290] Da die Einschätzung von Russlands Allianzpartnern davon wohl nicht abwich, kann angenommen werden, dass die Nachricht auch dort zu Unruhe führte. In Paris drängte Generalstabschef Joffre den Kriegsminister jetzt, alle Urlauber zurückzurufen. Um den Ernst der Lage zu unterstreichen, konfrontierte er Messimy mit dem »document Ludendorff«. Dies ist insofern von Bedeutung, weil das vielleicht der einzige bekannte Fall ist, in dem einem Entscheidungsträger im Verlauf der Julikrise nachrichtendienstliches Rohmaterial vorgelegt wurde. Was Messimy allerdings aus diesem spezifischen Dokument für die konkrete Situation lernen konnte, muss sein Geheimnis bleiben. Eine auratische Wirkung des Dokuments kann aber durchaus in Rechnung gestellt werden.[291] Am selben Tag erfuhr Joffre außerdem von der Rückrufung von deutschen Urlaubern aus der Schweiz und vom Zurückhalten von Getreideexporten in das neutrale Land.[292]

Am 27. Juli begann in Berlin die Unterrichtung der Regierung durch Tagesmeldungen des Generalstabs. Hierfür war extra eine Sektion IVk gebildet worden.[293] Dem französischen Kriegsminister gingen an diesem Tag Meldungen über Alarmierungen in den Garnisonen in Elsass-Lothringen zu; erstmals tauchten dort feldgraue Uniformen auf.[294] Für diesen Tag ist in den edierten französischen Dokumenten die erste Tagesmeldung des *Deuxième Bureau* über militärische Maßnahmen in Deutschland, Österreich-Ungarn und Russland feststellbar, die sich für Deutschland auf Beobachtungen zu Einberufungen und Armierungen in den Grenzgarnisonen beschränkten.[295]

Am 28. Juli liefen wahrscheinlich die ersten Meldungen der deutschen und französischen Spannungsreisenden ein. In den letzten Tagen waren natürlich auch die Militärattachés aktiv gewesen. Allerdings kann man davon ausgehen, dass deren Radius inzwischen auf die Hauptstädte beschränkt war, dass sie unter scharfer Beobachtung standen und dass sie teilweise auch mit Informationen »gefüttert«

---

[288] Lahaie, Renseignement, S. 260.
[289] Callwell, Field-Marshal Sir Henry Wilson, Bd 1, S. 148 (Tagebuch); Jeffery, MI6, S. 35 (Spannungsagentin).
[290] Zu den damit verbundenen Einzelmaßnahmen siehe Grawe, Deutsche Feindaufklärung, S. 393 f.
[291] Messimy, Souvenirs, S. 133.
[292] Joffre, Mémoires, Bd 1, S. 209.
[293] Grawe, Deutsche Feindaufklärung, S. 447.
[294] Messimy, Souvenirs, S. 135.
[295] Note de l'État-major général de l'armée. Compte rendue du renseignements, 27.7.1914. In: DDF, 3. Serie, Bd 11 (1936), S. 111 f.

wurden.[296] Eine Meldung des französischen Nachrichtenoffiziers in Belfort berichtete über Mobilmachungsvorbereitungen in der Festung Straßburg, aber auch darüber, dass nach Hörensagen in drei deutschen Provinzen der »Kriegszustand« ausgerufen worden sei (was nicht zutraf).[297]

Der 29. Juli ist deshalb von Interesse, weil nun der deutsche Fokus nicht länger nur auf Russland lag, sondern sich die Tagesmeldung des Generalstabs – nachdem eine russische Mobilmachung unmittelbar bevor zu stehen schien – immer stärker mit Frankreich befasste. Ein Kuriosum für diesen Tag ist, dass in der deutschen Tagesmeldung der Chef des französischen *Deuxième Bureau* als Chef eines Nachrichtendienstes namentlich genannt wurde. Dieser habe den Zustand der deutschen Vorbereitungen als unzureichend bezeichnet, eine Meldung, die aber tags drauf wieder relativiert wurde.[298] In Frankreich waren im Verlauf des Tages Poincaré und Viviani von ihrer Russlandreise zurückgekehrt, so dass für den Abend des 29. Juli erstmals ein nachrichtendienstliches Briefing für den kompletten Ministerrat angenommen werden kann.[299] In Großbritannien hatte der Kriegsminister am Morgen die *precautionary period* erklärt, womit bei MO5 die vorher festgelegten Maßnahmen der personellen Aufstockung von MO5 und der Kommunikationskontrolle (Postkontrolle bei Verdächtigen, allgemeine Zensur der Kabelverbindungen) angestoßen wurden.[300]

Am 30. Juli machte Russland seine Streitkräfte mobil.[301] Man mag nun unterschiedlicher Meinung darüber sein, was diese erste Generalmobilmachung einer Großmacht letztlich für den Weg in den Krieg bedeutete. Tatsache ist aber, dass damit bei IIIb das Augenmerk auch im Westen von der Mobilmachung auf den Aufmarsch wechselte; der Spannungsdienst war damit schon zu diesem Zeitpunkt abgeschlossen. Der britische Botschafter in Berlin berichtete unter Berufung auf seinen Militärattaché an diesem Tag, dass in der deutschen Hauptstadt die Zeichen auf Krieg stünden und eine Mobilmachung unmittelbar bevorstünde.[302] Auf französischer Seite lässt sich für den 30. Juli eine der wenigen, konkreten Verwendungen von nachrichtendienstlichem Material feststellen. Der französische Militärattaché präsentierte Premierminister Grey Unterlagen, aus denen ein deutscher Aufmarsch gegen Frankreich hervorgehen und die bis dahin zögerliche britische Regierung zum Kriegseintritt veranlasst werden sollte. Dass es um eigene nachrichtendienstliche Erkenntnisse aufseiten des britischen Generalstabs weiter-

---

[296] Darauf deuten die Erinnerungen von Messimy, Souvenirs, S. 137, und Joffre, Mémoires, Bd 1, S. 210.

[297] Note du service de renseignements de l'État-major de l'Armée, 28.7.1914. In: DDF, 3. Serie, Bd 11 (1936), S. 176 f.

[298] Großer Generalstab an Auswärtiges Amt vom 29.7.1914. In: DD, Bd 2 (1919), S. 91–94, hier S. 93, und Großer Generalstab an Auswärtiges Amt vom 30.7.1914. In: DD, Bd 2 (1919), S. 152. Dort wird die Aussage als »Großtuerei« relativiert, wobei unklar bleibt, ob damit die Aussage Duponts oder die Meldung darüber gemeint ist. Es kann durchaus sein, dass Dupont allein mit der namentlichen Nennung desavouiert werden sollte.

[299] Messimy, Souvenirs, S. 139.

[300] Siehe die Aufgabenliste in TNA, WO 33/688: War Office, A War Book for the War Office [...], London 1914, S. 54–56.

[301] Clark, The Sleepwalkers, S. 508 f. Mombauer, Die Julikrise, nennt irrtümlich den 31. Juli (S. 103, 107).

[302] Telegramm Botschaft Berlin (Sir William Edward Goschen) an Außenministerium (Sir Edward Grey) vom 30.7.1914. In: BD, Bd 11 (1926), S. 198.

hin nicht besonders gut bestellt war, deutet der Umstand, dass Henry Wilson, der *Director of Military Operations*, seit dem 26. Juli täglich im Außenministerium vorstellig wurde und sich dort von den Diplomaten über die Lageentwicklung informieren ließ.[303]

Nachdem IIIb im Laufe des 31. Juli physische Belege für die russländische Generalmobilmachung in Gestalt von Maueranschlägen hatte beibringen können, verkündete der preußische Kriegsminister an diesem Tag den Zustand drohender Kriegsgefahr, der wiederum die Mobilmachung von IIIb vorsah.[304] In allen drei Hauptstädten liefen inzwischen pausenlos Meldungen von Spannungsreisenden, Urlaubsrückkehrern und den diplomatischen und konsularischen Vertretungen ein, die auf offensichtliche Mobilmachungsmaßnahmen wie Zusammenziehung von Truppen, Armierung von Festungen, Bahnschutz oder Requisition von Pferden sowie auf öffentliche Kundgebungen und die Presseberichterstattung hinwiesen.[305]

Mit der deutschen Kriegserklärung an Russland vom 1. August entsandte IIIb die sogenannten Unterbrechungsagenten. Die geplante Festnahme von Verdächtigen auf der Basis vorbereiteter »Schwarzer Listen« war allerdings am 29. Juli durch den Kriegsminister abgesagt worden.[306] Mit der Kriegserklärung gegen Frankreich am 2. August traten auch dort die entsprechenden Maßnahmen der Spionageabwehr, Zensur und allgemeinen Überwachung in Kraft. Die französischen Unterbrechungsagenten kamen allerdings aufgrund eines Verbots des Kriegsministers bis auf wenige Ausnahmen nicht zum Einsatz.[307] Mit dem Kriegsbeitritt Großbritanniens startete auch hier eine Verhaftungsaktion. Diese galt lange als Gründungsmythos des *Secret Service Bureau*, ist aber inzwischen sowohl im Hinblick auf ihren Umfang und ihre Wirksamkeit als auch auf den tatsächlichen Anteil des Dienstes an dem Erfolg relativiert worden. Die deutschen Agenten waren tatsächlich zahlenmäßig zu wenige und auch zu isoliert, um nachrichtendienstlich überhaupt etwas zu bewirken; anderseits war ihre Zahl aber groß

---

[303] Callwell, Field-Marshal Sir Henry Wilson, Bd 1, S. 152 f.

[304] Zur Geschichte der russländischen Mobilmachungsplakate siehe Geheimdienst und Propaganda, S. 13 f.

[305] Siehe für Großbritannien beispielsweise die Meldung Sir Arthur Nicolson an Sir Edward Grey betr. Meldung eines Spanungsreisenden aus Köln und Konsulat Stettin (Bernal) an Außenministerium (Grey) betr. deutsches Exportverbot für Getreide über See. In: BD, Bd 11 (1926), S. 215 f. Die edierten französischen Meldungen der letzten fünf Tage vor Kriegsbeginn vermitteln eine dichte Berichterstattung für die Grenzregion (Nachrichtenoffiziere und Spezialkommissare) und eine eher kursorische aus Deutschland selbst (Konsulate, Spannungsagenten und Rückkehrer). Siehe DDF In: DDF, 3. Serie, Bd 11 (1936).

[306] Das gibt der damalige Nachrichtenoffizier beim stellvertretenden Generalkommando XV (Straßburg) für seinen Bereich an. Ob diese Weisung reichsweit ergangen war, müsste allerdings geprüft werden. Siehe BArch, RW 49/21: Gen.Kdo. (Wehrkreis) VII, Meldesammelstelle Süd im 1. Weltkrieg (1933–1937), hier Oberst (E) a.D. Dr. Sievert, Kriegserfahrungsbericht Teil 1 vom 16.3.1928, Bl. 2.

[307] Sawicki, Origines, S. 21 (Unterbrechungsagenten). Zu den Schwarzen Listen in Frankreich siehe Becker, Le Carnet B, der diese zwar nur mit Blick auf Linksradikale auswertet, gleichwohl die Zahl von 710 der Spionage bzw. des Landesverrats verdächtigten Personen nennt (S. 128).

genug, um den Sicherheitsbehörden das Zerrbild eines deutschen »Spionagerings«
zu liefern, der bei Kriegsbeginn erfolgreich zerschlagen worden sei.[308]
Mit dem Kriegsbeitritt Großbritanniens am 4. August hatten alle drei
Nachrichtendienste nach vorher ausgearbeiteten Plänen mobilgemacht. In
Deutschland war am 2. August der Generalstab des Feldheeres aufgestellt worden,
der den Nukleus des Großen Hauptquartiers bilden sollte.[309] Mit der Aufstellung
gingen die Länderabteilungen in einer gemeinsamen Nachrichtenabteilung auf,
an deren Spitze der sächsische Oberstleutnant Richard Hentsch trat. Die bisherige Sektion IIIb trat als solche, geführt von ihrem bisherigen Chef Walter Nicolai,
direkt unter den Chef des Generalstabs des Feldheeres. Die Nachrichtenoffiziere
wechselten auf Dienstposten bei den sieben Armeeoberkommandos im Westen,
während der Nachrichtenoffizier beim AOK 8 (Ostpreußen) zunächst an seinem
Standort blieb.

Während die mobile Staffel von IIIb Mitte des Monats in das Große
Hauptquartier nach Coblenz abrückte, verblieb eine immobile Staffel in Berlin:
die Abteilung IIIb des neu gegründeten Stellvertretenden Generalstabes der
Armee.[310] Ihr Leiter wurde der frühere Leiter von IIIb, der aus dem Ruhestand
zurückgeholte Oberst z.D. Karl Brose. Die Aufgaben von »Stellv. IIIb« bestanden
bei Kriegsbeginn im Nachrichtendienst, der Mitwirkung bei der Spionageabwehr,
der Pressearbeit und der Betreuung der Militärattachés.

Schon am 8. August wurden von IIIb außerdem zwei ortsfeste Residenturen,
die Meldesammelstellen Süd (Lörrach) und Nord (Wesel), gebildet. Deren Auftrag bestand darin, auf dem Weg über die Schweiz bzw. die Niederlande selbstständig geheimen Nachrichtendienst zu betreiben.[311]

Die Rolle der Militärattachés erfuhr mit der Mobilmachung einschneiden-
de Veränderungen. In Paris und London waren ihnen die Pässe gegeben worden, womit dort sofort eine zentrale Säule des Nachrichtendienstes weggebro-
chen war. Die Bedeutung der Attachés in den neutralen Anrainerstaaten, also der
Schweiz, den Niederlanden und den Nordischen Staaten, sollte unter diesen neu-
en Bedingungen anwachsen. Die neutralen Staaten wurden in den kommenden
Jahren kommunikative Luftröhren für den deutschen Nachrichtendienst.

Der Aufbau bei der deutschen Spionageabwehr verlief im Deutschen Reich
rasant, aber übersichtlich, und das aus zwei Gründen: Erstens führte der deutsche Vormarsch im Westen dazu, dass eine entsprechende Organisation im

---

[308] So Boghardt, Spies of the Kaiser, S. 72. Angestoßen hat die Kritik an der Legende Hiley,
Entering the Lists. Die amtliche Geschichte hat die Kritik inzwischen teilweise aufgegriffen, tut sich aber schwer mit einer quellenkritischen Bewertung der in Rede stehenden
Festnahmelisten (Andrew, MI 5, S. 81–84). Dazu wiederum kritisch Hiley, Re-entering
the Lists.

[309] Ergänzend Groß, Das Große Hauptquartier, S. 7–16.

[310] Die Sektion »Stellv. IIIb« war – im Gegensatz zur mobilen Staffel – bereits am 5.8.1914
zur Abteilung ausgebaut worden. Siehe BArch, RH 16/71: Kriegsgeschichtliche
Forschungsanstalt des Heeres: Organisation des Stellvertretenden Generalstabes der Armee
und des Großen Generalstabes nach dem Krieg 2.8.194 bis zur Auflösung 30.9.1919
(Studie, 1937), S. 4, außerdem Schmidt, Against Russia.

[311] RGVA, 1414-1-10, Bl. 64–76: Sektion IIIb, Dienstanweisung für die im geheimen
Nachrichtendienst des Grossen Generalstabs tätigen Offiziere vom 5.8.1914, Bl. 67. Mit
den »Kriegsnachrichtenstellen« sollten dann im weiteren Verlauf des Kriegsjahres 1914 in
den Besatzungsgebieten weitere Residenturen gebildet werden.

Operations- und Besatzungsgebiet aus dem Boden gestampft werden musste.[312] Zweitens bestand nun die Herausforderung im Heimatgebiet darin, die bislang durch die Berliner Staatspolizei-Centralstelle und die Straßburger Zentralpolizeistelle bearbeitete Spionageabwehr mit den Bundesstaaten und den als neuen Akteuren in Erscheinung tretenden territorialen Militärbefehlshabern zu harmonisieren und reichsweite, zivil-militärische Strukturen zu entwickeln. IIIb sollte dabei eine wichtige Rolle spielen.

Beim Schritt vom Frieden in den Krieg tat sich für den deutschen Nachrichtendienst also eine spezifische Situation auf: Auf der strategischen Ebene würde er auf der inneren Linie kämpfen, mit all den damit verbundenen Vor- und Nachteilen. Dazu gehörte als Nachteil der Kampf nach mehreren Seiten, aber eben auch als Vorteil der geschlossene Kommunikationsraum. Besonders war auch, dass dieser Kampf im Westen offensiv und im Feindesland geführt wurde, im Osten dagegen zunächst defensiv und auf eigenem Staatsgebiet. Im Westen standen sich jetzt drei unterschiedliche Nachrichtendienste gegenüber, wobei man sich mit dem Überfall auf die beiden neutralen Nachbarn, Belgien und Luxemburg, in diesen Ländern zusätzliche Gegner geschaffen hatte.[313]

Die Entscheidung, den Krieg im Westen über die Grenze zu tragen, warf sofort nachrichtendienstliche Probleme auf: angefangen mit dem Mangel an Kartenmaterial über den gesteigerten Bedarf an Personal mit einschlägigen Fremdsprachkenntnissen bis hin zur Organisation der Abwehr von Spionage und Sabotage sowie der möglicherweise länger anhaltenden Überwachung der gegnerischen Zivilbevölkerungen. Wie in allen drei Nachrichtendiensten brachte die Mobilmachung auch im deutschen personellen Wechsel mit sich: Aktive Nachrichtenoffiziere wechselten in Frontverwendungen, Reservisten kehrten in Mobilmachungsverwendungen zurück. Damit ging ein Stückweit Organisations- und Handlungswissen verloren. Vor allem aber sollte durch die personellen Wechsel in den kommenden Tagen und Wochen der auf persönlichen Verbindungen beruhende Kontakt zu Agenten verloren gehen – soweit dieser nicht ohnehin schon durch die Abschließung der Grenzen und die gesteigerte Überwachung in allen Staaten abgerissen war.

Mit Kriegsbeginn waren offene Quellen in den Feindstaaten als eine wichtige Grundlage aller Nachrichtendienste weitgehend versiegt. Das betraf alle drei Dienste, vor allem aber den deutschen, weil dieser in der Auswertung dieser Quellengattung über einen langen Zeitraum besondere Fähigkeiten entwickelt hatte. Bei der Spionageabwehr würde das Deutsche Reich jetzt nachholen müssen, was in der Friedenszeit nicht geleistet worden war. Der Ausnahmezustand Krieg erweiterte nun tendenziell den Handlungsspielraum derjenigen politischen und militärischen Kräfte, die einer nationalen Politischen Polizei wie in Frankreich das Wort geredet hatten. Ob sie sich aber durchsetzen sollten, hing vor allem davon ab, wie lange der Krieg dauern würde.

Die erste Veränderung für den französischen Nachrichtendienst war ebenfalls die organisatorische Umbildung des *État-Major de l'Armée* in das *Grand Quartier Générale*, das am 5. August in Vitry-le-François aufgestellt wurde. Die meisten

---

[312] Siehe dazu Rezsöhazy, De la protection du secret militaire.

[313] Zum belgischen Nachrichtendienst siehe Pirot, Le Service de surveillance; außerdem Debruyne/van Ypersele, De la guerre de l'ombre; zu Luxemburg Arboit, Espionner le Grand-Duché de Luxembourg.

Offiziere des *Deuxième Bureau* wurden dorthin versetzt, andere traten in die Armeeoberkommandos über. Im *Deuxième Bureau* in Paris blieb zunächst nur eine kleine Staffel zurück. Ähnlich wie die Stellvertretende Abteilung IIIb bearbeitete diese Spiegeldienststelle nach dem Eintreten des Stellungskrieges Fragen mit Blick auf die »zone de l'intérieur«, also das Frankreich jenseits der scharf abgeriegelten »zone des armées«.[314]

Der territoriale Nachrichtendienst bildete in der ersten Phase des Krieges einen unentbehrlichen nachrichtendienstlichen Seismografen. Allerdings mussten im Verlauf der deutschen Invasion mehrere Spezialkommissare in Lothringen und der Nachrichtenoffizier in Mézières ihre Posten aufgeben. Auch der französische Militärattaché in Berlin war bei Kriegsbeginn abgereist, weswegen die französischen Attachéstellen und auch die stark in den Nachrichtendienst eingebundenen Konsulate in der Schweiz und den Niederlanden an Bedeutung für die Berichterstattung gewannen. Das Auftreten der britischen Dienste in den Niederlanden sollte aber bald dazu führen, dass der französische Schwerpunkt im Sinne einer Arbeitsteilung nach der Schweiz und Italien wechselte. Bei der Spionageabwehr ging die Federführung mit der Mobilmachung entsprechend der interministeriellen Absprache von 1913 von der *Sûreté* auf das *Deuxième Bureau* über, sodass nun auch die Spezialkommissare militarisiert waren.[315] Damit hatte der Krieg dem französischen Nachrichtendienst den Zugriff auf diejenigen Kompetenzen ermöglicht, die er 1899 eingebüßt hatte. Mit der Mobilmachung vollzog sich also für den französischen Nachrichtendienst organisatorisch eine ähnliche Entwicklung wie beim Gegner östlich des Rheins: Aufklärung und Auswertung traten mit ihrem Generalstab in ein Großes Hauptquartier über. Auch hier gab es personelle Kontinuität in der Führung. Als Detail lässt sich feststellen, dass der französische Generalstab aber schon vor dem Krieg über eine Auswerteabteilung verfügt hatte, die die Deutschen jetzt erst aus den vier Länderabteilungen bildeten.

Auch in Frankreich brach das Spionagenetz in Deutschland zunächst zusammen, was auch damit zusammenhing, dass viele der entlang der französischen Ostgrenze gelegenen Spionageposten aufgegeben werden mussten. Wie beim Gegner fielen auch auf französischer Seite der Attaché und die Konsulate als Quellen in Deutschland aus. Allerdings wurde die gemeinsame Kriegführung der Alliierten auch in diplomatischer und nachrichtendienstlicher Hinsicht bald ausgebaut. Hier würde sich für die Westfront bald ein signifikanter Vorteil gegenüber der deutschen Armee auftun, die in dieser Hinsicht auf sich selbst gestellt blieb. Der frühe Ausbau des territorialen Nachrichtendienstes und die zentralistische Struktur der Politischen Polizei hat sich in der existenziellen Krise vom August/ September 1914 sicher förderlich auf die Abwehrkraft der Armee ausgewirkt. Durch den Kampf im eigenen Land – so beschwerlich dieser auch war – sollte dem französischen Nachrichtendienst bald ein Vorteil erwachsen. Durch die deutsche Besetzung der nördlichen und östlichen Landesteile erwuchs ihm nämlich ein Reservoir an Personen und Organisationen, die dauerhaft im Rücken des Gegners aktiv werden konnten.

---

[314] Bourlet, Les officers français, S. 59; Arboit, Des Services secrets, S. 136.
[315] Laurent, S. 407; Warusfel, Contre-espionage, S. 19 f.

Blickt man auf die Folgen der Mobilmachung in Großbritannien, so lag hier ja die Besonderheit vor, dass der Generalstab mit seiner Auswerte- und Abwehrabteilung MO5 Teil des Kriegsministeriums war und zusätzlich das streit-kräftegemeinsame *Secret Service Bureau* existierte. Mit dem 4. August wechsel-ten zahlreiche aktive Offiziere des *War Office* in Verwendungen bei der *British Expeditionary Force* (BEF). Das betraf auch das Nachrichtenwesen.[316] Die Leiter der Länderabteilungen MO2 und MO3 verblieben bis Herbst 1914 noch auf ih-ren Posten. Allerdings ging der Leiter von MO5, Oberst George Macdonogh, nach Frankreich, um dort als *Director of Military Intelligence* den Nachrichtendienst der BEF zu organisieren.[317] Auf die Dienstposten im Kriegsministerium rückten zwar Reservisten nach, doch lässt sich daraus keine Schwächung des Ministeriums schlussfolgern. Denn der am 5. August neu ernannte Kriegsminister, Feldmarschall Lord Herbert Kitchener, galt als der starke Mann und er hielt das im Aufbau begriffene *General Headquarters* der BEF in Frankreich durchaus an der kurzen Leine.

Aus der räumlichen Trennung ergab sich bald die Frage, wie die Arbeit des *Secret Service Bureau* zu organisieren sei und wem dieses letztlich verantwortlich sein soll-te – dem Kriegsministerium oder dem Hauptquartier, und welche Prärogativen hatten die Admiralität und das Außenministerium? Diese Fragen waren weni-ger akut für die Abwehrkomponente des SSB, die ja bereits vor Kriegsbeginn praktisch in MO5 eingegliedert worden war und die ihr Tätigkeitsfeld ohnehin im Vereinigten Königreich hatte. Für die Spionagekomponente, die Mansfield Cumming in den Krieg führte, gestalteten sich die Verhältnisse allerdings anders. Hier sollte bald eine intensive Auseinandersetzung über die Zuständigkeiten bei der Spionage einsetzen.[318]

Der britische Militärattaché in Berlin erfuhr natürlich Anfang August das-selbe Schicksal wie sein deutscher und französischer Kollege. Auch hier folgte aus dem Verlust der privilegierten Beobachterperspektive die Verlagerung auf die neutralen Posten. Dies waren die Niederlande, aber auch – mit perspektivischem Interesse – die USA.

Für die Spionageabwehr lässt sich mit der Mobilmachung die rasche organisa-torische Integration und Aufstockung beobachten. Am 5. August nahm Vernon Kells Einheit im Ministerium die Tätigkeit nun offiziell als Sektion MO5 (g) auf. Anfang Oktober wurde die Sektion aufgrund des zwischenzeitlichen Auf-wuchses an Aufgaben – Spionageabwehr, Ausländer, Kontrolle des zivilen und Überwachung der Häfen – weiter unterteilt.[319]

---

[316] Siehe French, Sir John French's Secret Service, S. 424.
[317] Beach, Haig's Intelligence, S. 24. Auf Macdonogh (MO5) folgte Oberst Douglas MacEwan. Bei MO2 folgte Oberst B.T. Buckley im Oktober auf A.G. Dallas, bei MO3 folgte Oberst E. Agar im November auf H.S. Sloman. Siehe TNA, KV 4/183: Major General Sir W. Thwaites (DMI), Historical Sketch of the Directorate of Military Intelli-gence during the Great War, 1914–1919 (6.5.1921), S. 10.
[318] Cumming war bestrebt, direkte Verbindung mit dem GHQ zu halten. Als er aber am 2.10.1914 einen Verkehrsunfall erlitt und längere Zeit ausfiel, sicherte sich das Kriegsministerium den Zugriff auf seine Dienststelle und das GHQ baute eine parallele Spionageorganisation auf. Siehe Jeffery, MI6, S. 39–49.
[319] TNA, KV 4/183: Major General Sir W. Thwaites (DMI), Historical Sketch of the Directorate of Military Intelligence during the Great War, 1914–1919 (6.5.1921), S. 12.

Mobilmachung bedeutete für den britischen Nachrichtendienst zunächst einmal ganz praktisch, die räumliche Distanz zum Kriegsschauplatz zu überwinden. Dazu kam, dass ein Teil der in den fünf Jahren vor dem Krieg aufgebauten kontinentalen Basis, nämlich derjenige in Belgien, durch die deutsche Besetzung des Landes gerade wegbrach. Anders als bei den deutschen und französischen Diensten vollzog sich die Transformation in die Kriegsorganisation weniger reibungslos, weil das damalige nachrichtendienstliche Kraftzentrum eindeutig (noch) das Kriegsministerium in London war. Das Hauptquartier der BEF musste von dort zunächst Kräfte gewinnen bzw. solche parallel aufbauen. Die an sich zukunftsweisende, in der konkreten Situation von 1914 aber ungeklärte Stellung des *Secret Service Bureau* kam als Herausforderung dazu. Allerdings: In einer Situation, in der die militärischen und auch nachrichtendienstlichen Grundannahmen der damaligen Zeit in wenigen Wochen sowieso weitgehend zur Disposition stehen würden, war es für den britischen Dienst zunächst einmal unschädlich, die eigenen oder alliierten Maßgaben, die auf dem alten System beruhten, nicht erfüllen zu können. Vielmehr würde es darauf ankommen, die Organisation unter Nutzung der eigenen Vorteile und Fähigkeiten möglichst schnell aufzubauen und Praxis zu gewinnen.

V. Schluss

Kaum eine große Erzählung vom Ersten Weltkrieg kommt ohne den Hinweis aus, dass es am Ende anders gekommen sei, als es die politischen und militärischen Experten und Entscheidungsträger bis zum 1. August 1914 vorausgesehen hätten. Das mag in vielen Punkten auch zutreffen, damit ist aber für das gesellschaftliche Phänomen Krieg eher die Regel als die Ausnahme beschrieben. Nicht, *dass* es anders gekommen ist, sollte uns also beschäftigen, sondern *wie*. Das gilt für den Ersten Weltkrieg wie für das militärische Nachrichtenwesen gleichermaßen. Es gilt vor allem auch für die Agentinnen und Agenten, für die Analysten, die Prognostiker, die Berechner und die Betrachter. Denn sie waren es doch, die die Grundlagen für dieses große und vermeintlich falsche Bild bereitgestellt haben.

Dieser Realitätscheck sollte sich in Elsass-Lothringen gewaltsam und früh vollziehen, denn hier kam es zum ersten, direkten Aufeinandertreffen der gegnerischen Heere. Hier stießen nämlich französische Truppen Ende August in das nur schwach verteidigte Oberelsass vor, besetzten Mühlhausen und hier kam die Front auf Reichsgebiet zum Stehen. Auch Colmar war am 23. August von den Franzosen eingenommen worden. Während dieser kurzen und strategisch ganz unbedeutenden Episode ereignete sich eine Tat, die bezeichnend für die hier untersuchte Geschichte der Nachrichtendienste und ihren brutalen Übergang vom Frieden in den Krieg war.

Ein im Raum Colmar lebender Elsässer namens Alexander Käufling hatte die französischen Behörden darauf aufmerksam gemacht, dass Pfadfinder aus der Gegend den deutschen Truppen Nachrichten überbrachten. Am 24. August legten französische Soldaten an der von Käufling bezeichneten Stelle einen Hinterhalt und erschossen zwei Jungen, als sich diese durch die Linien schlichen. Womit der Hinweisgeber allerdings nicht gerechnet hatte, war, dass die Franzosen kurz darauf das Gebiet wieder räumen mussten. Käufling wurde nach Hinweisen aus der Bevölkerung festgenommen und am 29. August durch ein Außerordentliches Kriegsgericht verurteilt und in Colmar erschossen.[1]

Was zeigt die Anekdote? Erstens, dass Spionage kein Spiel war, sondern dass sie tödliche Konsequenzen haben konnte. Gewalt und Tod war eben das fehlende Kapitel bzw. der fehlende *Campfire Yarn* in Baden-Powells Jugendbuchklassiker

---

[1] RGVA, 1280-1-6: Stellvertretender Generalstab der Armee, Abteilung IIIb: Krieg 1914, R 6: Neue Verzeichnisse der wegen Spionage Verurteilten (Nachweisung Außerordentliches Kriegsgericht Colmar vom 8.2.1917; Bl. 158), und ebd., Krieg 1914, R 6: Unterlagen zu der Zusammenstellung der Verurteilungen wegen Spionage für 1.8.1914 bis 1.7.1917 (undat. Nachweisung Gen.Kdo. XV. AK, Bl. 98).

https://doi.org/10.1515/9783111380940-007

»Scouting for Boys«.[2] Die Anekdote zeigt auch, dass nun im Nachrichtendienst die Grenzen von militärischer und ziviler Welt sofort sehr unklar wurden. Umso eindeutiger und immer undurchdringlicher wurden dagegen die militärischen Grenzen, die Fronten. Sie zwangen die Nachrichtendienste ab dem Sommer 1914 zu einer weitreichenden Neubewertung der eigenen Aufgaben und Arbeitsweisen. Das heißt aber keinesfalls, dass die Nachrichtendienste der drei Armeen gänzlich unvorbereitet in den Weltkrieg getreten wären. Das galt schon aus dem einfachen Grund nicht, weil die deutschen, französischen und britischen Dienste in den letzten Friedensjahren in einem Alarmmodus gearbeitet und sich in einem unerklärten Kampf um Informationen befunden hatten. Überhaupt war das Nachrichtenwesen vom Sommer 1914 überhaupt nicht mit dem vom Frühjahr 1871 zu vergleichen. Im Deutsch-Französischen Krieg hatte es Spione gegeben, hatten Leute die Briefe von anderen Leuten geöffnet oder man hatte militärische Nachrichten aus den Zeitungen erfahren. Nachrichtenwesen als sicherheitliche Organisation und als militärisches Führungsgrundgebiet hatte sich aber in den folgenden vier Jahrzehnten überhaupt erst ausgebildet. Diese Frühgeschichte war das Thema dieses Buches.

Die Leitfrage dieses Buches lautete: Wie produzierten und organisierten Streitkräfte zwischen 1871 und 1914 das Wissen über ihre potenziellen Gegner? Unter Rückgriff auf die Militärgeschichte, auf Nachrichtendienstforschung und die Soziologien der Organisation und des Wissens wurde hier Nachrichtenwesen allgemein definiert als klandestines staatliches Wissensmanagement in den Bereichen der äußeren und inneren Sicherheit; militärisches Nachrichtenwesen im engeren Sinne bezeichnete demnach klandestines Wissensmanagement in den Streitkräften. Diese Definitionen ermöglichen es, die seit den späten 1880er-Jahren deutlich werdenden Organisationsbemühungen im Feld der Spionageabwehr mit in die Betrachtung einzubeziehen. Wie im Militär bilden Angriff und Abwehr auch im Nachrichtenwesen zwei sich stets bedingende Handlungsvarianten und deshalb würde eine isolierte Betrachtung auch Stückwerk bleiben.[3] Die Entstehung des militärischen Nachrichtenwesens im letzten Drittel des 19. Jahrhunderts gewinnt an geschichtswissenschaftlicher Relevanz, wenn man dies als eine Anpassungsleistung der Organisation Militär an die Herausforderung durch drei gesellschaftliche Basisprozesse versteht: Dabei handelt es sich um die Verdichtung von Staatlichkeit, um Verwissenschaftlichung und Versicherheitlichung.

Für die weitere Klärung der Leitfrage nahm dieses Buch einen vergleichsweise langen Anlauf über die *forces profondes* (Pierre Renouvin), die gesellschaftlichen, sicherheitspolitischen und militärischen Rahmenbedingungen des Nachrichtenwesens. Dieses Prinzip der Annäherung hat sich bewährt, weil es half, die Übernahme von vagen oder schematischen Annahmen zu den politischen und gesellschaftlichen Grundlagen zu vermeiden, was sich dann bei der Analyse des eigentlichen Gegenstands der Forschung störend bemerkbar gemacht hätte. Das gilt für den nationalen Einzelfall, noch mehr aber für den trilateralen Vergleich.

---

[2]   Baden-Powell, Scouting for Boys, gliedert sich in so bezeichnete, thematische Kapitel.
[3]   Im Verlauf der Untersuchung erschlossen sich auch Hinweise auf erste Überlegungen zu Spezialoperationen. Doch blieben diese Überlegungen bis 1914 noch Einzelfälle. Es brauchte wohl noch weitere 30 Jahre und einen zweiten Weltkrieg, damit Spezialoperationen ein mehr oder weniger integraler Teil des Nachrichtenwesens werden sollten.

Auch der selbstgesetzte Untersuchungszeitraum hat sich bewährt. Für Deutschland und Frankreich erwies sich die Zäsur 1871 für das Nachrichtenwesen als eindeutig; bestenfalls mittelbar war diese dagegen für das Vereinigte Königreich. Für die weitere Entwicklung des Nachrichtenwesens haben sich dann drei Entwicklungsphasen erschlossen, die wiederum durch zwei markante Versicherheitlichungsschübe abgegrenzt wurden. Die erste Phase bildeten die unmittelbare Nachkriegszeit und die Jahre der außen- und innenpolitischen (Re-) Orientierung auf dem Kontinent bis Ende der 1880er-Jahre. Für Deutschland war dies eine Phase des organisatorischen Aufbaus in allen staatlichen Bereichen. Es war dort aber auch eine Phase vorübergehender Saturiertheit in der äußeren Sicherheit. Frankreich stand dagegen unter dem Eindruck eines traumatischen Regimewechsels; danach setzte schon bald die Neuausrichtung der militärischen und sicherheitspolitischen Organisationen und Fähigkeiten gegen den übermächtigen Nachbarn Deutschland ein. Jenseits des Kanals, im Vereinigten Königreich, hatte die Verschiebung der kontinentalen Machtverhältnisse 1871 bestenfalls eine Veränderung der Beobachterperspektive zur Folge gehabt. Grundlegende Schlussfolgerungen für das eigene Nachrichtenwesen ergaben sich zunächst nicht.

Organisatorisch bildete sich in dieser ersten Phase in Deutschland und Frankreich die seitdem bestimmende Friedensorganisation des Nachrichtendienstes mit regional gegliederten Auswerteeinheiten innerhalb der Generalstäbe aus – in Deutschland waren das die Länderabteilungen, in Frankreich das *Deuxième Bureau*. Die dauerhafte Beobachtung der militärischen und militärpolitischen Lage im relevanten Ausland, mit legalen Mitteln und mehr oder weniger offenen Quellen betrieben, wuchs jetzt zu einem neuen Führungsgrundgebiet auf. Aus den drei unterschiedlichen Ausgangslagen erklärt sich in dieser ersten Phase die frühe französische Dynamik beim militärischen Nachrichtenwesen. Die Instrumentalisierung der Revancheidee für das populistische Sammlungsprojekt Boulangers löste ab 1886 den ersten von zwei Versicherheitlichungsschüben aus, der bis 1890 anhielt.

Daran schloss sich die zweite Entwicklungsphase des Nachrichtenwesens an. Ihr Kennzeichen war die Bedeutungszunahme der abgedeckten und von den Auswerteabteilungen auch organisatorisch abgetrennten Sektionen für den geheimen Nachrichtendienst. In Deutschland stand die Sektion IIIb, in Frankreich die *Section de renseignement*. Ihre Gründungen ergaben sich aus der Wahrnehmung einer dauerhaften bilateralen Spannung, die sich auf dem Weg der Spionage nun zunehmend auch ins Innere der beiden kontinentalen Großmächte verlagerte. Die Mittel, mit denen derartige Informationen gewonnen wurden, waren nun nicht mehr legal, und Spionage, wie übrigens auch deren Abwehr, stand durchaus noch im Gegensatz zu althergebrachten militärischen Wertvorstellungen.[4]

Auch diese zweite Phase mündete in den Jahren 1907 bis 1909 in einem starken, zweiten Versicherheitlichungsschub. Anders als in den späten 1880er-Jahren war dieser aber nicht länger auf das bilaterale Verhältnis von Deutschland und Frankreich beschränkt. Jetzt entwickelte sich der sicherheitliche Schub aus der kontinentalen Wende der britischen Außenpolitik heraus, die ja gleichzei-

---

[4] Auch wenn Spionage und Landesverrat als eigene Strafbestände bis 1914 noch rechtlich definiert und kriminalisiert wurden, waren die Mittel zur Beschaffung von geheimen Informationen – Bestechung, Diebstahl, Einbruch, Fälschung oder Erpressung – seit jeher strafbewährt.

tig eine strategische Neuausrichtung gegen Deutschland war. Die britischen Bemühungen fanden spätestens 1909 mit der Gründung des *Secret Service Bureau* Anschluss an die organisatorischen Formierungen und an die politische Dynamik auf dem Kontinent. Zwar stellt seine Frühgeschichte keineswegs eine schnelle Erfolgsgeschichte dar. Trotzdem stellt dieses Büro eine im imperialen, nachrichtendienstlichen Modell begründete und für das 20. Jahrhundert noch einflussreiche Organisationsvariante dar. An den zweiten Versicherheitlichungsschub von 1907 bis 1909 schloss sich die dritte Entwicklungsphase an, die mit dem Kriegsbeginn 1914 zum Ende kam. Ihr Merkmal war die Ausbildung von dauerhaften nachrichtendienstlichen Netzwerken entlang der Landesgrenzen. Frankreich hatte schon seit Mitte der 1880er-Jahre die *Commissaires spéciaux* für die Spionage verpflichtet und in seinen Grenzkorps Nachrichtenoffiziere etatisiert. Zwanzig Jahre später zogen die Deutschen mit den Nachrichtenoffizieren des Generalstabs nach. Diese *men on the spot* mit eigenen Kommunikationskanälen verliehen dem Nachrichtendienst in Friedenszeiten eine ganz neue Qualität. Die dritte und letzte Phase ist außerdem von einer deutlichen Professionalisierung des Militärs in diesem Führungsgrundgebiet und von einem gesteigerten militärischen wie gesamtgesellschaftlichen Bewusstsein für Spionage und ihre Abwehr gekennzeichnet.

Innerhalb der Epoche von 1871 bis 1914 ließ sich also nicht weniger als die Genese des Nachrichtenwesens beobachten. Hier ist Michael Handel zuzustimmen, wenn er konstatiert: »The age of pre-modern intelligence stretches across the entire span of history until the third quarter of the nineteenth century and the Industrial Revolution.«[5] Wichtig ist auch, dass sich diese Entstehung einer neuen staatlichen Organisation über das Militär vollzog. Sie fand dort allerdings nicht isoliert statt, sondern war Teil eines viel breiteren Prozesses der Verdichtung von Staatlichkeit (Jürgen Osterhammel). Dabei verlief die institutionelle Formierung des Nachrichtenwesens in den untersuchten Staaten weder radikal umstürzend noch bloß kontinuierlich, sondern im Verlauf der beiden charakteristischen Versicherheitlichungsschübe. Beiden war gemeinsam, dass sie jeweils die Gesetzgebung zu Spionage und Landesverrat vorantrieben. Stärker als beim ersten Schub war der zweite von einer durch die Medien befeuerten Vergesellschaftung des Geheimen gekennzeichnet. Die konspirativen Erzählungen von Verrat, Unterwanderung und Invasion, die sich im Ersten Weltkrieg Bahn brechen sollten, hatten hier also eine Vorgeschichte.

Im Hinblick auf die räumliche Begrenzung der Untersuchung wurde rasch deutlich, dass sich beiderseits der neu gezogenen deutsch-französischen Grenze eine nachrichtendienstliche Kontaktzone gebildet hatte, die nicht nur militärisch und nachrichtendienstlich emergent war, sondern die zudem eine folgenreiche symbolische Aufladung aufwies. Blicken wir auf den nachrichtendienstlichen Raum, so standen hier ab 1871 zunächst die ortsfesten Realia wie Festungen, Kasernen und Wege sowie die militärischen Gliederungen im Mittelpunkt des Interesses. Erst mit dem Aufbau der nachrichtendienstlichen Organisationen konnte das Militär ab den 1890er-Jahren ernsthaft an die Frage nach den gegnerischen Absichten

---

[5]   Handel, Intelligence in Historical Perspective, S. 181. Ähnlich Andrew, The Secret World, S. 5, der diese Zäsur am Aufkommen von »professional intelligence bureaucracies« und damit der Trennung von Nachrichtenwesen und Diplomatie festmacht.

herantreten. Dieser Übergang zur Fokussierung auf die Absichten ist überhaupt ein wichtiges Merkmal des Nachrichtenwesens im Vergleich zu früheren Epochen. Elsass und Lothringen mögen die Mütter aller nachrichtendienstlichen Hotspots gewesen sein; sie waren aber nicht die einzigen. Hauptstädte, Grenzübergänge, Garnisonen, Häfen, Standorte der Rüstungsindustrie, Eisenbahnlinien und Fährrouten kamen dazu. Neben die physischen Routen traten außerdem die kommunikativen. Denn der Geheimdienst begann sich ab der Jahrhundertwende, der technischen Entwicklung folgend, verstärkt mit dem Angriff auf und mit dem Schutz des Kommunikationsraums auseinanderzusetzen. Das geschah vornehmlich mit Blick auf die Seekabelverbindungen und den Langstreckenfunk. Die zahlenmäßige Vermehrung und organisatorische Verdichtung dieser physischen und kommunikativen Hotspots ist ebenfalls ein raumbezogenes Merkmal der Entwicklung zwischen 1871 und 1914.

Bei der Raumdimension machte sich in dieser Studie allerdings die eingangs erläuterte Selbstbeschränkung auf West- und Mitteleuropa bemerkbar. Weitere Forschungen müssten sich nun mit der Frage beschäftigen, in welchem Verhältnis der hier für die einzelnen Armeen bestimmte Raum zu den jeweils anderen, nationalen Räumen stand – also: der deutsche Blick auf Frankreich gegenüber dem Blick auf Russland; der französische Blick auf Deutschland gegenüber dem auf Italien bzw. Großbritannien; schließlich der britische Blick auf Deutschland gegenüber dem auf Frankreich. Unbedeutend blieben, was den nachrichtendienstlichen Blick dieser drei Armeen untereinander angeht, die imperialen Peripherien.[6] Dort waren die militärischen Machtverhältnisse einfach zu asymmetrisch, als dass Rückwirkungen auf das Zentrum zu befürchten gewesen wären, die ihrerseits eine dauerhafte, intensive nachrichtendienstliche Durchdringung dieser Räume gelohnt hätte.

Der nachrichtendienstliche Raum von 1914 war geprägt von der seit 1871 alles bestimmenden deutsch-französischen Kontaktzone am Oberrhein. Daneben war seit den 1890er-Jahren der neutrale Raum Belgien getreten, was aus den operativen Überlegungen folgte. Seit der Jahrhundertwende kam schließlich ein dritter nachrichtendienstlicher Raum dazu: die deutschen und britischen Küstenregionen, in denen jeweils gegnerische Landungen befürchtet wurden. Diese operativen, nachrichtendienstlichen und symbolischen Räume waren nicht immer deckungsgleich, weswegen die Nachrichtendienste in der Lage sein mussten, Schwerpunkte zu setzen und auch gewisse Aufmerksamkeitsökonomien auszuhalten.[7] Angesichts der Verdichtung der nachrichtendienstlichen Organisation und Aufmerksamkeit stand seit der Jahrhundertwende immer mehr die Frage im Raum, wie diese Grenzen, Hotspots und Kontaktzonen im Falle eines Krieges umgangen oder durchdrungen werden sollten. Die erste Lösung hieß Technik, und ihre Werkzeuge waren Luftfahrzeuge und Fernmeldewesen. Die zweite Lösung bestand in der nachrichtendienstlichen Organisation des neutralen Raumes, vornehmlich in Belgien, den Niederlanden und der Schweiz.

---

[6] Für das Verhältnis von Frankreich und Großbritannien galt das vermutlich aber erst seit dem Ausgleich im Zuge der Faschoda-Krise von 1898.

[7] Zu diesen zählte übrigens die weitgehende Ignoranz der strategischen Potenziale der USA. Diese Missachtung ist für alle drei Heeresnachrichtendienste festzustellen; sie hat sich dann aber ab 1914 nur für eines der drei Heere negativ bemerkbar gemacht.

Wenden wir den Blick nun von Raum und Zeit zu den Rahmenbedingungen, finden sich dort zuerst Nation, Staat und politische Kultur. Für die Ausbildung von Nachrichtendiensten war die grundsätzliche Bellizität des Nationalstaats förderlich, weil sich die eigene Kriegsfähigkeit letztlich nur im systematischen Vergleich mit den Wettbewerbern in diesem politischen Markt bestimmen ließ. Darin glichen sich alle drei untersuchten Heere, wobei sich die militärische Notwendigkeit für das britische Heer erst vergleichsweise spät einstellte. Weil die untersuchten Nationen auch bemüht waren, sich selbst über die Herausstellung bzw. Ausgrenzung von anderen zu definieren, kam Nachrichtendiensten ebenfalls eine Rolle zu. Diese Rolle blieb in Friedenszeiten überschaubar, weil politische Extremisten und ethnische Minderheiten Gegenstand der Beobachtung durch die Polizeien waren. Wo allerdings ausländische Anlehnungsmächte mit im Spiel waren (Elsass-Lothringen) oder wo sich das Militär bestrebt zeigte, Sicherheits- und Überwachungsaufgaben im Innern selbst zu übernehmen (Frankreich), da konnten etablierte Vorstellungen von innerer Sicherheit zum Gegenstand zivil-militärischer Kompetenzdebatten aufwachsen.

Was den Staat angeht, so konnte das militärische Nachrichtenwesen als ein bislang wenig beachteter Indikator für die Verdichtung von Staatlichkeit in der Geschichte Europas ausgemacht werden. Diese Entwicklung machte sich vor allem dort bemerkbar, wo sie im internationalen Vergleich nachvollzogen werden musste, also zunächst in Deutschland ab den 1890er-Jahren und schließlich im Vereinigten Königreich ab dem ersten Jahrzehnt des 20. Jahrhunderts. Die Rolle des Staates als Anbieter des öffentlichen Gutes Sicherheit zeigte sich auch in der nationalen und internationalen Verrechtlichung der Spionage.

Bei den politischen Kulturen konnte ein doch recht unterschiedliches Verständnis für Überwachung als gesellschaftlichen Basisprozess und für die Bedeutung des Konspirativen im politischen wie auch öffentlichen Raum ausgemacht werden. Während beide Phänomene in der Dritten Republik schon zu Beginn des Betrachtungszeitraums ausgeprägt waren – die militärische Niederlage von 1871 hatte daran Anteil, war aber nicht der Auslöser –, blieb die Akzeptanz hierfür im Deutschen Reich und in Großbritannien geringer. Allerdings sollte sich das dort im letzten Jahrzehnt vor Beginn des Ersten Weltkrieges in atemberaubender Geschwindigkeit ändern. Deshalb ließ sich hier der Zusammenhang von politischer Kultur und organisatorischer Formierung des militärischen Nachrichtenwesens gut beobachten. Im Vergleich zur *République secrète* (Olivier Forcade) und der von Invasions- und Spionagefieber geschüttelten britischen Gesellschaft blieb in der politischen Kultur des Deutschen Reichs doch eine sicherheitliche Nachtwächtermentalität bestimmend.

Bei der Untersuchung der Rahmenbedingung Wissen ergab sich, dass das nachrichtendienstliche Wissen selbst zu Beginn des Betrachtungszeitraums bei allen drei Armeen unorganisiert war, und zwar in dem Sinne, dass es keine Organisation gab, in der Prozesse seines Erwerbes, seiner Verarbeitung und seiner Verbreitung verstetigt waren. Die entsprechenden militärischen Strukturen waren bis dahin in der Regel ad hoc gebildet worden – beispielsweise das preußische Nachrichtenbüro oder die einschlägigen Stabsabteilungen der britischen Überseekontingente. Einzig der französische Generalstab verfügte seit 1874 über eine dauerhafte Abteilung, deren Leistungsfähigkeit aber durch Krieg und Niederlage stark gelitten hatte. Grundlage des militärischen Wissens blieb also zunächst die Aufklärung, und die war mangels technischer Kraftverstärker rein taktisch. Darüber hinaus gab es personalisierte Informationskanäle, über die auch militärische Inhalte vermittelt werden konnten. Als verlässlichste, weil permanente Produzenten nachrichtendienstlichen Wissens stechen für die frühe Phase die Militärattachés heraus. Es würde sich also lohnen, den Beitrag der Diplomatie für das militärische Wissen des 19. Jahrhunderts noch einmal genauer ins Auge zu nehmen.

Auch mit Blick auf das Wissen lassen sich die späten 1880er-Jahre als Wendemarke im europäischen Militär ausmachen. Dabei reiht sich das Militär in einen gesamtgesellschaftlichen Prozess der Verwissenschaftlichung ein. Das Nachrichtenwesen war hierbei anfangs selbst Produkt und dann ein entscheidender Treiber dieser institutionellen Transformation. Das galt vor allem für Deutschland und Frankreich, weniger für Großbritannien. Verwissenschaftlichung im Nachrichtenwesen hieß einmal die organisatorische Trennung von Aufklärung und Auswertung. Sie zeigte sich außerdem in der regionalen Ausdifferenzierung der Auswertung, wo sich im Prinzip eine Form militärischer Länderstudien etablierte. Verwissenschaftlichung im Nachrichtenwesen hieß außerdem die Etablierung von Karrierepfaden, so bei den Attachés und den Nachrichtenoffizieren. In der Konsequenz verhieß es auch Ansätze einer Expertenkultur. In diesem Zusammenhang sei an Namen wie Detlof von Winterfeldt, Marie Joseph Barthélemy oder James Grierson erinnert. Verwissenschaftlichung machte sich auch in den Produkten bemerkbar, deren Palette breiter und deren Erkenntnisinteressen auch tiefer wurden. Seit dem Beginn des 20. Jahrhunderts begannen die Nachrichtendienste durchaus, gesamtgesellschaftliche Potenziale bei den möglichen Gegnern zu erfassen; sie haben nicht nur Kanonen gezählt. Diese Bemühungen halten natürlich dem Vergleich mit heutigen Studien nicht stand, sie scheinen aber den Hinweis wert. Verwissenschaftlichung bedeutete außerdem Fokussierung, was den Gegenstand des nachrichtendienstlichen Interesses anging; und dieser Fokus war am engsten in Frankreich; er war halboffen, nach zwei Seiten im Fall des Deutschen Reiches; und er blieb lange imperial und damit relativ weit im Falle von Großbritannien. Das Beispiel der Eisenbahnspionage zeigte aber auch die Grenzen eines professionellen, verwissenschaftlichen Nachrichtendienstes auf: Als der letzte deutsche Eifelbahnhof bereist, die letzte Bekohlungsanlage identifiziert und die letzte Rheinbrücke krokiert war, musste der französische Nachrichtendienst doch erkennen, dass er damit allenfalls die deutschen Aufmarschoptionen präzise darstellen konnte, die eigentliche Absicht des Gegners aber nicht abschließend zu ergründen vermochte.

1914 finden wir in den deutschen und französischen Generalstäben zwei voll etablierte Wissensorganisationen, und wir erkennen auch, dass sich dieser Prozess im britischen Kriegsministerium mit erheblicher Geschwindigkeit nachvollzog. Diese Wissensorganisationen waren klar aufeinander bezogen. Das wirft die Frage nach Transfers oder vielleicht sogar nach einer gemeinsamen Expertenkultur auf. Beides lässt sich sicher nicht feststellen, denn anders als in wissenschaftlichen oder ökonomischen Wettbewerbssituationen verspricht das kontrollierte Teilen von Wissen mit dem Wettbewerber im Militär keinen Mehrwert für die eigenen Anstrengungen. Die geheimdienstlichen Organisationen mögen durchaus mimetisch gewesen sein, ihre Wissenskulturen blieben aber hermetisch. Diese Grundanlage ließ nur wenige Ausnahmen zu. Die eine war das transnationale Forum der Militärattachés, über die sich Einzelinformationen quid pro quo tauschen ließen. Die andere Ausnahme war der nachrichtendienstliche Austausch unter Alliierten. In den französisch-britischen Generalstabsgesprächen eröffnete sich deshalb ab 1905 eine ganz neue und für das 20. Jahrhundert bedeutende Erweiterung des nachrichtendienstlichen Wissensmanagements.

Wissen war schließlich eine zentrale Voraussetzung für die Wahrnehmung und Produktion von Sicherheit, womit die letzte hier diskutierte Rahmenbedingung angesprochen ist. Im Nachrichtenwesen verschränkten sich die im Verlauf des 19. Jahrhunderts an sich immer stärker getrennten Sphären von äußerer und innerer Sicherheit. In der äußeren war das Sicherheitsbewusstsein seit 1871 deutlich angewachsen, weil wenigstens ein dauerhafter Grundkonflikt angenommen werden konnte. Dieses Bewusstsein verstärkte sich mit der Versäulung der Bündnisse noch einmal. Trotz aller verbleibenden machtpolitischen Multipolarität und trotz der gut erforschten Phasen der Entspannung und Annäherung wuchs sich der deutsch-französische Grundkonflikt in Westeuropa doch zu einem Kalten Krieg avant la lettre aus.[8] Damit war auch der dauerhafte Bedarf an militärischem Nachrichtendienst gewachsen. Die aus diesem Grund organisierte Spionage – die tatsächliche, aber auch die imaginierte – wirkte dann wieder auf die innere Sicherheit zurück. Das Militär musste seine Rolle in der inneren Sphäre teilweise überdenken. Die nationalen Ausgangssituationen erwiesen sich dabei als ebenso unterschiedlich wie es die Haltungen und Interessen des Militärs waren. In Frankreich existierte ein zentral organisierter innerer Sicherheitsapparat mit starken zivilen Akteuren, ausgeprägten Ressortrivalitäten und entsprechend dysfunktionalen Effekten bei den Versicherheitlichungsbemühungen. Als der Große Generalstab ab 1910 zaghafte Bemühungen in Richtung auf die Organisation einer nationalen Politischen Polizei im Deutschen Reich machte, konnte er von französischen Verhältnissen nur träumen. Hier blieben nämlich bis 1914 in diesem Bereich innenpolitische, föderale und Haushaltsbedenken leitend. Auch in Großbritannien lag in Fragen der inneren Sicherheit lange ein eher liberaler Kurs an, bis sich im ersten Jahrzehnt des 20. Jahrhunderts eine politische Wende abzuzeichnen begann. Das Militär blieb hier allerdings ebenfalls eingehegt durch starke zivile Akteure. Somit waren dem Militär im Bereich der inneren Sicherheit bis 1914 Grenzen gesetzt; ob diese im Ausnahmezustand Krieg bestehen bleiben würden, stand aber längst nicht mehr fest.

Der Wandel der Rahmenbedingungen wirkte beim Nachrichtenwesen stark auf die militärischen Organisationen. Das begann bei der ohnehin laufenden Diversifizierung des Offizierkorps. 1914 gab es Offiziere, die genuine Nachrichtendienstler waren; 1871 wäre das noch kaum vorstellbar gewesen. Das war nicht unbedingt eine Standard- und auch keine Traumkarriere, es war aber Ausdruck eines generellen Professionalisierungstrends. Dieser wiederum zeitigte Folgen für die Wahrnehmung von Spionage im Militär und deutete einen Wandel des militärischen Ethos an. Nachrichtendienst konnte aber auch einer spezifischen Form von Politisierung der Offiziere den Weg bereiten, wo sie auf dem Feld der inneren Sicherheit agierten und wo sie sich – die Dreyfus-Affäre sei hier ein letztes Mal in Erinnerung gerufen – in der anderen, der geheimen Welt von Regeln unbeeinträchtigt wähnten.

---

[8] Die Qualifizierung als Kalter Krieg findet sich auch bei Bauer, Marianne is Watching, S. 16, 268.

Bei der Analyse der Organisation konnte hier, im Fall von Deutschland und Frankreich und dabei für den gesamten Betrachtungszeitraum, der Generalstab als Container des militärischen Nachrichtendienstes identifiziert werden. Damit liegt ein kontinentales Modell vor, von dem sich das imperiale unterschied. In Großbritannien war der Nachrichtendienst nämlich im Kriegsministerium angesiedelt, wo er den Nukleaus des erst nach der Jahrzehntwende aufgestellten Generalstabs bildete.

Im internationalen Vergleich lassen sich organisatorische Rollenmodelle benennen. Da steht an erster Stelle der Große Generalstab, der ab 1871 in vielen Armeen mimetische Isomorphien anstieß, d.h. freiwillige Anpassungen der eigenen Organisation an ein vermeintlich leistungsfähiges Vorbild. Dieses Vorbild war allerdings der Generalstab als Ganzes, und deshalb wurde wohl seiner nachrichtendienstlichen Komponente bei den Übernahmen weder im Falle Frankreichs noch Großbritanniens besonderes Augenmerk geschenkt. Diese Studie hat gegen das herkömmliche Verständnis des Generalstabes als einer operativen Planungsorganisation im Frieden und als einer Führungsorganisation im Krieg argumentiert. Beides war der Generalstab zweifellos. Aber er war vor allem auch eine Organisation, die das Wissen, das die Voraussetzung für das Planen und Führen bildete, selbst schuf und aufbereitete. Dieses Verständnis des Generalstabes als einer Wissensorganisation kann helfen, einen traditionellen, militärhistoriografischen Kult des Operativen zu hinterfragen. Für die deutschen Nachrichtendienstler war ihrerseits die zivile Politische Polizei in Frankreich, die *Sûreté*, ein Vorbild. Es war freilich eines, das aufgrund der politischen Kultur im Deutschen Reich unerreicht bleiben musste. Das dritte organisatorische Vorbild ist das *Committee of Imperial Defence*, als Muster für zivil-militärische Gremien. Dieses Rollenmodell ist freilich keinesfalls ein zeitgenössisches, sondern seine Bedeutung wird erst aus der Rückschau auf die Geschichte des Nachrichtenwesens im 20. Jahrhundert ersichtlich. Einschränkend ist bei der Untersuchung des Nachrichtenwesens festzustellen, dass der Einblick in seine informale Organisationsseite für alle drei Armeen lückenhaft bleiben muss. Das liegt teilweise am Mangel an Quellen, an der mittleren Eindringtiefe, die bei einer Forschung dieser Art eingehalten werden muss, und letzten Endes liegt es in der Natur der Organisation selbst.

Das Nachrichtenwesen, wie wir es heute kennen, ist also ein Produkt der Epoche von 1871 bis 1914 und seine Wurzeln liegen im Militär. Dieses bildete das organisationale Mutterschiff. Dabei entwickelten sich ein frühes, europaweit dominantes, kontinentales Modell und eine vergleichsweise späte, imperiale Variante. Aus diesem Grund ist Sébastian Laurent unbedingt zuzustimmen, wenn er eine ordentliche Historisierung des Nachrichtenwesens anmahnt und davon ausgeht, dass in der Konsequenz das imperiale, angelsächsische Paradigma in der Geschichtsschreibung der Nachrichtendienste in Frage gestellt werden würde.[9] Bis zum Beginn des Ersten Weltkrieges hat sich in beiden Varianten das Nachrichtenwesen als militärisches Führungsgrundgebiet vollumfänglich etabliert. Vor 1871 hat es dieses nicht gegeben und ab 1914 ist es nie mehr verschwunden. Dieses Nachrichtenwesen basierte funktional auf einer für uns heute ganz geläufigen Trennung von Aufklärung und Auswertung sowie dem Sonderbereich der

---

[9] Laurent, Something Wrong, S. 311.

Spionageabwehr. Seine Quellenbasis war damals schon bemerkenswert breit und in der Mehrzahl von offenen Quellen bestimmt. Das Nachrichtenwesen blieb jedoch stark kompartmentalisiert und kann deshalb auch nicht als strategisch im eigentlichen Sinne bezeichnet werden. Die Frage der Nutzung nachrichtendienst-licher Erkenntnisse durch die politischen und militärischen Entscheidungsträger konnte auch in dieser Studie nicht wirklich befriedigend beantwortet werden. Weitere Detailforschungen könnten das Bild aber durchaus konturieren. In den drei untersuchten Nachrichtendiensten war bis 1914 eine neuartige, umfassende Organisation für die Produktion und Verarbeitung militärischen Wissens ent-standen, die ihre Effektivität für die Zeit des Friedens und des Kalten Krieges durchaus erwiesen hatte. Für den Fall eines europäischen Großkrieges hatte sie ihren Beweis aber in allen drei Heeren noch nicht erbracht.

Anlagen

https://doi.org/10.1515/9783111380940-008

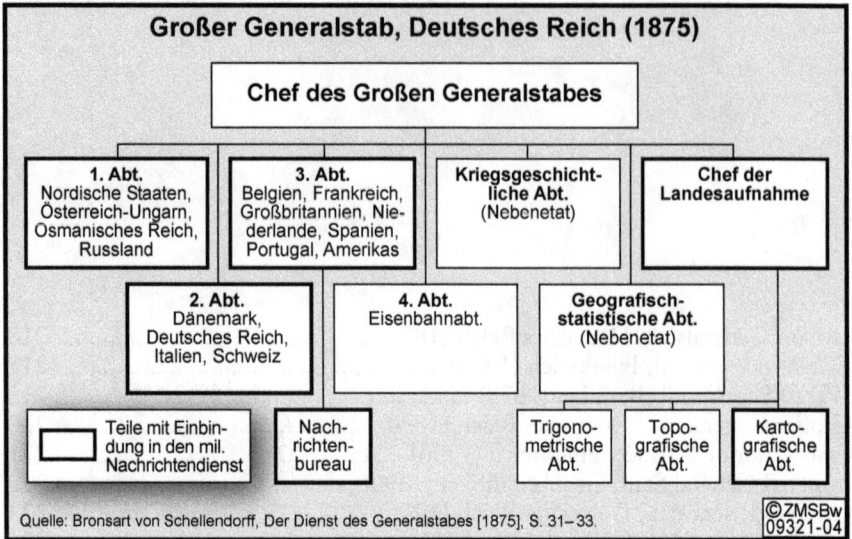

Großer Generalstab, Deutsches Reich (1875)

Chef des Großen Generalstabes

1. Abt.
Nordische Staaten, Österreich-Ungarn, Osmanisches Reich, Russland

3. Abt.
Belgien, Frankreich, Großbritannien, Niederlande, Spanien, Portugal, Amerikas

Kriegsgeschichtliche Abt.
(Nebenetat)

Chef der Landesaufnahme

2. Abt.
Dänemark, Deutsches Reich, Italien, Schweiz

4. Abt.
Eisenbahnabt.

Geografisch-statistische Abt.
(Nebenetat)

Teile mit Einbindung in den mil. Nachrichtendienst

Nachrichtenbureau

Trigonometrische Abt.

Topografische Abt.

Kartografische Abt.

Quelle: Bronsart von Schellendorff, Der Dienst des Generalstabes [1875], S. 31–33.

©ZMSBw
09321-04

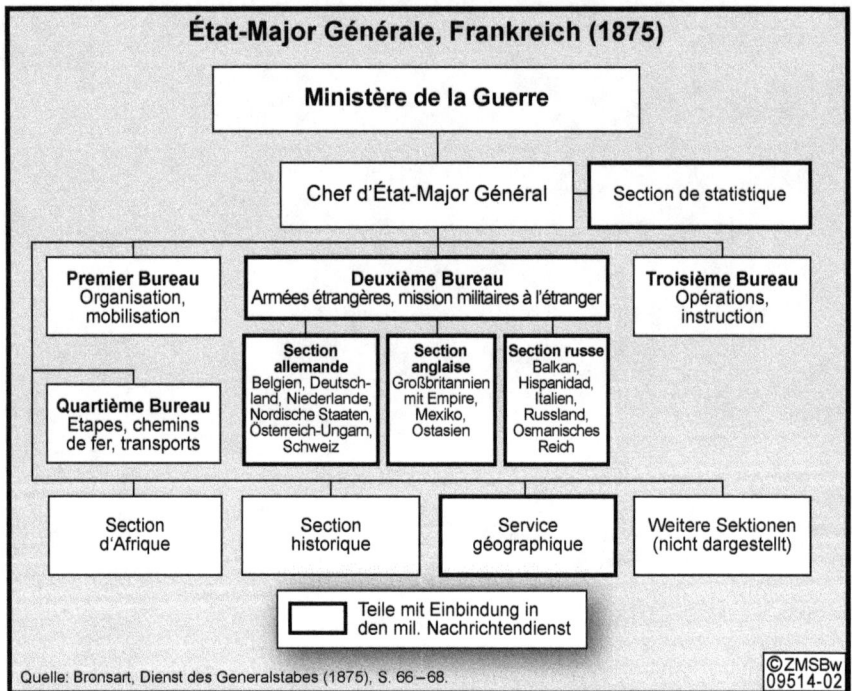

État-Major Générale, Frankreich (1875)

Ministère de la Guerre

Chef d'État-Major Général

Section de statistique

Premier Bureau
Organisation, mobilisation

Deuxième Bureau
Armées étrangères, mission militaires à l'étranger

Troisième Bureau
Opérations, instruction

Section allemande
Belgien, Deutschland, Niederlande, Nordische Staaten, Österreich-Ungarn, Schweiz

Section anglaise
Großbritannien mit Empire, Mexiko, Ostasien

Section russe
Balkan, Hispanidad, Italien, Russland, Osmanisches Reich

Quartième Bureau
Etapes, chemins de fer, transports

Section d'Afrique

Section historique

Service géographique

Weitere Sektionen (nicht dargestellt)

Teile mit Einbindung in den mil. Nachrichtendienst

Quelle: Bronsart, Dienst des Generalstabes (1875), S. 66–68.

©ZMSBw
09514-02

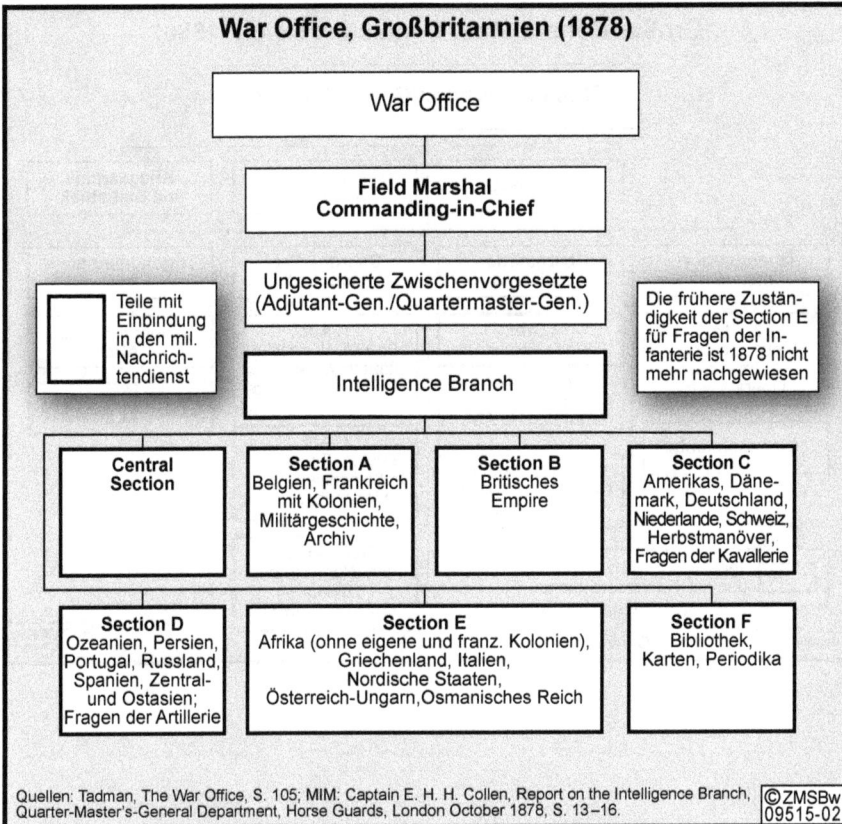

War Office, Großbritannien (1878)

War Office

Field Marshal Commanding-in-Chief

Ungesicherte Zwischenvorgesetzte (Adjutant-Gen./Quartermaster-Gen.)

Teile mit Einbindung in den mil. Nachrichtendienst

Die frühere Zuständigkeit der Section E für Fragen der Infanterie ist 1878 nicht mehr nachgewiesen

Intelligence Branch

Central Section

Section A Belgien, Frankreich mit Kolonien, Militärgeschichte, Archiv

Section B Britisches Empire

Section C Amerikas, Dänemark, Deutschland, Niederlande, Schweiz, Herbstmanöver, Fragen der Kavallerie

Section D Ozeanien, Persien, Portugal, Russland, Spanien, Zentral- und Ostasien; Fragen der Artillerie

Section E Afrika (ohne eigene und franz. Kolonien), Griechenland, Italien, Nordische Staaten, Österreich-Ungarn, Osmanisches Reich

Section F Bibliothek, Karten, Periodika

Quellen: Tadman, The War Office, S. 105; MIM: Captain E. H. H. Collen, Report on the Intelligence Branch, Quarter-Master's-General Department, Horse Guards, London October 1878, S. 13–16.

©ZMSBw 09515-02

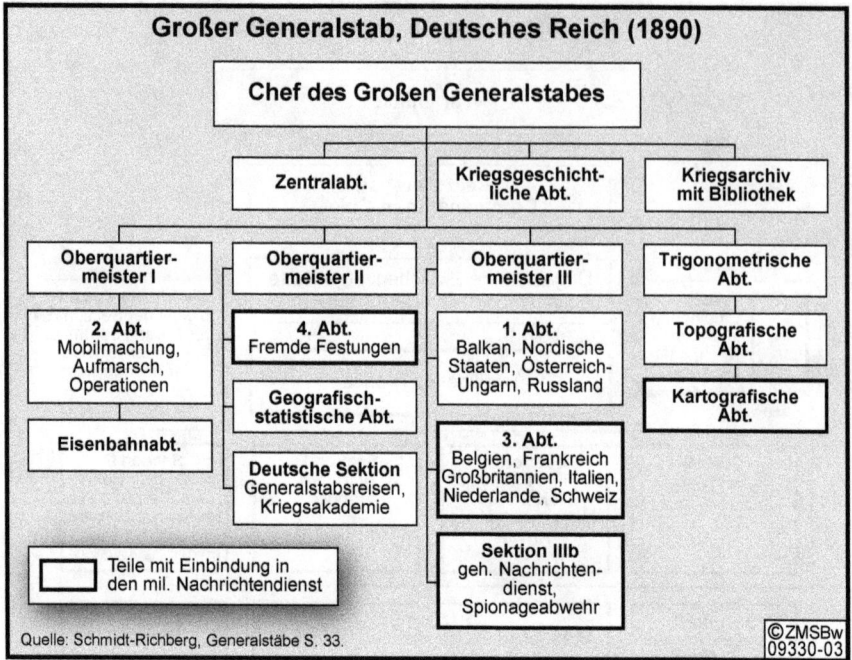

Großer Generalstab, Deutsches Reich (1890)

Chef des Großen Generalstabes

Zentralabt.

Kriegsgeschicht-liche Abt.

Kriegsarchiv mit Bibliothek

Oberquartier-meister I

Oberquartier-meister II

Oberquartier-meister III

Trigonometrische Abt.

2. Abt. Mobilmachung, Aufmarsch, Operationen

4. Abt. Fremde Festungen

1. Abt. Balkan, Nordische Staaten, Österreich-Ungarn, Russland

Topografische Abt.

Geografisch-statistische Abt.

Kartografische Abt.

Eisenbahnabt.

3. Abt. Belgien, Frankreich Großbritannien, Italien, Niederlande, Schweiz

Deutsche Sektion Generalstabsreisen, Kriegsakademie

Teile mit Einbindung in den mil. Nachrichtendienst

Sektion IIIb geh. Nachrichten-dienst, Spionageabwehr

Quelle: Schmidt-Richberg, Generalstäbe S. 33.

©ZMSBw 09330-03

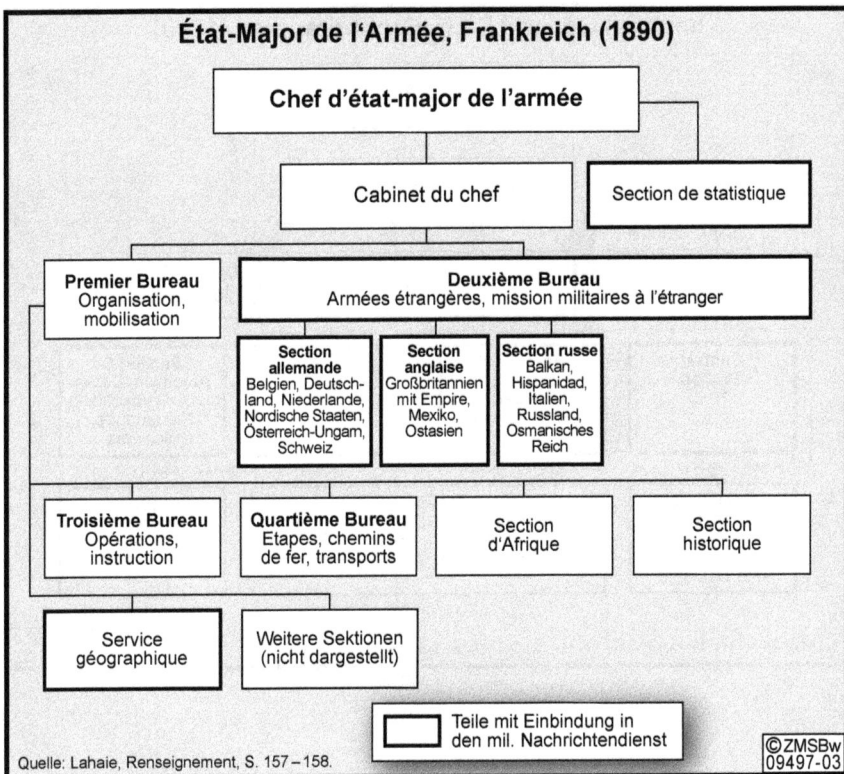

État-Major de l'Armée, Frankreich (1890)

Chef d'état-major de l'armée

Cabinet du chef

Section de statistique

Premier Bureau
Organisation,
mobilisation

Deuxième Bureau
Armées étrangères, mission militaires à l'étranger

Section allemande
Belgien, Deutschland, Niederlande, Nordische Staaten, Österreich-Ungarn, Schweiz

Section anglaise
Großbritannien mit Empire, Mexiko, Ostasien

Section russe
Balkan, Hispanidad, Italien, Russland, Osmanisches Reich

Troisième Bureau
Opérations,
instruction

Quartième Bureau
Etapes, chemins de fer, transports

Section d'Afrique

Section historique

Service géographique

Weitere Sektionen (nicht dargestellt)

Teile mit Einbindung in den mil. Nachrichtendienst

Quelle: Lahaie, Renseignement, S. 157–158.

©ZMSBw
09497-03

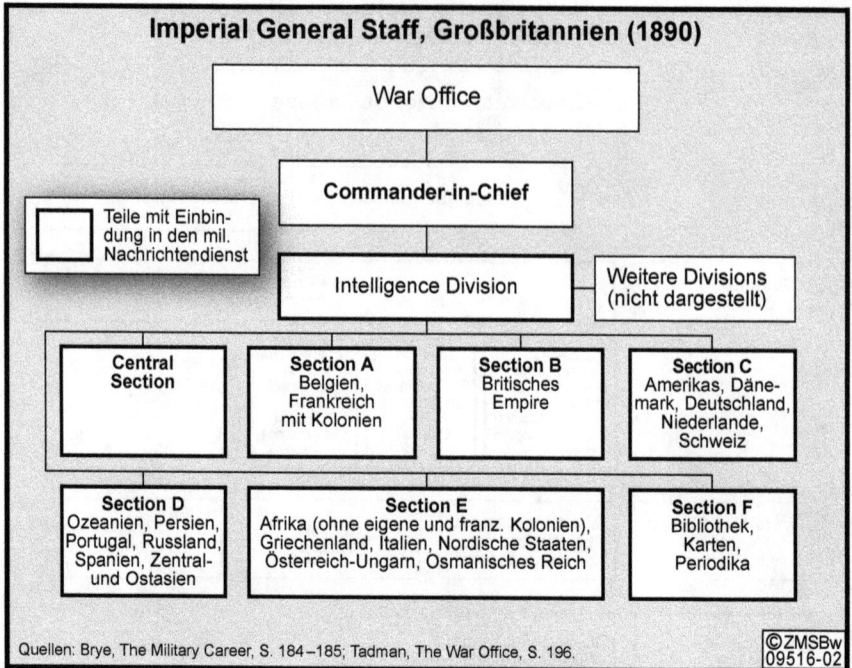

Imperial General Staff, Großbritannien (1890)

War Office

Commander-in-Chief

Teile mit Einbin-
dung in den mil.
Nachrichtendienst

Intelligence Division

Weitere Divisions
(nicht dargestellt)

| Central Section | Section A
Belgien, Frankreich mit Kolonien | Section B
Britisches Empire | Section C
Amerikas, Däne-mark, Deutschland, Niederlande, Schweiz |

| Section D
Ozeanien, Persien, Portugal, Russland, Spanien, Zentral- und Ostasien | Section E
Afrika (ohne eigene und franz. Kolonien), Griechenland, Italien, Nordische Staaten, Österreich-Ungarn, Osmanisches Reich | Section F
Bibliothek, Karten, Periodika |

Quellen: Brye, The Military Career, S. 184–185; Tadman, The War Office, S. 196.

©ZMSBw
09516-02

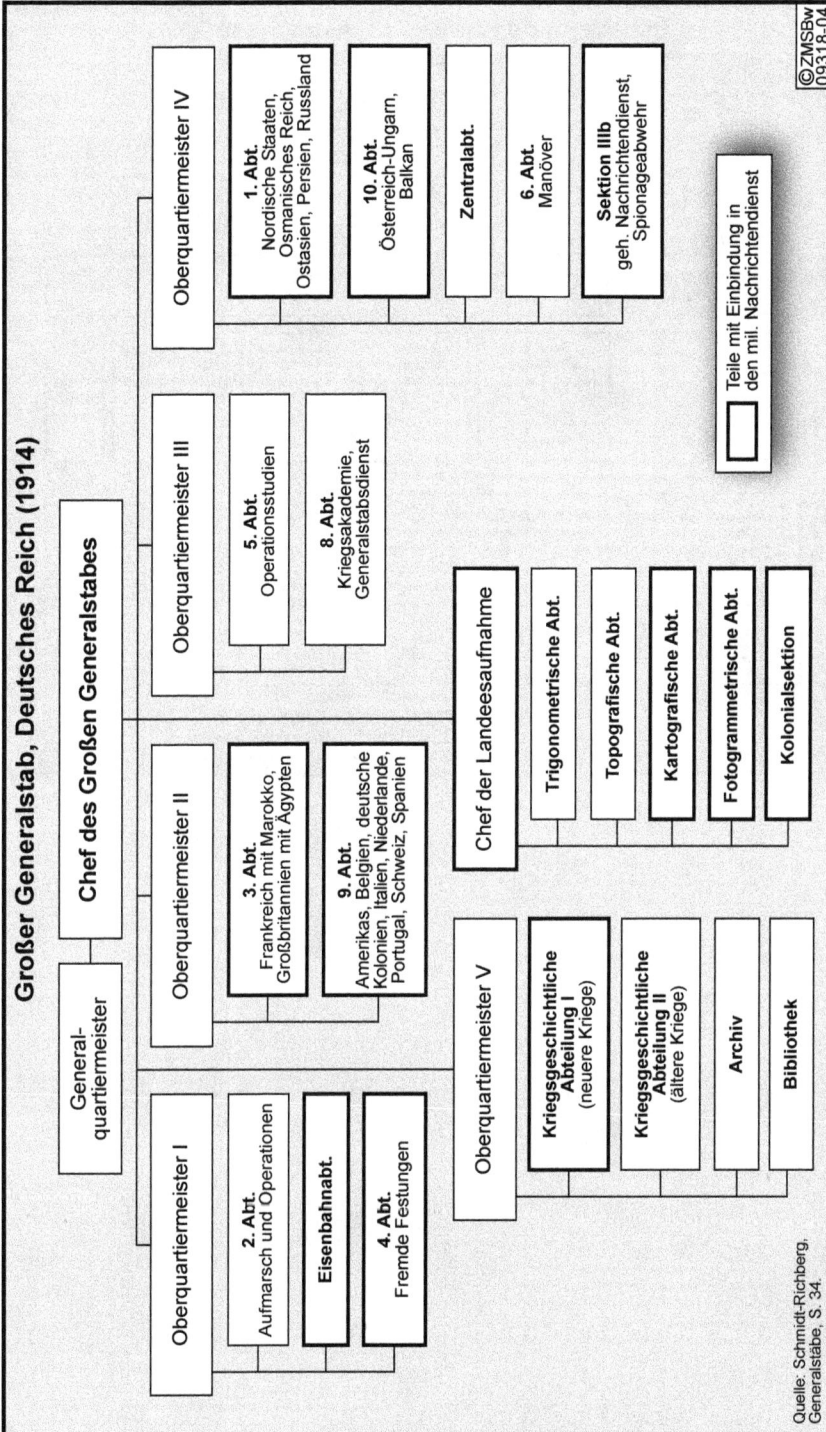

Großer Generalstab, Deutsches Reich (1914)

Chef des Großen Generalstabes

Generalquartiermeister

Oberquartiermeister I
- **2. Abt.** Aufmarsch und Operationen
- **Eisenbahnabt.**
- **4. Abt.** Fremde Festungen

Oberquartiermeister II
- **3. Abt.** Frankreich mit Marokko, Großbritannien mit Ägypten
- **9. Abt.** Amerikas, Belgien, deutsche Kolonien, Italien, Niederlande, Portugal, Schweiz, Spanien

Oberquartiermeister III
- **5. Abt.** Operationsstudien
- **8. Abt.** Kriegsakademie, Generalstabsdienst

Oberquartiermeister IV
- **1. Abt.** Nordische Staaten, Osmanisches Reich, Ostasien, Persien, Russland
- **10. Abt.** Österreich-Ungarn, Balkan
- **Zentralabt.**
- **6. Abt.** Manöver
- **Sektion IIIb** geh. Nachrichtendienst, Spionageabwehr

Oberquartiermeister V
- **Kriegsgeschichtliche Abteilung I** (neuere Kriege)
- **Kriegsgeschichtliche Abteilung II** (ältere Kriege)
- **Archiv**
- **Bibliothek**

Chef der Landesaufnahme
- **Trigonometrische Abt.**
- **Topografische Abt.**
- **Kartografische Abt.**
- **Fotogrammetrische Abt.**
- **Kolonialsektion**

Teile mit Einbindung in den mil. Nachrichtendienst

©ZMSBw 09318-04

Quelle: Schmidt-Richberg, Generalstäbe, S. 34.

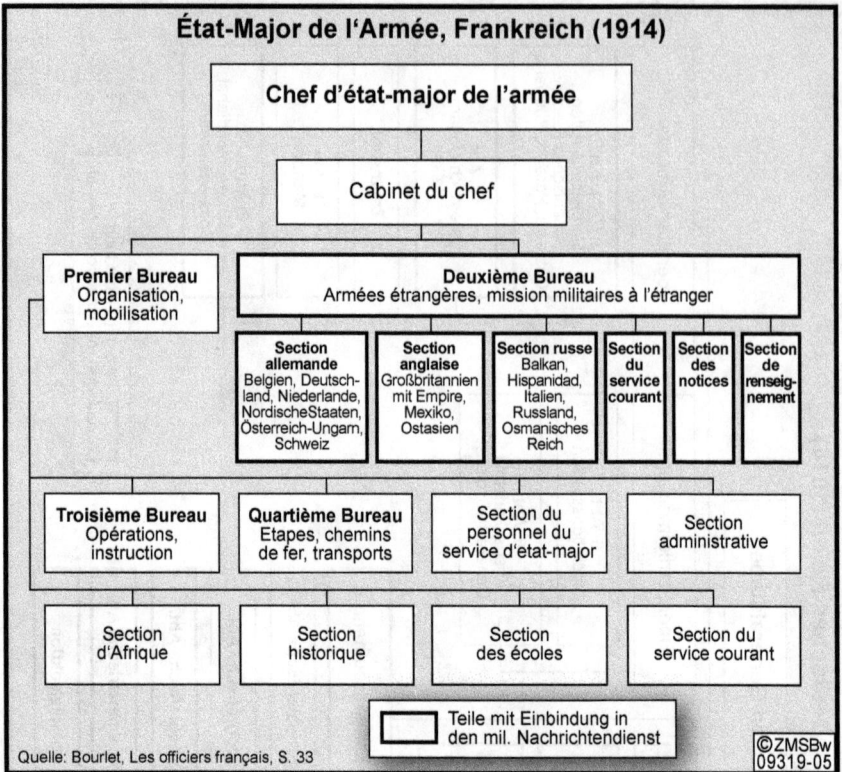

État-Major de l'Armée, Frankreich (1914)

Chef d'état-major de l'armée

Cabinet du chef

Premier Bureau
Organisation,
mobilisation

Deuxième Bureau
Armées étrangères, mission militaires à l'étranger

Section allemande
Belgien, Deutschland, Niederlande, NordischeStaaten, Österreich-Ungarn, Schweiz

Section anglaise
Großbritannien mit Empire, Mexiko, Ostasien

Section russe
Balkan, Hispanidad, Italien, Russland, Osmanisches Reich

Section du service courant

Section des notices

Section de renseignement

Troisième Bureau
Opérations,
instruction

Quartième Bureau
Etapes, chemins
de fer, transports

Section du
personnel du
service d'etat-major

Section
administrative

Section
d'Afrique

Section
historique

Section
des écoles

Section du
service courant

Teile mit Einbindung in
den mil. Nachrichtendienst

Quelle: Bourlet, Les officiers français, S. 33

©ZMSBw
09319-05

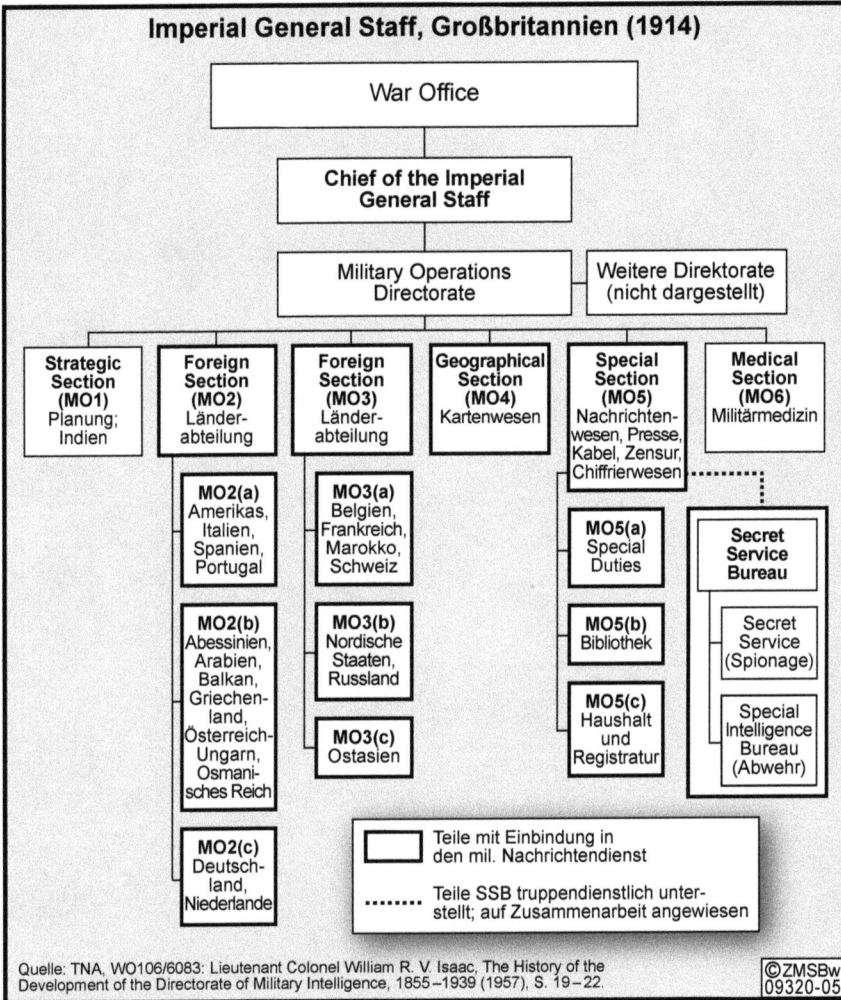

Imperial General Staff, Großbritannien (1914)

War Office

Chief of the Imperial General Staff

Military Operations Directorate

Weitere Direktorate (nicht dargestellt)

Strategic Section (MO1)
Planung; Indien

Foreign Section (MO2)
Länderabteilung

Foreign Section (MO3)
Länderabteilung

Geographical Section (MO4)
Kartenwesen

Special Section (MO5)
Nachrichtenwesen, Presse, Kabel, Zensur, Chiffrierwesen

Medical Section (MO6)
Militärmedizin

MO2(a)
Amerikas, Italien, Spanien, Portugal

MO3(a)
Belgien, Frankreich, Marokko, Schweiz

MO5(a)
Special Duties

Secret Service Bureau

MO2(b)
Abessinien, Arabien, Balkan, Griechenland, Österreich-Ungarn, Osmanisches Reich

MO3(b)
Nordische Staaten, Russland

MO3(c)
Ostasien

MO5(b)
Bibliothek

MO5(c)
Haushalt und Registratur

Secret Service (Spionage)

Special Intelligence Bureau (Abwehr)

MO2(c)
Deutschland, Niederlande

☐ Teile mit Einbindung in den mil. Nachrichtendienst

······· Teile SSB truppendienstlich unterstellt; auf Zusammenarbeit angewiesen

Quelle: TNA, WO106/6083: Lieutenant Colonel William R. V. Isaac, The History of the Development of the Directorate of Military Intelligence, 1855–1939 (1957), S. 19–22.

©ZMSBw 09320-05

Abkürzungen

a.D.	außer Dienst
Abt.	Abteilung
AFGG	Ministère de la Guerre, Les Armées françaises dans la Grande Guerre
AK	Armeekorps
BArch	Bundesarchiv, hier Berlin-Lichterfelde und Freiburg im Breisgau
BayHStA	Bayerisches Hauptstaatsarchiv, München
Bd	Band
BD	British Documents on the Origins of the War
BEF	British Expeditionary Force
Bl.	Blatt
CIA	Central Intelligence Agency
CID	Committee of Imperial Defence
CIGS	Chief of the Imperial General Staff
C.St.	Staatspolizei-Centralstelle
d.Ä.	der Ältere
DD	Deutsche Dokumente zum Kriegsausbruch
DDF	Documents Diplomatiques Français
d.J.	der Jüngere
DMI	Director of Intelligence
DMO	Director of Military Operations
d.R.	der Reserve
IIIb	Sektion für geheimen Nachrichtendienst
EMA	État major de l'armée
F.T.	Funkentelegrafie
Gen.Kdo.	Generalkommando
GHQ	General Headquarters
GStA PK	Geheimes Staatsarchiv Preußischer Kulturbesitz, Berlin
HMS	His/Her Majesty's Ship
HStAD	Sächsisches Staatsarchiv, Abt. Hauptstaatsarchiv Dresden
KA	Kriegsarchiv
K.M.E.	Kriegsministerieller Erlass
MGFA	Militärgeschichtliches Forschungsamt
MI5	Military Intelligence (Counterintelligence)
MI6	Military Intelligence (Espionage)
MIM	Military Intelligence Museum, Chicksands, Shefford
MO1	Military Operations (Strategic Section)
MO2	Military Operations (Foreign Section)

https://doi.org/10.1515/9783111380940-009

MO3	Military Operations (Foreign Section)
MO4	Military Operations (Maps)
MO5	Military Operations (Special Section)
MO6	Military Operations (Medical Section)
NATO	North Atlantic Treaty Organization
ND	Nachrichtendienst
NID	Naval Intelligence Division
O.V./o.V.	Ohne/ohne Verfassernamen
RFC	Royal Flying Corps
RGVA	Rossiiskii Gosudarstvenni Voennyi Arkhiv, Moskau
SHD	Service Historique de la Défence, Centre historique des archives, Vincennes
S.R.	Séction de(s) renseignement(s) / Service de(s) renseignement(s)
SRT	Secteur de renseignements territorial
SS	Secret Service
SSB	Secret Servive Bureau
Stellv. IIIb	Abteilung IIIb des Stellvertretenden Generalstabes der Armee
T.	Teil
TNA	The National Archives, Kew
undat.	undatiert
z.D.	zur Disposition
zit.	zitiert
ZMSBw	Zentrum für Militärgeschichte und Sozialwissenschaften der Bundeswehr
Z.P.St.	Zentralpolizeistelle

Quellen und Literatur

Unveröffentlichte Quellen

Bayerisches Hauptstaatsarchiv

Abt. II, Neuere Bestände (München)
  Gesandtschaft Päpstlicher Stuhl: 2743
  Gesandtschaft Paris: 4763

Abt. IV, Kriegsarchiv (München)
  Generalstab: 146, 151, 161, 207, 208, 223, 224, 576, 923, 924
  Kriegsministerium: 1002, 1461, 2978, 11027
  Offizierpersonalakten (OP): 18705

Bundesarchiv

Abt. Berlin-Lichterfelde (Berlin)
  Oberreichsanwalt beim Reichsgericht (R 3003): 1334-1, 1334-2, 1334-3, 1334-4

Abt. Militärarchiv (Freiburg im Breisgau)
  Großer Generalstab (PH 3): 394
  Königlich Preußische Landesaufnahme (PH 34): 31
  Kriegsakademie (RH 16): 71
  Kriegsgeschichtliche Forschungsanstalt des Heeres (RH 61): 398, 986
  Kommando der Hochseestreitkräfte der Kaiserlichen Marine (RM 47): 141
  Admiralstab der Marine (RM 5): 3682, 6669
  Nachgeordnete Dienststellen und Einheiten des Amtes Ausland/Abwehr (RW 49): 21
  Oberkommando der Wehrmacht, Amt Ausland/Abwehr (RW 5): 41, 43, 654, 657, 1234, 1235

Geheimes Staatsarchiv Preußischer Kulturbesitz (Berlin)

Ministerium des Innern (I HA Rep. 77): Tit. 872 Nr. 11 Bd 1

https://doi.org/10.1515/9783111380940-010

Rossiiskii Gosudarstvenni Voennyi Arkhiv (Moskau)

Kriegsgeschichtliche Forschungsanstalt des Heeres (545): 3-343
Nachlass Walter Nicolai (1414): 1-10
Großer Generalstab (1280): 1-6, 1-29

Sächsisches Staatsarchiv, Abt. Hauptstaatsarchiv Dresden
(Dresden)

Generalkommando XII. Armeekorps (11347): Bü. 373

Service Historique de la Défence, Centre historique des archives
(Vincennes)

Conseil supérieur de la Guerre (GR 1 N): 1112
Fonds entrés par voie extraordinaire (GR 1 K): 842 1
Dossiers d'officiers supérieurs et subalternes (GR 5 YE): 118940
État-major de l'armée (GR 7 N): 10, 665, 666, 672, 1756
État-major de l'armée, supplément (GR 7 NN): 623, 624, 628, 665, 667, 752,
    775, 802, 827
2e Bureau de l'État-major de l'armée, avant 1914 (GR 7 NN 2): 667, 760, 794
Instances de pensions (GR 11 YF): 1123
Fonds Joffre et Foch (GR 14 N): 38

The Military Intelligence Museum (Chicksands, Shefford)

Captain E.H.H. Collen, Report on the Intelligence Branch, Quarter-Master's-
    General Department, Horse Guards (October 1878)

The National Archives of the United Kingdom (Kew)

Foreign Office: Permanent Under Secretary's Department: Correspondence and
    Papers (HD 3): 124
Room 40 and successors: World War I Official Histories (HW 7): 35
The Security Service: First World War Historical Reports and Other Papers (KV
    1): 2, 9, 38, 49
The Security Service: Policy (Pol F Series) Files (KV 4): 183
War Office and Successors: Registered Files (WO 32): 6349, 6922
War Office: Reports, Memoranda and Papers (WO 33): 579, 688
War Office, Directorate of Military Operations and Military Intelligence, and
    predecessors: Correspondence and Papers (WO 106): 46, 6083

Dienstschriften

NATO, AA-P06, Glossary of Terms and Definitions (English and French), 2014
Reichsgesetzblatt, Berlin

Digitale Quellen

CBG Centrum voor familiegeschiedenis, https://www.wiewaswie.nl/nl/detail/
    79209776 [8.8.2023]

Literatur

Artikel in zeitgenössischen Periodika

Foerster, Wolfgang, Ist der deutsche Aufmarsch 1904 an die Franzosen verraten
    worden? In: Berliner Monatshefte, 10 (1932), S. 1053–1067
From our own correspondent, British Officers on Trial. In: The Times vom
    22.12.1910
From our own correspondent, The Leipzig Trial. British Officers Found Guilty.
    In: The Times vom 23.12.1910
From our own correspondent, The Leipzig Trial. Comments of the German Press.
    In: The Times vom 24.12.1910
Juge, le, Oberstleutnant a.D., Die englischen Armeemanöver 1912. In: Militär-
    Wochenblatt 1912, Sp. 3189–3195, 3218–3222, 3240–3243, 3406–3410,
    3458–3463
O.V., Aus anderen Blättern. In: Neue Preußische (Kreuz-)Zeitung vom
    24.12.1910 (Morgen)
O.V., Aus dem Gerichtssaale. In: Allgemeine Zeitung Nr. 194 vom 14.7.1883
O.V., Aus dem Gerichtssaale. In: Allgemeine Zeitung Nr. 202 vom 21.7.1882
O.V., Aus dem Gerichtssaale. In: Allgemeine Zeitung Nr. 241 vom 29.8.1882
O.V., Aus dem Gerichtssaale. In: Augsburger Abendzeitung Nr. 240 vom 2.9.1882
O.V., Aus England. Britische Urteile über den deutschen Spionageprozeß. In:
    Neue Preußische (Kreuz-)Zeitung vom 23.12.1910 (Abend)
O.V., Der Borkumer Spionageprozeß. In: Berliner Börsen-Zeitung vom
    22.12.1910 (Morgen)
O.V., Der Borkumer Spionageprozeß. In: Berliner Börsen-Zeitung vom
    22.12.1910 (Abend)
O.V., The Borkum Espionage Case. British Officers on Trial. In: The Times vom
    22.12.1910
O.V., Deutsches Reich. In: Weser-Zeitung (Bremen) Nr. 12813 vom 4.9.1882
    (Mittag)

O.V., Die englischen Armeemanöver 1912. In: Vierteljahrshefte für Truppenführung und Heereskunde, 10 (1913), S. 148–157

O.V., Die englische Presse über die Borkumer Spionageangelegenheit. In:
Borkumer Zeitung vom 26.8.1910

O.V., The Espionage Trail at Leipzig. In: The Times vom 23.12.1910

O.V., Gerichtssaal. In: Berliner Börsen-Zeitung vom 21.12.1910 (Morgen)

O.V., Heerwesen Großbritanniens. In: v. Löbell's Jahresberichte über das Heer-
und Kriegswesen, 39 (1912), S. 94

O.V., Nachklänge zum Spionageprozeß. In: Vossische Zeitung vom 23.12.1910
(Abend)

O.V., Politische Nachrichten. In: Berliner Börsen-Zeitung vom 23.12.1910
(Abend)

O.V., Spionage. In: Vossische Zeitung vom 22.12.1910 (Abend)

O.V., Spionageprozeß. In: Neue Preußische (Kreuz-) Zeitung vom 21.12.1910
(Abend)

O.V., Der Spionageprozeß gegen die englischen Offiziere. In: Berliner Tageblatt
vom 22.12.1910 (Morgen)

O.V., Spione. In: Allgemeine Zeitung vom 31.12.1910

O.V., Das Urteil gegen die englischen Offiziere. In: Berliner Tageblatt vom
23.12.1910 (Morgen)

O.V., Zur Borkumer Spionageangelegenheit. In: Rhein-Ems-Zeitung (Emden)
vom 24.9.1910

Paléologue, Maurice, La demission de M. Delcassé en 1905. In: Revue des Deux
Mondes, Bd 3, Nr. 4 vom 15.6.1931, S. 761–802

Paléologue, Maurice, Un prélude a l'invasion de la Belgique 1904. In: Revue des
Deux Mondes, Bd 11, Nr. 3 vom 11.10.1932, S. 481–524

Paléologue, Maurice, und Raymond Brugère, Le plan Schlieffen et le »Vengeur«:
Deux lettres, In: Revue des Deux Mondes, Bd 12, Nr. 2 vom 15.11.1932,
S. 425–430

Forschungsliteratur

Afflerbach, Holger, Falkenhayn. Politisches Denken und Handeln im Kaiserreich,
München 1994

AFGG, d.i.: Ministère de la Guerre, Les Armées françaises dans la Grande Guerre.
11 Teile mit 107 Bde, Paris 1922–1939

Albert, Mathias, und Kerrin Langer, Die Geschichte des Streitkräftevergleichs in
der internationalen Politik. Machtvergleiche und die Macht des Vergleichens.
In: Zeitschrift für Internationale Beziehungen, 27 (2020), S. 34–64

Altenhöner, Florian, ›Spionitis‹ – reale Korrelate und Deutungsmuster der Angst
vor Spionen, 1900–1914. In: Kollektive Identitäten, S. 77–91

Amoudry, Michel, Le général Ferrié et la naissance des transmissions et de la ra-
diodiffusion, Grenoble 1993

Anderson, Margaret Lavinia, Lehrjahre der Demokratie. Wahlen und Politische
Kultur im Deutschen Kaiserreich, Stuttgart 2009

Andrew, Christopher, Déchiffrement et Diplomatie: Le cabinet noir du Quai
d'Orsay sous la Troisième République. In: Relation Internationales, 5 (1976),
S. 37–64

Andrew, Christopher, The Defence of the Realm. The Authorized History of MI 5, London 2009

Andrew, Christopher, France and the German Menace. In: Knowing One's Enemy, S. 127–149

Andrew, Christopher, The Nature of Military Intelligence. In: Go Spy the Land, S. 1–16

Andrew, Christopher, The Secret World. A History of Intelligence, London 2018

Andrew, Christopher, Secret Service. The Making of the British Intelligence Community, 2. Aufl., London 1987

Andrew, Christopher, Théophile Delcassé and the Making of the Entente Cordiale. A Reappraisal of French Foreign Policy 1898–1905, London 1968

Angst im Kalten Krieg. Hrsg. von Bernd Greiner, Christian Th. Müller und Dierk Walter, Hamburg 2009

Apelt, Maja, Das Militär als Organisation. In: Handbuch Organisationstypen, S. 133–148

Apfeld, Volker, Borkum – Festung im Meer. Die interessante Geschichte der Seefestung Borkum von den Anfängen im Jahre 1902 bis zur Schließung des Bundeswehrstandortes 1996, 2. Aufl., Emden 2008

Arboit, Gérald, Espionner le Grand-Duché de Luxembourg. Une guerre secrète méconnue pendant la Première Guerre mondiale. In: Hémecht, 67 (2015), S. 59–78

Arboit, Gérald, Des Services secret pour la France. Du Dêpot de la Guerre à la DGSE 1856–2013, Paris 2014

Arboit, Gérald, Les législations sur l'espionnage en Grande Région (1886–1914). In: Renseignement et avant-guerre, S. 75–103

Argus [d.i. Heinz Wilhelm Clobes?], Die Engländer kommen! Der Überfall Hamburgs durch die englische Flotte, Hamburg 1908

The Army and the Curragh-Incident. Hrsg. von Ian F. W. Beckett, London 1986

Bach, André, L'Armée de Dreyfus. Une histoire politique de l'armée francaise de Charles X à »l'Affaire«, Paris 2004

Baden-Powell, Robert, Scouting for Boys, London 1908

Baldwin, Peter, Comparing and Generalizing. Why all History is Comparative, Yet no History is Sociology. In: Comparison and History, S. 1–22

Barth, Volker, und Michael Homberg, Fake News. Geschichte und Theorie falscher Nachrichten. In: Geschichte und Gesellschaft, 44 (2018), S. 619–642

Batten, Simon, »A School for the Leaders«. What Did the British Army Learn From the 1912 Army Manoeuvres? In: Journal of the Society for Army Historical Research, 93 (2015), S. 25–47

Bauer, Deborah S., Georges Boulanger, The Third Republic's Spy Master? In: Proceedings for the Western Society of French History, 39 (2011), S. 188–199

Bauer, Deborah, Villains, Liars, Soldiers, and Patriots. Perceptions of Espionage and the Politics of Emotion in fin-de-siècle France. In: Cultures of Intelligence, S. 189–212

Bauer, Deborah, Marianne is Watching. Intelligence, Counterintelligence, and the Origins of the French Surveillance State, Lincoln, NE 2021

Bavendamm, Gundula, Spionage und Verrat. Konspirative Kriegserzählungen und französische Innenpolitik, 1914–1917, Essen 2004

Beach, Jim, Haig's Intelligence. GHQ and the German Army, 1916–1918, Cambridge 2013

Beauvais, [Armand Paul], Attachés militaires, attachés navals et attachés de l'air, Paris 1937

Becker, Jean-Jacques, Le Carnet B. Les pouvoirs publics et l'antimilitarisme avant la guerre de 1914, Paris 1973

Becker, Winfried, Das Bismarck-Reich – ein Obrigkeitsstaat? Die Entwicklung des Parlamentarismus und der Parteien 1871–1890, Friedrichsruh 2000

Bennett, Gill, Declassification and Release Policies of the UK's Intelligence Agencies. In: Intelligence and National Security, 17 (2002), S. 21–32

Berger, Stefan, Britischer und deutscher Nationalismus im Vergleich. Probleme und Perspektiven. In: Nationalismen in Europa, S. 97–115

Bergien, Rüdiger, Geschichte der Nachrichtendienste/Intelligence History, Version: 1.0. In: Docupedia-Zeitgeschichte, 5.1.2021, http://docupedia.de/zg/Bergien_geschichte_der_nachrichtendienste_v1_de_2021 (5.7.2022)

Biess, Frank, Republik der Angst. Eine andere Geschichte der Bundesrepublik, Reinbek bei Hamburg 2019

Bittner, Donald F., Royal Marines Spies of World War One Era, Plymouth 1993

Blau, Peter M., und W. Richard Scott, Formal Organizations, Stanford, CA 2003 (1. Aufl., San Francisco 1962)

Blondeau, de, Le service des renseignements, Paris 1911

Bönker, Dirk, Militarism in a Global Age. Naval Ambitions in Germany and the United States before World War I, Ithaca, NY 2012

Boghardt, Thomas, Spies of the Kaiser. German Covert Operations in Great Britain during the First World War Era, Basingstoke 2004

Bond, Brian, The Victorian Army and the Staff College 1854–1914, London 1972

Bourke, Joanna, Fear. A Cultural History, London 2005

Bourlet, Michaël, Les officiers français du 2e et 5e bureaux de l'EMA (aôut 1914–juin 1919). Thèse doctorale Université de Paris IV 2009

Bowman, Timothy, und Mark Connelly, The Edwardian Army. Recruiting, Training, and Deploying the British Army, 1902–1914, Oxford 2012

Brandt, Hartwig, Der lange Weg in die demokratische Moderne, Darmstadt 1998

Brechtken, Magnus, Scharnierzeit 1895–1907. Persönlichkeitsnetzwerke und internationale Politik in den deutsch-britisch-amerikanischen Beziehungen vor dem Ersten Weltkrieg, Mainz 2006

Bremm, Klaus-Jürgen, Armeen unter Dampf. Die Eisenbahnen in der europäischen Kriegsgeschichte 1871–1918, Paderborn 2013

Bremm, Klaus-Jürgen, Von der Chaussee zur Schiene. Militärstrategie und Eisenbahnen in Preußen von 1833 bis 1886, München 2005 (= Militärgeschichtliche Studien, 40)

Brenner, Wolfgang, Stieber. Der Spion des Kanzlers, München 2006

Brice, Christopher Michael, The Military Career of General Sir Henry Brackenbury, 1856–1904. The Thinking Man's Soldier, Diss. phil. De Montfort University 2009

The British Army and Signals Intelligence during the First World War. Hrsg. von John Ferris, Stroud 1992

British Documents on the Origins of the War, 1898–1914. Hrsg. von G.P. Gooch und Harold Temperley, 11 Bde, London 1926–1938

The British General Staff. Reform and Innovation c. 1890–1939. Hrsg. von David French und Brian Holden Reid, London, Portland, OR, 2002

Brock, Michael, Britain Enters the War. In: The Coming of the First World War, S. 145–178

Bronsart von Schellendorff, [Paul], Der Dienst des Generalstabes, Berlin 1875

Broucek, Peter, Schluga von Rastenfeld, August Frhr. von (1841–1917), Offizier. In: Österreichisches Biographisches Lexikon 1815–1950, 15 Bde, hier Bd 10, Wien 1992, S. 221 f.

Brückner, Hilmar-Detlef, Die deutsche Heeres-Fernmeldeaufklärung im Ersten Weltkrieg an der Westfront. In: Geheimdienste, Militär und Politik in Deutschland, S. 199–246

Brückner, Hilmar-Detlef, Die Nachrichtenoffiziere (N.O.) der Sektion/Abteilung III B des Großen Generalstabes der Preußisch-Deutschen Armee 1906–1918. In: Geheimdienste, Militär und Politik in Deutschland, S. 16–76

Brückner, Hilmar-Detlef, Schluga von Rastenfeld. In: Newsletter International Intelligence History Study Group, 6 (1998) 2, S. 1–5

Brückner, Hilmar-Detlef, Wilhelm Stieber (1818–2018) oder Wie sich alternative Wirklichkeit durchsetzt. Eine Fallstudie, Hamburg 2018

Brückner, Hilmar-Detlef, Zur Infrastruktur der Frankreich-Aufklärung der Sektion IIIb des Großen Generalstabs im Bereich des XIV. Armeekorps in Karlsruhe von 1906–1914. In: Spionage, Chiffren und chemische Kampfstoffe, S. 40–71

Bucholz, Arden, Moltke, Schlieffen, and Prussian War Planning, New York, Oxford 1991

Buckton, Oliver S., Espionage in British Fiction and Film since 1900. The Changing Enemy, Lanham 2015

Callwell, Charles Edward, Field-Marshal Sir Henry Wilson. His Life and Diaries, 2 Bde, London 1927

Carlier, André H., La photographie aérienne pendant la guerre, Paris 1921

Caruso, Amerigo, »Blut und Eisen auch im Innern«. Soziale Konflikte, Massenpolitik und Gewalt in Deutschland vor 1914, Frankfurt a.M. 2021

Chasseaud, Peter, Imaging Golgatha. Photogrammetry on the Western Front, 1914–1918. In: Images of Conflict, S. 87–119

Childers, Erskine, Das Rätsel der Sandbank. Ein Bericht des Geheimdienstes, Zürich 1975

Childers, Erskine, The Riddle of the Sands. A Record of Secret Service Recently Achieved, London 1903

Chopin, Olivier, Intelligence Reform and the Transformation of the State. The End of a French Exception. In: Journal of Strategic Studies, 40 (2017), S. 532–553

Clark, Christopher, The Sleepwalkers. How Europe Went to War in 1914, London 2012

Clarke, Ignatius Frederick, Voices Prophesying War. Future Wars 1763–1984, Oxford 1992

Clauss, Martin und Nübel, Christoph, Militärisches Entscheiden als militärgeschichtliches Forschungsproblem. Zur Einführung. In: Militärisches Entscheiden, S. 9–47

Clayton, Anthony, Three Republics One Navy. A Naval History of France 1870–1999, Solihull 2014

Clutterbuck, Lindsay, Countering Irish Republican Terrorism in Britain. Its Origin as a Police Function. In: Terrorism and Political Violence, 18 (2006), S. 95–118

Cohen, Deborah, und Maura O'Connor, Introduction. Comparative History, Cross-National History, Transnational History – Definitions. In: Comparison and History, S. IX–XXIV

The Coming of the First World War. Hrsg. von Richard J.W. Evans und Hartmut Pogge von Strandmann, Oxford 1990

Comparison and History. Europe in Cross-National Perspective. Hrsg. von Deborah Cohen und Maura O'Connor, New York 2004

Contamine, Henry, La Revanche 1871–1914, Paris 1957

Conze, Eckart, Schatten des Kaiserreichs. Die Reichsgründung von 1871 und ihr schwieriges Erbe, München 2020

Conze, Eckart, Securitization. Gegenwartsdiagnose oder historischer Analyse-ansatz? In: Geschichte und Gesellschaft, 38 (2012), S. 453–467

Couderc, Agathe, Renseignement technique et secret militaire. Le Chiffre français pendant les premiers mois de la Grande Guerre. In: Stratégique, 105 (2014), S. 55–70

Crossing Borderlands. Composition and Postcolonial Studies. Hrsg. von Andrea Lunsford und Lahoucine Ouzgane, Pittsburgh 2004

Cultures of Intelligence in the Era of the World Wars. Hrsg. von Simon Ball u.a., Oxford 2020

Dandeker, Christopher, Surveillance, Power and Modernity. Bureaucracy and Discipline From 1700 to the Present Day, Cambridge 1990

The Danish Straits and German Naval Power 1905–1918. Hrsg. von Michael Epkenhans und Gerhard P. Groß, Potsdam 2010

Das deutsche Feldeisenbahnwesen. Hrsg. vom Reichsarchiv, 1. Bd: Die Eisen-bahnen zu Kriegsbeginn, Berlin 1928

Das Deutsche Kaiserreich in der Kontroverse. Hrsg. von Sven Oliver Müller und Cornelius Torp, Göttingen 2009

Davies, Philip H.J., MI6 and the Machinery of Spying, London 2004

Debruyne, Emmanuel, und Laurence van Ypersele, De la guerre de l'ombre aux ombres de la guerre. L'éspionnage en Belgique durant la guerre 1914–1918. Histoire et mémoire, Brüssel 2004

Deist, Wilhelm, Die Armee in Staat und Gesellschaft 1890–1914. In: Deist, Militär, Staat und Gesellschaft, S. 19–41

Deist, Wilhelm, Militär, Staat und Gesellschaft. Studien zur preußisch-deutschen Militärgeschichte, München 1991 (= Beiträge zur Militärgeschichte, 34)

Deist, Wilhelm, Voraussetzungen innenpolitischen Handelns des Militärs im Ersten Weltkrieg. In: Deist, Militär, Staat und Gesellschaft, S. 103–152

Delmas, Jean, L'École Supérieure de Guerre 1876–1940. In: Revue Historique des Armées, 1/2002, S. 41–50

Denkwürdigkeiten des Geheimen Regierungsrathes Dr. Stieber. Aus seinen hin-terlassenen Papieren bearb. von Dr. Leopold Auerbach, Berlin 1884

Deutsche Dokumente zum Kriegsausbruch. Vollständige Sammlung der von Karl Kautsky zusammengestellten amtlichen Aktenstücke mit einigen Er-gänzungen. Im Auftrag des Auswärtigen Amtes nach gemeinsamer Durchsicht mit Karl Kautsky hrsg. von Graf Max Montgelas und Walter Schücking, 4 Bde, Charlottenburg 1919

Deutsche Militärgeschichte in sechs Bänden 1648–1939. Hrsg. vom Militärgeschichtlichen Forschungsamt, 6 Bde, Frankfurt a.M. 1970

Dewerpe, Alain, Espion. Une anthropologie historique du secret d'état contemporain, Paris 1994

Dirou, Armel, Les francs-tireurs pendant la guerre de 1870–1871. In: Stratégies irrégulières, S. 406–438

Dobler, Jens, und Harold Selowski, Die Berliner Kriminalpolizei zwischen 1811 und 1885, Berlin 2001

Documents diplomatiques français (1871–1914). Hrsg. vom Ministère des affaires étrangères. Commission de publication des documents relatifs aux origines de la guerre de 1914, 3 Serien, 41 Bde, Paris 1929–1959

Doise, Jean, Un secret bien gardé? Historie militaire de l'affaire Dreyfus, Paris 1994

Doughty, Robert A., Pyrrhic Victory. French Strategy and Operations in the Great War, Cambridge, MA 2005

Drummond, Maldwin, The Riddle, London 1985

Duclert, Vincent, Alfred Dreyfus. L'honneur d'un patriote, Paris 2006

Dumbsky, Walter, Die deutschen Festungen von 1871 bis 1914: strategische Bedeutung und technische Entwicklung, Frankfurt a.M. 1987

Dupont, Charles, Mémoires du chef des services secrets de la Grande Guerre. Hrsg. und eingel. von Olivier Lahaie, Paris 2014

Durchbruch zur Moderne? Neue Perspektiven auf das 19. Jahrhundert. Hrsg. von Birgit Aschmann, Frankfurt a.M. 2019

Echternkamp, Jörg, und Stefan Martens, Militärgeschichte als Vergleichs- und Verflechtungsgeschichte. In: Militär in Deutschland und Frankreich 1870–2010, S. 1–21

Eco, Umberto, Il cimitero di Praga, Mailand 2010

Edgerton, David, Liberal Militarism and the British State. In: New Left Review, I/185 (1991), S. 138–169

Edgerton, David, The Rise and Fall of the British Nation. A Twentieth-Century History, London 2018

Elbe, Martin, und Gregor Richter, Militär: Institution und Organisation. In: Militärsoziologie. Eine Einführung, S. 244–263

Emsley, Clive, Gendarmes and the State in Nineteenth-Century Europe, Oxford 1999

Epple, Angelika, und Walter Erhart, Practices of Comparing. A New Reasearch Agenda Between Typological and Historical Approaches. In: Practices of Comparing, S. 11–38

Erkundungen. Militärische Nachrichtendienste, Spionage und Informationsbeschaffung vor dem und im Ersten Weltkrieg in Russland, Österreich-Ungarn, Deutschland und Italien. Hrsg. von Verena Moritz und Wolfgang Mueller, Wien 2022

Erxleben, Sebastian, Agenten zwischen den Fronten. Der Bundesnachrichtendienst zwischen Auftrag, Rechtslage und Historie, München 2014

Espagne, Michel, Les transferts culturels franco-allemands, Paris 1999

Evans, Nick, The British Army and Communications, 1899–1914. In: Journal of the Society for Army Historical Research, 94 (2016), S. 208–224

Ferguson, Niall, The Pity of War, London 1998

Fergusson, Thomas G., British Military Intelligence 1870–1914. The Development of a Modern Intelligence Organization, London 1984

Ferris, John, Before ›Room 40‹. The British Empire and Signals Intelligence, 1898–1914. In: Journal of Strategic Studies, 12 (1989), S. 431–457

Ferris, John, The Road to Bletchley Park. The British Experience with Signals Intelligence, 1892–1945. In: Intelligence and National Security, 17 (2002) S. 53–84

Ferris, John, Tradition and System. British Intelligence and the Old World Order, 1715–1956. In: Imperial Defence, S. 176–196

Fink, Carl, Die Entwicklung des militärischen deutschen Luftbildwesens 1911–1918. In: Wehrwissenschaftliche Rundschau, 10 (1960), S. 390–399

Finnegan, Terrence J., Shooting the Front. Allies Aerial Reconnaissance in the First World War, Strout 2011

Fisch, Jörg, Europa zwischen Wachstum und Gleichheit 1850–1914, Stuttgart 2002

Förster, Stig, Der doppelte Militarismus. Die deutsche Heeresrüstungspolitik zwischen Status-quo-Sicherung und Aggression, 1890–1914, Stuttgart 1985

Foerster, Wolfgang, Aus der Gedankenwerkstatt des Deutschen Generalstabes, Berlin 1931

Foley, Robert, Easy Target or Invincible Enemy? German Intelligence Assessments of France Before the Great War. In: The Journal of Intelligence History, 5 (2005), S. 1–24

Forcade, Olivier, La république secrète. Histoire des services spéciaux français de 1918 à 1939, Paris 2008

Forcade, Olivier, Les officiers et l'État 1900–1940. In: Serviteurs de l'État, S. 261–277

Forcade, Olivier, Objets, approches et problématiques d'une histoire française du renseignement. Un champ historiographique en construction. In: Histoire, Économie et Société, 31 (2012), S. 99–110

The Force of Comparison. A New Perspective on Modern European History and the Contemporary World. Hrsg. von Willibald Steinmetz, Oxford 2019

Franke, Henning, Der politisch-militärische Zukunftsroman in Deutschland 1904–14, Frankfurt a.M. 1985

Freeman, Peter, MI1(b) and the Origins of British Diplomatic Cryptanalysis. In: Intelligence and National Security, 22 (2007), S. 206–228

French, David, Sir John French's Secret Service on the Western Front, 1914–15. In: Journal of Strategic Studies, 7 (1984), S. 423–440

French, David, Spy Fever in Britain, 1900–1915. In: The Historical Journal, 21 (1978), S. 355–370

Frenking, Sarah, Zwischenfälle im Reichsland. Überschreiten, Polizieren, Nationalisieren der deutsch-französischen Grenze (1887–1914), Frankfurt a.M. und New York 2022

Friedewald, Michael, Die »Tönenden Funken«. Geschichte eines frühen drahtlosen Kommunikationssystems 1905–1914, Diepholz 1999

Frkbg., v., [d.i. Hauptmann von Franckenberg], Kundschafter. In: Handwörterbuch der gesamten Militärwissenschaften, Bd 6 (1878), S. 87

Frkbg., v. [d.i. Hauptmann von Franckenberg], Nachrichtenwesen. In: Handwörterbuch der gesamten Militärwissenschaften, Bd 7 (1879), S. 94–95

Frkbg., v. [d.i. Hauptmann von Franckenberg], Rekognoszierungen. In: Handwörterbuch der gesamten Militärwissenschaften, Bd 8 (1880), S. 114–115

Frkbg., v. [d.i. Hauptmann von Franckenberg], Spione. In: Handwörterbuch der gesamten Militärwissenschaften, Bd 9 (1880), S. 47

Fröhle, Claus, und Hans-Jürgen Kühn, Hochseefestung Helgoland, 2 Tle, Herbolzheim 1998–2001

Fromkin, David, Europe's Last Summer. Who Started the Great War in 1914?, New York 2004

Gaehtgens, Thomas W., Die brennende Kathedrale. Eine Geschichte aus dem Ersten Weltkrieg, München 2018

Garrigues, Jean, Le général Boulanger, Paris 1999

Garros, Louis, Préludes aux invasion de la Belgique. In: Revue historique de l'armée, 5 (1949), S. 17–35

Gaspard, Jules J. S., A Lesson Lived is a Lesson Learned. A Critical Reexamination of the Origins of Preventative Counter-Intelligence in Britain. In: Journal of Intelligence History, 16 (2017), S. 150–171

Geheimdienst und Propaganda im Ersten Weltkrieg. Die Aufzeichnungen von Oberst Walter Nicolai 1914 bis 1918. Im Auftrag des ZMSBw hrsg. von Michael Epkenhans u.a., München 2019

Geheimdienste, Militär und Politik in Deutschland. Hrsg. von Jürgen W. Schmidt, 5. Aufl., Ludwigsfelde 2017

Generalstab der Armee, Anhaltspunkte für den Generalstabsdienst, Berlin 1914

Geppert, Dominik, Pressekriege. Öffentlichkeit und Diplomatie in den deutschen-britischen Beziehungen (1896–1912), München 2007

Geschichte der Politik. Alte und Neue Wege. Hrsg. von Hans-Christof Kraus und Thomas Niklas, München 2007

Geschichte und Vergleich. Ansätze und Ergebnisse international vergleichender Geschichtsschreibung. Hrsg. von Heinz-Gerhard Haupt und Jürgen Kocka, Frankfurt a.M. 1996

Gleichen, Lord Edward, A Guardsman's Memories. A Book of Recollections, Edinburgh und London 1932

Go Spy the Land. Military Intelligence in History. Hrsg. von Keith Neilson und B. J. C. McKercher, Westport, CT 2002

Gooch, John, The Plans of War. The General Staff and British Military Strategy c. 1900–1916, London 1974

Gorce, Paul-Marie de la, The French Army. A Military-Political History, London 1963

Gosch, Frank, Festungsbau an Nordsee und Ostsee. Die Geschichte der deutschen Küstenbefestigungen bis 1918, Hamburg 2003

Goya, Michel, La Chair et l'acier. L'invention de la guerre moderne (1914–1918), Paris 2004

Grawe, Lukas, Albion an Holsteins Küsten. Der preußische Generalstab und die Furcht vor einer britischen Landung in Norddeutschland und Dänemark, 1905–1914. In: Militärgeschichtliche Zeitschrift, 79 (2020), S. 26–64

Grawe, Lukas, Deutsche Feindaufklärung vor dem Ersten Weltkrieg. Informationen und Einschätzungen des deutschen Generalstabs zu den Armeen Frankreichs und Russlands, 1904 bis 1914, Paderborn 2017 (= Zeitalter der Weltkriege, 16)

Grawe, Lukas, German secret services before and during the First World War. A survey of literature and recent research. In: Journal of Intelligence History, 18 (2019), S. 199–219

Grawe, Lukas, Report from Paris. The German Military Attaché in France, Detlof von Winterfeldt, and his views of the French Army, 1909–1914. In: War in History, 26 (2019), S. 470–497

Greenhalgh, Elizabeth, The French Army and the First World War, Cambridge 2014

Greiner, Bernd, Angst im Kalten Krieg. Bilanz und Ausblick. In: Angst im Kalten Krieg, S. 7–33

Grimes, Shawn T., Strategy and War Planning in the British Navy, 1887–1918, Woodbridge 2012

Groß, Gerhard P., Das Große Hauptquartier im Ersten Weltkrieg, Berlin 2022 (= Zeitalter der Weltkriege, 24)

Groß, Gerhard P., There was a Schlieffen Plan. Neue Quellen. In: Der Schlieffenplan, S. 117–160

Haardt, Oliver F. R., Bismarcks ewiger Bund. Eine neue Geschichte des Deutschen Kaiserreichs, Darmstadt 2020

Hadley, Tim, Military Diplomacy in the Dual Alliance. German Military Attaché Reporting from Vienna, 1879–1914, London 2016

Haffner, Sebastian, Von Bismarck zu Hitler. Ein Rückblick, München 1989

Halfond, Irwin, Maurice Paléologue. The Diplomat, the Writer, the Man, and the Third French Republic, Lanham 2007

Hall, Brian, The British Army and Wireless Communication, 1896–1918. In: War in History, 19 (2012), S. 290–321

Hall, R. Mark, und Mary Rosner, Pratt and Pratfalls. Revisioning Contact Zones. In: Crossing Borderlands, S. 93–109

Hammerich, Helmut, u.a., Das Heer 1950 bis 1970. Konzeption, Organisation, Aufstellung, München 2006 (= Sicherheitspolitik und Streitkräfte der Bundesrepublik Deutschland, 3)

Handbuch für Heer und Flotte. Enzyklopädie der Kriegswissenschaften und verwandter Gebiete. [...]. Hrsg. von Georg von Alten, 10 Bde, hier Bd 5, Berlin 1913

Handbuch Organisationstypen. Hrsg. von Maja Apelt und Verokina Tacke, Wiesbaden 2012

Handbuch Wissensgesellschaft. Theorien, Themen und Probleme. Hrsg. von Anina Engelhardt und Laura Kajetzke, Bielefeld 2010

Handel, Michael, Intelligence in Historical Perspective. In: Go Spy the Land, S. 179–193

Handwörterbuch der gesamten Militärwissenschaften [...]. Hrsg. von Bernhard von Poten, 9 Bde, Bielefeld 1877–1880

Harris, Paul, The Men Who Planned the War. A Study of the British Army on the Western Front, 1914–1918, Farnham 2016

Harrison, Brian Howard, The transformation of British politics, 1860–1995, Oxford 1996

Hartmann, Heinrich, Der Volkskörper bei der Musterung. Militärstatistik und Demographie in Europa vor dem Ersten Weltkrieg, Göttingen 2012

Haupt, Heinz-Gerhard, Historische Komparatistik in der internationalen Geschichtsschreibung. In: Transnationale Geschichte, S. 137–149

Haupt, Heinz-Gerhard, und Daniel Schönpflug, Terroristische Attentate und Politik im 19. Jahrhundert. In: Durchbruch zur Moderne?, S. 119–146

Haupt, Heinz-Gerhard, und Jürgen Kocka, Historischer Vergleich: Methoden, Aufgaben, Probleme. Eine Einleitung. In: Geschichte und Vergleich, S. 9–45

Headrick, Daniel R., The Invisible Weapon. Telecommunications and International Politics, 1851–1945, Oxford 1991

Headrick, Daniel, Cables télégraphiques et rivalité franco-britannique avant 1914. In: Guerres mondiales et conflits contemporains, 42 (1992), S. 133–147

Henderson, David, The Art of Reconnaissance, London 1907

Henderson, David, Field Intelligence. Its Principles and Practive, London 1904

Hénin, Pierre-Yves, Le plan Schlieffen. Un mois de guerre – deux siècles de controverses, Paris 2012

Herzog, Peter, Glaubwürdigkeit und Quellenwert der Tagebücher des französischen Botschafters Paléologue. Eine kritische Untersuchung, Breslau 1940

Hewitson, Mark, Germany and the Modern World, 1880–1914, Cambridge 2018

Higgs, Edward, The Information State in England. The Central Collection of Information on Citizens Since 1500, London 2004

Hilbert, Lothar Wilfried, The Role of the Military and Naval Attaches in the British and German Services with Particular Reference to Those in Berlin and London and Their Effect on Anglo-German Relations, 1871–1914, 2 Bde, Diss. phil. Cambridge University 1954

Hiley, Nicholas, Decoding German Spies. British Spy Fiction 1908–18. In: Spy Fiction, S. 55-79

Hiley, Nicholas, Entering the Lists. MI5's Great Spy Round-up of August 1914. In: Intelligence and National Security, 21 (2006), S. 46–76

Hiley, Nicholas P., The Failure of British Espionage against Germany. In: Historical Journal, 26 (1983), S. 867–889

Hiley, Nicholas, Re-entering the Lists. MI5's Authorized History and the August 1914 Arrests. In: Intelligence and National Security, 25 (2010), S. 415–452

Hobsbawm, Eric, The Age of Empire 1875–1914, London 1987

Holman, Brett, Constructing the Enemy Within. Rumours of Secret Gun Platforms and Zeppelin Bases in Britain, August-October 1914. In: British Journal for Military History, 3 (2017), 2, S. 22–42

Holmes, Terence H., Back to the sources. An attempt to resolve the Schlieffen Plan controversy. In: War in History, 28 (2021), S. 525–543

Horn, Eva, Der geheime Krieg. Verrat, Spionage und moderne Fiktion, Frankfurt a.M. 2007

Hosse, Karl, Die Kriegsrüstungen zu Lande. In: Der Weltkampf um Ehre und Recht, Bd 1 (1921), S. 45–94

Hughes-Wilson, John, On Intelligence. The History of Espionage and the Secret World, London 2016

Hull, Isabel V., The Entourage of Kaiser Wilhelm II, 1888–1918, Cambridge 1982

Im Gegenstrom. Für Helmut Hirsch zum Siebzigsten. Hrsg. von Horst Schallenberger und Helmut Schrey, Wuppertal 1977

Images of Conflict. Military Aerial Photography and Archaeology. Hrsg. von Birger Stichelbaut u.a., Newcastle upon Tyne 2009

Imperial Defence. The Old World Order 1856–1956. Hrsg. von Greg Kennedy, London, New York 2008

The Intelligence Revolution. A Historical Perspective, Hrsg. von Walter T. Hitchcock, Washington, DC 1991

Jackson, Peter, Political Culture and Intelligence Culture. France before the Great War. In: Cultures of Intelligence, S. 37–64

Jäger, Helmut, Erkundung mit der Kamera. Die Entwicklung der Photographie zur Waffe und ihr Einsatz im 1. Weltkrieg, München 2014

Jäger, Jens, Verfolgung durch Verwaltung. Internationales Verbrechen und internationale Polizeikooperation 1880–1933, Konstanz 2006

Jahr, Christoph, British Prussianism. Überlegungen zu einem europäischen Militarismus im 19. und frühen 20. Jahrhundert. In: Schule der Gewalt, S. 246–261

Jakob, Bernd, Geheime Nachrichtendienste und Globalisierung. Der Faktor »Intelligence« zwischen staatenweltlicher Bedrohungsanalyse und weltgesellschaftlicher Risikoperzeption, Frankfurt a.M. 1999

James, William, The Eyes of the Navy. A Biographical Study of Admiral Sir Reginald Hall, London 1956

Jauffret, Jean-Charles, Armée et pouvoir politique. La question des troupes spéciales chargées du maintain de l'ordre en France de 1871 à 1914. In: Revue Historique, 107 (1983), S. 97–144

Jeffery, Keith, Field Marshal Sir Henry Wilson. A Political General, Oxford 2006

Jeffery, Keith, MI6. The History of the Secret Intelligence Service, 1909–1949, London 2010

Jeismann, Michael, Das Vaterland der Feinde. Studien zum nationalen Feindbegriff und Selbstverständnis in Deutschland und Frankreich 1792–1918, Stuttgart 1992

Jentzsch, Christian, Vom Kadetten bis zum Admiral. Das britische und das deutsche Seeoffizierkorps 1871 bis 1914, München 2018 (= Zeitalter der Weltkriege, 19)

Joffre, Maréchal [Joseph], Mémoires, 2 Bde, Paris 1932

Johansen, Anja, Soldiers as Police. The French and Prussian Armies and the Policing of Popular Unrest, 1889–1914, Aldershot 2005

Johnson, Franklyn Arthur, Defence by Committee. The British Committee of Imperial Defence, 1885–1959, Oxford 1960

Jones, H.S., The French State in Question. Public Law and Political Argument in the Third Republic, Cambridge 1993

Judd, Alan [d.i. Alan Edwin Petty], The Quest for C. Mansfield Cumming and the Founding of the Secret Service, New York 2000 (1. Aufl. 1999)

Kaelble, Hartmut, Historisch Vergleichen. Eine Einführung, Frankfurt a.M. 2021

Kahn, David, The Codebreakers. The Story of Secret Writing, New York 1996 ([1]1967)

Kamissek, Christoph, und Jonas Kreienbaum, An Imperial Cloud? Conceptualising Interimperial Connections and Transimperial Knowledge. In: Journal of Modern European History, 14 (2016), S. 164–182

Kann, Oliver, Karten des Krieges. Deutsche Kartographie und Raumwissen im Ersten Weltkrieg, Paderborn 2020

Keegan, John, Intelligence in War. Knowledge of the Enemy from Napoleon to Al-Qaeda, London 2003

Keiger, John F.V., France and the World since 1870, London 2001

Kennedy, Paul M., Imperial Cable Communication and Strategy, 1870–1914. In: The English Historical Review, 86 (1971), S. 728–752

Kießling, Friedrich, Gegen den »großen Krieg«? Entspannung in den internationalen Beziehungen 1911–1914, München 2002

Kirsch, Martin, Monarch und Parlament im 19. Jahrhundert. Der monarchische Konstitionalismus als europäischer Verfassungstyp – Frankreich im Vergleich, Göttingen 1999

Knöbl, Wolfgang, Polizei und Herrschaft im Modernisierungsprozeß. Staatsbildung und innere Sicherheit in Preußen, England und Amerika 1700–1914, Frankfurt a.M. 1998

Knowing One's Enemy. Intelligence Assessment Before the Two World Wars. Hrsg. von Ernest R. May, Princeton, NJ 1984

König, Mareike, und Élise Julien, Verfeindung und Verflechtung. Deutschland und Frankreich 1870–1918, Darmstadt 2019

Kollektive Identitäten und kulturelle Innovation. Ethnologische, soziologische und historische Studien. Hrsg. von Florian Altenhöner u.a., Leipzig 2001

Kontaktzonen und Grenzregionen. Kulturwissenschaftliche Perspektiven. Hrsg. von Sarah Kleinmann, Arnika Peselmann und Ira Spieker, Leipzig 2019

Kriegsrüstung und Kriegswirtschaft. Hrsg. vom Reichsarchiv. Anlagen, Berlin 1930

Kriegsrüstung und Kriegswirtschaft. Hrsg. vom Reichsarchiv, Bd 1, Berlin 1930

Krop, Pascal, Les secrets de l'éspionnage français de 1870 à nos jours, Paris 1993

Krumeich, Gerd, Aufrüstung und Innenpolitik in Frankreich vor dem Ersten Weltkrieg. Die Einführung der dreijährigen Dienstpflicht 1913–1914, Wiesbaden 1980

Kühl, Stefan, Organisationen. Eine sehr kurze Einführung, Wiesbaden 2011

Kühl, Stefan, Ganz normale Organisationen. Zur Soziologie des Holocaust, Frankfurt a.M. 2014

Lahaie, Olivier, Renseignement et Services de Renseignements en France pendant la Guerre de 1914–1918 (2ème et 5ème Bureau de l'E.M.A.; 2ème Bureau du G.Q.G. Section de renseignement / Section de Centralisation du Renseignement) (Evolution et Apaption), Thèse doctorale Université de Paris IV 2005

Lambert, Andrew, The German North Sea Island, the Kiel Canal and the Danish Narrows in Royal Navy Thinking and Planning, 1905–1918. In: The Danish Straits, S. 35–62

Langewiesche, Dieter, Der gewaltsame Lehrer. Europas Kriege in der Moderne, München, 2019

Lanoir, Paul, L'Espionnage allemande en France. Son organisation – ses dangers – les remèdes neccssaires, Paris 1908

Larsen, Daniel, Intelligence in the First World War. The State of the Field. In: Intelligence and National Security, 29 (2014), S. 282–302

Laurent, Sébastien, Aux origines de la »guerre des polices«. Militaires et policiers du renseignement dans la République (1870–1914). In: Revue historique, 636 (2005), 4, S. 767–791

Laurent, Sébastien, Politiques de l'ombre. État, renseignement et surveillance en France, Paris 2009

Laurent, Sébastian, Pour une autre histoire de l'État. Le secret, l'information politique et le renseignement. In: Vingtième Siècle. Revue d'Histoire, 83 (2004), 3, S. 173–184

Le Hénaff, Joseph, und Henri Bornecque, Les Chemins de Fer Français et la Guerre, Paris 1922

Le Queux, Willam, The Invasion of 1910, London 1905

Leidinger, Hannes, und Verena Moritz, Oberst Redl. Der Spionagefall, der Skandal, die Fakten, St. Pölten 2012

Leonhard, Jörn, Bellizismus und Nation. Kriegsdeutung und Nationsbestimmung in Europa und den Vereinigten Staaten 1750–1914, München 2008

Leonhard, Jörn, Die Büchse der Pandora. Geschichte des Ersten Weltkrieges, München 2014

Les Lieux de Mémoire. Hrsg. von Pierre Nora, 3 Bde, Bd 1, Paris 1984

Lowenthal, Mark M., Intelligence. From Secrets to Policy, 3. Aufl., Washington, DC 2006

Luhmann, Niklas, Organisation und Entscheidung, Opladen 2000

Lux, Charles, L'évasion du capitaine Lux (1910–1912). Raconté par son Auteur, Paris 1932

Macdiarmid, D.S., The Life of Lieut.[enant] General Sir James Moncrieff Grierson, London 1923

Machelon, Jean-Pierre, La République contre les Libertés? Les restrictions aux libertés publiques de 1879 à 1914, Paris 1976

Mackintosh, John P., The Role of the Committee of Imperial Defence before 1914. In: English Historical Review, 77 (1962), S. 490–503

Marchand, A., Plans de concentration 1871–1914, Paris 1926

Marwick, Arthur, War and Social Change in the Twentieth Century. A Comparative Study of Britain, France, Germany, Russia and the United States, London, Basingstoke 1974

McMeekin, Sean, July 1914. Europe's Countdown to War, New York 2013

Meisner, Heinrich Otto, Militärattachés und Militärbevollmächtigte in Preußen und im Deutschen Reich. Ein Beitrag zur Geschichte der Militärdiplomatie, Berlin 1957

Mende, Volker, German Fortified Railway Bridges. A General View. In: Fort, 46 (2018), S. 94–118

Mergel, Thomas, Staat und Staatlichkeit in der europäischen Moderne, Göttingen 2022

Messimy, Général [Adolphe], Mes Souvenirs, Paris 1937

Meteling, Wencke, Ehre, Einheit, Ordnung. Preußische und französische Städte und ihre Regimenter im Krieg, 1870/71 und 1914–19, Baden-Baden 2010

Meyers Großes Konversations-Lexikon. Ein Nachschlagewerk des allgemeinen Wissens, 20 Bde, 6., gänzlich neubearb. und vermehrte Aufl., Leipzig, Wien 1903–1910

Militär in Deutschland und Frankreich 1870–2010. Vergleich, Verflechtung und Wahrnehmung zwischen Konflikt und Kooperation. Hrsg. von Jörg Echternkamp und Stefan Martens, Paderborn 2012

Militärisches Entscheiden. Voraussetzungen, Prozesse und Repräsentationen einer sozialen Praxis von der Antike bis zum 20. Jahrhundert. Hrsg. von Martin Clauss und Christoph Nübel, Frankfurt a.M. und New York 2020

Das Militär und der Aufbruch in die Moderne 1860–1890. Im Auftrag des MGFA hrsg. von Michael Epkenhans und Gerhard P. Groß, München 2003

Militärsoziologie. Eine Einführung. Hrsg. von Nina Leonhard und Ines-Jacqueline Werkner, 2. Aufl., Wiesbaden 2012

Ministère de la Defense, État-Major de l'Armée de Terre, Service Historique, Guide des Archives et de la Bibliotheque, 2. Aufl., Vincennes 2001

Mitchell, Allan, The Great Train Race. Railways and the Franco-German Rivalry, 1815–1914, New York 2000

Mitchell, Allan, »A Situation of Inferiority«. French Military Reorganization after the Defeat of 1870. In: The American Historical Review, 86 (1981), S. 49–62

Mitchell, Allan, The Xenophobic Style. French Counterespionage and the Emergence of the Dreyfus Affair. In: Journal of Modern History, 52 (1980), S. 414–425

Mitchinson, K.W., Defending Albion. Britain's Home Army 1908–1919, London 2005

Mollenhauer, Daniel, Auf der Suche nach der »wahren« Republik. Die französischen »radicaux« in der frühen Dritten Republik (1870–1890), Bonn 1997

Mombauer, Annika, Die Julikrise. Europas Weg in den Ersten Weltkrieg, München 2014

Mombauer, Annika, Helmuth von Moltke and the Origins of the First World War, Cambridge 2001

Mommsen, Wolfgang J., Bürgerstolz und Weltmachtstreben. Deutschland unter Wilhelm II. 1890 bis 1918, Berlin 1995

Morgan-Owen, David G., The Fear of Invasion. Strategy, Politics, and British War Planning, 1880–1914, Oxford 2017

Müller, Rolf-Dieter, Reinhard Gehlen. Geheimdienstchef im Hintergrund der Bonner Republik. Die Biographie, 2 Bde, Berlin 2017

Müller, Sven Oliver, Die Nation als Waffe und Vorstellung. Nationalismus in Deutschland und Großbritannien im Ersten Weltkrieg, Göttingen 2002

Müller, Sven Oliver, und Cornelius Torp, Das Deutsche Kaiserreich im Wandel. In: Das Deutsche Kaiserreich in der Kontroverse, S. 9–27

Nationalismen in Europa. West- und Osteuropa im Vergleich. Hrsg. von Ulrike von Hirschhausen und Jörn Leonhard, Göttingen 2001

The Naval Route to the Abyss. The Anglo-German Naval Race 1895–1914. Hrsg. von Michael Epkenhans, Frank Nägler und Matthew S. Seligmann, Farnham 2015

Neitzel, Sönke, National Cultures of Military Intelligence? Comparative Perspectives. In: Cultures of Intelligence, S. 13–33

Newman, Bernard, Epics of Espionage, London 1950

Nicolai, Walter, Geheime Mächte. Internationale Spionage und ihre Bekämpfung im Weltkrieg und heute, Leipzig 1923

Nora, Pierre, De la République à la Nation. In: Les Lieux de Mémoire, S. 651–659

Nübel, Christoph, Durchhalten und Überleben an der Westfront. Raum und Körper im Ersten Weltkrieg, Paderborn 2014 (= Zeitalter der Weltkriege, 10)

Occleshaw, Michael, Armour against Fate. British Military Intelligence in the First World War, London 1989

Ollier, Alexandre, La Cryptographie militaire avant la guerre des 1914, Panazol 2002

On the Road to Total War. The American Civil War and the German Wars of Unification, 1861–1871. Hrsg. von Stig Förster und Jörg Nagler, Washington, DC 1997

The Origins of World War I. Hrsg. von Richard F. Hamilton und Holger H. Herwig, Cambridge 2003

Osterhammel, Jürgen, Die Verwandlung der Welt. Eine Geschichte des 19. Jahrhunderts, 2. Aufl., München 2009

Ostertag, Heiger, Bildung, Ausbildung und Erziehung des Offizierkorps im deutschen Kaiserreich 1871–1918. Eliteideal, Anspruch und Wirklichkeit, Frankfurt a.M. 1989

Otte, Thomas G., July Crisis. The World's Decent into War, Summer 1914, Cambridge 2014

Passmore, Kevin, The Right in France from the Third Republic to Vichy, Oxford 2012

Paulmann, Johannes, Feindschaft und Verflechtung. Anmerkungen zu einem scheinbaren Paradox. In: Vom Gegner lernen, S. 341–356

Paulmann, Johannes, Globale Vorherrschaft und Fortschrittsglaube. Europa 1850–1914, München 2019

Pearton, Maurice, The Knowledgeable State. Diplomacy, War and Technology since 1830, London 1982

Petzold, Horst, Geschichte des Fußartillerie-Regiments von Hindersin (1. Pomm.) Nr. 2 im Weltkriege 1914–18 [...], Potsdam 1927

Pirot, Pascal, Le Service de surveillance et de renseignements aux frontières (S.S.R.F.), Master en Histoire Université de Liège 2010

Pöhlmann, Markus, Between Manchuria and the Marne. The German Army and its Perception of the Military Conflicts of 1911–1914. In: The Wars Before the Great War, S. 204–229

Pöhlmann, Markus, Der deutsche militärische Nachrichtendienst gegen Russland zwischen 1890 und 1914. In: Erkundungen, S. 75–95

Pöhlmann, Markus, The Evolution of the Military Intelligence System in Germany, 1890–1918. In: Cultures of Intelligence, S. 145–165

Pöhlmann, Markus, Kriegsgeschichte und Geschichtspolitik: Der Erste Weltkrieg. Die amtliche deutsche Militärgeschichtsschreibung, 1914–1956, Paderborn 2002

Pöhlmann, Markus, Talking about Schluga. In: Newsletter International Intelligence History Study Group, 7 (1999), 1, S. 9–10

Pöhlmann, Markus, Das unentdeckte Land. Kriegsbild und Zukunftskrieg in deutschen Militärzeitschriften. In: Vor dem Sprung ins Dunkle, S. 21–131

Pohlmann, Markus, und Hristina Markova, Soziologie der Organisation. Eine Einführung, Konstanz und München 2011

Popplewell, Richard J., Intelligence and Imperial Defence. British Intelligence and the Defence of the Indian Empire 1904–1924, London 1995

Porch, Douglas, The March to the Marne. The French Army 1871–1914, Cambridge 1981

Practices of Comparing. Towards a New Understanding of a Fundamental Human Practice. Hrsg. von Angelika Epple, Walter Erhart und Johannes Grave, Bielefeld 2020

Pratt, Mary Louise, Arts of the Contact Zone. In: Profession (1991), S. 33–40

Rangliste der Königlich Preußischen Armee und des XIII. (Königlich Württembergischen) Armeekorps für 1903 [...], Berlin 1903

Raphael, Lutz, Die Verwissenschaftlichung des Sozialen als methodische und konzeptionelle Herausforderung für eine Sozialgeschichte des 20. Jahrhunderts. In: Geschichte und Gesellschaft, 22 (1996), S. 165–193

Reichardt, Sven, Einführung: Überwachungsgeschichte(n). Facetten eines Forschungsfeldes. In: Geschichte und Gesellschaft, 42 (2016), S. 5–33

Reichenau, Generalmajor [Ernst August] von, Ueber die weitere Entwicklung der Kriegsgeschichte. Vortrag, gehalten in der Militärischen Gesellschaft zu Berlin am 15. Dezember 1897. In: Beihefte zum Militär-Wochenblatt 9/1898, S. 397–428

Reichenberger, Florian, Der gedachte Krieg. Vom Wandel der Kriegsbilder in der militärischen Führung der Bundeswehr im Zeitalter des Ost-West-Konflikts, Berlin 2018 (= Sicherheitspolitik und Streitkräfte der Bundesrepublik Deutschland, 13)

Reinhard, Wolfgang, Geschichte der Staatsgewalt. Eine vergleichende Verfassungsgeschichte Europas von den Anfängen bis zur Gegenwart, München 1999

Renseignement et avant-guerre de 1914 en Grande Région. Hrsg. von Gérald Arboit, Paris 2016

Renseignement et espionnage du Premier Empire à l'affaire Dreyfus (XIXe siècle). Hrsg. von Denécé, Eric et Benoît Léthenet, Paris 2021

Rezsöhazy, Élise, De la protection du secret militaire à l'occupation des populations civiles. Les polices secrètes allemandes derrière le front Ouest (1914–1918), Thèse doctorale Université catholique de Louvain 2020

Richards, Thomas, The Imperial Archive. Knowledge and the Fantasy of Empire, London 1993

Rink, Martin, »Strukturen brausen um die Wette«. Zur Organisation des deutschen Heeres. In: Hammerich u.a., Das Heer 1950–1970, S. 353–483

Ritter, Falko, Die geheimen Nachrichtendienste der Bundesrepublik Deutschland. Rechtsgrundlagen, Aufgaben, Arbeitsweise, Koordinierung, Kontrolle, Heidelberg 1989

Ritter, Gerhard A., Großforschung und Staat in Deutschland. Ein historischer Überblick, München 1992

Ritter, Gerhard, Der Schlieffenplan. Kritik eines Mythos, München 1956

Robin, Corey, Fear. The History of a Political Idea, Oxford 2006

Röhl, John C. G., Wilhelm II. 3 Bde, München 1993–2008

Roewer, Helmut, Nachrichtendienstrecht der Bundesrepublik Deutschland. Kommentar und Vorschriftensammlung für die Praxis der Verfassungsschutzbehörden, des Bundesnachrichtendienstes und des Militärischen Abschirmdienstes, Köln 1987

Rohe, Karl, Politische Kultur und ihre Analyse: Probleme und Perspektiven der politischen Kulturforschung. In: Historische Zeitschrift, 250 (1990), S. 321–346

Rose, Andreas, »Readiness or Ruin?« – Der »Große Krieg« in den britischen Militärzeitschriften (1880–1914). In: Vor dem Sprung ins Dunkle, S. 245–389

Rose, Andreas, Zwischen Empire und Kontinent. Britische Außenpolitik vor dem Ersten Weltkrieg, München 2011

Rous, Anne-Simone, Geheimdiplomatie in der Frühen Neuzeit. Spione und Chiffren in Sachsen 1500–1763, Stuttgart 2022

Routledge Companion to Intelligence Studies. Hrsg. von Robert Dover, Michael S. Goodman und Claudia Hillebrand, Abingdon 2014

Rowan, Richard Wilmer, Spy and Counter-Spy. The Development of Modern Espionage, New York 1928

Samuels, Martin, Command or Control? Command, Training and Tactics in the British and German Armies, 1888–1918, London 1995

Sarter, Adolf, Die Eisenbahnen im Kriege, Stuttgart 1930

Sawicki, Gérald, A la frontière des deux Lorraine. Les services de reinseignement français et allemands à la veille de la Première Guerre mondiale. In: Renseignement et avant-guerre, S. 119–136

Sawicki, Gérald, L'affaire Schnaebelé (avril 1887). In: Renseignement et espionnage du Premier Empire, S. 245–265

Sawicki, Gérald, Aux origines lointaines du »service action«. Sabotage et opérations spéciale. In: Revue Historique des Armées, 268 (2012), S. 12–22

Sawicki, Gérald, Les Services de renseignements a la frontière Franco-Allemande (1871–1914). Thèse doctorale Université de Nancy 2 2006

Sawicki, Gérald, Trente ans au service de l'Allemagne: l'agent Philippe alias 35. In: Annales de l'Est, 1/2010, S. 207–222

Schivelbusch, Wolfgang, Geschichte der Eisenbahnreise. Zur Geschichte der Industrialisierung von Raum und Zeit im 19. Jahrhundert, Frankfurt a.M. 2000 (1. Aufl. 1977)

Schlieffen, Alfred Graf von, Der Krieg in der Gegenwart. In: Schlieffen, Gesammelte Schriften, Bd 1, S. 11–22

Schlieffen, Alfred Graf von, Gesammelte Schriften, 2 Bde, Berlin 1913

Der Schlieffenplan. Analysen und Dokumente. Im Auftrag des MGFA hrsg. von Hans Ehlert, Michael Epkenhans und Gerhard P. Groß, Paderborn 2006 (= Zeitalter der Weltkriege, 2)

Schmid, Michael, Der »Eiserne Kanzler« und die Generäle. Deutsche Rüstungspolitik in der Ära Bismarck (1871–1890), Paderborn 2003

Schmidt, Jürgen, Against Russia: Department IIIb of the Deputy General Staff in Berlin – Intelligence, Counter-intelligence and Newspaper Research, 1914–1918. In: The Journal of Intelligence History, 5 (2005), S. 73–89

Schmidt, Jürgen W., Britische Marinespionage 1910/11 und deren Auswirkungen auf die deutsch-britischen Beziehungen vor dem Ersten Weltkrieg. In: Geheimdienste, Militär und Politik in Deutschland, S. 77–119

Schmidt, Jürgen W., Dr. Heinrich Peters – Spion oder Nachrichtenschwindler? In: Romerike Berge – Zeitschrift für das Bergische Land, 56 (2006), S. 27–41

Schmidt, Jürgen W., Gegen Rußland und Frankreich. Der deutsche militärische Geheimdienst 1890–1914, Ludwigsfelde 2006

Schmidt, Jürgen W., Der geheimnisvolle Lewis Williams von Hartmann und seine »Enthüllungen« über französische Agitation und Spionage in Deutschland 1889. In: Spione, Betrüger, Geheimoperationen, S. 48–59

Schmidt, Jürgen W., Der Perleberger Spion Gustav Wölkerling. In: Mitteilungen des Vereins für Geschichte der Prignitz, 5 (2005), S. 62–82

Schmidt, Rainer F., Kaiserdämmerung. Berlin, London, Paris, St. Petersburg und der Weg in den Untergang, Stuttgart 2021

Schmidt, Rudolf, Die Nachrichtenmittel. In: Der Weltkampf um Ehre und Recht, Bd 6 (1921), S. 197–230

Schmidt, Stefan, Frankreichs Außenpolitik in der Julikrise 1914. Ein Beitrag zur Geschichte des Ausbruchs des Ersten Weltkrieges, München 2009

Schmidt-Richberg, Wiegand, Die Generalstäbe in Deutschland 1871–1945. Aufgaben in der Armee und Stellung im Staate, Stuttgart 1962

Schmidt-Richberg, Wiegand, Die Regierungszeit Wilhelm II. In: Deutsche Militärgeschichte in sechs Bänden, Bd 3 (1970), S. 9–155

Schoeps, Hans-Joachim, Daran stimmt kein Wort. In: Der Spiegel, 40/1978 (2.10.1978)

Schoeps, Julius H., Agenten, Spitzel, Flüchtlinge. Wilhelm Stieber und die demokratische Emigration in London. In: Im Gegenstrom, S. 71–104

Schröder, Stephen, »Ausgedehnte Spionage« – Benno von Sieberts geheime Zusammenarbeit mit dem Auswärtigen Amt 1909–1914. In: Militärgeschichtliche Zeitschrift, 64 (2005), S. 425–463

Schule der Gewalt. Militarismus in Deutschland 1871–1945. Hrsg. von Wolfram Wette, Berlin 2005

Schulte, Bernd F., Die Kaisermanöver 1893 bis 1913. Evolution ohne Chance. In: Von der freien Gemeinde zum föderalistischen Europa, S. 243–260

Schulze, Hagen, Staat und Nation in der europäischen Geschichte, München 1994

Searle, G.R., The Quest for National Efficience. A Study in British Politics and Political Thought, 1899–1914, Oxford 1971

Secret Intelligence. A Reader. Hrsg. von Christopher Andrews, Richard J. Aldrich und Wesley K. Wark, London, New York 2009

Seed, David, Erskine Childers and the German Peril. In: German Life and Letters, 45 (1992), S. 66–73

Seeliger, Emil, Über Herr [sic] Paléologue! War das wirklich der deutsche Aufmarschplan? In: Neues Wiener Journal vom 9.10.1932

Seligmann, Matthew S., Spies in Uniform. British Military and Naval Intelligence on the Eve of the First World War, Oxford 2006

Serman, William, Les Officiers français dans la nation 1848–1914, Paris 1982

Serviteurs de l'État. Une histoire politique de l'administration française, 1875–1945. Hrsg. von Marc Olivier Baruch und Vincent Duclert, Paris 2000

Showalter, Dennis E., Intelligence on the Eve of Transformation. In: The Intelligence Revolution, S. 15–37

Showalter, Dennis E., Railroads and Rifles. Soldiers, Technology, and the Unification of Germany, Hamden, CT 1975

Sibille, Claire, Les archives du ministère de la Guerre récupérées de Russie. In: La Gazette des Archives, 176 (1997), S. 64–77

Siddiqi, Yumna, Anxieties of Empire and the Fiction of Intrigue, New York 2007

Siemann, Wolfram, »Deutschlands Ruhe, Sicherheit und Ordnung«. Die Anfänge der politischen Polizei 1806–1866, Tübingen 1985

Sigg, Marco, Der Unterführer als Feldherr im Taschenformat. Theorie und Praxis der Auftragstaktik im deutschen Heer 1869–1945, Paderborn 2014 (= Zeitalter der Weltkriege, 12)

Simms, Brendan, Europe. The Struggle for Supremacy, 1453 to the Present, London 2013

Snyder, Jack L., The Ideology of the Offensive. Military Decision Making and the Disasters of 1914, Ithaca, NY 1984

Spieker, Ira, Kontaktzonen. Zur Konturierung eines Konzepts. In: Kontaktzonen und Grenzregionen, S. 25–46

Spionage, Chiffren und chemische Kampfstoffe. Fallstudien und Dokumente aus 220 Jahren Geheimdienstgeschichte. Hrsg. von Jürgen W. Schmidt, Berlin 2021

Spione, Betrüger, Geheimoperationen. Fallstudien und Dokumente aus 275 Jahren Geheimdienstgeschichte. Hrsg. von Jürgen W. Schmidt, Berlin 2015

Spy Fiction, Spy Films and Real Intelligence. Hrsg. von Wesley K. Wark, London 1991

Staabs, Hermann von, Aufmarsch nach zwei Fronten. Auf Grund der Operationspläne von 1870–1914, Berlin 1925

Stehr, Nico, Moderne Wissensgesellschaften. In: Aus Politik und Zeitgeschichte, B 36/2001, S. 7–14

Stehr, Nico, Wissenspolitik. Die Überwachung des Wissens, Frankfurt a.M. 2003

Steinmetz, Willibald, Europa im 19. Jahrhundert, Frankfurt a.M. 2019

Stevenson, David, Armaments and the Coming of War. Europe, 1904–1914, Oxford 1996

Stevenson, David, War by Timetable? The Railway Race before 1914. In: Past and Presence, 162 (1999), S. 163–194

Stone, James, Spies and Diplomats in Bismarck's Germany. Collaboration between Military Intelligence and the Foreign Office, 1871–1881. In: Journal of Intelligence History, 13 (2014), S. 22–40

Stone, Norman, The Prussian Army's First Spy Master. Colonel Heinrich von Brandt und das Nachrichtenbüro, 1866–1876. In: MGZ (2023 im Erscheinen)

Storz, Dieter, Kriegsbild und Rüstung vor 1914. Europäische Landstreitkräfte vor dem Ersten Weltkrieg, Herford 1992

Strachan, Hew, The British Army, its General Staff and the Continental Commitment, 1904–14. In: The British General Staff, S. 75–94

Strachan, Hew, European Armies and the Conduct of War, London 1983

Stratégies irrégulières. Hrsg. von Hervé Coutau-Bégarie, Paris 2010

Suhr, Heiko, Wilhelm Canaris. Lehrjahre eines Geheimdienstchefs (1905–1934), Kiel, Hamburg 2020

Swaine, Leopold V., Camp and Chancery in a Soldier's Life, London 1926

Szöllösi-Janze, Margit, Wissensgesellschaft in Deutschland. Überlegungen zur Neubestimmung der deutschen Zeitgeschichte über Verwissenschaftlichungsprozesse. In: Geschichte und Gesellschaft, 30 (2004), S. 277–313

Tadman, Michael, The War Office. A Study of its Development as an Organisational System, 1870–1904, Diss. phil. King's College London 1991

Taleb, Nassim Nicolas, The Black Swan. The Impact of the Highly Improbable, 2. Aufl., New York 2010

Tanenbaum, Jan Karl, French Estimates of German Operational War Plans. In: Knowing One's Enemies, S. 150–171

Taufflieb, Émil, Souvenirs d'un enfant de l'Alsace 1870–1914, Strasbourg 1934

Thomas, Rosamund M., Espionage and Secrecy. The Official Secret Acts 1911–1989 of the United Kingdom, London 1991

Thurlow, Richard, The Secret State. British Internal Security in the Twentieth Century, Oxford 1995

Tissot, Victor, La police secrète prussienne, Paris 1884

Transnationale Geschichte. Themen, Tendenzen und Theorien. Hrsg. von Gunilla Budde, Sebastian Conrad und Oliver Janz, Göttingen 2006

Trotter, David, The Politics of Adventure in the Early British Spy Novel. In: Spy Fiction, S. 30–54

Troy, Thomas F., The ›Correct‹ Definition of Intelligence. In: International Journal of Intelligence and Counterintelligence, 5 (1991), S. 433–454

Trumpener, Ulrich, War Premeditated? German Intelligence Operations in July 1914. In: Central European History, 9 (1976), S. 58–85

Ulrich, Volker, Die nervöse Großmacht. Aufstieg und Untergang des deutschen Kaiserreiches, 1871–1918, Frankfurt a.M. 1997

Vogel, Jakob, Nationen im Gleichschritt. Der Kult der »Nation in Waffen« in Deutschland und Frankreich, 1871–1914, Göttingen 1997

Vogler, Philipp, Die deutsche militärische Luftbildaufklärung. Von den Anfängen bis 1945, Karlsruhe 2020

Volkmann, Hans-Erich, Die Polenpolitik des Kaiserreichs. Prolog zum Zeitalter der Weltkriege, Paderborn 2016

Vom Gegner lernen. Feindschaft und Kulturtransfer im Europa des 19. und 20. Jahrhunderts. Hrsg. von Martin Aust und Daniel Schönpflug, Frankfurt a.M. 2007

Von der freien Gemeinde zum föderalistischen Europa. Festschrift für Adolf Gasser zum 80. Geburtstag. Hrsg. von Fried Esterbauer, Berlin 1983

Vor dem Sprung ins Dunkle. Die militärischen Debatten über den Krieg der Zukunft 1880–1914. Hrsg. von Stig Förster, Paderborn 2016 (= Krieg in der Geschichte, 92)

Vuillard, Éric, La Bataille d'Occident. Récit, Arles 2012

Walter, Dierk, Preußische Heeresreformen 1807–1870. Militärische Innovationen und der Mythos der »Roonschen Reform«, Paderborn 2003 (= Krieg in der Geschichte, 16)

War Office, Statistics of the Military Effort of the British Empire during the Great War, 1914–1920, London 1922

Wark, Wesley K., Introduction: Fictions of History. In: Spy Fiction, S. 1–16

Warner, Michael, A Definition of ›Intelligence‹. In: Secret Intelligence. A Reader, S. 3–11

Warner, Michael, Theories of Intelligence: The State of Play. In: Routledge Companion to Intelligence Studies. Hrsg. von Robert Dover, Michael S. Goodman und Claudia Hillebrand, Abingdon 2014, S. 25–32

The Wars Before the Great War. Conflict and International Politics Before the Outbreak of the First World War. Hrsg. von Dominik Geppert, Andreas Rose, William Mulligan, Cambridge, New York 2014

Warusfel, Bertrand, Contre-espionage et protection du secret. Historie, droit et organisation de la sécurité nationale en France, Paris 2000

Waters, W.H.-H., »Private and Personal«. Further Experiences of a Military Attaché, London 1928

Waters, W.H.-H., »Secret and Confidential«. The Experiences of a Military Attaché, London 1926

Wehling, Peter, Nichtwissen: Entstehungskontexte, Pluralisierung und Politisierung. In: Handbuch Wissensgesellschaft, S. 259–270

Weick, Karl E., Making Sense of the Organization. Volume 2: The Impermanent Organization, New York 2009

Weiß, Stefan, Wilhelm Stieber, August Schluga von Rastenfeld und Otto von Bismarck. Zu den Anfängen des deutschen Geheimdienstes. In: Francia, 31 (2004), S. 87–112

Der Weltkampf um Ehre und Recht. Die Erforschung des Krieges in seiner wahren Begebenheit, auf amtlichen Urkunden und Akten beruhend. Hrsg. von Max Schwarte, 10 Bde, Leipzig 1921–1933

Der Weltkrieg 1914–18. Hrsg. vom Reichsarchiv, 14 Bde, hier Bd 1, Berlin 1925

Werner, Michael, und Bénédicte Zimmermann, Vergleich, Transfer, Verflechtung. Der Ansatz der Histoire croisée und die Herausforderung des Transnationalen. In: Geschichte und Gesellschaft, 28 (2002), S. 607–636

Wettstein, Adrian, Die Grenzen militärischer Prognostik. Die Diskussion um den Krieg der Zukunft in den französischen Militärzeitschriften. In: Vor dem Sprung ins Dunkle, S. 133–243

Williamson, Samuel R., The Politics of Grand Strategy. Britain and France Prepare for War, 1904–1914, Cambridge, MA 1969

Willmetts, Simon, The Cultural Turn in Intelligence Studies. In: Intelligence and National Security, 34 (2019), S. 800–817

Wilson, Peter H., Defining Military Culture. In: Journal of Military History, 72 (2008), S. 11–41

Winzen, Peter, Das Kaiserreich am Abgrund. Die Daily-Telegraph-Affäre und das Hale-Interview von 1908. Darstellung und Dokumentation, Stuttgart 2002

Ziemann, Benjamin, Das Kaiserreich als Epoche der Polykontexturalität. In: Das Kaiserreich in der Kontroverse, S. 51–65

Zuber, Terence, The German Intelligence Estimates in the West, 1885–1914. In: Intelligence and National Security, 21 (2006), S. 117–201

Zuber, Terence, German War Planning, 1891–1914. Sources and Interpretations, Martlesham 2004

Zuber, Terence, Inventing the Schlieffen Plan. German War Planning, 1871–1914, Oxford 2002

Zuber, Terence, The Real German War Plan, 1904–14, Stroud 2011

Personenregister

https://doi.org/10.1515/9783111380940-011

www.ingramcontent.com/pod-product-compliance
Lightning Source LLC
Chambersburg PA
CBHW070407100426
42812CB00005B/1665